Märkte im Wandel – mehr Mut zu Wettbewerb

Märkte im Wandel – mehr Mut zu Wettbewerb

Festschrift zum 65. Geburtstag von Rolf W. Stuchtey

Herausgegeben von
Burkhard Lemper und Ralf Meyer

PETER LANG
Frankfurt am Main · Berlin · Bern · Bruxelles · New York · Oxford · Wien

Bibliografische Information Der Deutschen Bibliothek
Die Deutsche Bibliothek verzeichnet diese Publikation in der Deutschen Nationalbibliografie; detaillierte bibliografische Daten sind im Internet über <http://dnb.ddb.de> abrufbar.

ISBN 3-631-52943-0

www.peterlang.de

Rolf W. Stuchtey

Geleitwort

Dr. Guido Westerwelle, MdB

Bundesvorsitzender der Freien Demokratischen Partei

Berlin, im Januar 2005

Lieber Herr Professor Stuchtey,

zu Ihrem 65. Geburtstag gratuliere ich Ihnen im Namen der gesamten Freien Demokratischen Partei, aber auch ganz persönlich, auf das Herzlichste.

Der Familientradition folgend und aus eigener Leidenschaft sind Sie Volkswirt geworden. Ihr persönlicher Arbeitsschwerpunkt liegt in den Bereichen Logistik und Seeverkehrswirtschaft, in denen Sie auf beeindruckende Art und Weise theoretisches Wissen und Erfahrungen aus der Praxis miteinander verbinden.

Ihr zweites Tätigkeitsfeld wurde bald die Politik. Seit mehr als 30 Jahren sind Sie Mitglied der FDP und haben durch Ihre Mitwirkung im Landes- und Bundesfachausschuss Verkehr das Profil der Partei entscheidend geprägt. Ihrem Sachverstand und Ihrem liberalen Schwung verdankt die FDP wertvolle Impulse. Gerade Ihre Mitarbeit in der Regierungskommission Bahn hat Ihnen allseits – auch über Parteigrenzen hinweg – hohe Wertschätzung erbracht.

An dieser Stelle möchte ich Ihnen herzlich für Ihr Werben und Wirken, zuletzt verbunden mit Ihrer Kandidatur für das Europäische Parlament, zugunsten der FDP danken. Für Ihr kommendes Lebensjahr wünsche ich Ihnen weiterhin viel Erfolg, persönlich alles Gute und Gesundheit. Ich hoffe, dass Sie Ihren Festtag mit Frohsinn im Kreise Ihrer Angehörigen und Freunde verbringen.

Mit herzlichen Grüßen

Inhaltsverzeichnis

Zur Person

Aus Anlass des 65. Geburtstages von Professor Rolf W. Stuchtey am 23. Januar 2005 haben wir als zwei seiner ehemaligen Doktoranden es unternommen, diese Festschrift für ihn herauszugeben und hoffen, dass sie ihm Freude bereiten möge. Dabei war es aufgrund seines weiten Betätigungsfeldes und der großen Bekanntheit insbesondere in der maritimen Wirtschaft ein leichtes, eine Vielzahl ehemaliger Kollegen, Mitarbeiter, Freunde und Weggefährten zu gewinnen, mit einem thematisch zum Wirken von Rolf Stuchtey passenden Artikel zum Gelingen dieses Vorhabens beizutragen.

Rolf Stuchtey wurde am 23. Januar 1940 in Essen in Nordrhein-Westfalen geboren. Schon früh entdeckte er seine maritime Ader und fuhr bereits vor Beginn seines Studiums der Volks- und Betriebswirtschaftslehre an der Westfälischen Wilhelmsuniversität Münster einige Zeit zur See.

Nach dem erfolgreichen Abschluss seines Studiums als Diplom-Volkswirt im Jahr 1965, wurde er wissenschaftlicher Assistent am Deutschen Überseeinstitut, Hamburg, unter der Leitung seines wissenschaftlichen Ziehvaters Prof. Dr. Dr. h.c. Andreas Predöhl.

Seine Promotion erfolgte im Jahr 1967 mit einer Arbeit zum maritimen Thema „Die Beurteilung des Aufbaus von Handelsflotten in unterentwickelten Ländern".

Direkt im Anschluss wechselte er in die Praxis und war seit 1968 in verschiedenen Managementpositionen in der deutschen maritimen Industrie im Wesentlichen für Vertrieb, Marketing und Verkehrspolitik tätig.

Erste und prägende Station war dabei die Bremer Lagerhaus-Gesellschaft (BLG), Bremen, in der von 1968 bis 1983 erfolgreich wirkte. Im Anschluss daran war er bis 1987 alleiniger Geschäftsführer der Port and Transport Consulting Bremen GmbH. Bereits in dieser Zeit knüpfte Rolf Stuchtey wieder erste Bande in Richtung Lehre und Forschung.

Im Jahr 1987 wurde er dann zum Ordentlichen Professor für Volkswirtschaftslehre an der Universität Bremen berufen. Zugleich wurde Rolf Stuchtey Mitglied und später Vorsitzender des Direktoriums des Instituts für Seeverkehrswirtschaft und Logistik. Diese Position behielt er 6 Jahre, bevor er als Vorsitzender des Vorstandes zur Bremer Lagerhaus-Gesellschaft zurückkehrte und dort die ersten Schritte zur marktkonformen Umstrukturierung des Unternehmens einleitete.

Im Jahr 1996 wechselte er von der Nord- an die Ostsee und übernahm den Vorsitz der Geschäftsführung der DFO-Deutsche Fährgesellschaft Ostsee. Damit deckte er in seinem beruflichen Schaffen ein sehr breites Spektrum der maritimen Wirtschaft ab und wirkte sowohl als Hafenbetreiber, Reeder sowie als Berater verschiedenster nationaler und internationaler Unternehmen, Gremien und Regierungsstellen, wie beispielsweise in der Regierungskommission deutsche Bahnen.

Daneben ist Rolf Stuchtey seit vielen Jahren der Deutschen Verkehrswissenschaftlichen Gesellschaft DVWG eng verbunden, in deren Vorstand er mehrfach in verschiedenen Positionen mitwirkte.

Die Wissenschaft im Bereich der Universität fördert er nach wie vor nicht nur durch seine aktive Lehre, sondern sorgt in seiner Tätigkeit als Mitglied und Vorsitzender der Bremer Gesellschaft für Wirtschaftsforschung e.V. für die Initiierung und Förderung einer Reihe interessanter und erfolgreicher Forschungs- und Promotionsvorhaben.

Rolf Stuchtey beeinflusste als geistiger Mentor wesentlich den beruflichen Werdegang seiner Doktoranden und war für Viele Vorbild in seiner sinnvollen Verknüpfung von Wissenschaft und unternehmerischer Praxis. Als „Symbiose von Manager und Wissenschaftler“ gelang es ihm, eine tragfähige Brücke zwischen Theorie und Praxis zu schlagen und zugleich nachhaltige unternehmerische Akzente zu setzen sowie Erfolge vorzuweisen, die ihn als wahren „Entrepreneur“ identifizieren.

Mit seiner klaren wirtschafts- und gesellschaftsliberalen Positionierung und seinem konsequenten politischen Einsatz für eine nach ordnungspolitischen Grundsätzen ausgerichtete Wirtschaftsordnung im Sinne Walter Euckens und Ludwig Erhards verbindet uns mit ihm nicht zuletzt auch eine gemeinsame, dem liberalen Geist verschriebene, ordnungspolitische Gesinnung.

Persönlich bleibt uns an dieser Stelle, Professor Stuchtey an diesem Tag herzlich zu gratulieren und ihm für seinen weiteren Lebensweg Glück und Gesundheit, auch für seine großen Leidenschaften die Jagd und das Rudern zu wünschen.

Bremen, den 23. Januar 2005

Burkhard Lemper

Ralf Meyer

Prof. Dr. Klaus Harald Holocher

Die Entwicklung der Seehafenpolitik der deutschen Küstenländer

1. Hintergrund und Problemstellung

„Seehäfen sind Schnittstellen zwischen dem Seeverkehr und verschiedenen anderen Verkehrswegen sowie Verkehrsträgern. Unter Seehafenverkehrspolitik können zunächst die ordnungs- und investitionspolitischen Maßnahmen der Verkehrspolitik verstanden werden, soweit sie sich auf das wirtschaftsgeographische Gebilde Seehafen auswirken.“[1] Für die folgenden Überlegungen ist es zweckmäßig, Seehäfen als spezielle Gewerbegebiete am seeschifftiefen Wasser anzusehen, in denen unterschiedliche Unternehmen angesiedelt sind und in denen eine Vielzahl von Behörden Aufgaben wahrnehmen.

Der Bund hat keine originären Kompetenzen in Hafenfragen. Nach § 1 (1) Seeaufgabengesetz obliegt ihm – neben den beteiligten Ländern (Subsidiaritätsprinzip!) – die Vorsorge für die Erhaltung der Leistungsfähigkeit der Seehäfen. Diese Aufgabe nimmt er in erster Linie mit dem Bau und der Unterhaltung der Bundesverkehrswege im Seehafenhinterland wahr. Auch durch den Ausbau der seewärtigen Zufahrten (Bundeswasserstraßen) trägt er zur Leistungsfähigkeit der Seehäfen bei. Einige Länder erhalten im Länderfinanzausgleich eine gewisse Abgeltung der finanziellen „Hafenlasten“.[2]

Die Länder nehmen in den Seehäfen vielfältige Aufgaben wahr: sie sind für Sicherheit und Ordnung zuständig, sie sind in vielen Fällen Eigentümer der Seehafeninfrastruktur und in einigen Fällen auch Eigentümer von Umschlagunternehmen oder Bestandteilen der Hafensuprastruktur. Da von den Häfen zahlreiche Arbeitsplätze abhängen und dort Steuern erwirtschaftet werden, liegt das Prosperieren der Häfen und Hafenunternehmen generell im Interesse der Länder.

Seit Beginn der 90er Jahre haben sich insbesondere die folgenden Rahmenbedingungen für Hafenaktivitäten der Länder geändert:

- Liberalisierung und Deregulierung des Verkehrswesens in der EU
- Zusammenbruch des Ostblocks und seine marktwirtschaftliche Öffnung
- Sukzessive Erweiterung der EU

---

1 *BMV* (1993), S. 14f.

2 Vgl. *Sichelschmidt, H.* (2000), S. 488.

- Intensivierung des Wettbewerbs der Hafenstandorte
- Dramatischer Anstieg der Containerisierung und des Containerumschlages
- Verknappung der finanziellen Ressourcen der Länder

In der vorliegenden Untersuchung soll vor diesem Hintergrund analysiert werden, wie und in welcher organisatorischen Form die deutschen Küstenländer ihre hafenbezogenen Aufgaben wahrnehmen und wie sich diese Aufgabenwahrnehmung seit Beginn der 90er Jahre verändert hat.

Insbesondere werden die Aktivitäten der Länder als Eigentümer in den Häfen und die Organisation der Landes-Hafenverwaltungen sowie die Unterstützung der Häfen im Rahmen der regionalwirtschaftlichen Förderung betrachtet.

2. Niedersächsische Hafenpolitik

In Niedersachsen ist das Land Eigentümer der meisten Seehäfen, sie werden von der Niedersächsischen Häfen- und Schifffahrtsverwaltung mit den drei Ebenen Wirtschaftsministerium (Referat 45 Häfen und Schifffahrt), Bezirksregierung Oldenburg (Dezernat 208 Häfen und Schifffahrt) und den Hafenämtern verwaltet.

Nach der rot-grünen Koalitionsvereinbarung vom 11.6.1990 strebte die niedersächsische Landesregierung aus ökonomischen und ökologischen Gesichtspunkten eine vernünftige Kooperation der bundesdeutschen Seehäfen auf der Basis der jeweiligen Standortvorteile mit den Regierungen der anderen Küstenländer an, sie beabsichtigte, ihre Seehafenpolitik zu überarbeiten und ein neues niedersächsisches Hafenkonzept herauszugeben. Nach intensiven Vorarbeiten und Diskussionen mit den Betroffenen wurde 1995 das Hafenkonzept in Form von Leitlinien entgültig veröffentlicht. Ein parallel dazu ausgearbeiteter Entwurf für ein niedersächsisches Hafengesetz wurde nicht weiter verfolgt.

Nach den „Leitlinien zur Entwicklung der niedersächsischen Häfen“[3] zielt die Hafenpolitik Niedersachsens darauf ab, die Häfen des Landes insbesondere auf den Gebieten der Seegüterteilmärkte, auf die sie sich spezialisiert haben, in ihrer Entwicklung zu fördern und die Bestrebungen zu weiteren Spezialisierungen zu unterstützen. Durch die stärkere Spezialisierung sollen Doppelinvestitionen möglichst vermieden werden. Durch eine eindeutigere Trennung von Infrastruktur (im Landeseigentum, unter der niedersächsischen Hafenverwaltung) und Suprastruktur (im Eigentum der Privatwirtschaft) soll das privatwirtschaftliche Engagement gestärkt werden. Noch vom Land oder landeseigenen Gesell-

---

[3] *Niedersächsisches Ministerium für Wirtschaft, Technologie und Verkehr* (1995)

schaften vorgehaltene oder betriebene Suprastrukturanlagen sollen möglichst auf die nutzende Wirtschaft übertragen werden.

In Umsetzung dieser Politik wurde u.a. der verlustträchtige RoRo-Umschlag in Cuxhaven, der durch die landeseigene Gesellschaft Seefischmarkt und Hafenumschlag Cuxhaven GmbH (SHC) betrieben wurde, in die Cuxport GmbH überführt, an der die SHC nur noch mit 24,7% beteiligt war. Die Umschlagaktivitäten wurden in die neugebaute Mehrzweckumschlaganlage am Amerikahafen – in dem die öffentlich-rechtlichen Befugnisse Hamburgs zum 1. Januar 1993 auf Niedersachsen übergegangen waren - verlagert und die Eigentumsanteile des Landes letztlich auf die Rhenus-Midgard übertragen. Der beabsichtigte Verkauf der Suprastruktureinrichtungen im Hafen Brake – insbesondere Kräne und Hallen – scheiterte letztlich am Widerstand der betroffenen Mitarbeiter des Hafenamtes. Auch eine Containerbrücke im Emder Hafen – die im Zuge der Ansiedlung des damaligen Emder Logistikzentrums (CKD-Verpackung von Automobilteilen) vom Lande bereitgestellt worden war - wurde nicht verkauft, da sich kein nennenswerter Containerumschlag in Emden entwickeln konnte.

Im Jahre 1996 wurde eine flächendeckende Kosten- und Leistungsrechung (KLR) in der Häfen- und Schifffahrtsverwaltung eingeführt, um in den landeseigenen Häfen wirtschaftlich fundierte Investitions- und Organisationsentscheidungen treffen zu können. Letzteres war auf der Grundlage des üblichen kameralistischen Rechnungswesens nur schwer möglich.

Ergänzend begann im Jahre 1997 ein Modellversuch Budgetierung, mit dem die Ausgaben- und Einnahmenverantwortung in erheblichem Umfang auf die Hafenämter verlagert wurde. Wie nachfolgende Darstellung zeigt, konnten durch diese Maßnahmen die Kostendeckung auf ein Drittel und die Deckung der Auszahlungen auf mehr als Zweidrittel angehoben werden.

Abbildung 1: Entwicklung der Kostendeckung der Niedersächsischen Häfen[4]

	Deckungsgrade der	
	Kosten	Auszahlungen
1997	25,05%	52,93%
1998	25,31%	55,19%
1999	26,67%	58,36%
2000	28,17%	62,75%
2001	30,04%	67,75%
2002	33,06%	69,53%

Zur Realisierung von Einsparpotentialen wurde zum 1. Juli 2001 eine - halbherzige - Organisationsreform der Hafenverwaltung, umgesetzt indem die An-

4 *Niedersächsisches Ministerium für Wirtschaft, Arbeit und Verkehr* (2003)

zahl der Hafenämter von 5 auf 3 (Jade-Weser, Elbe und Ems-Dollart) reduziert und dort jeweils eine Hierarchieebene abgeschafft wurde.[5] Die Übertragung aller nicht-hoheitlichen Aufgaben der Hafenverwaltung auf eine Organisation in privater Rechtsform (Formalprivatisierung) wurde von der neuen Landesregierung im Jahr 2003 angestoßen. Von Beginn des Jahres 2005 an soll die Verwaltung der niedersächsischen Häfen durch eine oder mehrere GmbHs in Landesbesitz durchgeführt werden.

Als Werbeträger für die niedersächsischen Häfen wurde im November 1991 die Niedersächsische Hafenvertretung e.V. (NHV) gegründet. Sie wird gemeinsam vom Land und der Hafenwirtschaft finanziert. Um das umfangreiche Infrastrukturvermögen der niedersächsischen (Landes)-Häfen besser vermarkten zu können, richtete das Land Anfang des Jahres 2000 zusätzlich die Port Promotion Agency (PPA) mit Sitz in Oldenburg ein. Organisatorisch war die PPA eine selbständige Agentur der niedersächsischen Investment Promotion Agency (IPA), die wiederum eine rechtlich selbständige Abteilung der Norddeutschen Landesbank war[6]. Wegen der Aufgabenüberschneidung mit der NHV und der unklaren Zuständigkeiten wurde die PPA auf Betreiben der Hafenwirtschaft bereits im Jahre 2003 wieder aufgelöst. Die niedersächsische Hafenwerbung wurde 2004 auf die Seaports of Niedersachsen GmbH, eine Tochtergesellschaft der Niedersächsischen Hafenvertretung e.V., übertragen, um eine professionellere Arbeit zu ermöglichen.

Während die bisher aufgezeigten Aspekte der niedersächsischen Hafenpolitik einen Trend hin zu privatrechtlichen Strukturen und mehr privatwirtschaftlichem Engagement aufweisen, findet sich beim Projekt Jade-Weser-Port eine eher entgegengesetzte Tendenz. Das Projekt wurde seit etwa 1993 von der Wilhelmshavener Hafenwirtschaft als rein privat finanziertes Projekt propagiert und vorangetrieben. Erst im Frühjahr 2000 setzte das Land Niedersachsen eine Projektgruppe ein, die sich mit den Planungen beschäftigte. Im Sommer desselben Jahres wurden Bedarfs- und Standortanalysen für einen Tiefwasserhafen in der Deutschen Bucht von den Ländern Bremen, Hamburg und Niedersachsen bei Planco und Roland Berger in Auftrag gegeben. Auf der Basis dieser Gutachten und weiterer eigener Untersuchungen gaben der Ministerpräsident bzw. die Bürgermeister der beteiligten Länder am 30. März 2001 eine politische Willenserklärung ab, in der es unter Punkt 3 heißt[7]:

> „Die Regierungschefs der drei Länder sind sich darin einig, dass Entwicklung und Betrieb des Tiefwasserhafens nur mit maßgeblicher Beteiligung privater Investoren zur Reduzie-

---

5 *Niedersächsisches Ministerium für Wirtschaft, Arbeit und Verkehr* (2000)

6 Vgl. ebenda, S. 9

7 *Niedersächsische Staatskanzlei* (2001)

rung der öffentlichen Investitionen auf ein Minimum und nach betriebswirtschaftlichen Kriterien erfolgen kann. Dies betrifft sowohl die private Finanzierung der Infrastruktur für die 4 Liegeplätze in der ersten Ausbaustufe - mit mindestens 50 % - als auch die Finanzierung der kompletten Suprastruktur und des Terminalbetriebes selbst. Dieser Tiefwasserhafen soll von der norddeutschen Hafenwirtschaft - niedersächsischen, bremischen und Hamburger Hafenunternehmen - gemeinsam betrieben werden."

Die Umsetzung der Forderung nach mindestens hälftiger Finanzierung der Infrastruktur durch die künftigen Terminalbetreiber wird durch die Eingrenzung der Betreiber auf norddeutsche Hafenunternehmen drastisch erschwert, da hierdurch ein Wettbewerb um den Betrieb quasi ausgeschlossen wird.

Im Herbst 2001 wurde die Jade-Weser-Port-Entwicklungsgesellschaft mbH von Niedersachsen, Bremen und Wilhelmshaven gemeinsam gegründet, sie bereitete das Planfeststellungsverfahren vor und reichte am 31.10.2003 den Antrag auf Einleitung dieses Verfahrens ein. Im Januar 2003 gründeten die beiden Länder die Jade-Weser-Port-Realisierungsgesellschaft mbH & Co KG, die die Infrastruktur des Terminals bauen und verwalten sowie die Betreiberkonzession ausschreiben und vergeben soll. Die Hoffnung auf eine private Mitfinanzierung der gesamten Hafeninfrastruktur oder auch nur der terminalbezogenen Infrastruktur wurde wohl inzwischen aufgegeben. In jüngeren Pressemitteilungen der Realisierungsgesellschaft ist nur noch von der – in deutschen Häfen weitgehend selbstverständlichen – Finanzierung der Suprastruktur durch den Betreiber, der im Laufe des Jahres 2004 durch eine Ausschreibung gefunden werden soll, die Rede. Schon 2002 war der Ausstieg Hamburgs aus dem Projekt u.a. mit der Aufgabe der Forderung nach privater Mitfinanzierung der gesamten Hafeninfrastruktur begründet worden.

3. Hafenpolitik der Stadt Bremen

Das Eigentum an der Hafeninfrastruktur im Lande Bremen liegt – mit wenigen Ausnahmen – bei der Stadt Bremen. Die Häfen wurden zu Beginn der 90er Jahre von zwei Hafenämtern in Bremen und Bremerhaven verwaltet, nachgeordneten Behörden des Häfensenators (Senator für Häfen, Schiffahrt und Außenhandel). Das Hansestadt Bremische Amt Bremerhaven nahm neben den Aufgaben als Hafenamt auch viele Aufgaben einer Stadtverwaltung für das der Stadt Bremen gehörende Überseehafengebiet in Bremerhaven wahr. Die Suprastruktur in den bremischen Freihäfen befand sich ebenfalls im städtischen Eigentum, sie wurde in Form der "Betriebe der BLG" von der Bremer Lagerhaus-Gesellschaft Aktiengesellschaft von 1877 (BLG) treuhänderisch betrieben. 50,4 % der Aktien der BLG AG gehörten (und gehören) der Stadt Bremen.

Zu Beginn der 90er Jahre führte der Zusammenbruch der Außenhandelsgeschäfte mit der Sowjetunion und die Verlagerung des konventionellen Güterumschlags in den Container zu finanziellen Verlusten der Betriebe der BLG.

Wegen der nur „virtuellen", aber nicht handelsrechtlichen Unternehmensstruktur der städtischen Umschlagbetriebe wurden flexible Gegenmaßnahmen wie innerbetriebliche Umstrukturierungen, Divisionalisierung oder Unternehmenskooperationen sehr erschwert. Das Angebot einer Unternehmenspartnerschaft seitens des privaten Hamburger Umschlagunternehmens Eurokai an die BLG im Jahre 1994[8] – zu dieser Zeit war Rolf. W. Stuchtey Vorsitzender des BLG-Vorstandes – konnte erst nach einer Restrukturierung und Schaffung der handelsrechtlichen Voraussetzungen im Jahr 1999 in Form der Eurogate KGaA umgesetzt werden.

Ende 1997 wurde die BLG Bremer Lagerhaus AG&Co KG – seit 2000: BLG Logistics Group AG&Co KG – von der BLG Bremer Lagerhaus AG als Komplementärin und der Stadtgemeinde Bremen als Kommanditistin gegründet, ihr wurden zu Jahresbeginn 1998 die Geschäftsaktivitäten und Mitarbeiter der Betriebe der BLG übertragen. Die Kommanditistin brachte die ihr gehörende Hafensuprastruktur als Sacheinlage ein, während die BLG AG am Gesellschaftsvermögen nicht beteiligt ist. Die BLG Logistics Group AG&Co KG fungiert als Holding, die die aktiven Geschäfte weitgehend in rechtlich selbständige Tochtergesellschaften verlagert hat. Durch diese Restrukturierung wurden die stadteigenen Hafenumschlagaktivitäten aktiv und passiv beteiligungsfähig, was zur Übernahme verschiedener Logistikunternehmen und dem Einbringen der containerbezogenen Aktivitäten der BLG Logistics Group in das Gemeinschaftsunternehmen Eurogate genutzt wurde.[9]

Für die bremische Hafenpolitik ergab sich durch diese Entwicklung eine grundlegende Änderung insofern als die hoch profitablen Container-Aktivitäten der BLG nicht mehr ohne Weiteres für politische Ziele instrumentalisiert werden konnten, da sie zur Hälfte einen privaten Hamburger Eigentümer (Eurokai) zustehen und da die Aktivitäten der Eurogate zu einem großen Teil außerhalb der bremischen Landesgrenzen stattfinden.

Auch die Hafenverwaltung in Bremen wurde grundlegend restrukturiert. Nach der Eingliederung des Häfensenators in den Aufgabenbereich der Wirtschaftsbehörde konnten Rivalitäten um finanzielle Ressourcen und Zuständigkeiten abgebaut werden, und eine neue Hafenpolitik begann sich herauszukristallisieren. Zum 1.1.2001 wurde das Bremische Hafengesetz durch ein Hafenbetriebsgesetz ersetzt und die Hafengebührenordnung geändert. Die Hafennutzungsentgelte wurden auf das so genannte Hamburger Modell umgestellt. Die Terminalbetreiber zahlen nunmehr ein Kajenutzungsentgelt („Kaimauermiete") sowie einen Mietzins für die von ihnen genutzten Flächen. Die vorher als öffentliches Entgelt von den Reedern in Abhängigkeit von der umgeschlagenen

8 Vgl. *Eckelmann, T.* (2000), S. 241

9 Vgl. *Holocher, K. H.* (2001), S. 26f

Tonnage erhobene Kajegebühr entfällt. Damit wurde das Auslastungsrisiko der Hafeninfrastruktur von der Hafenverwaltung stärker auf die Terminalbetreiber verlagert, die über bessere akquisitorische Möglichkeiten zur Steuerung der Auslastung verfügen.

Die Firma Roland Berger wurde im Frühjahr 2000 beauftragt, die Gründung einer Port Authority zu analysieren, die Hafeninfrastruktur professioneller managen und vermarkten sollte. Im Ergebnis wurde eine "BremenPORTS Management + Services" GmbH&Co KG (inzwischen bremenports GmbH&Co KG) gegründet, die ab Anfang 2002 ihren Betrieb aufnahm.

Bremenports entstand organisatorisch aus den zwischenzeitlich fusionierten Hafenämtern in Bremen und Bremerhaven. Originäre Kernaufgaben liegen somit in den operativen Bereichen Planung, Neubau/Unterhaltung und Maschinen-Elektrotechnik sowie bei den zentralen administrativen Aufgaben. Hinzu kamen Hafenmarketingaufgaben aus der senatorischen Behörde.

Die Funktion der "Hafenbehörde" (des Hafenkapitäns) wurde nicht in bremenports integriert, sondern verblieb in Amtsform (Hansestadt Bremisches Hafenamt, HBH) beim Senator für Wirtschaft und Häfen. Die Aufgaben des HBH sind hoheitlich (polizeiliche Aufgaben, Hafensicherheit, Gefahrenabwehr, Gefahrgut- und Gewässerüberwachung) sowie die neutrale Verkehrslenkung in den Häfen.

Als Rechtsform wurde für bremenports die privatrechtliche Form einer KG gewählt. Die Alternative eines Eigenbetriebes wurde verworfen, um bremenports kommerzielle Tätigkeiten auch außerhalb der Landesgrenzen zu ermöglichen. Zu den Aktivitäten, die über den Aufgabenbereich der bisherigen Hafenverwaltung hinaus gehen, gehören die Wahrnehmung der bremischen Interessen in den Jade-Weser-Port-Gesellschaften sowie hafenplanerische Tätigkeiten für Dritte und die Vermarktung hafenverwaltungsspezifischer Software.

Die Hafenliegenschaften (Infrastruktur) gingen nicht in das Eigentum von bremenports über. Sie werden von der Gesellschaft nur treuhänderisch verwaltet, was in privatrechtlicher Form effizienter und serviceorientierter als es in Behördenform möglich ist. Standort-Werbung und Hafenmarketing werden koordiniert mit der Bremischen Hafenvertretung e.V. (BHV) betrieben, die gemeinsam von der Hafenwirtschaft und der Stadt Bremen finanziert wird. Ähnlich wie in Niedersachsen sollen die operativen Hafenmarketing-Aktivitäten auf eine privatrechtliche Gesellschaft (Bremen Keyports Marketing) überführt werden, die mehrheitlich zu bremenports gehören soll.

Zur weiteren Entwicklung der Bremischen Häfen erarbeitet bremenports im Auftrage des Senats für einzelne Hafenbereiche Masterpläne, z.B. für die Autohäfen[10], Industriehäfen oder die Häfen links der Weser. Umfassendere Hafenentwicklungspläne sind in Bremen seit dem Hafenstrukturkonzept von 1993 nicht mehr vorgelegt worden.

4. Hamburger Hafenpolitik

Die Aufgabentrennung zwischen Staat und Privatwirtschaft und damit die Wettbewerbsordnung wurde im Hamburger Hafen durch die neue, noch heute gültige, Hafenordnung von 1970 geregelt. Diese stellte ein neues ökonomisches Konzept für den Hafen dar und beschränkte die Stadt auf die Festlegung der rechtlichen Rahmenbedingungen und Vorgabe der politischen Leitlinien, auf die Vorhaltung der Hafeninfrastruktur, die Verwaltung und Vermietung der Hafenflächen sowie auf die Gewährleistung der nautischen Sicherheit.

Konkretisiert wurden die Aufgaben im Hafenentwicklungsgesetz vom 20. 1.1982. Dieses regelt nach § 1(1) „die Entwicklung des Hamburger Hafens als Universalhafen." Nach § 1(5) obliegen die „...Hafenentwicklung und die dafür erforderliche dauernde Bereitstellung für Hafenzwecke nutzbarer Flächen...als öffentliche Aufgabe der Freien und Hansestadt Hamburg. Zur Erfüllung dieser Aufgabe soll sie das Eigentum an den Grundstücken des Hafengebietes erwerben und behält sie die ihr im Hafengebiet gehörenden Grundstücke in ihrem Eigentum."

Mit diesem Gesetz verfügt der Hamburger Senat über ein hervorragendes Instrument, um die Hafenentwicklung zu gestalten. Es schreibt die Hafenentwicklung als öffentliche Aufgabe fest, und bestimmt das Hafenareal sowie die darin zulässigen Aktivitäten. Es schreibt das öffentliche Eigentum an Hafenflächen sowie ein Vorkaufsrecht fest und bestimmt, dass die Flächen nur für 30 Jahre mit möglicher Verlängerung vermietet werden dürfen.

Auch das im Alleineigentum der Hansestadt stehende Umschlagunternehmen HHLA AG wurde als hafenentwicklungspolitisches Instrument eingesetzt. So gründete HHLA die Gesellschaft für Hafen- und Standortentwicklung (GHS), diese erwarb Hafenunternehmen, Flächen und Nutzungsrechte auf dem Areal der geplanten Hafen-City bevor dieses Projekt publik wurde. Im Rahmen des Projektes Hafen-City werden ca. 180 ha Hafenfläche im Gebiet Grasbrook/ Baakenhafen aus der Hafennutzung heraus genommen und für metropoltypische Wirtschaftszweige und zentrumsnahes Wohnen am Wasser umgewidmet und umstrukturiert. Die GHS wurde später an die Stadt übertragen.

Eine neue Konzernstruktur der HHLA wurde im Jahr 2003 umgesetzt, um eine größere Marktnähe, eine höhere strukturelle Anpassungsfähigkeit und eine bessere Beteiligungsfähigkeit auf Ebene der Geschäftsfelder zu erreichen, dabei

---

10 *bremenports* (2003)

wurde der Stammhaus-Konzern in eine Management-Holding umgewandelt.[11] Diese Umstrukturierung analog zur neuen Struktur der BLG war ursprünglich bereits zum Jahresbeginn 1999 vorgesehen, wurde jedoch u.a. durch Differenzen mit den Mitarbeitern um Jahre verzögert.

Ein (Teil-)Verkauf der landeseigenen HHLA AG ist nach einem Senatsbeschluss vom 2. September 2003 möglich geworden. Nach den Grundsätzen für die Privatisierung öffentlicher Unternehmen wurde die HHLA in Kategorie 2 (Unternehmen, die für die langfristige Sicherung des Wirtschaftsstandortes Hamburg von herausragender Bedeutung sind) eingeordnet; für diese Unternehmen hält der Senat regelhaft eine Beteiligung der Stadt von mindestens 25,1% für geboten, in begründeten Einzelfällen könne eine Mehrheitsbeteiligung geboten sein.[12]

In Hamburg werden periodisch – zuletzt in den Jahren 1976, 1989 und 1997 - Hafenentwicklungspläne aufgestellt, die den gesamten Hafen umfassen. Für Teilaspekte gibt es separate Pläne, beispielsweise den Hafenbahnentwicklungsplan. Der Hafenentwicklungsplan 1997 steht unter dem Motto „Logistisches Dienstleistungszentrum Hamburg - Chancen einer neuen Ära". Nach Inhalt und Gestaltung hinterlassen die Hamburger Hafenentwicklungspläne den Eindruck, als dienten sie primär dazu, die Bevölkerung für die Belange des Hafens, insbesondere der Flächenvorhaltung und –entwicklung zu motivieren. Mit den Komponenten „Hafenerweiterung nach innen", d.h. Umstrukturierung hafenwirtschaftlich genutzter Flächen und Zuschüttung von Hafenbecken[13] und „Hafenerweiterung nach außen", d.h. Erschließung bislang nicht hafenwirtschaftlich genutzter Areale wie Altenwerder, ist die Hamburger Hafenentwicklungspolitik recht erfolgreich.

Seit Sommer 2002 lässt Hamburg die Formalprivatisierung der Hafenverwaltung prüfen, bei der das Amt für Strom- und Hafenbau sowie Teile der Liegenschaftsverwaltung und des Amtes für Häfen, Dienstleistungen und Wirtschaftsinfrastruktur zu einer „Port Authority" in privatrechtlicher Form zusammengefasst werden sollen. Die Port Authority solle als alleiniger Ansprechpartner für die Hafenwirtschaft und ihre Kunden fungieren, dazu soll sie das Eigentum an den Hafenliegenschaften übertragen bekommen, wobei die Grundstücke gemäß dem Hafenentwicklungsgesetz unveräußerbar bleiben sollen, und mit einer Vielzahl von hoheitlichen Aufgaben beliehen werden.[14] Der Zeitplan dieses ehrgeizi-

---

11 Vgl. *HHLA* (2004), S. 23ff

12 Vgl. *Senat der Freien und Hansestadt Hamburg* (2003)

13 *Freie und Hansestadt Hamburg, Wirtschaftsbehörde* (1997), S. 30ff

14 Vgl. *Maercker, H.* (2003)

gen Vorhabens, für das u.a. jeweils 17 Hamburger Gesetze mit Beleihungsklauseln versehen werden müssten, konnte bisher nicht eingehalten werden.

Die Hafenwerbung in Hamburg wird in Form der Hafen Hamburg Marketing e.V. betrieben. Der Verein genießt auch finanzielle Unterstützung des Landes. Informationen über Bestrebungen zur Änderung der Rechtsform liegen nicht vor.

5. Hafenpolitik des Landes Schleswig-Holstein

In seiner Hafenentwicklungskonzeption von 1994 vertritt das Land Schleswig-Holstein den folgenden Standpunkt „Bau- und Betrieb öffentlicher Häfen ist - soweit sie nicht wie die Häfen des Bundes in erster Linie der Erfüllung hoheitlicher Aufgaben dienen - grundsätzlich Aufgabe der Städte und Kommunen des Hafenstandortes....Ungeachtet dessen ist die Landesregierung im Rahmen ihrer Möglichkeiten angesichts der wirtschaftlichen und verkehrlichen Bedeutung der öffentlichen Häfen weiterhin bereit, die kommunalen Hafenträger beim Ausbau der Hafeninfrastruktur und Hinterlandanbindung zu unterstützen.“[15]. Häfen, die sich aufgrund historischer Bedingungen in der Hafenträgerschaft des Landes befinden, sollen in kommunale Trägerschaft überführt werden.

In der Konzeption wurden die Häfen in überregional bedeutsame (Brunsbüttel, Kiel, Lübeck und Puttgarden) und in regional bedeutsame Häfen eingeteilt. Für die letzteren hielt die Landesregierung angesichts der stagnierenden oder rückläufigen Umschlagentwicklung eine Erweiterung der Hafenkapazitäten nicht für erforderlich[16].

Für die überregional bedeutsamen kommunalen Häfen Kiel und Lübeck wurde mit weiter wachsendem Verkehr gerechnet, der zusätzliche - in der Konzeption benannte - Hafenanlagen und Umschlagseinrichtungen erforderlich macht. Für den überregional bedeutsamen Fährhafen Puttgarden erwartete die Landesregierung von der Trägerin DFO bzw. der Deutschen Bahn AG die Inangriffnahme der überfälligen Modernisierung der Abfertigungsanlagen und Fährschiffe. Die überregional bedeutsame Hafengruppe Brunsbüttel werde im bestehenden Ausbauzustand den gegenwärtigen und neuen Umschlagserfordernissen gerecht.

In Schleswig-Holstein vertritt die Landesregierung eine dezidierte Meinung bezüglich der Hafenentwicklung als Aufgabe der Trägergemeinden und scheint nur in Kiel und Lübeck zu einer umfangreicheren Unterstützung der kommuna-

---

15 *Der Minister für Wirtschaft, Technik und Verkehr des Landes Schleswig-Holstein* (1994), S. 44

16 Vgl. ebenda, S. 30

len Hafenträger bei Investitionen im Sinne einer allgemeinen Wirtschaftsförderung bereit zu sein.

In konsequenter Umsetzung seiner hafenpolitischen Vorstellungen hatte das Land Schleswig-Holstein gegen Ende 1999 die Infrastruktur der drei landeseigenen Häfen in Brunsbüttel für 1,8 Mio. DM an den privaten Betreiber Hafengesellschaft Brunsbüttel verkauft. Kurz darauf wurde auch der Fährhafen Dagebüll an die Hafengesellschaft Dagebüll mbH verkauft, so dass sich nur noch wenige kleine Häfen mit lokaler Bedeutung in Landeseigentum befinden.

6. Hafenpolitik des Landes Mecklenburg-Vorpommern

Im Jahr 1989 gehörten die ostdeutschen Seehäfen als Volkseigene Betriebe (VEB) zum Kombinat Seeverkehr und Hafenwirtschaft. Die VEB waren integrierte Seehäfen, die Infrastruktur, Suprastruktur, Umschlag- und Lagereibetrieb, Energieversorgung und weitere Nebenaktivitäten umfassten. Auf der Grundlage des Treuhandgesetzes vom 17.6.1990 wurden die volkseigenen Betriebe und Kombinate zu GmbH oder AG im Aufbau zwangsumgewandelt und in der Treuhandanstalt zusammengefasst. Die Gesellschaftsanteile der ehemaligen VEB wurden von der Treuhandanstalt im Jahr 1991 an die Standortkommunen übereignet. Während die Stadt Stralsund Alleineigentümer der Stralsunder Hafen- und Lagerhaus GmbH wurde, erhielt das Land an den Häfen Rostock und Wismar 25,1% und an Saßnitz/Mukran 10% der Eigentumsanteile.

Mit Wirkung vom 01.04.1994 wurde die Seehafen Rostock GmbH in eine Infrastrukturgesellschaft (Seehafen Rostock-Verwaltungsgesellschaft mbH, inzwischen HERO GmbH), an der das Land weiterhin beteiligt blieb, umgewandelt und die Suprastruktur in eine rein kommunale Betriebsgesellschaft (Seehafen Rostock-Umschlagsgesellschaft mbH) ausgegliedert. In den anderen Häfen blieben die integrierten, gleichermaßen für Infra- und Suprastruktur zuständigen, Hafengesellschaften erhalten. Um in Wismar die Förderfähigkeit der Hafeninvestitionen zu erhöhen, wurde der Landesanteil an der Seehafen Wismar GmbH auf 10% reduziert.

Im Jahr 1993 hatte der Landesverband Hafenwirtschaft Mecklenburg-Vorpommern Grundlagen für hafenpolitische Leitlinien erarbeiten lassen[17]. Auch die Landesregierung hatte kleinere Voruntersuchungen über ein Landeshafenkonzept durchführen lassen, bisher wurden jedoch seitens des Landes noch keine umfangreichen konzeptionellen Äußerungen in Hafenfragen veröffentlicht

Die Landesregierung betreibt Hafenpolitik im Rahmen ihrer Miteigentümerfunktion in den Häfen Rostock, Saßnitz und Wismar. Investitionen dieser und auch der anderen Häfen werden fallweise finanziell zu erheblichen Anteilen

17 *Breitzmann, K.-H.* (1993)

unterstützt, vor allem aus Mitteln der Gemeinschaftsaufgabe zur Förderung der regionalen Wirtschaftsstruktur.

Schwerpunkt der Hafenpolitik in Mecklenburg-Vorpommern ist nach Aussage des zuständigen Referatsleiters im Wirtschaftsministerium der Ausbau der Wettbewerbsfähigkeit der Häfen durch Herstellung einer anforderungsgerechten Hafeninfra- und -suprastruktur sowie die Beseitigung von Engpässen im Bereich der land- und seeseitigen Zufahrten. Weitere Ziele sind die Ansiedlung von hafengebundener Industrie in den Häfen oder in deren unmittelbarer Nähe bei Gewährleistung des diskriminierungsfreien Hafenzugangs. Die Unternehmen sollten vorzugsweise zusätzlichen Umschlag bringen und möglichst hafenkonforme Dienstleistungen anbieten. [18]

7. Vergleichende Bewertung

Generell lässt sich bei den Hafenpolitiken der deutschen Küstenländer eine Tendenz zu mehr Rationalität und Effizienz erkennen.

Schleswig-Holstein, das - abgesehen von Brunsbüttel – nicht über das Eigentum an größeren Häfen verfügt, hat eine konsequent ausgerichtete Hafenpolitik umgesetzt und sich soweit wie möglich aus dem Eigentum und der direkten Verantwortung für die Häfen zurückgezogen. Eine rudimentäre Hafenverwaltung findet sich noch im Amt für ländliche Räume, Dezernat Hafenbehörde in Husum, das die hafenbehördlichen („Hafenkapitän“) und seemannsamtlichen Aufgaben für die Westküstenhäfen wahrnimmt. In den schleswig-holsteinischen Ostseehäfen liegen die entsprechenden Aufgaben bei kommunalen Behörden.

Das Land Mecklenburg-Vorpommern wurde nach der Wende nur als Minderheitsgesellschafter an drei kommunalen Häfen (Rostock, Wismar, Saßnitz) beteiligt und hat dementsprechend keine eigene Hafenverwaltung aufgebaut. Die Hafenförderung erfolgt – analog zu Schleswig-Holstein – durch Investitionszuschüsse im Sinne einer allgemeinen Wirtschaftsförderung und durch die Unterstützung der Verbesserung der Hinterlandanbindungen und seewärtigen Zufahrten, die in der Regel Bundesverkehrswege sind und von der Bundesregierung finanziert werden.

Bremen, Hamburg und Niedersachsen sind aus historischen Gründen Eigentümer umfangreicher Hafeninfrastrukturanlagen und privatrechtlich organisierter Umschlagunternehmen, sie sind daher in der Hafenpolitik wesentlich aktiver als Mecklenburg-Vorpommern und Schleswig-Holstein. Bei den landeseigenen Hafenverwaltungen, zeigt sich ein eindeutiger Trend in Richtung des „Landlord

[18] Vgl. *Richter, K.* (1997)

Ports“[19], bei dem eine relativ selbständige „Port Authority“ die Infrastruktur vorhält und sich um die Hafenentwicklung kümmert, während die übrigen Hafenaktivitäten der Privatwirtschaft vorbehalten sind. Bremen hat mit bremenports GmbH&Co KG eine solche privatrechtlich organisierte Hafenverwaltung eingerichtet, während Hamburg und Niedersachsen ähnliche Planungen umsetzen wollen.

Kritische Aspekte bei der Einrichtung einer Port Authority liegen im Übergang des Grundeigentums, was zu erheblichen Grundsteuerzahlungen führen kann, sowie in der Übertragung der zahlreichen hoheitlichen Aufgaben, die von staatlichen Hafenbehörden wahrgenommen werden. Diese müssen entweder in einer Rest-Hafenbehörde verbleiben bzw. auf andere öffentlich-rechtliche Institutionen übergehen oder aufwändig über Beleihungsgesetze auf die privatrechtlichen Port Authorities übertragen werden. Schwierig ist ebenfalls der Übergang der öffentlich Bediensteten und Beamten.

Die privatrechtlich organisierte Durchführung der Hafenverwaltung führt zu mehr Flexibilität und Effizienzgewinnen, beeinträchtigt jedoch die Budgethoheit der jeweiligen Parlamente. Auch der Verlust an parlamentarischen Kontrollmöglichkeiten stößt auf Widerstände der Abgeordneten.

Die staatlichen Hafenumschlagaktivitäten sind (bzw. wurden in Bremen) in privatrechtlicher Unternehmensform organisiert. Eine materielle Privatisierung der Umschlagaktivitäten wurde in Niedersachsen teilweise vorgenommen. BLG und HHLA wurden in moderne Konzern-Holding-Strukturen überführt und können einzelne Tätigkeitsbereiche durch (Teil-)Verkauf der jeweiligen Tochtergesellschaften auch materiell privatisieren. Selbst ein (Teil-)Verkauf der von den Stadtstaaten gehaltenen Aktien der Muttergesellschaften ist denk- und machbar geworden.

Im Hinblick auf die Hafenpolitik der EU (Dienstleistungsfreiheit, Port Package) sollte die Hafenordnungspolitik der Länder marktwirtschaftliche Strukturen und wettbewerbliches Handeln in den Häfen fördern und Subventionen abbauen. Mit der neuen Hafenordnung von 1970 hat Hamburg frühzeitig die Machtposition der HHLA eingegrenzt, die finanziellen Verflechtungen zwischen Stadt und HHLA transparenter gemacht und Wettbewerb zwischen Hafenunternehmen ermöglicht. Die Entwicklung in den Bremischen Häfen wurde sicherlich dadurch beeinträchtigt, dass die BLG eine Quasi-Monopolposition in den Freihäfen inne hatte, die finanziellen Beziehungen zwischen BLG, Betrieben der BLG und Stadtgemeinde intransparent waren und somit ein leistungsfördernder Wettbewerb innerhalb der Bremischen Häfen nur sehr eingeschränkt möglich

---

[19] Zum „Landlord Port“ und den Strukturen der Hafenzuständigkeiten vergleiche Holocher, K.H. (1990), insbesondere S. 87.

war. Die Reformen in der zweiten Hälfte der 90er Jahre haben die Bremischen Häfen strukturell modernisiert und maßgeblich den enormen Umschlagzuwachs seit Ende der 90er Jahre begünstigt.

Die niedersächsische Politik der Spezialisierung der einzelne Hafenstandorte auf bestimmte Seegüterteilmärkte hat zu einer Reduzierung des Wettbewerbes zwischen den niedersächsischen Hafenstandorten und Umschlagunternehmen beigetragen. Die Unterstützung der Spezialisierung des Hafens Emden auf die Umschlagbedürfnisse der Volkswagen-Gruppe und der Papierfabrik in Dörpen haben nach dem Wegbrechen des Massengutumschlags die Umstrukturierung zum Stückguthafen und eine sehr positive Umschlagentwicklung ermöglicht.

Die Hafenentwicklungspolitik im Sinne einer Flächenvorsorge und Entwicklung von Hafenflächen scheint in Hamburg wesentlich strategisch-langfristiger ausgerichtet zu sein als in Bremen oder Niedersachsen.

Eine zusammenfassende Bewertung des Erfolges der Hafenpolitik ist kaum möglich. Wird die Entwicklung der Umschlagzahlen von 1992 bis 2002 zugrunde gelegt, weist Mecklenburg-Vorpommern – gefolgt von Bremen – die größte Steigerungsrate auf, ob dies der Hafenpolitik geschuldet ist oder dem Basiseffekt (Zusammenbruch des Umschlages nach dem Ende der Zentralverwaltungswirtschaft) mag dahingestellt bleiben. Eine objektivere Bewertungsbasis wäre die Entwicklung der in den jeweiligen Häfen erwirtschafteten Wertschöpfung. Jedoch geben die hierzu vorliegenden Hafenwirkungsstudien keine akzeptable und vergleichbare Datenbasis.

Literatur

Arbeitsgruppe „Neuorganisation der Niedersächsischen Häfen- und Schifffahrtsverwaltung“: Abschlußbericht, Hannover 26. Juni 2000

BMV (1993): Die Seehafenverkehrspolitik der Bundesregierung, in: Verkehrsnachrichten 8/9-93, S. 14f

Breitzmann, K.-H. (1993): Sicherung der Wettbewerbsfähigkeit der Seehäfen in Mecklenburg-Vorpommern - Grundlagen für hafenpolitische Leitlinien, im Auftrag des Landesverbandes Hafenwirtschaft Mecklenburg-Vorpommern e.V. (LHMV), Rostock, November 1993

Bremenports (2003): Masterplan zur Optimierung des Automobile-Logistics-Centers Bremerhaven, Bremerhaven o.J. (2003)

Der Minister für Wirtschaft, Technik und Verkehr des Landes Schleswig-Holstein (1994): Hafenentwicklungskonzeption für Schleswig-Holstein, Kiel Juni 1994

Eckelmann, T. (2000): Bremen und Hamburg: Hafenkooperation durch Unternehmensfusion, in DVWG B 231: Perspektiven der Schiffsgrößenentwicklung in der Containerschiffahrt – Herausforderung für die deutschen Nordseehäfen?, Bergisch-Gladbach 2000, S. 240 – 254

Freie und Hansestadt Hamburg, Wirtschaftsbehörde (1997): Hafenentwicklungsplan 1997: Logistisches Dienstleistungszentrum Hafen Hamburg

HHLA (2004): Geschäftsbericht 2003, Hamburg o.J. (2004)

Holocher, K. H. (1900): Organizational Structure of Seaports, in: Port Management Textbook – Volume 1, hrsg. Von R. W. Stuchtey Bremen 1990, S. 61-76

Holocher, K. H. (2001). Wahl und Änderung der Rechtsform - Eine Analyse am Beispiel von Hafenverwaltungen und Umschlagbetrieben, in Lagoni, R. (Hrsg.) Beiträge zum deutschen und europäischen Seehafenrecht, Hamburg 2001, S. 13-29

Maercker, H. (2003): Überlegungen zur Privatisierung der Hafenverwaltung in Hamburg, in: Protokoll der 14. Sitzung des Fachausschusses Hafenrecht der HTG vom 08. Mai 2003, S. 5-7

Niedersächsische Staatskanzlei (2001): Pressemitteilung vom 30. März 2001

Niedersächsisches Ministerium für Wirtschaft, Arbeit und Verkehr (2000): Aufbauorganisation der Niedersächsischen Häfen- und Schifffahrtsverwaltung, Abschlußbericht, Hannover Juni 2000

Niedersächsisches Ministerium für Wirtschaft, Arbeit und Verkehr (2003): Wirtschaftsbericht 2002 für die landeseigenen niedersächsischen Seehäfen, sowie vorhergehende Wirtschaftsberichte

Niedersächsisches Ministerium für Wirtschaft, Technologie und Verkehr (1995): Leitlinien zur Entwicklung der niedersächsischen Häfen

Richter, K. (1997): Betonung liegt auf Wettbewerbsfähigkeit, DVZ vom 27.3.97

Senat der Freien und Hansestadt Hamburg (2003), Pressemitteilung 02.09.2003

Sichelschmidt, H. (2000): Die „Seehafenlasten" des Länderfinanzausgleichs in der Kritik, in Wirtschaftsdienst, August 2000, S. 488-493

Stuchtey, R. W. (Hrsg.) (1900): Port Management Textbook – Volume 1, ISL Bremen 1990

Dr. Holger Kramer

Ursachen und Gründe für Privatfinanzierungen von Container-Terminalinfrastrukturen

1 Einleitung

Die dynamische Entwicklung des Containerverkehrs und die damit verbundenen Veränderungen, wie z.B. Schiffsgrößenentwicklung, Dedicated Terminals, Reedereiallianzen und Schifffahrtskonferenzen oder die Nachfrage nach integrierten Logistikonzepten/Door-to-Door Verkehren, erforderten und erfordern auch in der Zukunft Adaptions- und Integrationsprozesse in den Containerhäfen.

Hiervon betroffen ist auch die infrastrukturelle Ausstattung in den Containerhäfen. Die Frage nach der Zuständigkeit für die Finanzierung der Terminalinfrastruktur, d.h. der Kaimauer und des Terminalgeländes hat sich in den letzten Jahren in Europa wiederholt als sehr problematisch für den gesamten Markt für Containerhafenumschlag gezeigt. Die innerhalb der EU i.d.R. gängige Praxis der Finanzierung durch die öffentliche Hand hat dabei auf europäischer als auch auf nationaler Ebene zu erheblichen Diskussionen geführt.

Ursächlich für diese Diskussion um öffentliche Finanzierungen von Terminalinfrastrukturen ist die Tatsache, dass Seehäfen eine Doppelfunktion aufweisen, d.h. sie haben einerseits einen volkswirtschaftlichen Nutzen hinsichtlich ihrer Funktion als Schnittstelle für den internationalen Warentransport bzw. –austausch und sind daher von der öffentlichen Hand innerhalb eines wirtschaftspolitischen Rahmens zu unterstützen. Parallel dazu sind sie aus betriebswirtschaftlichen Einzeleinheiten zusammengesetzt, die am Markt unter Gesetzmäßigkeiten des Wettbewerbs operieren müssen.

Aufgrund dieses doppelschneidigen Charakters werden in der derzeitigen Situation bei staatlichen Terminalinfrastrukturfinanzierungen sowohl wettbewerbsrechtliche Auswirkungen durch öffentliche Subventionierung von Umschlagsunternehmen, die Entwicklung von Umschlagskapazitäten als auch gesamtwirtschaftliche Nutzeneffekte kontrovers diskutiert.

Ziel dieses Aufsatzes ist es, die wichtigsten Gründe und Ursachen aufzuzeigen, die für die Zukunft eine stärkere Berücksichtigung von privaten Finanzierungen von Container-Terminalinfrastrukturen als Alternative zu einer staatlichen Vorhaltung erwarten lassen.

2. Ursachen für die Notwendigkeit privater Terminalinfrastrukturfinanzierungen

Der Komplex Seehafen ist einerseits mit seinen verschiedenen betriebswirtschaftlichen Einheiten als eine Unternehmung aufzufassen und befindet sich andererseits in einem Wettbewerb mit Häfen auf verschiedenen Ebenen. Im Rahmen dieser Wettbewerbssituation sind endogene wie exogene Determinanten von Seehäfen oder deren Seehafenverkehrswirtschaften für deren Wettbewerbsfähigkeit bestimmend. Die endogenen Determinanten sind von den Häfen beeinflussbar, d.h. sie können im Sinne des jeweiligen Hafens i.d.R. von diesem selbst im Rahmen seiner ökonomischen, politischen und institutionellen Möglichkeiten beeinflusst werden. Als solche endogene Determinante haben terminalbezogene Hafeninfrastrukturen, d.h. Kaimauern eine entscheidende Funktion, um eine entsprechende Umschlags- und Servicequalität anzubieten.

2.1 Überprüfung infrastrukturtheoretischer Definitionen als Begründung staatlicher Infrastrukturfinanzierung

Aufgrund der enormen Bedeutung einer terminalbezogenen Infrastruktur stellt sich die Frage, ob und wie die Finanzierung der enormen Investitionskosten dieser Infrastrukturen gesichert ist. Ein wesentliches, wenn nicht gar das wichtigste Argument für die Finanzierung von unternehmensbezogener wie auch genereller Hafeninfrastrukturen durch die öffentliche Hand ist die Zuweisung der Vorhaltungsaufgabe für die infrastrukturelle Grundausstattung an den Staat.

Der Begriff der Infrastruktur wird in der Ökonomie sehr unterschiedlich interpretiert. Dennoch lassen sich trotz der Vielzahl an unterschiedlichen Definitionen Kriterien bestimmen, die sich in den meisten Definitionen wiederfinden und die so eine aussagefähige Beschreibung von Infrastruktur erlauben. Diese sind:

1. die Infrastruktur unterliegt der Kontrolle der öffentlichen Hand;
2. die Nutzung der Infrastruktur erfolgt unter Ungültigkeit des Ausschlussprinzips;
3. es fehlen Marktpreise für Infrastrukturen;
4. für die Infrastrukturnutzungen gelten gleiche Faktorentgelte für gleiche Faktorleistungen;
5. ein Versagen des Marktes als Allokationsmechanismus ist Voraussetzung für eine staatliche Finanzierung der Infrastruktur;
6. bei der Infrastruktur besteht eine Nichtrivalität im Konsum.

Diese sechs in der Theorie wiederholt genannten Kriterien zeigen, dass eine Finanzierung von terminalbezogenen Infrastrukturen durch die öffentliche Hand durchaus in Frage zu stellen ist.

So unterliegen terminalbezogene Infrastrukturen nicht der Kontrolle der öffentlichen Hand. Öffentlich finanzierte Terminalinfrastrukturen werden über Nutzungsüberlassungsverträge an einzelne Hafenumschlagsunternehmen vergeben. Dabei sind die Unternehmen grundsätzlich frei in ihrer Entscheidung, die Entgelte für ihre Dienstleistungen festzusetzen und Tätigkeiten auszuüben, die sie für angemessen halten. Gehälter und Löhne werden i.d.R. ebenfalls ohne die Beteiligung der öffentlichen Hand vereinbart.

Auch hinsichtlich des Kriteriums der Ungültigkeit des Ausschlussprinzips entspricht die Terminalinfrastruktur nicht den Anforderungen. Während landseitig i.d.R. die Nutzung ausschließlich durch ein Umschlagunternehmen erfolgt, bestimmt dieses Umschlagunternehmen über die Vergabe von Liegeplätzen über die seeseitige Nutzung durch die Reeder. Auch wenn einem Reeder die Nutzung der Kaimauer nur schwer zu untersagen ist, so hat das Umschlagunternehmen über die Qualität seiner Serviceleistungen und den damit verbundenen zu leistenden Entgelten Möglichkeiten, den Reeder zum Anlaufen eines anderen Hafens zu bewegen. Der Ausschlussfaktor wird noch deutlicher, wenn es sich bei einem Terminal um ein sogenanntes Dedicated Terminal handelt, wodurch somit – ebenso wie auf der Anbieterseite – auch auf der Nachfrageseite nur eine Reederei einen betriebswirtschaftlichen Nutzen hieran hat.

Die Anforderung, dass gleiche Faktorentgelte für gleiche Faktorleistungen zu erbringen sind, trifft gleichfalls nicht auf terminalbezogene Infrastrukturen zu. So unterscheiden sich auf der Nachfragerseite die zu leistenden Hafengebühren u.a. nach der Marktmacht des Reeders aber auch nach den jeweiligen Fahrtgebieten. Diese Unterscheidungen sind im Rahmen des herrschenden Wettbewerbs normale Instrumentarien, doch nur, solange es sich nicht um öffentlich finanzierte Anlagen handelt. Ebenfalls gibt es Unterschiede auf der Angebotsseite. So unterscheiden sich die Faktorentgelte, die von den Unternehmen an die öffentlichen Gebietskörperschaften für die gegebenen Faktorleistungen, d.h. für die Bereitstellung der Terminalinfrastruktur gezahlt werden, innerhalb der Europäischen Union in ganz beträchtlichem Maße.

Ebenfalls kann von fehlenden Marktpreisen bei einer terminalbezogenen Infrastruktur nicht unbedingt ausgegangen werden. Zahlreiche Beispiele belegen, dass für diesen Teil der Infrastruktur durchaus Marktpreise existieren. So werden beispielsweise in den inzwischen privatisierten britischen Häfen die Kosten für den Bau und die Unterhaltung der Terminalinfrastruktur von den privaten Hafenverwaltungen ohne Beteiligung der öffentlichen Hand getragen, wobei die hier vorhandene Existenz von Marktpreisen unabhängig von der Insellage Großbritanniens ist. Weitere zahlreiche Beispiele für private Terminalfinanzierungen unter Einbeziehung von Marktpreisen finden sich in vielen Häfen in Südamerika und Asien, bspw. in den indischen Häfen von Jawaharlal Nehru und Pir Pau. In Spanien wurden ebenfalls die Möglichkeiten für private

Infrastrukturvorhaben in den Seehäfen durch die Verabschiedung eines neuen Hafengesetzes Ende 1997 verbessert. Diese Beispiele zeigen deutlich, dass es Marktpreise für Terminalinfrastrukturen gibt und verdeutlichen somit den Unterschied zur reinen öffentlichen Infrastruktur.

Die Voraussetzung eines Versagens des Marktes als Allokationsmechanismus als Grund für eine staatliche Finanzierung der Infrastruktur ist für auf dem Markt für Containerumschlag nicht erkennbar. Allerdings kann hier eine entgegengesetzte Entwicklung beobachtet werden, d.h. durch die staatliche Finanzierung wird das Entstehen von Fehlentwicklungen in Form von Überkapazitäten und Marktaustritts- bzw. Markteintrittsbarrieren ermöglicht.

Zudem ist das Kriterium des Vorhandenseins einer Nichtrivalität in der Nutzung von Infrastrukturen nicht auf Terminalinfrastrukturen übertragbar. Liegeplatzgarantien für die Reedereien, Terminalbeteiligungen von Reedereien oder gar spezielle Dedicated Terminals zeigen gerade eine genau entgegengesetzte Entwicklung. Der hohe Zeitdruck, unter dem Reeder mit ihren eingesetzten Schiffen operieren, zwingt die Reeder, als Anbieter von Transportleistungen, die Transportzeit zu minimieren. Hierzu sollen minimierte Hafendurchlaufzeiten durch eine garantierte zügige Abfertigung seitens der Hafenumschlagsunternehmen beitragen. Hierdurch besteht jedoch gerade ein hoher Rivalitätsgrad um die Liegeplätze mit der Folge der o.g. Entwicklung.

Eine Vorhaltungspflicht der öffentlichen Hand in Form einer Finanzierung ist somit in der Infrastrukturtheorie nicht eindeutig zu belegen. Dennoch werden derzeit terminalbezogene Infrastrukturen in der Europäischen Union in den allermeisten Fällen durch die öffentliche Hand finanziert.

2.2 Entwicklungen auf nationalstaatlicher Ebene als Gründe für private Finanzierungen terminalbezogener Infrastrukturen

Die Betrachtung der infrastrukturtheoretischen Seite hat gezeigt, dass sich in der Theorie keine Gründe für eine Finanzierung von Terminalinfrastrukturen mit öffentlichen Mitteln bzw. eine staatliche Vorhaltungspflicht finden lassen. Dennoch zeigt die Übersicht über die gängigen Finanzierungen innerhalb der EU, dass in der Mehrheit der Fälle die öffentliche Hand die Terminalinfrastruktur finanziert. Dies lässt die Annahme zu, dass es keine oder keine reinen ökonomischen Gründe für staatliche Finanzierungseingriffe gibt, sondern dass Finanzierungen der öffentlichen Hand auch politisch motiviert sind.

Ausschlaggebend für diese politische Motivation der öffentlichen Hand ist das Interesse jedes einzelnen Staates und jeder lokalen Gebietskörperschaft am Erhalt des eigenen Hafenstandortes. Zwar bestehen möglicherweise Interessensdivergenzen innerhalb eines Staates oder einer lokalen Gebietskörperschaft für den Fall, dass diese mehrere Häfen in ihrem Verantwortungsbereich haben oder dass verschiedene Bereiche um staatliche Investitionen konkurrieren, dennoch besteht, trotz möglicher Prioritäten, ein egoistisches Eigeninteresse der öffentlichen Hand an wettbewerbsfähigen Hafenstandorten. Dieses Eigeninteresse hat seine Ursache in der bereits genannten Doppelfunktion von Seehäfen. Dieses führt dazu, dass politische Entscheidungskriterien, wie z.B. Wahlkampfpolitik oder Arbeitsmarktpolitik die Investitionsentscheidungen im operativen Terminalbereich maßgeblich beeinflussen.

2.2.1 Zusammenhang zwischen der öffentlichen Hand und der Verwaltungsstruktur von Seehäfen

Die Erkenntnis, dass eine rein ökonomische Erklärung der Infrastruktur keine hinreichende Erklärung der wahrgenommenen Infrastrukturpolitik gibt, führt gleichzeitig zu der Annahme, dass Hafeninfrastrukturinvestionen - sowohl generelle als auch terminalbezogene Infrastrukturen - von unsicheren politischen „Good Will“ Entscheidungen abhängig sind. Entscheidend ist bei dieser Konstellation, inwieweit Zielidentitäten oder aber Zieldivergenzen zwischen der Hafenverwaltung und der Seehafenwirtschaft bestehen. Diese Abhängigkeit verursacht zwar möglicherweise weniger Probleme, wenn eine Hafenverwaltung autonom oder einer lokalen Gebietskörperschaft angehörig ist. Für diesen Fall ist davon auszugehen, dass die Interessen der Hafenverwaltung eng mit den Interessen des Hafens und der Seehafenwirtschaft verbunden sind. Dennoch können aufgrund schlechter Haushaltslagen Konkurrenzsituationen zwischen verschiedenen Wirtschaftsbereichen entstehen. Im Falle nicht ausreichender öffentlicher Investitionsmittel könnte eine Entweder-Oder-Entscheidung zwischen einer Investitionsentscheidung im Hafen und bspw. einer Investition in einem Flughafen zu treffen sein.

2.2.2 Defizite in den öffentliche Haushaltskassen

Die Abhängigkeit der Hafenunternehmen von der öffentlichen Hand bei der Finanzierung von terminalbezogenen Hafeninfrastrukturen stellt sich nicht nur bei fehlenden Zielidentitäten oder zumindest fehlenden Zielkomplementaritäten als Problem dar. Das Beispiel der Diskussion um eine Finanzierung von Hafenlasten aus dem Länderfinanzausgleich verdeutlicht nicht nur die Problematik bestehender Zieldivergenzen, sondern weist gleichzeitig auf eine andere Schwierigkeit in der derzeitigen und zukünftigen Situation bei der öffentlichen Finanzierung von Terminalinfrastrukturen hin. Die erforderlichen Ausgaben der öffentlichen Hand für Infrastrukturvorhaltungen übersteigen sowohl auf kommunaler als auch auf nationaler Ebene die vorhandenen und zukünftigen öffentlichen Haushalte. Letztere stehen bei der Finanzierung von Infrastrukturprojekten vor ständig wachsenden Problemen, da diese immer mehr durch ihre angespannte Haushaltslage an ihre Finanzierungsgrenzen stoßen. Handlungsoptionen der Vergangenheit, wie z.B. Steuererhöhungen oder Kreditfinanzierungen, sind rechtliche und wirtschaftliche Grenzen gesetzt, so dass es immer weniger möglich sein wird, auf privatwirtschaftliche Engagements zu verzichten.

Der entstandene und sich weiter verschärfende Zwang zum Sparen führt nicht nur bei Ländern und Kommunen zu einem Umdenken bei den bisher als selbstverständlich betrachteten Finanzierungsformen, sondern auch auf Seiten der privaten Wirtschaft. Die Gebietskörperschaften werden bei der Finanzierung der notwendigen Investitionen von Infrastruktureinrichtungen in den kommenden Jahren definitiv an ihre Grenzen stoßen, d.h. die auf staatlicher Ebene vorhandenen Ressourcen werden nicht ausreichen, um den hohen Investitionserfordernissen in der gebotenen Zeit Rechnung zu tragen.

Finanzierungsprobleme und verstärkte Haushaltsdefizite stellen auch bei der Vorhaltung von terminalbezogenen Hafeninfrastrukturen in den jeweiligen Bundesländern ein Problem dar. In den beiden größten deutschen Containerhäfen - Hamburg und Bremerhaven - verursachen Ausbaupläne der Containerkajen enorme Haushaltsprobleme, da für die Finanzierung keine ausreichenden Etatmittel vorhanden sind. Um jedoch erforderliche Finanzierungsbedarfe zu decken, müssen bspw. in Bremerhaven für den Bau von CT IV öffentliche Vermögen aktiviert werden, d.h. Grundstücke, die sich im Eigentum des Bundeslandes Bremen befinden, sollen verkauft oder beliehen werden. Die hieraus stammenden Erlöse sollen zur Finanzierung von CT IV herangezogen werden.

Eine ähnliche Situation lässt sich in Hamburg vorfinden. Hier wurde der Hafen auf dem Gelände des Stadtteils Altenwerder um ein neues Containerterminal erweitert, wobei für die Finanzierung dieses Terminals städtische Grundflächen, Anlagen und Gebäude im innerstädtischen Hafenrand, d.h. der geplanten Hafencity, zur Verfügung gestellt werden mussten. Da der Zeitpunkt für die Erlöse aus diesen Verkäufen jedoch nicht konkret zu bestimmen war, wurde für die Zwischenfinanzierung eine Kreditaufnahme notwendig, die jedoch zu Lasten des Sondervermögens „Stadt und Hafen" ging.

Auch beim geplanten Jade-Weser-Port sollten für die Realisierung des ersten Abschnitts mindestens 51% für die ersten vier Liegeplätze von der Privatwirtschaft finanziert werden. Im weiteren Verlauf der Planungsarbeiten wurde von dieser Zielsetzung jedoch wieder Abstand genommen. Das Problem leerer öffentlicher Kassen hatte auch der Hafen Rotterdam bei der Entschließung zum Ausbau der zweiten Maasvlakte zu lösen. Aufgrund der veranschlagten Kosten zwischen 3,5 und 7,5 Milliarden Hfl blieb es von 1997 bis Mitte 2001 unklar, ob das niederländische Kabinett der zweiten Maasvlakte zustimmen würde – trotz der offiziellen Anerkennung dieses Projektes als zentrales Zukunftsprojekt für eine weitere wettbewerbsfähige Entwicklung des Hafens Rotterdams. Erst im Mai 2001 wurde vom Kabinett das Planfeststellungsverfahren zum Bau der zweiten Maasvlakte verabschiedet. Damit jedoch die ohnehin leeren öffentlichen

Kassen nicht überstrapaziert werden, soll erstmals ein solches Hafeninfrastrukturprojekt im Rahmen einer Public-Private-Partnership finanziert werden.

Eine Fortsetzung von Finanzierungen terminalbezogener Infrastrukturen mittels Verkäufen und Beleihungen von staatlichem und städtischem Eigentum oder durch Aufnahme von Krediten ist jedoch nicht mehr auf Dauer tragbar. Bereits jetzt kritisieren Politiker und Hafenexperten, dass die bisherigen Hafenpolitiken die Haushaltskassen der öffentlichen Körperschaften ruinieren. Das Problem leerer öffentlicher Kassen trifft dabei nicht nur auf Deutschland als Hafenstandort zu, sondern es gilt für alle europäischen Hafenstandorte.

2.2.3 Staatsversagen bei der Finanzierung von Terminalinfrastrukturen

Der Subventionswettlauf der Häfen bei der Finanzierung von Terminalinfrastrukturen führt neben den enormen Ausgaben der Hafengebietskörperschaften auch zu negativen Folgen für die Seehäfen selbst. Denn obwohl sich Investitionsentscheidungen zwar eigentlich an den bestimmenden Marktfaktoren orientieren sollten, scheint in der Realität das Investitionsmotto „Jeder für sich" immer mehr Gültigkeit zu erlangen, da sich die Kapazitätsplanungen in vielen Fällen nicht mehr nach dem Regelfeld Weltwirtschaft, Welthandel, Weltseeverkehr und Welthafenwirtschaft richten. Häufig geht es nur um das eigene Überleben, d.h. die Erhaltung der eigenen Kunden bzw. das Abwerben von neuen Kunden anderer Häfen, da die Kapazitäten i.d.R. kaum erschöpft sind. So hat u.a. auch der Hamburger Rechnungshof in seinem Jahresbericht von 1992 bereits den Subventionswettlauf mit seinen negativen Auswirkungen auf alle übrigen Häfen bemängelt.

Ursächlich für diese Entwicklung ist zum einen die Wettbewerbssituation auf dem Markt. Ein wesentlicher Wettbewerbsfaktor zwischen den Seehäfen ist die Abfertigungsgeschwindigkeit, die sich im Wesentlichen aus der Produktivität des Equipment (z.B. Containerbrücken, Spreader), der Effizienz des Terminalsystems und der Liegeplatzbereitstellung zusammensetzt. Durch die hiermit verbundene Unabdingbarkeit den Kunden eine jederzeitige Abfertigung garantieren zu können, tritt das Renditekriterium bei Investitionsentscheidungen in den Hintergrund. Während bei privaten Kapitalgebern unterdurchschnittliche Renditen i.d.R. zu einem Marktaustritt führen, weist der Containerumschlagsmarkt zwei Besonderheiten auf: Einerseits sind Investitionen in den Containerumschlag sehr spezialisiert, so dass eine Veräußerung - bspw. einer Containerumschlagskaje - schwer bis unmöglich ist und andererseits haben Häfen eine regional- und gesamtwirtschaftliche Bedeutung, so dass die öffentliche Hand mittels der Häfen hier lenkend eingreift. Festzuhalten bleibt somit, dass Investitionsentscheidungen im Containerumschlagsmarkt in Europa i.d.R. unabhängig von Renditeentscheidungen sind. Die Umschlagunternehmen sind demnach gar nicht oder nur teilweise mit den Kosten für die von ihnen genutzte Infrastruktur konfrontiert. Eine Anlastung dieser Investitionskosten würde demnach zu mehr marktkonformen Erweiterungsinvestitionen und zu höheren Renditen führen.

Die bestehenden staatlichen Finanzierungen bedeuten somit in erster Linie eine Subventionierung der internationalen Seeschifffahrt. Sowohl die Bereitstellung von jederzeitig verfügbaren Kapazitäten als auch der Preisdruck aufgrund des Preiswettbewerbes und der künstlichen Marktmacht der Nachfrageseite bedeuten letztendlich Vorteile für die Reedereien. Die Vorteile dieser weitergeleiteten Subventionen werden zudem durch den Trend verstärkt, dass sich die Reedereien vermehrt an Containerumschlagsterminals beteiligen.

Zusammenfassend lässt sich sagen, dass die ständige Erweiterung von Kapazitäten und die damit bestehende Vorhaltung von Überkapazitäten durch staatliche Subventionierungen nicht etwa als ein dynamischer Wettbewerb bezeichnet werden kann, da die Zweckmäßigkeit von Parallelinvestitionen in die Hafeninfrastrukturen bezweifelt werden muss. Eine pareto-optimale Allokation der vorhandenen Ressourcen ist nicht mehr gegeben, da die Anreiz- und Lenkungsfunktion des Marktes von Angebot und Nachfrage ausgeschaltet ist. Zudem hat diese fehlerhafte Allokation weitergehende gesamtwirtschaftliche negative Auswirkungen, da die öffentlichen Budgets nahezu erschöpft sind. Kreditfinanzierungen und (Aus)Verkäufe regionalen und kommunalen Eigentums sind langfristig keine angemessenen Finanzierungsmittel, da sie einerseits kostenintensiv (z.B. Kredite) und zum anderen begrenzt sind (z.B. Verkauf oder Beleihung von öffentlichem Eigentum).

Diese Fehlfunktion auf dem Markt für Containerumschlag kann im eigentlichen Sinn nicht als Ergebnis eines Marktversagens betrachtet, sondern muss als Staatsversagen vermutet werden, da aus den Aktivitäten des öffentlichen Sektors gesamtwirtschaftliche Ineffizienzen und damit Wohlfahrtsverluste - hier Überkapazitäten, geringe Renditen und Preiswettbewerb - entstehen.

2.3 Ziele und Auswirkungen von Maßnahmen der Europäischen Kommission hinsichtlich Infrastrukturfinanzierungen in den Seehäfen

Eng im Zusammenhang mit der oben geschilderten Problematik des staatlichen Subventionswettlaufs ist auch das Bestreben der Europäischen Kommission zu sehen, einen Einfluss auf die Finanzierung dieser Infrastrukturen auszuüben, um Wettbewerbsverzerrungen durch öffentliche Subventionen zu vermeiden.

In den europäischen Häfen gibt es beträchtliche Abweichungen in den eigentumsrechtlichen und organisatorischen Strukturen, die sich in den bestehenden unterschiedlichen Finanzierungen der Häfen und der Seeverkehrsinfrastruktur sowie in den verschiedenen politischen Maßnahmen zur Erhebung von Benutzergebühren widerspiegeln. Demgegenüber steht das Ziel der Kommission, wonach Häfen als gewerbliche Einheiten ihre Kosten über Gebühren von Nutzern finanzieren sollten, denen ein unmittelbarer Vorteil aus den Häfen entsteht.

Um künftig Verzerrungen im Wettbewerb zwischen den europäischen Seehäfen durch staatliche Beihilfen zu vermeiden, hat die Europäische Kommission 1997 ein Grünbuch über Seehäfen und Seeverkehrsinfrastruktur veröffentlicht. Ziel des Grünbuches war es, eine Diskussion über hafenspezifische Fragen und künftige Maßnahmen anzuregen, mit denen die Effizienz der europäischen Seehäfen gesteigert und die Seeverkehrsinfrastruktur verbessert werden können. Voraussetzung hierfür ist die von der Gemeinschaft im Vertrag über die Europäische Gemeinschaft übernommene Verpflichtung der Gewährleistung eines freien und lauteren Wettbewerbs im Hafensektor. Die Kommission schlug in diesem Grünbuch eine Reihe möglicher Maßnahmen und neuer Tätigkeitsgebiete vor, um einen freien und lauteren Wettbewerb im Hafensektor zu gewährleisten.

Entscheidend für eine wachsende Bedeutung privater Finanzierungen von terminalbezogenen Hafeninfrastrukturen ist dabei der Ansatz der Kommission zur Frage der Finanzierung und Anlastung der Kosten der Hafeninfrastruktur. Aus rechtlicher Sicht sind staatliche Investitionen im Hafen, die einzelne Hafenumschlagsunternehmen stärker oder ausschließlich begünstigen als andere Terminalbetreiber, als Beihilfen aufzufassen, die entsprechend den o.g. Artikel 92, 93 und 94 des Vertrages über die Europäische Gemeinschaft zu behandeln sind.

Für eine wirksame und faire Anwendung der bestehenden Vorschriften zu staatlichen Beihilfen ist die finanzielle Transparenz der Hafenbuchführung eine grundlegende Voraussetzung. Diese soll Mittelzuweisungen der öffentlichen Hand an den Hafensektor eindeutig aufzeigen und objektive Vergleiche zwischen den Häfen auf europäischer Ebene ermöglichen. Es ist jedoch unbestreitbar, dass diese bestehenden finanziellen Beziehungen zwischen der öffentlichen Hand und den Hafenunternehmen aufgrund der Komplexität der institutionellen und finanziellen Regelungen in Europa i.d.R. sehr unklar sind. So ist anzunehmen, dass zum einen die Umschlagunternehmen unterschiedlich hohe Mieten und Pachten für die von ihnen genutzte Infrastruktur zahlen, was zu Begünstigungen bzw. Benachteiligungen einzelner Unternehmen führt, und zum anderen besteht die Vermutung, dass die öffentliche Hand in einzelnen Häfen Subventionen zum Ausgleich von Betriebsverlusten zahlt. Die Annahme, dass für die Nutzung terminalbezogener Hafeninfrastrukturen Mieten und Pachten von den Hafenunternehmen unterhalb der Marktpreise gezahlt werden, wird auch durch die immer wieder in Deutschland aufkommende Diskussion zu dieser Problematik unterstützt. Aufgabe der bestehenden europäischen Transparenzrichtlinie ist es somit, finanzielle Beziehungen zwischen der öffentlichen Hand und öffentlichen Unternehmen aufzuzeigen. Denn die Vermeidung einer Konkurrenzsituation zwischen privaten Investitionen, die einen entsprechenden ‚Return on Investment‘ erfordern und öffentlichem Kapital – ohne Notwendigkeit einer angemessenen Verzinsung – wird als Grundvoraussetzung angesehen, privates Kapital zur Finanzierung zu mobilisieren.

Vor dem Hintergrund der Diskussionen um das Grünbuch und weiteren damit im Zusammenhang stehenden Gesprächen, Standpunkten und Streitfragen hatte die Kommission ein sogenanntes Port Package "“Reinforcing Quality Services in Sea Ports : A Key for European Transport” (COM(2001)35) vorgestellt, das Ende 2003 jedoch letztendlich vom Europäischen Parlament abgelehnt wurde. Entscheidend hierfür war die fehlende Übereinstimmung zwischen Ministerrat und Parlament hinsichtlich der Abfindungszahlung für die Terminalbetreiber bei einem Betriebsübergang auf ein anderes Unternehmen und die Regelung über die Selbstabfertigung der Schiffe in den Seehäfen.

Nach Ablehnung des Port Packages hat die EU-Kommissarin Loyola de Palacio für Herbst 2004 eine neue Kommissionsmitteilung zur Liberalisierung der Hafendienstleistungen angekündigt. Es ist zu erwarten, dass hierin der Wettbewerb zwischen Seehäfen stärker im Vordergrund stehen wird als der Wettbewerb innerhalb eines Seehafens. Dieses würde die Bedeutung von Transparenz bei öffentlichen Investitionen in Terminalinfrastrukturen noch erhöhen.

Trotz der erkennbar zurückhaltenderen Position der Kommission sowohl im „alten“ als wohl voraussichtlich auch im „neuen“ Port Package hinsichtlich der im Grünbuch vorgestellten Ansätze für die Erhebung und Berechnung von Infrastrukturgebühren ist davon auszugehen, dass – basierend auf den bestehenden Transparenz- und der Beihilferichtlinien und dem im Port Package eingeleiteten Prozess – die Kommission das Ziel hin zu einem gemeinschaftlichen Rahmen für die Finanzierung von Hafen- und Terminalinfrastrukturen und für die Erhebung von Hafengebühren sowie die Öffnung des Marktzugangs für Dienstleistungen im Hafensektor weiter verfolgen wird.

3. Zusammenfassung

Ziel des Aufsatzes war es, Entwicklungen in Deutschland und der Europäischen Union aufzuzeigen, die einen Einfluss auf die derzeitige und künftige Situation bei der Finanzierung von Terminalinfrastrukturen ausüben, bzw. zu untersuchen, inwieweit Finanzierungen durch private Investoren als Alternativen künftig zu berücksichtigen sind.

Die Auffassung eines Seehafens als Unternehmung hat sich dabei als sinnvoll erwiesen, um Zielidentitäten zwischen den privaten und öffentlichen Akteuren im Hafen zur Sicherung der eigenen Wettbewerbsfähigkeit auf dem Markt für Containerumschlag herzuleiten. Gleichzeitig wird deutlich, dass Zielidentitäten und Interdependenzen eine Gefahr darstellen, sobald Teile dieser Unternehmung ihre Aufgaben nicht mehr erfüllen wollen bzw. erfüllen können. Denn ein Seehafen als Unternehmung mit den Merkmalen Betriebssystem, Organisationsform sowie bestehende Zielidentitäten zur Sicherung der Wettbewerbsfähigkeit gerät in Gefahr aus dem Markt zu scheiden, wenn einzelne zu den Kriterien gehörende Funktionen nicht mehr erfüllt werden können. Hierzu zählt die Aufgabe der – im unternehmerischen Sinne - Produktion von Infrastrukturen bzw. der Terminalinfrastruktur als Wettbewerbsdeterminante zur Fremdbedarfsdeckung durch die öffentliche Hafenverwaltung. Sollten daher Zieldivergenzen in der Organisationsform zwischen Hafenverwaltung und übergeordneter Gebietskörperschaft oder aber fehlende öffentliche Ressourcen einer hinreichenden Infrastrukturausstattung der Terminals im Wege stehen, so hat die Unternehmung Seehafen Sorge dafür zu tragen, dass für die notwendige Terminalinfrastruktur alternative Finanzierungsformen bereitgestellt werden.

Auch hat sich gezeigt, dass eine staatliche Finanzierung von terminalbezogenen Infrastrukturen in der Infrastrukturtheorie keine sichere Grundlage findet, da sich hier wesentliche Infrastrukturmerkmale nicht auf Terminalinfrastrukturen anwenden lassen und diese somit nicht den Charakter von öffentlichen Infrastrukturen haben.

Der Charakter eines Seehafens als Unternehmung, die Einbindung in einen marktwirtschaftlichen Wettbewerb und die infrastrukturtheoretisch nicht belegbaren sowie nicht-kostendeckenden Vorhaltungen von Terminalinfrastrukturen durch den Staat, haben dazu geführt, dass die Europäische Kommission in den letzten Jahren einen verstärkten Einfluss auf die Entwicklungen in den europäischen Seehäfen genommen hat.

Zweifelsohne kann sich die Kommission aufgrund der gängigen Praxis darin bestätigt sehen, dass bei der öffentlichen Ausrichtung der Infrastrukturfinanzierung Wettbewerbsverzerrungen durch zu niedrige oder möglicherweise nicht vorhandene Mieten und Pachten für Terminalinfrastrukturen bestehen.

In diese Richtung ist auch das Port Package sowohl in seiner abgelehnten Form als auch in seiner zu erwartenden zukünftigen Zielsetzung zu interpretieren. Eine rechtliche Regelung des Marktzugangs und damit verbundene Konzessionslaufzeiten bedeuten, dass die Chancen für die sog. Global Port Operator sich über die Ausschreibungsverfahren in die europäischen Häfen „einzukaufen“ auf der einen Seite erheblich steigen, während damit gleichzeitig auf der anderen Seite die Möglichkeiten der verantwortlichen Behörden, bei der Konzessionsvergabe auch regionalwirtschaftliche Interessen mit einfließen zu lassen, sinken werden. Dieses würde die Situation in den europäischen Häfen entscheidend beeinflussen, d.h. mit dieser Entwicklung wird die Notwendigkeit verbunden sein, dass auch in Europa Privatfinanzierungen von Terminalinfrastrukturen in die Überlegungen hier ansässiger Terminalbetreiber aufzunehmen sind.

Vor dem Hintergrund drohender Klagen durch Global Port Operators wegen unfairer Ausschreibungspraktiken, den damit verbundenen zeitlichen Verzögerungen von Investitionen und den hieraus drohenden Wettbewerbsnachteilen und Marktanteilsverlusten, ist anzunehmen, dass eine ausschreibende Behörde zur Vermeidung dieser Konsequenzen vermehrt Global Port Operators als Betreiber akzeptieren bzw. deren Angebote gleichrangig behandeln wird. Zudem würde in Erwartung von Kostenvermeidungen durch private Investitionen in Terminalinfrastrukturen die öffentliche Kasse geschont bzw. wären alternative oder auch optimierte Allokationen von öffentlichen Ressourcen damit zeitgleich realisierbar.

Eine solche im Port Package dargelegte gemeinschaftliche Rahmenbedingung ist dabei vor dem Hintergrund von Wettbewerbsverzerrungen innerhalb der derzeitigen Situation die entscheidende Voraussetzung für eine steigende Bedeutung bzw. Akzeptanz privater Terminalinfrastrukturfinanzierungen. Zwar ist bspw. die negative finanzielle Situation der öffentlichen Hand ebenso ein Grund, um private Finanzierungen in Betracht zu ziehen, doch muss hierfür zuvor eine Angleichung der Wettbewerbssituation erfolgen. So hat das Bundesland Bremen bei der Entschließung zum Bau von CT IV in Bremerhaven bereits erklärt, dass die Küstenländer mit den Hafeninvestitionen finanziell überfordert sind. Dennoch lehnt im Falle Bremerhavens der Betreiber Eurogate eine Beteiligung an der Finanzierung der unternehmensbezogenen Infrastrukturkosten in Höhe von rund 154 Mio. Euro ab. Der entscheidende Grund hierfür ist, dass in den Konkurrenzhäfen die gesamte Infrastruktur von der öffentlichen Hand zu nichtkostendeckenden Mieten und Pachten bereitgestellt wird. Eine Refinanzierung privater Investitionen würde Eurogate somit zu nicht-wettbewerbsfähigen Preisen für den Containerumschlag verpflichten.

Für den Hafensektor in Europa bedeuten die Entwicklungen auf der politischen wie der unternehmerischen Ebene, dass trotz teilweise vorhandenen Interessensdivergenzen für Terminalstrukturfinanzierungen, d.h. marktwirtschaftliche orientierte Renditeaussichten und regionalwirtschaftliche Nutzeneffekte, sich anhand der genannten Wettbewerbsdeterminanten sowie der angebots- und nachfrageseitigen Entwicklungen auf dem Markt für Containerumschlag eine Kooperationsform mit Modellcharakter für private Finanzierungen von Terminalinfrastrukturen ableiten lässt.

Eine solche Form ließe sich als User-Club definieren, der die zuvor aufgezeigten Interessen sowohl der privaten Unternehmensseite als auch der öffentlichen Hand bzw. der regionalen beteiligten Behörden einschließt. Unter Berücksichtigung der vorgestellten Hauptakteure bei privater Finanzierung wären als operative Terminalbetreiber sowohl Reedereien als auch Umschlagunternehmen einzubeziehen. Aufgabe des jeweiligen Carriers wäre die Garantie einer Nachfrage nach Umschlagsleistung bzw. einer Kapazitätsauslastung. Ergänzend hierzu liefert der Terminal Operator – neben seiner anteiligen finanziellen Beteiligung – den notwendigen Input für einen effizienten Umschlagbetrieb (bspw. Know-How, Netzwerkcharakter, Umschlagtechnik etc.). Zur Verdeutlichung der positiven Effekte durch die Einbindung beider Seiten – Angebot und Nachfrage - stellt das Ceres Paragon Terminal in Amsterdam ein geeignetes (Negativ-) Beispiel dar, da es zwar einerseits mit einer Be- und Entladung von beiden Seiten moderne Umschlagtechnik darstellt, aber gleichzeitig – auch nach dem Verkauf an die Reederei NYK - noch kein Reedereikunde für das Terminal vorhanden ist. Die Aufgabe der jeweiligen regionalen Behörde wäre in einem solchen User-Club weiterhin die Vorhaltung der entsprechenden generellen Infrastruktur.

Ein solcher User-Club würde damit Zielidentitäten bei den Beteiligten, d.h. Reedereien, Umschlagunternehmen und regionalen bzw. staatlichen Behörden, als auch Nutzeneffekte - unter der Annahme der genannten politischen und wettbewerbsrechtlichen Rahmenbedingungen – aufweisen. Dieser Effekt wäre auf Seiten der beteiligten Unternehmen der wirtschaftliche Betrieb eines Containerterminals. Für die verantwortliche Behörde – stellvertretend für die Region – würde ein wirtschaftlicher Terminalbetrieb zu regionalwirtschaftlichen Nutzeneffekten, d.h. Arbeitsplatzsicherung und -schaffung, Erhöhung fiskalischer Nutzeneffekte und primären und sekundären Multiplikatoreffekten, führen. Gleichzeitig würde sich bei privaten Investitionen ein höherer fiskalischer Nutzen durch nicht realisierte Staatsausgaben für eben diese Infrastruktur ergeben. Private Investitionen würden nur bei einem Bedarf am Markt für Terminalinfrastrukturen bzw. für eine Kapazitätserweiterung getätigt. Unter der Voraussetzung, dass eine Investition wirtschaftlich wäre, würde die Region regionalwirtschaftliche Nutzeneffekte genießen ohne gleichzeitig öffentliche Gelder zu binden. Ein zusätzlicher potentieller regionaler Nutzeneffekt ergibt sich aus der o.g. Entwicklung von Containerumschlags- und Reedereiunternehmen zu Global Supply Chain Managers. Ist auf der anderen Seite eine Investition in die Terminalinfrastruktur nicht wirtschaftlich, so würden sich hierfür auch keine privaten Investoren für den User-Club finden. In diesem Fall würde jedoch auch die bisherige Finanzierungsform durch die öffentliche Hand ceteris paribus nicht die gewünschten regionalwirtschaftlichen Effekte erreichen.

Dieses Modell ist weder gänzlich neu, noch hat das Modell einen Anspruch auf Ausschließlichkeit. Doch aufgrund der hier vorgestellten Einflussfaktoren und Ursachen, die die bisherige öffentliche Finanzierung in Frage stellen – sowohl bei nicht-marktkonformen wie auch bei marktkonformen Mieten und Pachten – sowie wegen bestehender Investitions- und Marktrisiken, ist die Gründung eines solchen User-Clubs als eine mögliche und für alle Beteiligten - Reeder, Umschlagunternehmen und die Region – ökonomische Option von den zuständigen Behörden bei der Vergabe von Betreiberkontrakten zu prüfen.

Es sei an dieser Stelle nochmals angemerkt, dass es bei einer weiteren öffentlichen Finanzierung zwar keinerlei wettbewerbsrechtliche Probleme mit der Europäischen Kommission gäbe, sofern sich die gesamten Investitionskosten der öffentlichen Hand in den durch die Umschlagunternehmen zu zahlenden Miet- und Pachtpreisen widerspiegeln würden. Aber abgesehen davon, dass Terminalinfrastrukturen nicht hinreichend die Merkmale einer öffentlich vorzuhaltenden Infrastruktur aufweisen, bliebe dennoch das Problem der „leeren" öffentlichen Kassen. So würden auch bei kostendeckenden Mieten und Pachten knappe öffentliche Gelder in Bereiche investiert, denen ausschließlich unternehmerische Aktivitäten zugrunde liegen und werden damit Bereichen vorenthalten, die in der Tat einer Vorhaltungspflicht durch den Staat bedürfen (bspw. im Bildungsbereich). Dieses führt zu einer sub-optimalen Allokation knapper öffentlicher Ressourcen, denen Opportunitätskosten durch nicht erfüllte Vorhaltungspflichten in anderen Bereichen gegenüberstehen.

Festzuhalten bleibt abschließend, dass aufgrund des intensiven Wettbewerbs auf dem europäischen Markt für Containerumschlag ein einheitlicher gesetzlicher Rahmen bei der Finanzierung von Terminalinfrastrukturen auf der Ebene der Europäischen Union die wesentliche Voraussetzung ist, um weitere Wettbewerbsverzerrungen durch das Bestehen unterschiedlicher nicht-marktkonformer Mieten und Pachten bzw. durch die noch extremere Situation beim Nebeneinander von marktkonformen und nicht-marktkonformen Mieten und Pachten zu vermeiden. Damit ist ein EU-weiter Gesetzesrahmen hinsichtlich der Transparenz bei der Terminalinfrastrukturfinanzierung, eines einheitlichen Gebührenrahmens (unter Berücksichtigung von Sunk Costs) und gleicher Marktzugangsregelungen in der Hierarchie der in diesem Aufsatz vorgestellten Gründe für private Finanzierungen von Terminalinfrastrukturen ganz oben als eine Rahmenbedingung anzusetzen, dem die anderen Gründe in einem Abhängigkeitsverhältnis nachgeordnet sind.

Dr. Bernt Mester

Strukturwandel in den Seehäfen

1. Einführung

In wohl kaum einem anderen Wirtschaftszweig spielt Tradition eine derart bedeutende Rolle wie im Hafengeschäft. Zwar ist die Zeit der Seefahrtsromantik unwiederbringlich vorbei, doch haben sich in vielen Seehäfen trotz aller Veränderungen der Rahmenbedingungen die Unternehmens- und Beschäftigungsstrukturen lange Zeit gehalten. Selbst die Einführung des Containerverkehrs Ende der 60er Jahre hat hieran nur in Teilbereichen etwas ändern können.

Erst in den letzten 10 – 15 Jahren hat sich auch in den Seehäfen ein erheblicher Wandel vollzogen. Eine einheitliche Tendenz ist nicht mehr zu erkennen. Am Beispiel der Hamburg-Antwerpen-Range soll dieser Prozess im Folgenden diskutiert werden. Von den angesprochenen Veränderungen sind vor allem die Stückgutverkehre betroffen. Diese sollen daher auch im Mittelpunkt der nachfolgenden Ausführungen stehen.

2. Ausgangssituation zu Beginn der 90er Jahre

25 Jahre Containerverkehr haben bis Anfang der 90er Jahre zu einem kontinuierlichen Veränderungsprozess in den Häfen geführt. Profitiert haben hiervon vor allem die großen Universalhäfen Antwerpen, Rotterdam, Hamburg sowie die Bremischen Häfen und mit einigen Abstrichen auch Zeebrügge. Konventionelle Stückgutverkehre wurden zunehmend durch Containerverkehre ersetzt. Der Containerisierungsgrad stieg in den Häfen der Hamburg-Antwerpen-Range von 5 % bis 10 % im Jahr 1970 auf rund 60 % im Jahr 1990.

Um diesem Wandel gerecht werden zu können, sind umfangreiche Investitionen erforderlich gewesen. Völlig neue Häfen bzw. Hafenteile sind entstanden, um den Forderungen der Reeder nach kurzen Revierfahrten für immer größere Schiffe entsprechen zu können. So ist in Rotterdam die Maasvlakte für den Containerverkehr erschlossen worden, in Zeebrügge sind Terminals direkt an der offenen See entstanden und in den Bremischen Häfen hat sich der Schwerpunkt des Umschlags von Bremen-Stadt nach Bremerhaven verschoben.

Allerdings hat es auf der anderen Seite auch eindeutige Verlierer gegeben. Ein Hafen wie Amsterdam hat den Sprung ins Containerzeitalter nicht vollziehen können. Ausschlaggebend hierfür waren zum einen die Nähe zu Rotterdam und zum anderen die vergleichsweise ungünstige Lage hinter den Schleusen des

Nordseekanals. In Bremen-Stadt reichten die Tiefgänge der Weser nicht mehr aus, den großen Containerschiffen ein Anlaufen der stadtbremischen Häfen zu ermöglichen.

Den kleinen Häfen mit starker Ausrichtung auf den Umschlag von konventionellem Stückgut wurde zunehmend die Ladung durch die steigende Containerisierung entzogen. Auch lange Zeit als wenig containergeeignet eingestufte Commodities wie Kaffee, Kakao oder Baumwolle wurden mehr und mehr im Container befördert.

Auf die hier nur kurz und sicher auch nicht vollständig skizzierte Entwicklung mussten die Häfen bzw. Umschlagbetriebe reagieren. Ein bewusstes Agieren in einem sich wandelnden Markt war dabei kaum zu erkennen. Weder hatte sich bis Anfang der 90er Jahre das Leistungsspektrum entscheidend verändert noch wurden neue Tätigkeitsfelder in größerem Maße erschlossen.

3. Veränderung der Rahmenbedingungen

3.1 Wirtschaftliches und politisches Umfeld

Die Globalisierung der Weltwirtschaft ist ohne Frage ein langfristig ablaufender Prozess. Die Definition eines „Startzeitpunkts" ist damit auch nicht möglich. Jedoch hat dieser Prozess durch die schrittweise Öffnung des chinesischen Marktes im letzten Jahrzehnt, verbunden mit einer wesentlichen stärkeren Einbeziehung des Landes in den Welthandel, starke neue Impulse erhalten.

Ebenso entscheidend war die wirtschaftliche und politische Öffnung Osteuropas seit Beginn der 90er Jahre. Direkt an den Grenzen der Europäischen Union eröffneten sich dadurch neue Absatz- aber auch Produktionsmärkte.

Für die Wirtschaft in Deutschland und den übrigen EU-Staaten haben sich durch diese Entwicklung sowohl Chancen als auch Risiken ergeben. Zum einen führt der Prozess der Globalisierung zur Erschließung neuer Absatzmärkte für das produzierende Gewerbe. Auf der anderen Seite haben Unternehmen und Verbraucher in Europa heute jedoch auch die Möglichkeit, ihre Nachfrage weltweit bei den günstigsten Anbietern zu decken.

Diese zunehmende Konkurrenz hat bei den Produktionsunternehmen einen permanenten Kostendruck ausgelöst. Entgegengewirkt werden kann diesem u.a. durch Standortverlagerungen in Billiglohnländer und eine Konzentration auf die Kernkompetenzen. Darüber hinaus wird für die Unternehmen im Interesse eines Erhalts ihrer Wettbewerbsfähigkeit eine schnelle und flexible Reaktion auf sich ändernde Kundenanforderungen zu einer unbedingten Notwendigkeit. Diese Maßnahmen haben allerdings unweigerlich auch Rückwirkungen auf Transport- und Logistikdienstleister.

3.2 Transport- und Logistikwirtschaft

Bei Transport- und Logistikdienstleistungen handelt es sich letztendlich immer um eine abgeleitete Nachfrage. Dies bedeutet, dass nachfragewirksame Veränderungen im Produktionssektor notwendigerweise auch Rückwirkungen auf die Transport- und Logistikwirtschaft haben.

So verändern sich durch den dargestellten Globalisierungsprozess auch die weltweiten Transportströme. Zulieferungen aus dem Umfeld des Produzenten werden in vielen Fällen ersetzt durch Einkauf im internationalen Maßstab. Der Ausfall eines Kunden im eigenen Land wird kompensiert durch einen Neukunden in Übersee. Kurz gesagt: Es kommt zu einer zunehmenden Internationalisierung der Transportströme.

Die längeren Transportentfernungen führen zu einem überproportionalen Anstieg der Verkehrsleistung. Sichtbar wird dies vor allem daran, dass das Welthandelsvolumen deutlich schneller wächst als das Weltbruttosozialprodukt. Im Durchschnitt der letzten 15 Jahre ist der Welthandel mit 6,5 % p.a. knapp doppelt so schnell gewachsen wie das Sozialprodukt. Der Containerumschlag nahm im gleichen Zeitraum mit jährlichen Wachstumsraten von rund 9,7 % nochmals um den Faktor 1,5 stärker zu.[1] Eine Abschwächung ist bisher nicht erkennbar.

Abbildung 1: Containerumschlag Hamburg-Antwerpen-Range 1990 – 2003 in 1.000 TEU

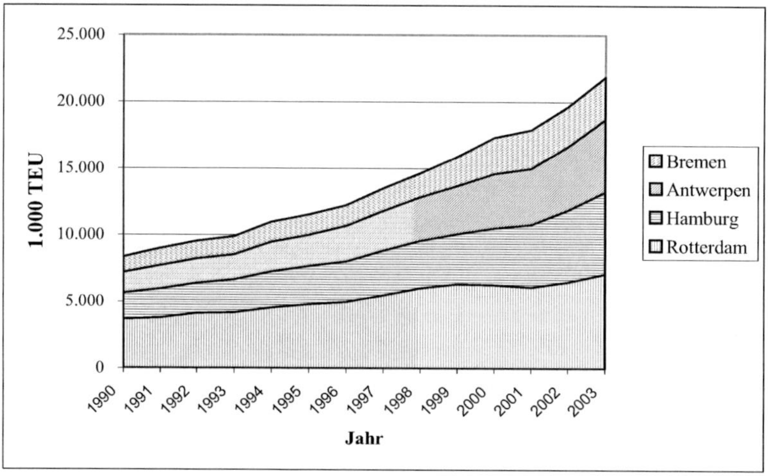

Quelle: Eigene Darstellung nach Containerisation International Yearbook.

1 Vgl. *Lemper, B;. Stuchtey, R.* (2002)

Infolge der zunehmenden Containerisierung ist aber auch andererseits eine Stagnation bzw. ein Rückgang auf dem Markt für konventionelles Stückgut zu beobachten. Wie die Abbildung 2 zeigt, ist das Gesamtvolumen in diesem Sektor in den letzten beiden Jahrzehnten in der Hamburg-Antwerpen-Range tendenziell rückläufig.

Abbildung 2: Konventioneller Stückgutumschlag Hamburg-Antwerpen-Range 1990 – 2003 in Mio. t

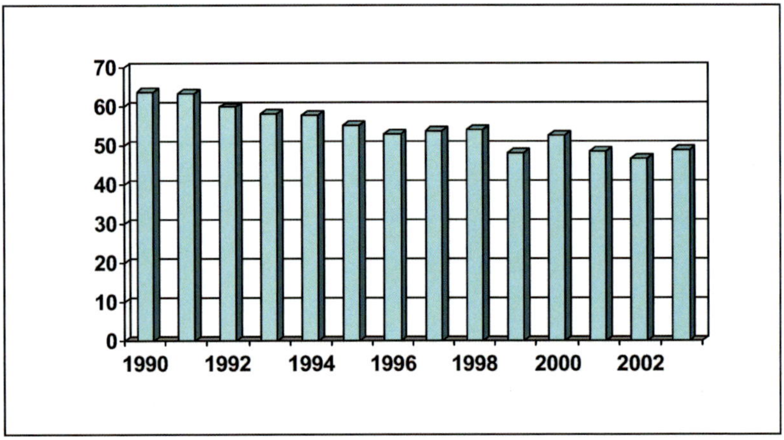

Quelle: Eigene Darstellung nach Informationen der Hafenverwaltungen

Diese Einbußen konnten auch nur sehr bedingt durch die wirtschaftliche Öffnung der ehemaligen Staatshandelsländer Osteuropas kompensiert werden. Vom Wegfall der Zwangslenkung profitierten im letzten Jahrzehnt insbesondere die westdeutschen Häfen.

Insbesondere in den Seehäfen der neuen Bundesländer führten die Mengenverluste dagegen zu erheblichen Problemen. Der Warenaustausch mit anderen Staatshandelsländern brach innerhalb kürzester Zeit völlig zusammen. Die verladende Wirtschaft in den neuen Bundesländern musste sich in der Marktwirtschaft behaupten und neue Absatzmärkte erschließen.

Die Häfen standen ohne längere Übergangsfristen in Konkurrenz zu den Nord- und Ostseehäfen Westdeutschlands. Die Privatisierung und Neuausrichtung der ostdeutschen Seehäfen war eine entscheidende Aufgabe in den ersten Jahren nach der Wiedervereinigung Deutschlands. Inzwischen haben sich in Mecklenburg-Vorpommern moderne Häfen entwickelt, die ihre Märkte vor allem im Ostseeraum finden.

Neben den strukturellen Veränderungen der Transportströme hat sich seit Beginn der 90er Jahre ein rascher Wandel der Anforderungen an die logistischen

Dienstleistungen vollzogen. Das Outsourcen von Logistikleistungen bewirkte, dass neben einfachen Transportleistungen auch zunehmend komplexe Leistungen an Dritte vergeben wurden. Um ein Mindestmaß an Kontrolle über die outgesourcten Dienstleistungen zu behalten und gleichzeitig den Aufwand hierfür in engen Grenzen zu halten, wird von den Produktionsunternehmen mehr und mehr die Dienstleistung aus einer Hand gefordert. Bei den Logistikdienstleistern hat dies zu völlig neuen Formen der Kooperation und Zusammenarbeit geführt.

4. Reaktionsmöglichkeiten der Häfen

Bereits die zunehmende Containerisierung der 70er und 80er Jahre hatte in den Häfen erhebliche Anpassungsprozesse ausgelöst. In den 90er Jahren ist dieser Prozess - wie die vorangegangenen Ausführungen gezeigt haben - durch weitere gravierende Veränderungen der Rahmenbedingungen entscheidend überlagert worden.

Für die Seehäfen galt und gilt es auch heute noch, sich diesen Herausforderungen zu stellen. Grundsätzlich sind im Nachhinein drei unterschiedliche Reaktionsmuster zu erkennen.

- **Verzicht auf eine klare strategische Ausrichtung**
  Im Wesentlichen beschränkt sich das Hafenunternehmen auf kleinere Kurskorrekturen. Am bisherigen Leistungsspektrum ändert sich bei dieser Alternative nur marginal etwas. Allerdings hat sich in den letzten 10 bis 15 Jahren gezeigt, dass diese Handlungsalternative praktisch nicht erfolgreich sein kann. In der Regel waren nach einigen Jahren umso schmerzhaftere Korrekturen notwendig. Da dieser Weg für die Zukunft auch kaum von Bedeutung sein wird, soll er im Folgenden nicht weiter diskutiert werden.

- **Spezialisierung im Hafenumschlag**
  Hiermit ist praktisch der Weg vom Universalanbieter zum Spezialisten beschrieben. Gerade in diesem Bereich hat es in der Vergangenheit einige interessante Entwicklungen gegeben. Betrachtet wird dies am Beispiel des Containerverkehrs.

- **Diversifizierung des Hafengeschäftes**
  Der Standort Hafen ist als Schnittstelle internationaler Verkehre prädestiniert für das Angebot von weitergehenden Dienstleistungen. Diese können selbstverständlich nicht nur vom Hafen- bzw. Terminalbetreiber angeboten werden, sondern letztendlich von jedem Spediteur oder jedem Logistikdienstleister im Hafen. Aus Sicht der Hafengesellschaften ergibt sich damit ein völlig neues Wettbewerbsumfeld.

4.1 Spezialisierung im Hafenumschlag

Die Vielzahl von leistungsfähigen Häfen auf einer Küstenlinie von nur wenigen hundert Kilometern zwischen Antwerpen und Hamburg führt zu einer hohen Wettbewerbsintensität. Gradmesser hierfür sind die am Markt realisierbaren Umschlagerlöse. Trotz eines vergleichsweise hohen Lohnniveaus liegen die Umschlagsätze weitaus niedriger als in anderen Regionen dieser Welt.

Der permanente Kostendruck ist damit nicht nur ein Problem des produzierenden Gewerbes, sondern findet seine Entsprechung in den Seehäfen. Die Quersubventionierung einzelner Bereiche ist heute praktisch nicht mehr möglich. Logische Folge ist eine Konzentration auf die auch finanziell attraktiven Marktsegmente.

In den großen Universalhäfen Antwerpen, Rotterdam, Hamburg und den Bremischen Häfen war dies vor allem der Containerverkehr. Insbesondere in Hamburg und Rotterdam haben sich die großen Terminalbetriebe nahezu vollständig aus dem konventionellen Stückgutumschlag zurückgezogen. Dies eröffnet wiederum Chancen für kleinere Spezialhäfen bzw. auf den konventionellen Bereich ausgerichtete Betriebe in den großen Häfen.

Gründe für eine derartige Beschränkung auf den Containerverkehr waren und sind:

- Der Containerverkehr ist mit jährlichen Steigerungsraten von 5 % bis 7 % ein eindeutiger Wachstumsmarkt.
- Die Ertragsaussichten in diesem Segment sind trotz des weiterhin bestehenden Drucks auf die Umschlagraten zumindest mittelfristig nach wie vor zufrieden stellend.
- Der weltweite Trend zur Privatisierung von Terminals eröffnet zusätzliche Wachstumsaussichten und die Möglichkeit zum Aufbau von Terminalnetzwerken.

Insbesondere die Chance zum Aufbau von Terminalnetzwerken war eines der Charakteristika der 90er Jahre. Drewry Shipping Consultants gingen im Jahre 1998 so weit, von einem „ten year window of opportunity" zu sprechen.[2]

Sicherlich war es auch kein Zufall, dass dieser Prozess des Netzwerkaufbaus in den 90er Jahren zunehmend an Bedeutung gewonnen hat. Auslöser dieses Prozesses war eine verstärkte weltweite Privatisierung von Häfen. Zurückzuführen war dies vor allem auf einen politischen und wirtschaftlichen Wandel in vielen Regionen der Welt. Der politische Umbruch in Osteuropa und der Wechsel zu

---

[2] Vgl. *Drewry Shipping Consultants Ltd.* (1998)

stärker marktorientierten Regierungen in Südamerika und Teilen Asiens, haben die Privatisierung von Häfen ohne Frage gefördert.

Hinzu kam der Einsatz immer größerer Containerschiffe, der Aufbau von Transhipment Hubs und die zunehmenden qualitativen Anforderungen an den Service der Container Terminals. Das notwendige Kapital und Fachwissen konnte nur durch die Privatwirtschaft bereitgestellt werden.

Ein weiterer Anstoß ging sicherlich auch von der Privatisierung der britischen Häfen aus. Die Erfolge, insbesondere hinsichtlich der Verbesserung der Gewinnsituation waren einer der Ausgangspunkte für die weltweite Privatisierungswelle. Das Tempo der Entwicklung vor allem im Containerverkehr zeigte, dass die Reaktionsmöglichkeiten der öffentlichen Träger der Häfen vielfach nicht ausreichten, um schnell und flexibel auf die sich stetig wandelnden Marktanforderungen zu reagieren.

Allerdings ist auch die Konzentration auf den Containerverkehr kein Geschäft ohne Risiken. Weiterer Druck auf die Umschlagsätze ist allein schon durch die zunehmende Marktkonzentration auf der Nachfrageseite zu erwarten. Die Abbildung 3 zeigt, wie sich die Marktmacht in den letzten Jahren auf die Großreedereien konzentriert hat.

Abbildung 3: Stellplatzkapazitäten der größten Containerreeder

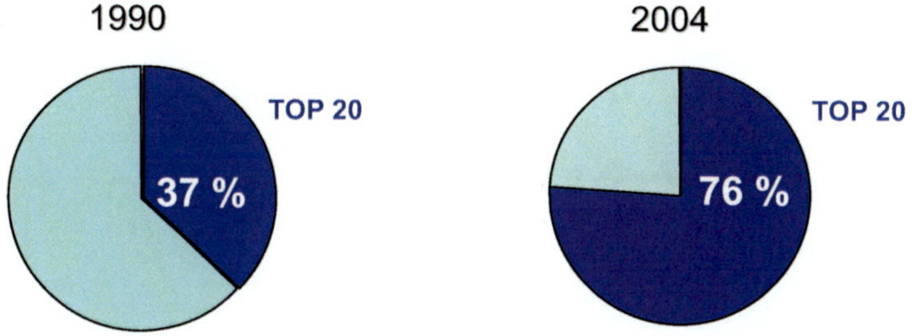

Evergreen	124.000 TEU	MaerskSealand	788.000 TEU
Sea-Land	102.000 TEU	MSC	534.000 TEU
Maersk	84.000 TEU	P&O Nedlloyd	388.000 TEU
NYK	70.000 TEU	Evergreen	359.000 TEU

Quelle: Eigene Darstellung; *Bedolow, Matthew*: Uncharted waters in: Containerisation International, May 2004, S. 39 ff

Die Top 20-Reeder haben weltweit gemessen an den Stellplatzkapazitäten heute einen Marktanteil von rund 76 %. Im Vergleich dazu lag dieser Anteil noch vor wenigen Jahren bei knapp 40 %. Hinzu kommt, dass sich bis auf wenige Ausnahmen (MSC, Evergreen, Maersk Sealand) diese Reeder auf den wichtigsten Relationen zu Konsortien zusammenschließen, die gemeinsam als Nachfrager nach Terminalleistungen auftreten.

Darüber hinaus engagieren sich die großen Reeder in immer stärkerem Ausmaß direkt im Terminalgeschäft. Insbesondere Maersk (APM Terminals) sowie P&O Nedlloyd (P&O Ports) gehören heute zu den fünf größten Terminalbetreibern weltweit (vgl. Abbildung 4). Resultierend aus dem Wunsch der Reedereien nach Kontrolle der Gesamttransportkette ist auf diese Weise ein zusätzlicher Konkurrent zu den reedereiunabhängigen Terminalbetreibern entstanden. Heute sind in der Hamburg-Antwerpen-Range u.a. Maersk (Bremerhaven, Rotterdam), P&O Nedlloyd (Antwerpen), MSC (Antwerpen und demnächst Bremerhaven) und Hapag Lloyd (Hamburg) an Terminals zumindest beteiligt.

Abbildung 4: Umschlagvolumen der größten Containerterminalbetreiber in Mio. TEU

	1999	**2003**	**1999**	**2003**
	Mio. TEU		**Marktanteil %**	
1. Hutchison, Hongkong	**18**	**41,5**	**8,7**	**14,6**
2. PSA Corp., Singapur	**17,9**	**28,7**	**8,6**	**10,1**
3. APM Terminals	**12,5**	**22**	**6,0**	**7,7**
4. P&O Ports	**6,2**	**12,3**	**3,0**	**4,3**
5. EUROGATE Gruppe	**6,4**	**10,7**	**3,1**	**3,8**
Top 5 Gesamt	**61**	**115,2**	**29,4**	**40,4**
Containerumschlag weltweit	**207,6**	**285***		

* vorläufig

Quelle: EUROGATE

Die Privatisierung der Häfen verbunden mit dem Aufbau von Terminalnetzwerken der großen Terminalbetreiber sowie der Einstieg der Reedereien ins Terminalgeschäft haben auch im Umschlagbereich zu einer Marktkonzentration geführt. Innerhalb von nur drei Jahren ist der Marktanteil der fünf größten Terminalbetreiber von 29 % auf über 40 % gestiegen. Ein Ende dieses Konzentrationsprozesses ist zurzeit nicht absehbar.

4.2. Einstieg in den Logistikmarkt

Die Seehäfen stellen eine natürliche Schnittstelle bei internationalen Transportketten dar. Damit ist dieser Standort ohne Frage auch prädestiniert für die Erbringung weitergehender Dienstleistungen. Die Ausweitung der Aktivitäten auf den Logistiksektor ist somit eine weitere Option für die künftige strategische Ausrichtung von Seehafenbetrieben.

Damit stellt sich automatisch aber auch die Frage nach der Attraktivität dieses Marktes. Versuche zur Abschätzung des Gesamtvolumens des Logistikmarktes sind verschiedentlich gemacht worden. Das Problem liegt dabei in der statistisch uneinheitlichen Erfassung der Logistikleistungen. Professor Klaus, Nürnberg, hat im Jahre 2003 versucht, auf drei unterschiedliche Arten das Marktvolumen des deutschen Logistikmarktes zu bestimmen.[3]

Demnach liegen die Gesamtleistungen bei rund 150 Mrd. Euro p.a. Hiervon werden derzeit noch 55 % als Eigenleistung von Industrie und Handel erbracht. Etwa 68 Mrd. Euro sind an Logistikdienstleister outgesourct.

Das Gesamtvolumen dieses Marktes wird nach den Erkenntnissen von Professor Klaus und der Fraunhofer Arbeitsgruppe Technologien in der Logistik-Dienstleistungswirtschaft (ATL) in den nächsten Jahren allerdings nicht weiter wachsen. Zurückzuführen ist dies in erster Linie auf den fortschreitenden Outsourcing-Prozess. Vormals innerbetrieblich erstellte Leistungen werden zu geringeren Kosten durch Logistikdienstleister erbracht, d.h. gleiche Leistungen werden für die Unternehmen günstiger.

Dennoch können auf dem Logistikmarkt zwei Wachstumsträger eindeutig identifiziert werden:

- Logistikleistungen im internationalen Rahmen gewinnen aufgrund der weltweiten Arbeitsteilung weiter an Bedeutung.
- Anteil der outgesourcten Logistikleistungen (heute: 45 %) wird weiter zunehmen.

Durch diese Effekte wird der Markt für outgesourcte Logistikdienstleistungen jährlich um 2–3 Mrd. Euro wachsen. Entsprechend rückläufig ist der Bereich der innerbetrieblichen Logistik.

Damit bestehen für die Seehafenbetriebe unbestritten Chancen zur Diversifizierung in einem Wachstumsmarkt. Hohe Investitionen, nur bedingt vorhandenes Know-how und zumindest in der Startphase begrenzte Gewinnmargen stehen den ohne Frage existierenden Chancen gegenüber. Zudem treffen Hafenunternehmen mit dem Einstieg in das Logistikgeschäft auf ein völlig verändertes

---

3 Vgl. *Klaus, P.* (2003)

Wettbewerbsumfeld. Speditionen und Logistikdienstleister am Hafenstandort und auch im Inland werden vom Kunden im Umschlaggeschäft zu Wettbewerbern auf dem Logistikmarkt.

Trotz dieser erkennbaren Probleme sind inzwischen einige Hafenunternehmen, wie etwa die BUSS-Gruppe in Hamburg oder auch die BLG LOGISTICS GROUP in Bremen, diesen Weg mehr oder weniger konsequent gegangen. In den Westhäfen existiert dagegen – mit einigen Ausnahmen – noch eine deutlich klarere Trennung von Hafenumschlag und Logistik. Allerdings sind allein schon aufgrund der bestehenden und dargestellten Marktanforderungen auch hier Tendenzen zu einer Ausweitung der Logistikaktivitäten erkennbar.

5. Fazit

Abschließend zu beantworten bleibt die Frage nach dem „richtigen" Weg. Auch wenn es zum gegenwärtigen Zeitpunkt hierauf keine eindeutige Antwort geben kann, so lassen sich doch bezüglich der künftigen Entwicklung einige Kernaussagen treffen:

- Die Zeiten des Universalhafens bzw. eines Unternehmens, welches die gesamte Produktpalette im Hafen abdecken kann, sind endgültig vorbei.
- Die bestehenden Wettbewerbsverhältnisse zwingen die Unternehmen, sich auf bestimmte Geschäfte bzw. Commodities zu spezialisieren.
- Eine Quersubventionierung verschiedener Bereiche ist über einen längeren Zeitraum nicht mehr möglich.
- Der Containerumschlag und mit Abstrichen einige Spezialmärkte (RoRo-Verkehre, Autoumschlag) werden auch künftig deutliche Zuwachsraten realisieren können. Im konventionellen Stückgutumschlag ist eine weitere Marktbereinigung vorhersehbar. Für einige wenige verbleibende Anbieter kann sich jedoch auch dieses Segment zu einem interessanten Nischenmarkt entwickeln.
- Aufgrund ihrer geografischen Lage haben die Hafenunternehmen günstige Startvoraussetzungen für einen Einstieg ins Logistikgeschäft. Auch hier ist allerdings zur Minimierung des Risikos eine Spezialisierung auf bestimmte Teilmärkte sinnvoll.

Literatur:

Bedolow, Matthew (2004): Uncharted waters in: Containerisation International, May 2004

Lemper, Burkhard; Stuchtey, Rolf (2002): Aktuelle Entwicklungen auf den Märkten der Containerschifffahrt und ihr Einfluss auf Deutschland als Schiffbau- und Hafenstandort, Bremen 2002

Drewry Shipping Consultants Ltd. (1998): World Container Terminals, Global Growth and Private Profit, London 1998, S. 7

Klaus, Peter (2003): Top 100 der Logistik, 3. Auflage, Hamburg 2003

*Prof. Dr. Heiner Hautau**

Feederverkehre: Wettbewerb um den Ostseeraum

1. Einleitung

Die Ostsee ist für die Anliegerstaaten dieser Region ein Verkehrsweg von hoher Bedeutung. Sie ist Handelsverbindung zwischen diesen Ländern selbst (sog. ostseeinterner Verkehr) und ermöglicht darüber hinaus deren Anbindung an die Wege des Weltseeverkehrs (sog. ostseeexterner Verkehr). Die Struktur der Ostseeverkehre ist jedoch vergleichsweise komplex. Bei den Transporten von verarbeiteten Gütern im ostseeinternen Verkehr hat sich der im interkontinentalen Verkehr übliche Container bisher nicht durchgesetzt, hier ist die rollende Schiffsbe- und -entladung in Form des Fährverkehrs und der Ro/Ro-Frachtfähren vorherrschend.

Der ostseeexterne Verkehr von verarbeiteten Gütern ist hingegen weitestgehend containerisiert und wird zum überwiegenden Teil durch Feederdienste bewältigt, die zwischen der Ostsee und den Hubhäfen Hamburg, Bremerhaven und Rotterdam fahren. Diese Feederdienste zählen zu den am schnellsten wachsenden Teilmärkten des Ostseetransports. Direktanläufe im containerisierten ostseeexternen Verkehr gibt es nur noch nach Göteborg, hier liegt der Feederanteil bei rund 50% des Containerumschlags. Im Folgenden wird dargestellt und analysiert, wie sich diese Feederverkehre in den einzelnen Fahrtgebieten des Ostseeraums entwickelt haben, welche Reedereien auf diesem Markt tätig sind und wie sich der Wettbewerb der Hubhäfen um Marktanteile gestaltet.

2. Strukturen und Entwicklungen der Feederverkehre in den Fahrtgebieten

Zunächst werden die Strukturen und Entwicklungen der Feederverkehre in den einzelnen Fahrtgebieten dargestellt und Erklärungsansätze für diese Strukturen und deren Entwicklungen aufgezeigt. Dabei werden nur die Feederverkehre zwischen den Hubs Hamburg, Bremerhaven und Rotterdam mit dem Ostsee-

---

* unter Mitarbeit von *U. Lorenzen* und *J.- R. Martinen*

raum betrachtet, denn auf diese Seehäfen entfällt der Großteil der Feederverkehre mit dem Ostseeraum.[1]

Tabelle 1 gibt einen Überblick über die Entwicklung der Feederverkehre von 1990 bis 2001. In der Tabelle wurden die skandinavischen Länder sowie die übrigen Ostseeanrainer jeweils zu einer Gruppe zusammengefasst, um die Darstellung übersichtlich zu gestalten. Weiterhin ermöglicht diese Zusammenfassung, die Zweiteilung des Ostseeraums in die Gruppe der traditionell marktwirtschaftlichen Länder und die der Transformationsländer aufzuzeigen.

Tabelle 1: Entwicklung der Feederverkehre im Ostseeraum 1990-2001

Jahr	Feeder-verkehre Skandi-navien in TEU	Wachs-tumsrate ggü. dem Vorjahr in %	Feeder-verkehre der übrigen Ostsee-anrainer in TEU	Wachs-tumsrate ggü. dem Vorjahr in %	Gesamter Feeder-verkehr im Ostseeraum in TEU	Wachstumsrate des gesamten Feederverkehrs ggü. dem Vorjahr in %
1990	434.082		69.233		503.315	
1991	464.023	6,9	75.024	8,4	539.047	7,1
1992	530.815	14,4	79.969	6,6	610.784	13,3
1993	656.772	23,7	123.795	54,8	780.567	27,8
1994	733.327	11,7	143.954	16,3	877.281	12,4
1995	731.671	-0,2	184.706	28,3	916.377	4,5
1996	825.429	12,8	247.693	34,1	1.073.122	17,1
1997	952.515	15,4	322.750	30,3	1.275.265	18,8
1998	993.549	4,3	350.496	8,6	1.344.045	5,4
1999	1.061.789	6,9	336.142	-4,1	1.397.931	4,0
2000	1.191.000	12,2	374.533	11,4	1.565.533	12,0
2001	1.171.900	-1,6	463.846	23,8	1.635.746	4,5

Quelle: Hafen Hamburg Marketing e.V.; eigene Darstellung auf Basis eigener Auswertungen.

Wie Tabelle 1 zu entnehmen ist, hat der Feederverkehr im Betrachtungszeitraum von rund 503 Tsd. TEU im Jahr 1990 auf rund 1.635 Tsd. TEU im Jahr 2001 zugenommen. Diesem Anstieg entspricht eine durchschnittliche jährliche Wachstumsrate von 11,3%. Zum Vergleich liegt die durchschnittliche Wachstumsrate des gesamten Containerumschlags der hier betrachteten Hubs für den gleichen Zeitraum bei 6,5% pro Jahr. Allein von 1990 bis 1996 ist das Volumen der Feederverkehre um rund 570 Tsd. TEU gewachsen, die durchschnittliche Wachstumsrate (p.a.) für diesen Zeitraum liegt bei 13,5%. Im

1 Daneben bestehen auch von den Häfen Felixstowe und Antwerpen Feederverbindungen in den Ostseeraum, für die jedoch keine nach Fahrtgebieten aufgeschlüsselten Daten erhältlich waren, so dass diese nicht in die Untersuchung einbezogen wurden.

Zeitraum von 1996 bis 2001 schwächte sich das Wachstum etwas ab, die durchschnittliche Wachstumsrate für diese Periode liegt bei 8,8% pro Jahr.

Die jährliche Veränderungsrate der Feederverkehre fluktuierte im betrachteten Zeitraum zwischen 4% im Jahr 1999 und 27,8% im Jahr 1993. Die im Jahr 2001 ausgewiesene Wachstumsrate von 4,5% ist insbesondere auf die Zunahme des Verkehrsaufkommens mit den osteuropäischen Fahrtgebieten sowie mit Finnland zurückzuführen. Für die übrigen skandinavischen Länder ist in dieser Periode eine Abnahme der Feederverkehre zu verzeichnen. Absolut betrachtet repräsentieren die Feederverkehre in den skandinavischen Fahrtgebieten mit einem rund zweieinhalbfach höheren Volumen den Großteil der Feederverkehre im Ostseeraum; allerdings ist ihr Anteil von 86,2% im Jahr 1990 auf 71,6% im Jahr 2001 gefallen.

In der gleichen Zeitspanne stieg der Anteil der anderen Gruppe entsprechend von 13,8% auf 28,4% an. Diese Verschiebung der Anteile kann auf die höhere Dynamik der Feederverkehre in den nicht skandinavischen Fahrtgebieten zurückgeführt werden, deren durchschnittliche Wachstumsrate bei 18,9% p.a. gegenüber 1990 liegt; bei den skandinavischen Fahrtgebieten beträgt diese 9,5% pro Jahr. Die folgende Tabelle fasst die Entwicklung der Anteile der beiden Gruppen von Fahrtgebieten zusammen.

Tabelle2: Entwicklung der Anteile Skandinaviens und der übrigen Ostseeanrainer am Feederverkehr mit den Hubs Hamburg, Bremerhaven und Rotterdam

Jahr	Anteil Skandinaviens in %	Anteil der übrigen Ostseeanrainer in %
1990	86,2	13,8
1991	86,1	13,9
1992	86,9	13,1
1993	84,1	15,9
1994	83,6	16,4
1995	79,8	20,2
1996	76,9	23,1
1997	74,7	25,3
1998	73,9	26,1
1999	76,0	24,0
2000	76,1	23,9
2001	71,6	28,4

Quelle: Basisdaten Hafen Hamburg Marketing e.V.; eigene Darstellung

Eine Ausnahme in der Gruppe der skandinavischen Länder stellt Finnland dar, dessen Anteil am gesamten Feederverkehr von 23,6% im Jahr 1990 auf 26,7% im Jahr 2001 gestiegen ist. Damit ist Finnland das größte Fahrtgebiet, während im Jahr 1990 noch Schweden mit einem Anteil von 29,3% dominierte. Ein Schwerpunkt in diesem Fahrtgebiet und auch für den gesamten Feederverkehr im Ostseeraum ist der Finnische Meerbusen. Im Jahr 2001 konnte dort ein Ladungsvolumen von rund 338 Tsd. TEU generiert werden. Dies entspricht 20,7% des gesamten Aufkommens im Ostseeraum und 77,4% des gesamten Finnland-Feederverkehrs. Gemessen am Umschlagsvolumen sind die bedeutendsten Häfen im Finnischen Meerbusen Helsinki, Kotka und Hamina.[2]

Einen weiteren Schwerpunkt der Entwicklung im Ostseeraum stellt das Fahrtgebiet des Ostseeteils der Russischen Föderation dar. Dort nahmen die Feederverkehre von 6,3% (knapp 32 Tsd. TEU) im Jahr 1990 auf 14,6% (knapp 239 Tsd. TEU) im Jahr 2001 zu, was einer durchschnittlichen Wachstumsrate von 17,7% p.a. entspricht.

Die folgende Abbildung 1 veranschaulicht die Entwicklung der Anteile der einzelnen Fahrtgebiete im Ostseeraum.

Abbildung 1: Feederverkehre im Ostseeraum: Entwicklung der prozentualen Anteile der Fahrtgebiete am gesamten Feederverkehr im Ostseeraum 1990-2001.

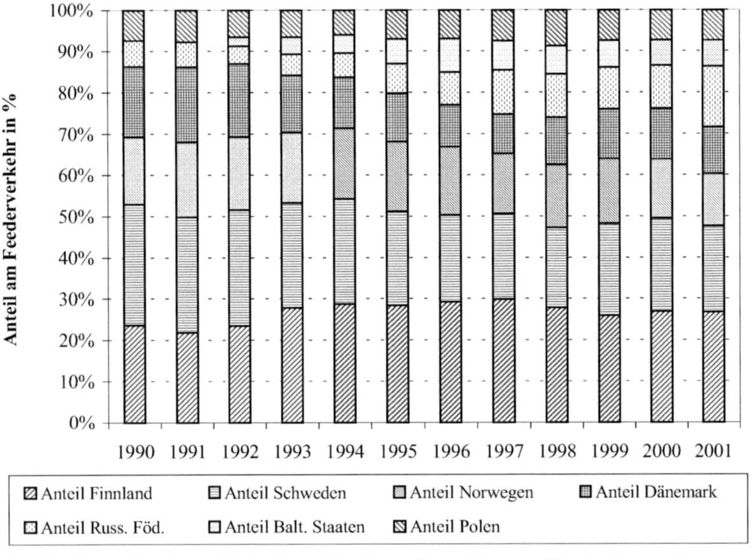

Quelle: Hafen Hamburg Marketing e.V.; eigene Darstellung auf Basis eigener Auswertungen

2 Die hier zugrundeliegenden Daten zum Umschlagvolumen der o.g. Hubs, aufgeschlüsselt nach den einzelnen Ländern des Ostseeraumes, wurden von Hafen Hamburg Marketing e.V. zur Verfügung gestellt und von den Verf. weiter aufbereitet.

Die vergleichsweise expansive Entwicklung der Feederverkehre im Ostseeraum ist damit zu erklären, dass die Güterverkehrsnachfrage stets der makroökonomischen Entwicklung folgt. Für den Bereich der Seeverkehrswirtschaft bildet dabei insbesondere der internationale Warenaustausch die Basis. Dieser hat sich im Ostseeraum im Betrachtungszeitraum relativ stark ausgeweitet, was zum einen durch die allgemein zu beobachtende Vertiefung der internationalen Arbeitsteilung und zum anderen durch die zunehmende Integration der Transformationsländer in die Weltwirtschaft bedingt ist.

Eine der ersten Reformmaßnahmen zu Beginn des Transformationsprozesses der mittel- und osteuropäischen Länder beinhaltete eine liberalere Gestaltung des Außenhandels, womit deren Integrationsprozess ermöglicht und beschleunigt wurde. Der relativ hohe Konsum- und Modernisierungsbedarf der Transformationsländer wurde weitgehend auf Märkten der westlichen Industrieländer befriedigt, was zu einem entsprechenden Anstieg der Importe von Fertigerzeugnissen des Konsum- und Investitionsgüterbereichs geführt hat. Hieraus resultierten steigende Gütertransporte im Ostseeraum. Für die Gruppe der Transformationsländer können diese gestiegenen Importe von Fertigerzeugnissen als eine wesentliche Ursache für die Zunahme der Feedertransporte angesehen werden.[3]

Der Anteil aller Ostseeanrainerstaaten am gesamten Welthandel liegt bei ungefähr 14%. Davon entfallen 12% auf die westlichen, aber nur 2% auf die östlichen Anrainerstaaten, die wiederum eine deutlich höhere Dynamik des Warenaustauschs aufweisen. Insbesondere die durchschnittliche Wachstumsrate der Importe liegt dort um ein Mehrfaches höher.

3. Markt der Feederdienste im Ostseeraum

Akteure auf dem Markt für Feedertransporte im Ostseeraum sind zum einen Überseereedereien mit eigenen Feederdiensten, auf Feedertransporte spezialisierte Reedereien mit vergleichsweise großen Flotten, die eine breite Abdeckung der Region gewährleisten, sowie Nischenanbieter mit relativ wenigen Schiffen, die sich auf bestimmte Relationen spezialisiert haben. Bei den Überseereedereien, die auch über eigene Feederdienste in den Ostseeraum verfügen, handelt es sich um CMA CGM, Maersk-Sealand, MSC sowie OOCL. Diese haben jedoch die Ostsee größtenteils den spezialisierten Feederreedereien überlassen. Selbst Maersk-Sealand, die bisher viele Verbindungen der intermodalen Transportkette unter eigener Kontrolle hielten, bewältigen nur noch maximal 66% ihres regionalen Feederverkehrs durch eigene Dienste.

Als im Ostseeverkehr dominierende Feederreedereien haben sich UniFeeder Container Service A/S und Team Lines GmbH & Co. KG (im folgenden kurz

---

3 Vgl. *Ocean Shipping Consultants Ltd.* (OSC) (2002), S. 139.

UniFeeder und Team Lines) etablieren können, wobei UniFeeder als Marktführer mit einer Flotte von derzeit 33 Schiffen und einer (statischen) Gesamtkapazität von 17.962 Stellplätzen[4] operiert und die größte Zahl an Hafenanläufen anbieten kann. Die Flotte des zweitgrößten Anbieters, Team Lines, umfasst derzeit 20 Schiffe mit einer Gesamtkapazität von 11.110 TEU.[5] Zusammengenommen verfügen beide Reedereien über einen Marktanteil von rund 80%. Bezogen auf die Zahl der Verbindungen von Hamburg bzw. Bremerhaven mit dem Ostseeraum haben Auswertungen von Schiffslisten ergeben, dass auf beide Reedereien gemeinsam je nach Relation 25% bis zu 100% der Abfahrten entfallen.

Die folgende Tabelle 3 stellt exemplarisch für Januar 2001, 2002 und 2003 die Anzahl der wöchentlichen Verbindungen zwischen Hamburg und Bremerhaven und den einzelnen Fahrtgebieten in den Ostseeraum dar.

Tabelle 3: Feederverbindungen von Hamburg und Bremerhaven in den Ostseeraum (wöchentliche Dienste, Abfahrten von Containerterminals, Januarwerte 2001, 2002, 2003).

	Hamburg			Bremerhaven		
Anzahl der wöchentlichen Feederverbindungen des Hub mit dem Fahrtgebiet	**Jan 01**	**Jan 02**	**Jan 03**	**Jan 01**	**Jan 02**	**Jan 03**
Norwegen	18	24	26	18	18	21
davon gemeinsamer Anteil von UniFeeder und Team Lines	67%	67%	62%	72%	67%	71%
Schweden	21	22	20	20	19	19
davon gemeinsamer Anteil von UniFeeder und Team Lines	95%	96%	95%	95%	90%	90%
Finnland	26	21	29	20	19	17
davon gemeinsamer Anteil von UniFeeder und Team Lines	77%	81%	62%	90%	95%	88%
Dänemark	8	7	10	8	9	10
davon gemeinsamer Anteil von UniFeeder und Team Lines	63%	71%	60%	75%	100%	100%
Polen	7	5	8	10	5	7
davon gemeinsamer Anteil von UniFeeder und Team Lines	57%	20%	25%	40%	80%	29%
Baltische Republiken	8	7	10	9	7	9
davon gemeinsamer Anteil von UniFeeder und Team Lines	25%	43%	40%	33%	71%	44%
Russische Föderation	8	9	10	9	5	6
davon gemeinsamer Anteil von UniFeeder und Team Lines	63%	44%	40%	44%	80%	67%

Quelle: Hamburger und Bremer Schiffslisten der DVZ von Januar 2001, 2002, 2003; eigene Darstellung auf Basis eigener Auswertungen.

4 Siehe: www.unifeeder.com

5 Siehe: www.teamlines.de

Daneben sind die gemeinsamen prozentualen Anteile von UniFeeder und Team Lines an der Zahl der Verbindungen ausgewiesen. Diese Anteile geben einen Anhaltspunkt für die überwiegend dominierende Position der beiden Reedereien im Ostsee-Feederverkehr.

Beide Reedereien und auch andere haben von der Politik der Linienreedereien profitiert, ihre Aktivitäten auf möglichst wenige Partner innerhalb der Transportkette zu konzentrieren, d.h. nicht für jeden Bestimmungshafen einen anderen Reeder zu beauftragen. Die von diesen Reedereien beförderten Feedercontainer werden zum überwiegenden Teil im Auftrag der Überseedienste transportiert.[6] Beispielsweise lag bei Team Lines im Jahr 2000 dieser Anteil bei rund 90%.[7] Im Hinblick auf die Marktstruktur kann festgestellt werden, dass der Markt für Feederdienste ein enges Oligopol darstellt, wobei man davon ausgehen kann, dass aufgrund des hohen Marktanteils von UniFeeder und Team Lines eine Tendenz zum Dyopol besteht.

Der Wettbewerb auf diesem Markt kann daher als sehr intensiv eingestuft werden, wobei die Feederreedereien nicht nur untereinander konkurrieren, sondern auf einigen Relationen auch im intensiven Substitutionswettbewerb zu sog. Landfeedern mit Containerverkehren via LKW oder Bahn, respektive Kombinationen aus diesen stehen. Eine weitere Konkurrenz mit einer Kombination aus land- und seegebundenen Verkehren stellen die Ro/Ro-Verbindungen dar.[8] Diese zu den Seefeedern alternativen Transportmodi spielen insbesondere im Feederverkehr mit Skandinavien (und hier v.a. mit Dänemark und Schweden) und in der Gruppe der Transformationsländer mit Polen eine Rolle.

4. Wettbewerb der Hubs um Marktanteile am Ostsee-Feederverkehr

Der Wettbewerb der Hubs um Feederladungen für den Ostseeraum hat sich vor dem Hintergrund der Strukturveränderungen in der Linienschifffahrt mit dem Trend zu größeren Schiffen, einer zunehmenden Konzentration im Reedereisektor sowie der Tendenz zur Integration von vormals separaten Logistikmärkten intensiviert. Damit einhergehend ist eine gestiegene Marktmacht der Reedereien gegenüber den Häfen festzustellen. In diesem Kontext waren seitens der Seehäfen erhebliche Anpassungsmaßnahmen erforderlich, um die eigene Wettbewerbsfähigkeit zu erhalten bzw. zu verbessern. Aufgrund des geringen Anteils der Transportkosten und insbesondere des hafenabhängigen Teils an den Gesamtproduktionskosten konkurrieren Seehäfen zwar um eine Gesamtnachfrage nach Seehafendienstleistungen, deren Umfang sie allerdings kaum direkt beeinflussen können. Aus einzelwirtschaftlicher Sicht können Seehäfen jedoch

---

6 Vgl. *Hills, I.*(1998), S. 81.

7 Vgl. *o.V.* (2001), S. 4.

8 Vgl. *Bohnsen, P.*(1997), S. 166.

z.B. durch produktivitätssteigernde Maßnahmen eine Erhöhung ihres Marktanteils zu Lasten anderer Seehäfen bzw. anderer Verkehrsträger anstreben.[9]

Die folgenden Abbildungen 2 und 3 veranschaulichen die Entwicklung der Feederverkehre der Hubs mit dem Ostseeraum in absoluten (Abbildung 2) und relativen (Abbildung 3) Werten. Es zeigt sich, dass sich die Marktanteile innerhalb des Betrachtungszeitraums zugunsten von Hamburg und Bremen entwickelt haben, während Rotterdam nach einem Zwischenhoch im zweiten Drittel der 1990er Jahre einen deutlichen Rückgang auch im Vergleich zum Beginn des Berichtzeitraums zu verzeichnen hat. Dabei ist anzumerken, dass Hamburg und Bremen zunehmend von den ost- und zentraleuropäischen Ländern als Hubs genutzt werden.[10]

Abbildung 2: Entwicklung der Feederverkehre Bremerhavens, Hamburgs und Rotterdams mit dem Ostseeraum in TEU von 1990-2001

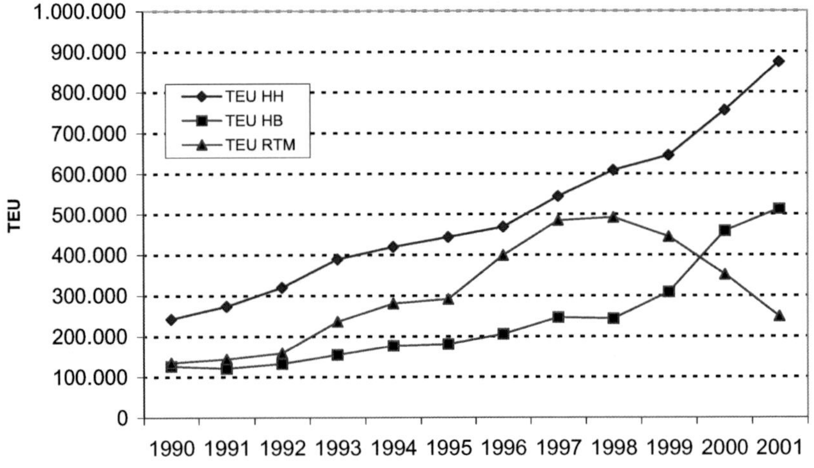

Quelle: Hafen Hamburg Marketing e.V.; eigene Darstellung auf Basis eigener Auswertungen.

---

9 Vgl. *Maennig, W., Sames, M.* (2000), S. 167.

10 Vgl. *Woodbridge, C.* (1998), S.95.

Abbildung 3: Entwicklung der Marktanteile Bremerhavens, Hamburgs und Rotterdams im Feederverkehr mit dem Ostseeraum

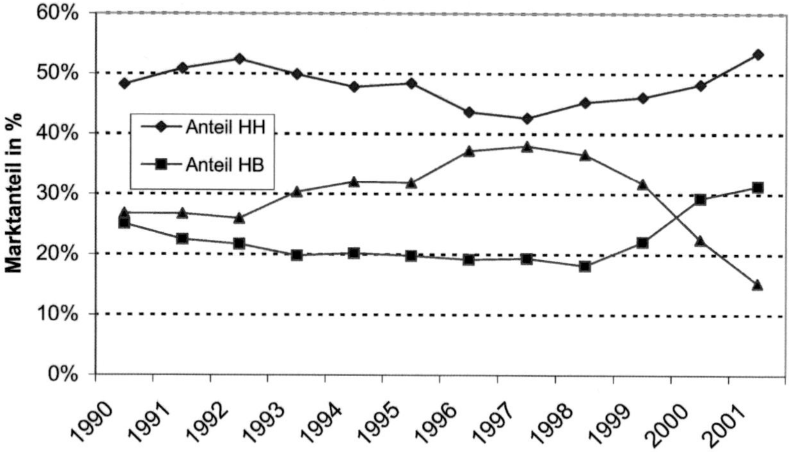

Quelle: Hafen Hamburg Marketing e.V.; eigene Darstellung auf Basis eigener Auswertungen.

Im Folgenden wird die spezifische Entwicklung und Situation der einzelnen Hubs näher erläutert.

5. Hamburg: Bedeutendster Hub im Feederverkehr mit dem Ostseeraum

Die Abbildung 2 zeigt, dass Hamburg während des gesamten Betrachtungszeitraums eine Position als bedeutendster Hafen für den Feederverkehr mit dem Ostseeraum einnimmt. Lag zu Beginn des Betrachtungszeitraums der Umschlag von Ostsee-Feedercontainern in Hamburg noch bei 242.605 TEU, so stieg dieses Volumen auf 874.101 TEU im Jahr 2001, entsprechend einem Anteil am gesamten Ostsee-Feederverkehr von 48,2% bzw. 53,4% im Jahr 2001. Dieser Zunahme entspricht eine durchschnittliche jährliche Wachstumsrate von 12,4%. Insbesondere in der näheren Vergangenheit konnten mit einer jährlichen Wachstumsrate von 17,1% im Jahr 2000 bzw. 15,8% im Jahr 2001 überdurchschnittliche Zuwächse verzeichnet werden. Mit einem Anteil von 18,6% am Gesamtumschlag bzw. 24,4% am Containerumschlag hat der Ostseeraum für den Hamburger Hafen einen höheren Stellenwert als für die Häfen Bremen und Rotterdam. Der über den Hafen Hamburg laufende Verkehr wird zu etwa je einem Drittel mit dem unmittelbaren Hinterland, über Feederverbindungen mit der Ostseeregion und über Landtransporte mit Zentral- und Osteuropa abgewickelt.[11] Damit hat Hamburg seine traditionelle Stellung als wichtige Drehscheibe für den Skandinavien- und Ostseeverkehr weiter festigen können.[12]

Aufgrund seiner günstigen Lage zum Nord-Ostsee-Kanal und des sich daraus ergebenden Vorteils, in den Ostseeraum eine im Vergleich zur Skagen-Route um ca. 12 h bis zu einem Tag kürzere Fahrzeit anbieten zu können,[13] wird Hamburg als „westlichster Hafen der Ostsee“[14] bezeichnet.

Eine detailliertere Betrachtung der Entwicklung der Feederverkehre mit den einzelnen Regionen ergab, dass der Hamburger Hafen im Jahr 2001 von den hier miteinander verglichenen Hubs den größten Anteil des Umschlags eines jeden Fahrtgebiets für sich erobern konnte. Die höchsten Anteile waren dabei im Verkehr mit Schweden (57,9%), der Russischen Föderation (60%), Finnland (54,7%), den Baltischen Republiken (53,1%) sowie Polen (52,7%) zu verzeichnen. Hierbei stellen Hamburg-Finnland sowie Hamburg-Schweden im Jahr 2001 in absoluten Zahlen ausgedrückt die beiden größten Relationen (sog. trunk routes) dar.

Für die skandinavischen Länder war Hamburg während des gesamten Betrachtungszeitraums der bedeutendste Hub; zum Teil konnte der Marktanteil gesteigert werden (Finnland, Schweden), zum Teil war eine leicht rückläufige Tendenz zu verzeichnen (Norwegen, Dänemark). Eine im Vergleich hierzu unterschiedliche Entwicklung fand bei den Feederverkehren Hamburgs mit den mittel- und osteuropäischen Staaten statt. Im Feederverkehr mit Polen wurde über Hamburg zeitweise der geringste Teil der Feedercontainer umgeschlagen; erst ab 1996 ist für Hamburg ein Anstieg seines Marktanteils zu verzeichnen. Bei den Feederverkehren mit den Baltischen Republiken sowie der Russischen Föderation wurde bis 1999 der Großteil über Rotterdam geleitet, Hamburg und Bremerhaven konnten jedoch kontinuierlich Marktanteile hinzugewinnen; dies gilt insbesondere für den Feederverkehr Hamburgs mit der Russischen Föderation. Diese Entwicklung ist vor allem vor dem Hintergrund des schnellen Wirtschaftswachstums in den Baltischen Republiken und in Russland interessant.[15]

6. Bremerhaven: Zugewinn von Marktanteilen

Zu Beginn des Betrachtungszeitraums war Bremerhaven mit einem Volumen von 126.125 TEU der Hub mit dem geringsten Umschlag und Marktanteil (25,1%) unter den betrachteten Häfen im Ostsee-Feederverkehr.

---

11 Vgl. *Beddow, M.* (2000/1), S. 65.

12 Vgl. *Woodbridge, C.* (1998), S.95 sowie Tews, K.-H. (1997), S. 226.

13 Vgl. *Beddow, M.* (2001), S. 82.

14 Vgl. *Oldenburg, B.* (2001), S. 22.

15 Vgl. *Eller, D.* (2001), S. 3.

Im Jahr 2001 lag der Umschlag Bremerhavens bei 512.649 TEU, entsprechend einem Marktanteil von 31,3%, womit Bremerhaven – gemessen am Umschlagvolumen – der zweitgrößte Hub im Feederverkehr mit dem Ostseeraum war. Bremerhaven kann zur Zeit mit einer Steigerung seines Marktanteils am Ostsee-Feederverkehr von 13,4% im Zeitraum von 1998 bis 2001 die höchste Dynamik vorweisen. Die Entwicklung der Feederverkehre von Bremerhaven mit dem Ostseeraum verlief im Wesentlichen in zwei, bezogen auf die Markposition, sehr unterschiedlichen Phasen: Bis 1998 wuchs der Anteil Bremerhavens langsamer als bei den Konkurrenzhäfen. Ab 1998 konnte Bremerhaven in Relation zu den Konkurrenzhäfen – insbesondere im Vergleich zu Rotterdam – relativ starke Zuwächse verzeichnen. Besonders ausgeprägt sind diese Zuwächse von Marktanteilen im Feederverkehr mit Dänemark (Marktanteil von 40,16% im Jahr 2001) sowie mit Polen (46,91% Marktanteil im Jahr 2001).

Obwohl Bremen nicht wie Hamburg den Vorteil hat, in seinem unmittelbaren Hinterland über den zweitgrößten europäischen Markt zu verfügen,[16] haben die Bremischen Häfen für die Container-Linienreedereien eine strategisch wichtige Position. Ebenso wie Hamburg kann Bremen eine bessere Entwicklung als die ARA-Häfen vorweisen und war deshalb in der Lage gewesen, von dort Containerverkehre abzuziehen. Beide Häfen werden in zunehmendem Maße als Zugang für die schnell wachsenden Volkswirtschaften der ost- und zentraleuropäischen Länder in Anspruch genommen, wobei sich entsprechend der unterschiedlichen schwerpunktmäßigen Ausrichtung der Überseebeziehungen – Bremen ist traditionell auf den Nordamerika-Verkehr ausgerichtet, während Hamburg sich in Ost- und Südost-Asien engagiert – für beide Häfen ein unterschiedlicher Ladungsmix herausgebildet hat.[17]

Durch die Einrichtung eines Dedicated Terminal für die Linienreederei Maersk-Sealand ist es Bremen gelungen, das entsprechende Umschlagsvolumen von Rotterdam an die Weser zu holen. Ein zusätzlicher Anreiz für den Wechsel ist die im Vergleich zu Rotterdam günstigere Lage von Bremerhaven zu den Fahrtgebieten der Ostsee gewesen. Die Strategie der BLG Logistics Group, in Partnerschaften und Allianzen die gesamte Transportkette als Dienstleistung anzubieten, ist offensichtlich auch einer der Bausteine der erfolgreichen Entwicklung des in Bremen umgeschlagenen Ladungsvolumens in jüngerer Zeit gewesen.[18]

---

16 Vgl. *Beddow, M.* (2000/2), S. 87.

17 Ebenda

18 Vgl. *Aden, D.* (2002), S. 215 ff.

7. Rotterdam:Schwächere Marktposition insbesondere im Feederverkehr mit den Transformationsländern

Im Jahr 2001 lag der Rotterdamer Umschlag von Containern im Feederverkehr mit dem Ostseeraum bei 248.997 TEU gegenüber 134.587 TEU im Jahr 1990. Wie Abbildung 2 zu entnehmen ist, stieg der über Rotterdam geleitete Ostsee-Feederverkehr von Beginn des Betrachtungszeitraums bis 1997 im Vergleich zu den Konkurrenzhäfen zunächst relativ stark an und sank insbesondere nach 1998 ab. Diese Entwicklung ist durch eine durchschnittliche Wachstumsrate von 5,8% im Jahr 2001 gegenüber dem Ausgangswert von 1990 gekennzeichnet, was die geringste auf den Gesamtzeitraum bezogene Wachstumsrate unter den Hubs darstellt. Diese vergleichsweise niedrige Wachstumsrate ist erklärbar durch die seit 1998 rückläufige Entwicklung des Ostsee-Feederumschlags in den Jahren 2000 und 2001 mit negativen jährlichen Veränderungsraten von 20,8% bzw. 29,2%.

Dieses spiegelt sich, wie in Abbildung 3 dargestellt, auch in der zeitlichen Entwicklung der Marktanteile Rotterdams wider. Im Jahr 1990 lag der Anteil Rotterdams am gesamten Ostsee-Feederverkehr der betrachteten Häfen noch bei 27,7% und konnte auf knapp 38% im Jahr 1997 ausgeweitet werden; danach sank dieser Anteil jedoch auf 15,2% im Jahr 2001 ab. Mit einem Anteil von 4,1% am Rotterdamer Gesamtumschlag hat die Ostseeregion für diesen Hafen im Vergleich zur Situation in Hamburg oder Bremen die geringste Bedeutung. Damit hat Rotterdam bezogen auf den Ostsee-Feederumschlag sein Ziel nicht erreichen können, sog. Main-Port für Nordwest-Europa zu werden.

Eine nähere Betrachtung der Entwicklung der Feederverkehre Rotterdams mit dem Ostseeraum zeigt, dass in den letzten Jahren Rückgänge im absoluten Transportvolumen mit allen Fahrtgebieten zu verzeichnen sind. Vor dem Hintergrund einer insgesamt expansiven Marktentwicklung hat dies zu einem Verlust von Marktanteilen Rotterdams geführt. Relativ hoch sind diese Marktanteilsverluste bei den Wachstumsmärkten der Transformationsländer. Dies sind Fahrtgebiete, in denen Rotterdam absolut betrachtet bis ca. Mitte der 1990er Jahre im Vergleich zu den Konkurrenzhäfen überdurchschnittliche Zuwächse erzielen konnte, die zu einer zeitweise starken Stellung vor allem im Verkehr mit den Baltischen Republiken und der Russischen Föderation geführt haben. Auch bei den skandinavischen Fahrtgebieten hat Rotterdam seit Ende der 1990er Jahre Marktanteile zugunsten der anderen Häfen verloren, diese fallen jedoch – abgesehen von Dänemark – im Vergleich zu den Verlusten bei den o.g. Fahrtgebieten relativ moderat aus. Zudem hatte Rotterdam in diesen Fahrtgebieten zu keinem Zeitpunkt eine dominierende Stellung.

Der Rückgang der Rotterdamer Marktanteile im Ostsee-Feederverkehr erfolgt parallel zu den oben beschriebenen Zuwächsen von Bremen und kann zumindest teilweise durch die Verlagerung der Aktivitäten der Linienreederei Maersk-

Sealand erklärt werden.[19] Die Anstrengungen der Häfen Hamburg und Bremen, ihre seeseitigen Zugangsmöglichkeiten sowie die Infra- und Suprastruktur zu verbessern, sind – unterstützt durch deren günstigere See- und Landverbindungen in den ost- und zentraleuropäischen Raum hinein – darin erfolgreich gewesen, zu Lasten Rotterdams Linienverkehre auf sich zu ziehen.[20] Andere Aspekte, wie hohe Hafengebühren, eine vergleichsweise unsichere tarifpolitische Situation, geringe Fokussierung auf den Ostseeraum wegen seines am Gesamtumschlag gemessen geringen Anteils, werden ebenfalls zur Erklärung der Schwächung der Rotterdamer Marktposition genannt.[21]

Zusammenfassend kann somit festgestellt werden, dass Rotterdam trotz seiner Vorteile für den Ostsee-Feederverkehr die Vorrangsposition von Hamburg und Bremerhaven nicht brechen konnte, da die deutschen Häfen mit ihrem unmittelbaren und primären Hinterland eine zu starke Position einnehmen. Seit einigen Jahren entwickelt sich in Nordeuropa ein zunehmender Trend zur Bildung von Logistik-Netzwerken, die mit ihren Partnern den gesamten Ladungstransport vom Ausgangs- bzw. zum Bestimmungsort bewerkstelligen. Die Einbindung in derartige Netzwerke wird für Hubs von hoher strategischer Bedeutung sein.

8. Perspektiven

Die wirtschaftliche Entwicklung der einzelnen Länder des Ostseeraums wird auch zukünftig das Volumen der Containerschifffahrt determinieren. Für den Betrachtungszeitraum bis 2010 wird für die Ostseeländer eine weitere positive wirtschaftliche Entwicklung prognostiziert. Für die Gruppe der derzeitigen Transformationsländer wird aufgrund von weiteren Strukturreformen und einer intensiveren Integration in die Weltwirtschaft[22] – in diesem Zusammenhang ist auch der EU-Beitritt Polens und der drei Baltischen Republiken seit dem 01.05.2004 von Bedeutung – ein vergleichsweise stärkeres Wachstum sowie eine stärkere Zunahme der Im- und Exporte vorausgesagt. Aus dem prognostizierten Anstieg des Warenaustauschs und des damit verbundenen erhöhten Transportaufkommens im Ostseeraum ist zu erwarten, dass der Seeverkehr mit den Transformationsländern aufgrund der noch mangelhaften Leistungsfähigkeit der dortigen Landverkehrsnetze überdurchschnittlich beteiligt sein wird.

Weitere Impulse für das Wachstum der Containerverkehre werden darüber hinaus auch aus der sich fortsetzenden Tendenz der Strukturveränderung des Handels und damit des Transports zugunsten von verarbeiteten und somit containeri-

---

19 Vgl. *Eller, D.* (2002), S. 67.

20 Vgl. *Woodbridge, C.* (1998), S.95.

21 Vgl. *Eller, D.* (2002), S. 69.

22 Vgl. *Ocean Shipping Consultants Ltd.* (2002), S. 140.

sierbaren Gütern erwartet, was insbesondere bei den Verkehren mit den Transformationsländern zum Tragen kommen wird.[23] Hiermit verbunden besteht bei diesen Ländern voraussichtlich auch weiterhin aufgrund des Nachholbedarfs im Bereich der Konsumgüter die Tendenz zu steigenden Konsumgüterimporten und damit verbundenen Containerverkehren.

Die mit dem Hub and Spoke-Konzept verbundenen Feederverkehre werden voraussichtlich auch in der Zukunft das Rückgrat für den ostseeexternen Containerverkehr bilden. Dies gilt insbesondere vor dem Hintergrund der auch in Zukunft weiter zunehmenden Schiffsgrößen und der nautischen Restriktionen im Ostseeraum. Bei entsprechend hohem Ladungsaufkommen werden Direktanläufe in nennenswertem Ausmaß nur von und nach Göteborg zu erwarten sein.[24]

Im Hinblick auf die Wettbewerbssituation zwischen den Hubs zeichnet sich mit der seit Sommer 2002 von der HHLA betriebenen Blockzugverbindung eine neue Variante ab. Deren Tageskapazität beträgt im ein- und ausgehenden Verkehr zwischen den Hamburger HHLA-Terminals und dem Containerterminal Lübeck insgesamt rund 2.000 TEU, was zu einer weiteren Festigung der Marktposition des Hamburger Seehafens im Ostsee-Feederverkehr beiträgt. Das Konzept dieser von der HHLA als Minilandbrücke bezeichneten Verbindung besteht darin, die für die Ostseeregion bestimmten Container in Hamburg von Übersee-Linienschiffen direkt auf Blockzüge umzuladen, von denen sie im rund 80 km entfernten Lübeck wiederum direkt auf Feederschiffe umgeladen werden, für deren Abfertigung das Lübecker Terminal derzeit über zwei Liegeplätze verfügt. Der Vorteil dieser Verbindung besteht in der kürzeren Transitzeit der Feedercontainer gegenüber den Alternativrouten, die eine Zeiteinsparung gegenüber der Route durch den Nord-Ostsee-Kanal von 12 Stunden und gegenüber dem Weg um Skagen von einem Tag erbringt. Damit dürfte diese Verbindung insbesondere Feedercontainer mit zeitsensitiven Ladungen attrahieren.

Für den zukünftigen Wettbewerb der Seehäfen um den Ostseeraum wird auch die weitere Entwicklung der Schiffsgrößen eine Rolle spielen. Hamburg und Bremerhaven haben hinsichtlich ihrer nautischen Gegebenheiten bei der Abfertigung der Containerschiffe der jetzigen Generation[25] bereits Wassertiefenrestriktionen, sofern diese vollabgeladen die Häfen anlaufen wollen. Rotterdam bietet hingegen die nautischen Voraussetzungen zur Abfertigung von Schiffen dieser Größenordnung und darüber hinaus. Diese Monopolstellung Rotterdams als Anlaufhafen großer Schiffe wird bei einer Realisierung des Jade-

---

23 Vgl. *Breitzmann, K.-H.* (2002), S. 333.

24 Vgl. *Woodbridge, C.* (2000), S. 85.

25 Nach Aussage von *J. Froese* auf dem 13. Hamburger Logistik-Kolloquium am 4. März 2004 existieren bereits weltweit 39 Neubauorders > 8000 TEU mit 14,5m Tiefgang.

Weser-Ports in Wilhelmshaven als norddeutscher Tiefwasserhafen jedoch beseitigt. Es ist daher damit zu rechnen, dass auch über Wilhelmshaven ein wesentlicher Anteil der Feederverkehre in den Ostseeraum abgewickelt wird.

Literatur

Aden, D. (2002): Bremen zum Beispiel, in: Schiff & Hafen, 10/2002, S. 215 ff.

Beddow, M. (2000/1): Hamburg – the people's port, in: Containerisation International, Vol. 33, Nr. 6, S. 65.

Beddow, M. (2000/2): Twin pronged attack, in: Containerisation International, Vol. 33, Nr. 8, S. 87.

Beddow, M. (2001): Force feeding in the Baltic, in: Containerisation International, Vol. 34, Nr. 4, S. 82.

Bohnsen, P.(1997): North European Feeder Systems, in: ISL Conference Report 1997, International Symposium on Liner Shipping 6, Bremen, S. 166.

Breitzmann, K.-H. (2002): Ostseeverkehr – Entwicklung, Struktur und künftige Herausforderungen, in: Internationales Verkehrswesen, 54 Jg., Nr. 7+8, S. 333.

Eller, D. (2001): Into orbit, in: Containerisation International, Vol. 34, Nr. 11, S. 3.

Eller, D. (2002): Rotterdam's catharsis, in: Containerisation International, Vol. 35, Nr. 6, S. 67.

Hills, I.(1998): Nordic number game, in: Containerisation International, Vol. 28, Nr. 3, S. 81.

Maennig, W.; Sames, M. (2000):, Determinanten der Seehafenwahl, in: Zeitschrift für Verkehrswissenschaft, 71. Jg., Heft 2, S. 167.

o.V. (2001): Team Lines: Feeder auf flotter Fahrt, in: DVZ, 55. Jg. , 02.10.2001, S. 4.

Ocean Shipping Consultants Ltd. (OSC) (2002): Containerisation In North Europe To 2015, Survey, S. 139.

Oldenburg, B. (2001): Viel los auf der Ostsee, in: Güterverkehr 6/2001, S. 22.

Tews, K.-H. (1997): Hamburg – Drehscheibe für den deutschen Ostseehandel, in: Hamburg in Zahlen, 8., S. 226.

Woodbridge, C. (1998): The case for the defence, in: Containerisation International, Vol. 31, Nr. 9, S.95.

Woodbridge, C. (2000): Nordic ports build up capacity, in: Containerisation International, Vol. 33, Nr. 6, S. 85.

Arnulf Hader

Können schnellere Schiffe die Verlagerung des Güterverkehrs auf die Schifffahrt – „from road to sea" - beschleunigen?

1. Einleitung

Der Autor befasst sich seit 25 Jahren mit RoRo-, Fähr- und anderen Shortsea-Verkehren. In den letzten Jahren waren es verstärkt Untersuchungen im Auftrag internationaler Konsortien, der EU-Kommission oder ferner Länder. Egal, ob es sich um Marktanalysen oder Machbarkeitsstudien für einzelne Linien oder Häfen, für neue Schiffstypen oder um umfangreichere strategische Untersuchungen handelte, es fügten sich immer neue Mosaiksteine in das Gesamtbild der Seeverkehrswirtschaft.

In diesem Beitrag wird der Zusammenhang zwischen einer politischen Forderung, den technischen Lösungsansätzen und der wirtschaftlichen Durchführbarkeit hergestellt. Die politische Forderung kommt von der EU, nämlich mehr Verkehr von der Straße auf den Wasserweg zu verlegen. Technische Lösungsansätze sind die zahlreichen Entwürfe für moderne Schiffe mit hoher Geschwindigkeit. Die nachhaltige Realisierung bleibt jedoch eine Frage der Wirtschaftlichkeit, da der Schiffsbetrieb nicht entscheidend subventioniert wird. So viel vorweg: Höhere Geschwindigkeit hilft, aber um wie viel höher darf sie sein?

2. Verkehrspolitik

Die Bestrebungen der Politik, Verkehr auf den Weg zu verlagern, der noch viel freie Kapazität hat, nämlich den Seeweg, sind nicht neu. Mittlerweile ist dieses Ziel im Weißbuch der EU festgeschrieben und wird sogar durch das „Marco-Polo"-Programm aktiv unterstützt, nachdem es im PACT-Programm erste Ansätze der Unterstützung kombinierter Verkehre gab.

Durch dieses Programm können neue Liniendienste für die ersten 36 Monate eine Betriebssubvention erhalten, um die schwierigen Anfangsjahre finanziell zu überstehen. Typisches Problem am Anfang ist die Umstellung der Spediteure und Fuhrunternehmen von begleiteten Landverkehren auf unbegleitete Trailerverkehre, die alleine eine deutliche Kostenminderung versprechen und damit die Verlagerung attraktiv machen. Zudem wechselt der Lkw nicht gerne auf eine Schiffslinie, die vielleicht bald den Betrieb wieder einstellt, weil anfangs die Einnahmen fehlen.

In mehreren Ländern sind die Shortsea Promotion Centers (SPC) als Unternehmen in „public-private-partnership“ entstanden, die durch ihre Beratung Seeverkehre anbahnen. Ohne kosten- oder zeitmäßige Vorteile – letztere sind eher selten – bleiben Verlagerungen jedoch schwierig. Die technischen Innovationen können dabei helfen.

3. Der Trend zu schnellen Schiffen:

3.1 High Speed Craft

Schnelle Schiffe sind seit Jahrzehnten als Tragflügelboote, Hovercraft, Katamarane oder andere Ableitungen und Mischformen moderner Wasserfahrzeuge bekannt. Mittlerweile gibt es für die schnellen Schiffe (High speed craft) eine Vorschrift der IMO, den HSC-Code, der Bauweise und Einsatz regelt. Welche Schiffe unter diesen Code fallen, lässt sich übrigens nicht an einer festen Geschwindigkeitsgrenze festlegen; es gilt eine Formel mit der Froud'schen Zahl und der Schifflänge, so dass etwa ein kleiner Katamaran mit 200 Sitzplätzen und 25 kn unter den Code fällt, eine große Fähre für 2.000 Passagiere mit 30 kn aber nicht. Wichtig ist zu wissen, dass Schiffe nach dem HSC-Code keine Kabinen haben dürfen. Sie eignen sich demnach nicht für Nachtfahrten, und wegen des allgemein geringeren Komforts auf den leichten Fahrzeugen auch nicht für längere Strecken.

Trotzdem kam es in den 1990er Jahren zu einem Boom für schnelle Fähren nach dem HSC-Code. Nicht die alten Vorreiter der Fährschifffahrt in Nordeuropa brachten die innovativen Schiffe auf den Markt, sondern Newcomer aus Australien und Werften im Mittelmeer. Zahlreiche weitere Werften versuchten, diesen vermeintlich lukrativen Markt nicht zu verpassen, mussten jedoch häufig Lehrgeld zahlen.

Bei den neuen Fahrzeugen handelte es sich um Katamarane oder Monohulls (Einrumpfschiffe) mit etwa 400 bis 1.000 Passagiersitzen und 80 bis 200 Pkw-Stellplätzen, alternativ einiger Bus- oder Lkw-Plätze sowie einer Geschwindigkeit von etwa 30 bis 40 kn. In schneller Folge kamen immer größere Schiffe auf den Markt, so 1997 die Katamarane der Stena Line (Finnyards) mit 1.500 Sitzen, 375 Pkw und 40 kn oder die Monohulls von Fincantieri für die Tirrenia S.p.A. für 1.800 Passagiere und Ladung. Beide Typen sind sogar in der Lage, einige hundert Spurmeter Lkw aufzunehmen.

Mit der aufwändigen Umstellung auf den Bau großer Aluminiumstrukturen hatten die Finnyards gehofft, sich einen neuen Markt zu erschließen. Bis heute blieb es jedoch bei den drei ersten Katamaranen, denn um die Jahrhundertwende brach die Entwicklung jäh ab. Nun lagen Erfahrungen in größerer Zahl vor und viele Reeder beendeten den Versuch mit HSC.

Die Ursachen sind vielfältiger Natur. Manchmal genügt eine, oft häuften sich auch mehrere Probleme auf einer Linie. Werften blieben auf ihren neuen Entwürfen sitzen; schlimmer noch, australische Werften, die es sich angewöhnt hatten spekulativ zu bauen, mussten ihre Neubauten im Werfthafen für Monate oder Jahre anbinden.

Was waren die Probleme der Reeder?

- Weniger im Mittelmeer, aber in Nord- und Ostsee ist oft das Wetter zu schlecht. Unzuverlässigkeit wegen des Ausfalls von Abfahrten, mangelnder Komfort bei Seegang, Seeschäden durch höhere Wellen und Einnahmeausfall bei stornierten Abfahrten überschritten bei Passagieren und Reedern oft schon in einer Saison die Zumutbarkeitsgrenze. Dazu kommt die grundsätzliche Untauglichkeit in Regionen mit Eisgang im Winter.
- Bei einigen Typen kamen ernsthafte technische Probleme auf. Sie reichten von Mängeln in der Festigkeit der (Aluminium-)Konstruktion, oft hervorgerufen durch rücksichtsloses Fahren bei harten Wetterbedingungen, über Seeschäden an der äußeren Hülle bis zu häufigen Ausfällen der hochgezüchteten Maschinen und Getriebe.
- Der dritte Problemkreis sind die Kosten, vor allem durch den wesentlich höheren Treibstoffverbrauch. Die Kosten erfordern höhere Tarife, und wo die Fahrzeuge im Wettbewerb zu anderen Schiffen laufen, erweisen sie sich oft schlicht als zu teuer. Da sie nur im Tagbetrieb und zudem oft nur saisonal genutzt werden können, entstehen in der effektiven Betriebszeit vergleichsweise höhere Kapital- und Betriebkosten. Der Anteil der Bunkerkosten kann nur verringert werden, wenn man sich auf kürzere Strecken konzentriert. Zeit auf langen Strecken zu sparen, muss zu teuer bezahlt werden.

Der Einsatz im schnellen Frachtverkehr ist bisher kaum gelungen. Bei den meisten Typen hat der Reiseverkehr Vorrang. Die wenigen Meter im Ladedeck, die dann für Lkw bleiben, sind keine ernsthafte Entlastung des Landverkehrs. Bei den beiden größten Typen ist der Erfolg im Frachtverkehr bescheiden: Tirrenia setzt ihre „Renner“ bei Nacht für Lkw ein, dann aber mit reduzierter Geschwindigkeit.

Die Stena Line nimmt jährlich immerhin etwa 14.000 Lkw zwischen Hoek van Holland und Harwich an Bord des Katamarans HSS 1500 STENA DISCOVERY. Dazu muss jedoch bemerkt werden, dass parallel konventionelle Schiffe fahren und der Anteil des Schnellverkehrs nur rund 13 % beträgt. Im riesigen Aufkommen zwischen den Niederlanden und dem Großraum London ist der Anteil an verderblicher Ladung (Blumen, Obst, Gemüse) so hoch, dass 13 % von einer Fährlinie bereit sind, einen Aufschlag zu zahlen. Nur dank des insgesamt großen Aufkommens gibt es ausreichend Ladung für den schnellen Katamaran.

Abbildung 1 zeigt den Verlauf des Baus von HSC mit Pkw und/oder Lkw-Decks von 1991 bis 2003. In der Kurve der gemeldeten Aufträge manifestiert sich der überschäumende Optimismus bis Mitte der 90er Jahre, der nicht einmal durch die tatsächlichen Ablieferungen ein bis zwei Jahre später bestätigt werden konnte. Seit 2001 pendelt die Zahl der Ablieferungen um fünf, so dass in Zukunft etwa 5-10 jährlich zu erwarten sind – weltweit. Quelle dieser Grafik sind zwei führende Zeitschriften bzw. Makler.

Abbildung 1: Ablieferungen und Aufträge für HSC mit Kfz-Kapazität

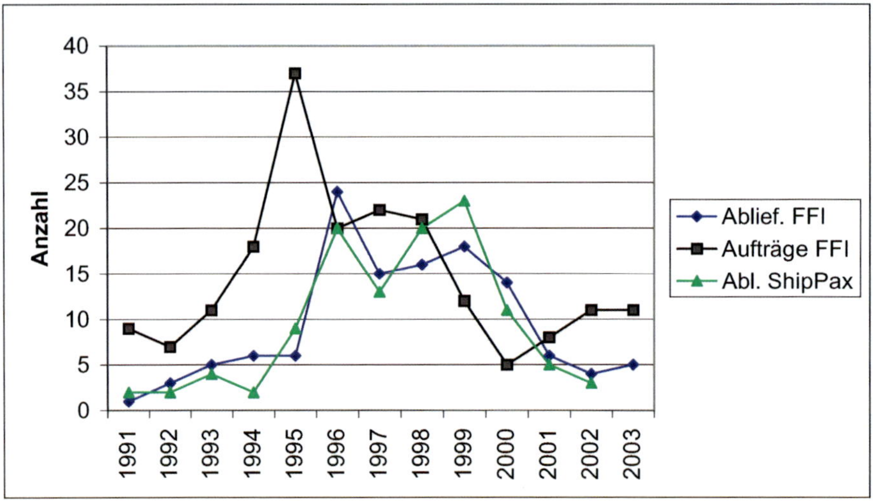

Quelle: ISL 2004 basierend auf „Fast Ferry International" (FFI) und „ShipPax Information"

3.2 Relativ schnellere Schiffe

Doch es gibt neben den spektakulären Entwicklungen der HSC auch bei den konventionellen Schiffen einen Trend zu höherer Geschwindigkeit. Er fällt wegen seiner kleinen Schritte weniger auf, aber Beharrlichkeit führt auch zum Ziel. Dabei gab es auch hier extreme Fälle, die jedoch schon länger zurückliegen und fast in Vergessenheit geraten sind.

Damit ist nicht alleine das Fährschiff FINNJET mit 30,5 kn Dienstgeschwindigkeit gemeint, das 1977 in Fahrt kam. Mit seinen leistungsstarken Gasturbinen war es vor 1973 konzipiert, kam aber erst in Fahrt als nach der ersten Energiekrise 1973/74 die Treibstoffpreise um ein Mehrfaches gestiegen waren. Das Schiff kam erst in die Nähe der Wirtschaftlichkeit als zusätzliche Dieselmotoren als alternativer Antrieb für niedrigere Geschwindigkeit eingebaut worden waren und der Gasturbinenantrieb der kurzen Hochsaison mit voller Auslastung der Kapazitäten vorenthalten blieb.

3.2.1 Containerschiffe

Anfang der 1970er Jahre brachte die US-Reederei Sea-Land eine Serie von acht Containerschiffen in Fahrt, die für ungefähr 2.500 TEU (Sea-Land hatte damals noch 35'-Container) und 33 kn ausgelegt waren. Sie waren deutlich schneller über den Atlantik als die Konkurrenz mit rund 20 kn. Ähnlichen Service wollte auch Seatrain mit vier 30 kn schnellen Gasturbinenschiffen bieten. Auch hier machte der gestiegene Ölpreis einen Strich durch die Rechnung und die Schere zwischen Einnahmen und Ausgaben klaffte weit auseinander. Jegliche Hoffnung auf eine Rückkehr zu günstigen Treibstoffpreisen war damals erloschen.

Seatrain ersetzte Gasturbinen durch schwächere Motoren und Sea-Land gab alle acht Schiffe an das Military Sealift Command ab, wo sie noch heute als RoRo-Schiffe für schnelle Einsätze zur Verfügung stehen. Die Fernost-Flotte mehrerer Reedereien, die mit jungen 3.000-TEU-Schiffen für 28 kn ausgestattet war, wurde ebenfalls abgerüstet. Einige Gesellschaften ersetzten die Turbinen durch Dieselmotoren, Hapag-Lloyd entfernte eine von zwei Dampfturbinen und rüstete von zwei auf einen Propeller um. Statt 27/28 kn waren nur noch um die 22 kn die Regel.

Und warum laufen die Neubauten heute wieder 25/26 Knoten? Nicht weil die Ölpreise gesunken sind oder man alles vergessen hat. Hier kommt wieder Froud und der Schiffswiderstand ins Spiel: Größere Schiffe benötigen weniger Antriebsleistung als kleinere, weshalb die alten Schiffbauer schon sagten: Länge läuft. Die großen Schiffe für 8.000 TEU haben bei etwa 25 kn pro TEU keine höheren Bunkerkosten als die damaligen für 3.000 TEU bei 27 kn. Diese Gesetzmäßigkeit wird dadurch belegt, dass man auch heute 3.000-TEU-Schiffe nur für eine Geschwindigkeit von etwa 22/23 kn baut. Die schnellen „Container-Fregatten“ der Norasia Line mit 25 kn bei nur 1.350 TEU müssen wesentlich teurer im Betrieb sein und haben daher keine Lücke im Wettbewerb gefunden.

Erklärung der folgenden Graphik: In der Abbildung sind sieben Schiffe in ihrem jeweiligen Baujahr durch drei senkrecht übereinander liegende Punkte dargestellt. Die linke Achse gibt die Kapazität in TEU an, die rechte Achse Knoten und installierte kW pro TEU. Beispiel: die 1972 gebauten 3.000-TEU-Frachter für den Ostasienverkehr liefen 27 kn und benötigten dafür rund 20 kW pro TEU. Die heute in Bau befindlichen 8.000-TEU-Schiffe laufen gut 25 kn aber bedürfen nur 8 kW pro TEU.

Abbildung 2: Kapazität, Geschwindigkeit und Leistung pro TEU bei Containerschiffen seit 1968

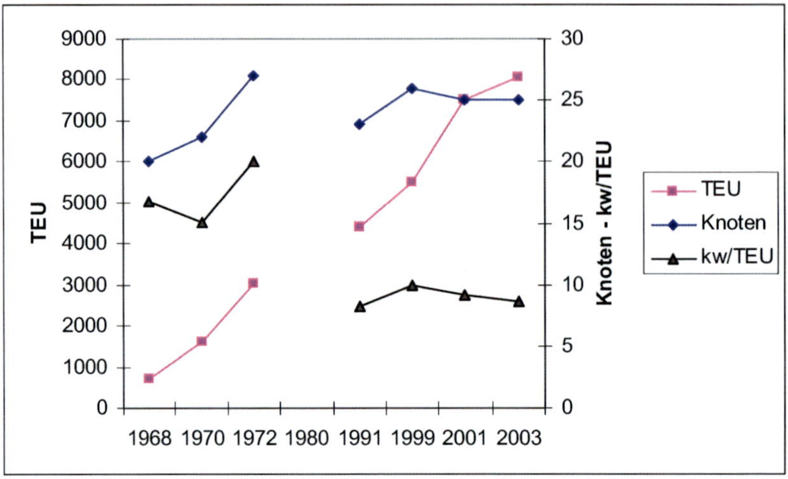

Quelle: A. Hader 2004

Mit dieser Betrachtung ist auch die Frage weitgehend beantwortet warum sich schnelle Feederschiffe nicht rechnen. Die Kosten pro Meile und Container lägen deutlich höher als bei großen Schiffen, wenn man aber größere Feederschiffe einsetzt, verlängert sich oft die Liegezeit im Hafen und die Frequenz muss sinken. Zudem ist, wenn es tatsächlich auf die Zeit ankommt, die RoRo-Schifffahrt im Vorteil, da sie mit höherer Frequenz und kürzerer Hafenzeit nicht zu unterbieten ist.

3.2.2 RoRo-Schiffe

In der RoRo-Schifffahrt ist ein ganz ähnlicher Trend feststellbar, wenngleich auf niedrigerem Niveau. Die alten RoRo-Frachter mit einer Kapazität von 1.000 bis 2.000 Spurmetern waren für etwa 15 bis 18/20 kn gebaut. Die neue Generation, von einer solchen kann man bei auffallend ähnlichen Daten sicher sprechen, läuft um 22/23 kn und kann um 3.000/4.000 Spurmeter oder mehr laden.

Die Größe, neben den Fortschritten bei Antriebstechnik und Optimierung der Rumpfformen, sorgt auch hier für gleiche oder gar günstigere Kosten pro Lkw auf den deutlich schnelleren Schiffen. Selbstverständlich musste auch die Nachfrage wachsen, um die größeren Kapazitäten zu füllen. Andernfalls könnten Schiffsgrößen, die vor 25 Jahren für den Atlantikverkehr gebaut worden waren, heute nicht auf der Nordsee zum Einsatz kommen.

Tabelle 1: Flotte der RoRo-Frachter nach Baujahr und Geschwindigkeit am 1.1.2004

Geschwindigkeit in kn	bis 1976	1977-1981	1982-1986	1987-1991	1992-1996	1997-2001	2002-2003	Total	*in %*
unbekannt	9	8	8	8	4	8	6	51	*5,5*
- 14.0	70	65	35	12	19	12	-	213	*22,9*
- 15.0	24	33	24	14	8	6	2	111	*11,9*
- 16.0	17	38	28	12	10	13	1	119	*12,8*
- 17.0	18	51	8	9	9	5	-	100	*10,8*
- 18.0	13	32	10	9	4	11	7	86	*9,2*
- 19.0	8	17	12	7	12	16	-	72	*7,7*
- 20.0	7	8	4	4	8	26	10	67	*7,2*
- 21.0	5	14	2	3	1	16	12	53	*5,7*
- 22.0	4	7	-	-	1	17	3	32	*3,4*
- 23.0	2	-	-	-	-	4	3	9	*1,0*
- 24.0	-	-	-	-	1	3	2	6	*0,6*
- 25.0	6	1	-	-	-	-	2	9	*1,0*
> 25.0	-	-	-	-	-	2	-	2	*0,2*
Total	183	274	131	78	77	139	48	930	*100,0*
in %	*19,7*	*29,5*	*14,1*	*8,4*	*8,3*	*14,9*	*5,2*	*100,0*	

Quelle: ISL Bremen, LR / Fairplay, 2004

3.2.3 Fähren

In der Fährschifffahrt als wichtigem Anbieter im Shortsea-Verkehr, wird Personen- und Güterverkehr kombiniert. Dabei werden hier weniger die kürzest möglichen Dienste wie Dover – Calais, Algeciras – Tanger oder Merak – Bakauheni (Java – Sumatra) betrachtet. Diese haben eine Brückenfunktion, sind unvermeidlich und müssen bei der Festlegung ihrer Tarife nicht auf den direkten Wettbewerb des Landverkehrs achten, es sei denn, es existiert ein Tunnel oder eine Brücke in der Region. Wesentlich interessanter sind die längeren Alternativen, da nur hier eine Verlagerung auf den Seeverkehr stattfinden kann. Beispiele sind Direktverkehre von Deutschland nach Schweden oder Finnland oder von den Niederlanden nach Nordengland oder Schottland.

Ein Musterbeispiel findet sich in der Adria: der Verkehr von Griechenland nach Norditalien. Hier starteten griechische Reeder eine neue Initiative zu höheren Geschwindigkeiten. Die jungen Fähren für Passagiere, Reisefahrzeuge und eine erhebliche Menge von Lkw und Trailern der Reedereien Superfast Ferries, ANEK, Minoan Lines und Strintzis Lines zeichnen sich durch Dienstgeschwindigkeiten zwischen 26 und fast 30 kn aus.

Tabelle 2: Flotte der Fähren nach Baujahr und Geschwindigkeit am 1.1. 2004

Geschwindigkeit in kn	bis 1976	1977-1981	1982-1986	1987-1991	1992-1996	1997-2001	2002-2003	Total	*in %*
unbekannt	139	47	39	60	40	32	15	372	*16,3*
- 14.0	300	72	57	81	49	67	15	641	*28,2*
- 16.0	100	25	28	34	25	15	3	230	*10,1*
- 18.0	122	43	31	27	19	15	3	260	*11,4*
- 20.0	138	36	24	34	36	24	4	296	*13,0*
- 22.0	67	35	17	33	18	16	8	194	*8,5*
- 24.0	13	7	2	17	20	23	18	100	*4,4*
- 26.0	7	-	-	1	5	6	2	21	*0,9*
- 28.0	-	-	-	-	3	13	1	17	*0,7*
- 30.0	-	-	-	-	6	15	11	32	*1,4*
- 32.0	-	1	-	1	-	1	1	4	*0,2*
- 34.0	-	-	-	-	5	7	-	12	*0,5*
> 34.0	-	-	-	3	32	59	4	98	*4,3*
Total	886	266	198	291	258	293	85	2277	*100,0*
in %	*38,9*	*11,7*	*8,7*	*12,8*	*11,3*	*12,9*	*3,7*	*100,0*	

Quelle: ISL Bremen, LR / Fairplay, 2004

Diese Fähren sind nicht größer als die modernen RoRo-Frachter, selbstverständlich kleiner als die Containerschiffe und sollen trotzdem Geld verdienen? Hohe Motorleistungen und entsprechende Kosten lassen sich nicht vermeiden, aber hier sorgen andere Gründe für höhere Einnahmen:

- Die Kombination Fracht und Passage führt zu höheren Einnahmen durch die Passagiere, Pkw und zusätzliche Verkaufserlöse im Restaurant und in Shops.
- Die Reedereien haben mit diesen schnelleren Schiffen völlig neue Routen eröffnet, auf denen die Schiffe optimal eingesetzt werden können, d.h. in attraktiven Fahrplänen für Nutzer und Betreiber.

4. Die Wirtschaftlichkeit der höheren Geschwindigkeit

Die Frage, welche schnelleren Schiffe sich rechnen, ist damit schon beinahe beantwortet.

Die kleinen schnellen HSC Craft für Personenverkehr haben sich im Kurzstreckenverkehr in ruhigen Gewässern bewährt, etwa im Raum Hongkong-Macao, in den norwegischen Fjorden oder im Golf von Neapel. Der Personenverkehr kann die höheren Kosten tragen, so dass sie dort eine Marktnische gefunden haben. Wünsche an den Komfort bleiben offen, aber dem Pendler, der häufig auf solche Fahrzeuge angewiesen ist, geht die Zeitersparnis vor.

Im Gütertransport gelten andere Marktanforderungen. Untersuchungen der logistischen Ketten zeigen immer wieder die vielzitierte Anforderung „just in time“, die aber keinesfalls Geschwindigkeit um jedem Preis meint, sondern pünktlich und zuverlässig. Sehr häufig stehen auch die Kosten an erster Stelle der Forderungen. Ein Großteil der Transporte wird nicht direkt vom Produzenten sondern von Spediteuren organisiert. Der Normalfall ist daher nicht der Lkw, der Produzent und Endabnehmer im direkten Verkehr verbindet, sondern Transporte über Zwischenlager. Diese werden im allgemeinen in einem 24-Stunden-Rhythmus bedient, wobei die Ware am Nachmittag abgeholt, bei Nacht in neuen Fuhren zusammengestellt und am Morgen dem Empfänger zugestellt wird. Somit kann dem Kunden die Lieferung innerhalb von 24 h garantiert werden, über längere Strecken wie nach Skandinavien auch über 48 Stunden.

Die Fährschifffahrt hat sich diesem Rhythmus des Güterverkehrs längst angepasst, und bietet, wenn nur eine Reise innerhalb von 24 h möglich ist, die Abfahrt am Abend an. Im Direktverkehr Deutschland – Schweden dauert die Überfahrt etwa fünf bis neun Stunden. Dort machen die Schiffe drei oder zwei Fahrten in 24 h einschließlich der Hafenzeiten. In diesen Fällen finden die Abfahrten von beiden Seiten meist zur selben Zeit statt. Eine Nachtüberfahrt von ca. acht Stunden passt gut in die logistische Kette der Spediteure. Sie mittels wesentlich schnellerer Schiffe um zwei bis drei Stunden zu verkürzen, würde den wenigsten Nutzern große Vorteile bringen. Die Verkürzung wäre sogar schlecht für die Fahrer der zahlreichen begleiteten Lkw, die an Bord ihre vorgeschriebenen Ruhepausen verbringen. Dass die höheren Kosten nur ein geringer Anteil tragen wollte, wurde oben am Beispiel der Stena Line gezeigt. Die Geschwindigkeit der Schiffe auf vergleichbaren Routen hat sich daher auch nicht verändert.

An dieser Stelle darf auch erwähnt werden, dass die Reeder im Verkehr mit Südschweden wieder eine Zunahme der Lkw mit Fahrerbegleitung feststellen, obwohl es seit Fertigstellung der Sundbrücke einen schnelleren Weg nach Schweden gibt. Durch die Nutzung der Direktfähren erweitert sich die Reichweite eines einzelnen Fahrers ohne große Fahrtunterbrechung erheblich. Solche Routen von etwa sechs bis acht Stunden sind für den Fuhrunternehmer kein Gewinn. Besonders wenn er seinen Lkw samt Fahrer an Bord stellt, wird es nicht billiger als wenn der Lkw auf der Straße rollt. Solche Routen sind aber meist die Alternative zu kürzeren Strecken wie Puttgarden – Rödby Havn plus Helsingör – Helsingborg, Sundbrücke oder wie Dover – Calais. Auf diesen kurzen Routen liegen die Fährtarife vergleichsweise hoch, weshalb sich die längeren Strecken mit der Ruhepause für den Fahrer im Vergleich rechnen.

Wirklich billiger wird es erst wenn der Fahrer nur den Trailer im Hafen abstellt und der Reederei übergibt. Oft geschieht dies erst auf Routen von über 12 h Dauer. Auf solchen Strecken sinkt der Anteil der Hafenkosten und die Größe der Schiffe steigt an, da die Abfahrtsfrequenz auf einmal täglich oder weniger zurückgeht. Damit sind mehrere Bedingungen für niedrigere Tarife pro Seemeile erfüllt. Für den Reeder geht diese Rechung aber auch nur dann auf, wenn er die passenden Schiffe hat. Bei einigen Strecken kann dies bedeuten, die Geschwindigkeit soweit zu erhöhen, dass die Fahrtzeit inklusive Hafenzeit bei maximal 24 h liegt, die reine Fahrzeit also bei ca. 20h. Für derartige Routen entstanden die neuen Fähren von Superfast und den griechischen Kollegen. Sie benötigen Dienstgeschwindigkeiten von ca. 26 bis 30 Kn, um täglich eine Reise absolvieren zu können, zumindest drei Rundreisen pro Woche plus ein Reservetag. Die Vorteile für den Nutzer liegen in der Abfahrt am Abend und der Verkürzung der Reisezeit; die Ankunft am Morgen ist dabei leider nicht machbar. Vorrang hat aber in jedem Fall ein regelmäßiger Fahrplan, der sich wöchentlich mit gleichen Abfahrtstagen wiederholt, am besten mit täglichen Abfahrten zur selben Zeit. Spediteure würden keine Fährlinie wählen, auf die sie ihre Transportkette täglich neu ausrichten müssen.

Es gibt auch Vorteile für den Reeder. Er kann mit solchen Schiffen die langen Routen besser bedienen, für die ältere Fähren mit einer normalen Geschwindigkeit von 20 bis 22 kn mehr als 24 h benötigen. Diese könnte er entweder nur jeden zweiten Tag einsetzen und damit die Kapazität und potentiellen Einnahmen drastisch reduzieren oder er müsste einen unregelmäßigen Fahrplan anbieten, mit dem er Kunden an die Wettbewerber verliert. Die ersten solchen Fähren, die von Griechenland aus in weniger als 22 h Häfen im nördlicheren Italien anliefen, zogen sofort höhere Marktanteile auf sich, weg von den kürzeren Routen nach Bari oder Brindisi. Die Konkurrenten zogen daher schnell mit ähnlichen Schiffen nach, so dass der Wettbewerbsvorteil schwand, es blieb jedoch die Verkürzung des Landweges für den Nutzer und der optimierte Fahrplan mit der besseren Kapazitätsnutzung für den Operator. Letztere, gepaart mit höheren Einnahmen auf den längeren Routen, führen wohl wieder zur Kostendeckung oder zum Gewinn. Andere Beispiele neben der Adria sind Rostock – Hanko oder Zeebrügge – Rosyth. Auf der Schottland-Route muss sich nur noch herausstellen, ob das Frachtaufkommen generell ausreichend ist. Der Tourismus ist jedenfalls auf die Sommermonate beschränkt.

Wie weit kann nun die Geschwindigkeit gesteigert werden, mit anderen Worten, welche Entfernungen können maximal innerhalb von 24 h überbrückt werden? Es fällt auf, dass alle neuen schnelleren Fähren ein Limit von 30 kn nicht überschreiten. Die Spitzengeschwindigkeit mag darüber liegen, nicht die Dienstgeschwindigkeit. Es ließen sich zahlreiche Rechnungen anstellen, um zu belegen, dass für Fähren von rund 200 m Länge ökonomische und ökologische Grenzen bei knapp unter 30 kn liegen. Regional müssen selbstverständlich Unterschiede gemacht werden, z.B. abhängig von der Distanz der Häfen oder den Wassertiefen. Die Fahrpreise dürfen ebenfalls leicht variieren, da die Wettbewerbssituation überall unterschiedlich ist. Bei einem weiteren Anstieg der Geschwindigkeit würden jedoch die Kosten so schnell steigen, dass die Fahrpreise ein Niveau erreichen, das nicht mehr ausreichend akzeptiert wird. Schon so müssen die schnelleren Fähren den Markt oft mit anderen Routen mit niedrigeren Preisen teilen. Zudem könnte dann das Schiff wohl kaum mehr als umweltfreundlicher gelten als die Straße, wenn es pro geladenem Lkw mehr Energie aufwendet als der Lkw benötigt, wenn er selbst rollt.

- Beispiel: Auf der Straße werden 8kW pro Tonne oder etwa 12 kW pro t Nutzlast eingesetzt. Die Katamarane Typ HSS 1500 der Stena Line haben eine Kapazität von 1.500 tdw (Die Gesamtkapazität von 1.500 Passagieren + 100 Pkw + 50 Lkw lässt nur noch Lkw mit leichter Ladung zu). Mit 68.000 kW laufen sie 74 km/h (40 kn) und benötigen somit 45,3 kW pro t Tragfähigkeit bzw.120 kW pro t Lkw-Ladung.

Die Kalkulationen gestalten sich schwieriger, wenn Reiseverkehr mit an Bord ist. Der reine Güterverkehr wie über die Nordsee macht einige Rechnungen einfacher. Fast alleiniger RoRo-Operator ist die DFDS-Tor Line. Als Marktführer setzen die Dänen Frachter aus drei Jahrzehnten ein, die sich in Kapazität, Geschwindigkeit und Verbrauch erheblich unterscheiden. Diese werden in der folgenden Tabelle mit dem Projekt eines schnellen RoRo-Frachters der Euroyards-Gruppe verglichen.

Tabelle 3: Kapazitäten und Verbrauch von RoRo-Frachtertypen der DFDS im Vergleich mit dem Projekt EUROFAST

Name/Typ	Baujahr	Umbau	Spur- m	kW	Geschw. in kn	Bunkeröl in t/Tag	Bunker in kg/Spur- m
TOR NERINGA	1975	1980	1.726	8.950	17	39	22,6
TOR ANGLIA	1977	1989	2.490	8.830	15	38	15,3
TOR BALTICA	1978	1986	1.886	11.474	18,5	48	25,5
TOR BELGIA	1978	1994	2.695	12.720	19,5	60	22,3
TOR FLANDRIA	1981	1998	2.875	15.840	19	70	24,2
Projekt EUROFAST	**1994**	**-**	**1.300**	**30.000**	**28**	**120**	**92,3**
TOR SELANDIA	1999	-	2.772	15.300 (21.600)	21,1	67	24,2
Flensburger Typ	**2003**	**-**	**3.831**	**20.070**	**23**	**74**	**19,3**

Quelle. A. Hader 2004

Die Tabelle zeigt deutlich, dass die Reeder bemüht sind, trotz steigender Geschwindigkeit den Verbrauch zu halten oder gar zu senken. Das Projekt eines schnellen RoRo-Frachters hat daher seit 10 Jahren keinen Abnehmer gefunden.

Dass die Dänen mit den ersten beiden in Fahrt befindlichen Frachtern aus Flensburg ihre Rechnung aufgehen sehen, lässt sich an der Fortsetzung der Serie erkennen. Sie haben nach anfangs drei fest kontrahierten Schiffen nicht nur die Optionen für ein viertes und fünftes Schwesterschiff bestätigt, sondern im Frühjahr 2004 darüber hinaus ein sechstes Schiff fest bestellt und die Option für ein siebtes gezeichnet. Die Flensburger Schiffbaugesellschaft hat aus diesem Grundentwurf auch sechs Frachter nach England verkauft und ist mit dem Erstkunden aus der Türkei weiter im Geschäft. Damit nimmt sie für diesen Schiffstyp weltweit eine führende Rolle ein, eine Bestätigung für den Wert einer großen eigenen Forschungs- und Entwicklungsabteilung.

Der türkische Kunde ist die UND, ein Zusammenschluss türkischer Lkw-Unternehmer. Als während des Krieges auf dem Balkan der Landweg zwischen der Türkei und Mitteleuropa kaum passierbar war, kaufte die Organisation eine Flotte von RoRo-Frachtern mit ca. 2.000 Spurmetern je Schiff zusammen und setzte sie zwischen Istanbul und Triest ein. Bei 17 bis 19 kn betrug die Fahrtdauer 3,5 Tage plus Hafen- und Reservezeit, weshalb für den täglichen Dienst acht Schiffe erforderlich waren. Als besonderen Service für die Fahrer bietet die Reederei einen Flugtransport zwischen Istanbul und Triest an, so dass wohl komplette Aufliegerzüge verladen werden, aber die Fahrer zwei bis drei Tage länger zu Hause bleiben können. Die spannende Frage war, ob der Seetransport auch weiterlaufen würde, wenn der Balkan wieder befahrbar ist. Für diesen Fall hat UND vorgesorgt und in Flensburg Frachter geordert, die 22 kn laufen und die Seezeit um einen Tag auf 2,5 Tage verkürzen. Damit wird der Dienst nicht nur zeitmäßig konkurrenzfähig zum Landverkehr, es konnte auch der Reeder acht alte Schiffe durch nur sechs neue ersetzen. Offensichtlich war dieser Tausch ein voller Erfolg, denn mittlerweile hat die Reederei weitere vier Schiffe geordert, die auf Nebenrouten von anderen türkischen Häfen eingesetzt werden. Der Werft gelang es, bei unveränderter Schiffslänge und –breite durch ein weiteres Deck die Kapazität von 2.700 Spurmeter bei den beiden ersten Schiffen über 3.200 m auf 3.700 m bei den letzten vier Aufträgen zu steigern.

Wie leicht eine Kalkulation bei veränderten Rahmenbedingungen aus der Balance geraten kann, zeigt der Einsatz von schnellen Passagierschiffen in Indonesien. Dort ist seit langem die konventionelle Linienfahrt das Rückgrat des Fahrgasttransports zwischen Tausenden von bewohnten Inseln. Die großen Schiffe der PT. Pelni laufen die Haupthäfen an und kleine Fahrzeuge besorgen den Zubringerverkehr. Mitte der 1990er Jahre wurden fünf Monohull-Schnellfähren für 900 Passagiere und 40 kn Dienstgeschwindigkeit bei der Lürssen-Werft in Deutschland geordert, um ab 1997/98 auf den Hauptrouten von Java eingesetzt zu werden. Sie verbesserten den Verkehr auf diesen Routen durch schnellere Überfahrt und höhere Frequenz entscheidend und waren noch deutlich billiger als das Flugzeug. Technisch gesehen haben sich diese einmaligen Schiffe voll bewährt; dass die hochgezüchteten Motoren nach fünf Jahren eine Überholung benötigen, ist normal.

Kaum waren sie in Fahrt, brach über Indonesien die Asienkrise herein und verschlechterte die Situation vieler Einwohner erheblich. In dieser Zeit waren die neuen Schiffe noch gut gebucht – wenn auch nicht auf den Routen, für die sie ursprünglich vorgesehen waren – denn Flugtickets waren plötzlich für Viele unerschwinglich geworden. Aber auch diese Situation war nicht von Dauer. Die Politik der neuen Regierung nach Suharto brachte Liberalisierung und Abschaffung von Subventionen, teilweise zwangsläufig, schnell voran. Dazu gehörten eine Anhebung der Kerosinpreise auf internationales Niveau, aber auch eine Anhebung der subventionierten Bunkerpreise. Die schlimmste Folge für die Schifffahrt war die Entstehung zahlreicher neuer Fluglinien, die mit geleasten alten Flugzeugen wie Boeing 737-100 oder DC-9 extrem günstige Flugpreise anbieten können. Sie liegen kaum höher als die der konventionellen Passagierliner, vor allem dann nicht, wenn der Seeweg von der Luftlinie abweicht. Die Schnellfähren sind von der Kostenstruktur teurer als die Flugzeuge und fuhren zwangsläufig tief in die roten Zahlen. Sie sind nur noch einsetzbar wo keine direkte Konkurrenz in der Luft vorhanden ist. Dieses Beispiel entspricht nicht ganz den europäischen Verhältnissen, da hier die „No-Frills-Airlines“ mit ihren neuen Maschinen höhere Kosten haben. Dass auf langen Strecken das Schiff, auch das schnelle Schiff, trotzdem nicht mit dem Flugzeug konkurrieren kann, kann hiermit unterstrichen werden.

5. Schlussfolgerungen

Die Erfahrungen und Berechnungen lassen sich wie folgt zusammenfassen:

- Die Vorschriften des HSC-Code und der hohe Anteil der Bunkerkosten an den Gesamtkosten führen zur paradoxen Situation, dass die wirklich schnellen Schiffe nur dazu geeignet sind, auf kurzen Strecken einen Teil der Fahrzeit einzusparen, nicht aber auf langen Strecken.
- Erfahrungen mit den klimatischen Bedingungen, der technischen Zuverlässigkeit und den Kosten haben die Euphorie über HSC gedämpft.
- In der RoRo-Schifffahrt in Nord- und Ostsee sind hohe Tragfähigkeiten für Ladungen von 5-10.000 Tonnen pro Abfahrt erforderlich. Die typischen Güter Papier, Stahl und Autoteile müssen pünktlich angeliefert werden, sind jedoch nicht verderblich, so dass es nicht um wenige Stunden geht. Die größten HSC haben Tragfähigkeiten von max. 1.500 t und sind auch daher für den Gütertransport kaum geeignet.
- Die Zeit alleine spielt selten die ausschlaggebende Rolle. Wenn die Schiffe dort fahren können, wo die Spediteure ihre Lkw laufen lassen, dann entscheidet eher die Frage der Kosten als die der Zeit. Kosten werden aber nicht durch schnelle Schiffe gespart, sondern durch konventionelle auf längeren Routen.
- Die Kosten werden günstiger mit steigender Schiffsgröße. Daher sind schnellere – und daher gegenüber dem Landverkehr besser konkurrierende – Schiffe groß und erfordern eine entsprechende Nachfrage, die nur auf Hauptrouten gegeben ist. Entlegene Regionen wie Nordnorwegen, Nordschweden oder Schottland erfüllen diese Bedingung nicht.

- Bei entsprechender Nachfrage und Entfernung haben sich im reinen RoRo-Verkehr Geschwindigkeiten von 22/23 kn ergeben; noch größere Schiffe könnten noch etwas schneller werden.
- Für konventionelle Fähren liegt die Schwelle wohl knapp unter 30 kn, darüber werden sie rasch unwirtschaftlich. Für die bei sinkenden Passagierzahlen immer mehr gebauten RoPax mit hoher Ladekapazität und wenig Kabinen sind auch 24/25 kn logisch nachvollziehbar.

Es gibt Beispiele für erfolgreiche Shortsea-Verkehre in Europa. So läuft längst der größte Teil des Finnlandverkehrs direkt nach Deutschland, nicht über Schweden. Jüngere Verlagerungen fanden in der Adria (Superfast etc.) und zwischen der Türkei und Triest sehr erfolgreich statt. Alleine UND befördert auf der langen Route bald 200.000 Lkw pro Jahr, entsprechend 3,5 Mrd. Tonnenmeilen jährlich. Weitere Verlagerungen bahnen sich küstenparallel in Italien sowie zwischen Italien und Spanien an. Mit moderner, großer und sparsamerer Tonnage sind also Erfolge erzielbar. Technische Neuerungen, die wesentlich schnellere Schiffe wirtschaftlich machen, sind nicht in Sicht. Es bleibt bei konventioneller Tonnage mit moderat steigender Geschwindigkeit, abhängig von der Schiffsgröße und damit auch von der Stärke der Warenströme.

Prof. Dr.-Ing. Jürgen Lüsch

Stand und Entwicklungstendenzen der Planung von Fähr- und Ro/Ro – Terminals im Ostseeraum

1. Rahmenbedingungen

Die Ostseeregion entwickelt sich nach den politischen Wandlungen in Osteuropa und dem Beitritt der nordeuropäischen und baltischen Staaten sowie Polens zur EU zu einer Region mit hoher Wirtschaftsdynamik. Alle vorliegenden Prognosen gehen davon aus, dass sich diese Entwicklung in der überschaubaren Zukunft fortsetzt. Auch den russischen Ostseeregionen werden mittel- und langfristig sehr positive Wachstumschancen eingeräumt, wenngleich die Vorstellungen über die Zeitverläufe noch relativ breit streuen.

Die prognostizierten Wachstumsraten des BIP und des Außenhandels als wesentliche Indikatoren für Verkehrsprognosen liegen bis 2010/15 in allen Ländern der Ostseeregion bei Werten über 2 bis 3%. Daraus leiten sich für den Güterverkehr Steigerungsraten deutlich über 3% ab. Personenverkehrsprognosen liegen nicht in gleicher Tiefe vor. Mit dem Wachstum des BIP ist aber in jedem Falle auch eine ansteigende Mobilität verbunden. Der Seeverkehr in der Ostsee partizipiert mit einem jährlichen Ladungsaufkommen von gegenwärtig mehr als 350 Mill. t in hohem Maße an dieser Entwicklung, gleiches gilt für den Personenfährverkehr.

Der Fähr- und Ro/Ro - Verkehr ist innerhalb der Ostsee die dominierende Transporttechnologie für hochwertige Stückgüter und spielt somit eine ähnliche Rolle wie der Container im Überseeverkehr. Für die großräumige Sammlung und Verteilung von Containern aus dem Überseeverkehr hat sich in der Ostsee neben den Fähr- und Ro/Ro – Verbindungen ein dichtes Netz von Feederdiensten (mit Lo/Lo - Schiffen) entwickelt, die ihren Ausgangspunkt in den großen Containerhäfen in der Nordsee haben. Diese Diensten stehen nur dann im Wettbewerb mit dem ostseeinternen Ro/Ro - Verkehr, wenn entweder die Ro/Ro - Dienste die Nordseehäfen direkt anlaufen oder kostengünstige Landverbindungen zwischen den Nordsee - Containerhäfen und Ro/Ro - Terminals in den südlichen Ostseehäfen vorhanden sind, so dass auch Ro/Ro - Schiffe die Sammlung und Verteilung der Container übernehmen können. Beide Varianten stellen gegenwärtig eher die Ausnahme dar.

Eine Substitution des Ro/Ro - Verkehrs durch Lo/Lo - Container - Feeder - Dienste ist dagegen nicht zu erwarten, denn die Hauptladung der Ro/Ro -

Schiffe sind rollende Lade- bzw. Transporteinheiten und die sind an das Ro/Ro - Prinzip zumindest so lange gebunden, wie keine einfache, wirtschaftliche und durchsetzbare Lösung für das direkte Übereinanderstapeln rollender Lade- und Transporteinheiten gefunden ist. Daran wird mit Konzepten wie dem Euro – Container, stapelbaren Wechselbrücken usw. seit langem, bislang aber ohne nennenswerten Erfolg gearbeitet.

Fährverkehr und Ro/Ro - Verkehr unterscheiden sich nicht grundsätzlich voneinander. Technisch basieren beide auf dem rollenden Umschlag und schiffs- und/oder hafenseitigen brückenartigen Konstruktionen als Verbindungselement zwischen Schiff und Hafen.

Transportschwerpunkt des Fährverkehrs sind abgesehen vom Eisenbahnfährverkehr begleitete Einheiten (Pkw, Lkw usw.) und Landgangspassagiere. Anfangs konzentrierte sich der Ro/Ro - Verkehr auf den Transport von speziellen Ladeeinheiten (MAFI, Kassetten), die nicht im durchgehenden Verkehr eingesetzt werden konnten und deshalb in den Häfen gepackt und aufgelöst werden. Inzwischen hat sich der Ro/Ro - Verkehrs auch andere Ladungsträgerformen erschlossen. Da im innereuropäischen Verkehr immer mehr direkte Transporte zwischen den Versendern und Empfängern organisiert werden, machte es Sinn, über längere Seestrecken die Zugmaschinen vom Trailer zu trennen. Auf diese Weise kommt man zum sogenannten unbegleiteten Trailerverkehr. Die Transportabwicklung ist dem begleiteten Fährverkehr sehr ähnlich und die eingesetzten Ro/Ro - Schiffe unterscheiden sich von Fährschiffen in erster Linie nur durch die zulässige Anzahl der Passagiere (max. 12 Personen).

Vor allem auf den längeren Relationen werden zunehmend auch Trailer im Fährverkehr befördert. Die unbegleiteten durchgehenden Einheiten (Trailer, Wechselbrücken, Container) bilden somit ein verbindendes Element zwischen Fähr- und Ro/Ro - Verkehr. Als Unterschied verbleiben die im Hafen zu bildenden und aufzulösenden Ladeeinheiten. Es liegt unter bestimmten Umständen nahe, diesen Prozess mit Distributionsfunktionen zu kombinieren. Der Vorteil für den Hafen liegt in der im Vergleich zu durchgehenden Transporten höheren Wertschöpfung. Voraussetzung hierfür sind u.a. ausreichend große Flächen in Terminalnähe und eine gute Verkehrsanbindung.

Die Einbindungsmöglichkeiten des Fähr- und Ro/Ro – Verkehrs in logistische Konzepte sind vielfältig (Abbildung 1). Sie determinieren unterschiedliche, insgesamt aber wachsende Anforderungen an Leistungsfähigkeit, Zuverlässigkeit, Sicherheit, Pünktlichkeit, Bedienungshäufigkeit und Attraktivität des Fähr- und Ro/Ro – Verkehrs. Schiffe und Häfen sind dabei in gleichem Maße gefordert.

Abbildung 1: Einbindung des Fähr- und Ro/Ro – Verkehrs in moderne Logistiksysteme

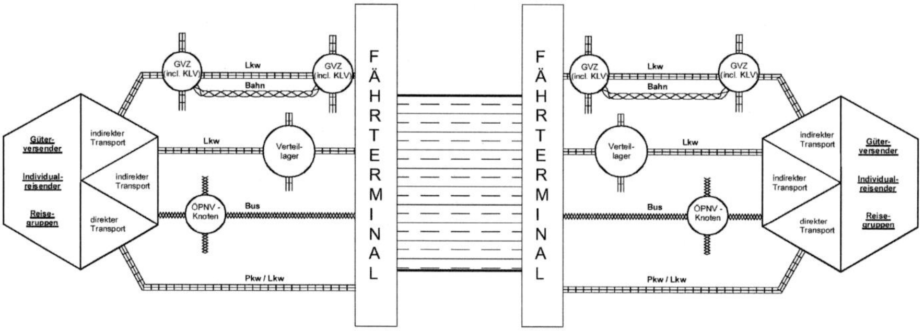

Die aus technischer Sicht relative Anspruchslosigkeit der Ro/Ro – Technologie mit ihrer starken Infrastrukturkomponente hat zu einer großen Anzahl von Fähr- und Ro/Ro – Terminals im Ostseeraum geführt, die eine gute Basis für das enge Liniennetz darstellt und zugleich den scharfen Wettbewerb der Standorte und die häufigen Veränderungen im Liniennetz begründen.

2. Stand der Terminalentwicklung

Mehr als im Überseeverkehr, bei dem das Verhältnis Seezeit zu Hafenliegezeit zwar wichtig ist, aber dennoch wegen der Länge der Seezeit Optimierungsprobleme in der Regel zu Gunsten des Schiffes entschieden werden, stehen Schiff und Hafenanlage im Fähr- und Ro/Ro – Verkehr in einer engeren Wechselbeziehung. Allein bei der ganzzahligen Bestimmung der Anzahl der auf kurzen Strecken einzusetzenden Schiffe wird deutlich, wie eng z.B. Schiffsgeschwindigkeit und Hafenliegezeit zusammenhängen. Geringfügige Verlängerungen oder Verkürzungen der Hafenliegezeit haben erheblichen Einfluss auf die notwendige Schiffsgeschwindigkeit und umgekehrt. Dieser Ansatz führt dazu, insbesondere die Gestaltung der Schnittstellen in den Vordergrund der Planung zu stellen.

Die an sich einfache Überlegung, dass Fähr- und Ro/Ro - Schiffe und die Hafenterminals als gleichwertige Elemente eines Transportsystems geplant, entwickelt und ggf. auch betrieben werden sollten, setzt sich erst in jüngster Vergangenheit stärker durch. Auf diesem Wege gelang es, eine Reihe von Schnittstellenproblemen wesentlich besser als früher zu lösen und führte zu teilweise drastischen Verkürzungen der Hafenliegezeiten. Die bei modernen Schiff – Terminal - Lösungen auf einen intensiven, behinderungsfreien Fahrzeugfluss ausgerichtete Gestaltung der Verkehrswege im Terminalbereich, der schiffs- und hafenseitigen Rampen sowie der Fahrzeugdecks auf den Schiffen hat trotz wachsender Schiffsgrößen zu absoluten Verkürzungen der Abfertigungszeiten geführt. Dabei entstanden vielfältige Innovationen, die zum Teil speziell für den Fährverkehr entwickelt wurden bzw. hier günstige Applikationschancen fanden. Für den Kurzstreckenfährverkehr zu nennen sind in diesem Zusammenhang:

- Die Anwendung des Doppelendprinzips bei größeren Fährschiffen in Verbindung mit Pod-Antrieben (die Schiffe sind bezogen auf eine Mittelquerachse spiegelsymmetrisch, so dass das sonst erforderliche zweimalige Drehen auf einer Rundreise entfällt).
- Die Schiffe werden über die gesamte Schiffsbreite ausfüllende, landgestützte, axiale Rampen und z.T. in mehreren Ebenen gleichzeitig be- und entladen.
- Die Ver- und Entsorgung der Schiffe erfolgt über standardisierte teilautomatisierte Förderanlagen.
- Automatische Automooring - Systeme ersetzen das traditionelle manuelle Festmachen der Schiffe mit Leinen.
- Zur Verkürzung des Anlegeprozesses tragen neben den sehr günstigen Manövriereigenschaften der Schiffe elastische Stoppfender bei, die hohe Anlegegeschwindigkeiten zulassen, indem sie die Restbewegungsenergie störungsfrei auf in die Kainalge übertragen.

Die Aufgabenstellungen für die genannten und eine Reihe weiterer noch in der Entwicklung befindlicher Lösungen bzw. Lösungsansätze entstanden aus der ganzheitlichen Betrachtung von Schiff und Terminal als komplexes Funktionssystem und der Bestimmung des Beitrages aller wesentlichen Teilfunktionen an den entscheidenden Zielgrößen Effektivität, Zuverlässigkeit, Sicherheit und Attraktivität.

Abb. 2 zeigt am Beispiel des Fährterminals Puttgarden zu welch grundlegenden technischen Veränderungen die ganzheitliche Herangehensweise an die Umgestaltung von Fährsystemen führt. Der Terminal wird einer komplexen Verkehrsanlage immer ähnlicher.

Während bei Fährsystemen mit einem hohen Anteil begleiteter Verkehre kurze Hafenliegezeiten bei der Terminalgestaltung das Hauptentwurfsziel ist, kommt bei Ro/Ro – Schiffen und Ro/Ro – Terminals die Minimierung des Umfuhraufwandes als weitere Zielstellung hinzu. Bezüglich des Ship to Shore – Interfaces ist der Stand der Technik durch breite schiffsseitige Rampen auf einer und in einigen Fällen bereits auf zwei Ebenen und entsprechende landseitige feste bzw. bewegliche Anschlusskonstruktionen gekennzeichnet.

Abbildung 2: Fährterminal Puttgarden

Abb. 3 zeigt das Layout eines Ro/Ro - Terminals mit den zugeordneten Lager- und Verkehrsanlagen. Im Interesse geringer Betriebskosten wird versucht, die verschiedenen Anlagen (Fährhallen, Distributionshallen, Vorstellflächen für Trailer, Container, Neufahrzeuge usw.) nach dem Prinzip ihrer Verkehrsintensität während der Schiffsbe- und –entladung zu lokalisieren. Dadurch entstehen weitgehend autonom arbeitende Funktionsinseln im Gesamtgefüge großer Terminals, so dass die vielfältigen Synergieeffekte der räumlichen Konzentration mehrerer Verkehre an einem Standort mit den Vorteilen eines effektiven Inselbetriebes verbunden werden können.

Bei der gegenseitigen räumlichen Zuordnung der einzelnen Funktionselemente kommen folgende Grundsätze zur Anwendung:

- Alle mit terminaleigener Umfuhrtechnik zu bedienenden Funktionsbereiche werden in der Nähe des Ro/Ro - Anlegers angeordnet.
- Die Entfernung zwischen dem Fähranleger und den Fährhallen wird minimiert, um auch bei ungünstigem Wetter witterungsempfindliche Ro/Ro - Ladung schadensfrei umschlagen zu können.
- Der wachsende Anteil von Kassetten, die von beiden Enden aus durch die Umfuhrtechnik aufgenommen werden können, lässt es sinnvoll erscheinen, die Fährhallen beidseitig zu öffnen.

- Wegen der wachsenden Bedeutung direkter Verladungen über die Fährhallen sowie des zunehmenden Anteiles der Bahn am Hinterlandsverkehr erhalten die Fährhallen großräumige überdachte Waggonbeladungsmöglichkeiten.

Abbildung 3: Layout eines Ro/Ro – Terminals (Prinzipskizze)

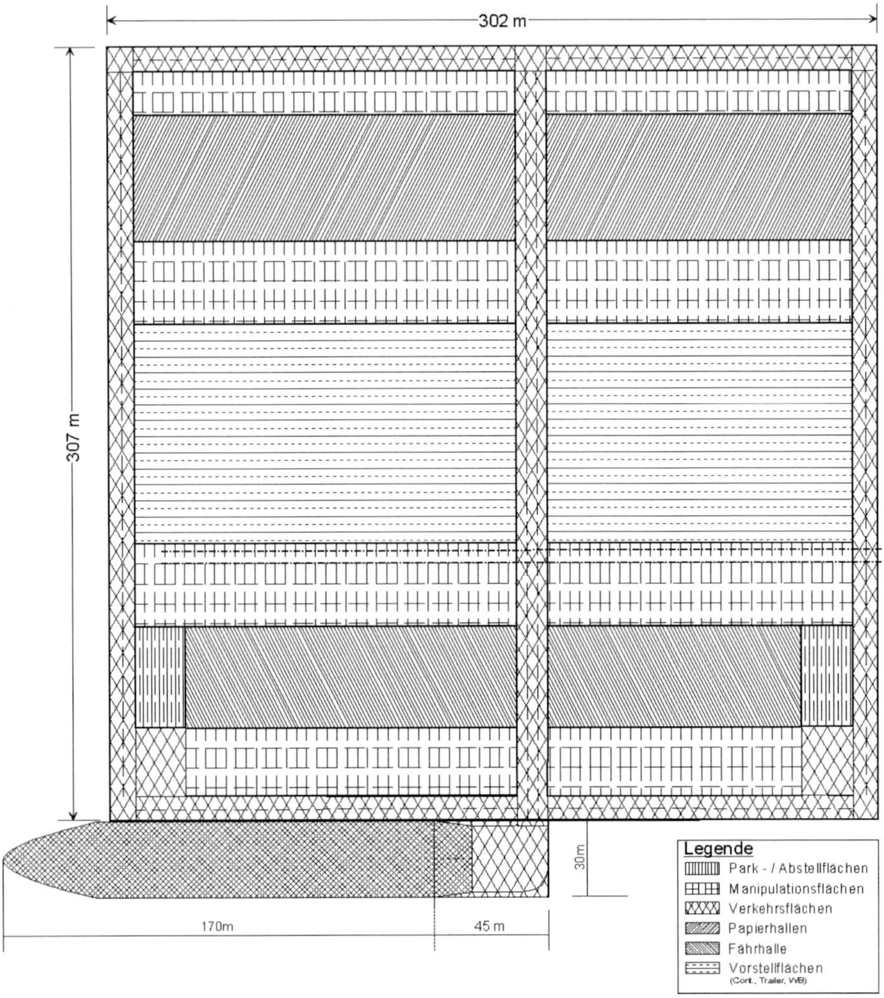

- Für den kombinierten Verkehr wird ein zentraler KLV - Terminal bevorzugt, der eine günstige Lage zu den Vorstellflächen aufweist.

- In Randlage des Terminals wird ggf. ein zentraler Packschuppen für das Bilden und Auflösen sowie die kurzzeitige Zwischenlagerung von Stückguteinheiten vorgesehen.
- Die Hallen für die längerfristige Distributionslagerung werden gleichfalls in Randlage des Terminals angeordnet, da die Umfuhr der Einheiten aus den Fährhallen in diese Lager außerhalb der geräte- und personalintensiven Schiffsbearbeitungszeiten durchgeführt werden kann.
- Alle Einrichtungen, die nicht unmittelbar mit den Umschlagprozessen zusammenhängen, wie Verwaltungs- und Sozialgebäude, Kundenbüros, Servicestation für die Umfuhrgeräte usw., werden in Randzonen untergebracht bzw. in für Anlagen der Hauptprozesse nicht benötigten Terminalbereichen lokalisiert.
- Der Bereich zwischen dem Schiffsliegeplatz und den Fährhallen bleibt als universelle Verkehrs- und Manipulationsfläche frei von jeder festen Bebauung und erhält eine so große Breite, dass eine störungsfreie Bedienung der Fährhallen bei gleichzeitiger Durchführung von Umschlagoperationen auf dem Wetterdeck im Lo/Lo - Verfahren möglich ist.

Wenngleich die Abstimmung von Schiff und Terminal im Ro/Ro – Verkehr nicht ganz so hoch wie im Kurzstreckenfährverkehr ist, ist insbesondere in den letzten Jahren zu erkennen, dass die Verbesserung der Umschlageigenschaften der Schiffe zur Verkürzung der Hafenliegezeiten auch im Ro/Ro – Verkehr als eine entscheidende Systemreserve akzeptiert wird.

3. Tendenzen der Terminalentwicklung

Natürlich hängt die zukünftige Hafenentwicklung und Terminalgestaltung auch weiterhin entscheidend von den aus der Verkehrsentwicklung ableitbaren Anforderungen ab. Im Kurzstreckenfährverkehr wird sich der Trend zur Verkürzung der Hafenliegezeiten durch weiter verbesserte Übergänge zwischen Schiff und Hafen fortsetzen. Von der Möglichkeit, das Fährsystem über die klassische Schnittstelle zwischen Schiff (Reederei) und Fährterminal (Hafeneigentümer und -betreiber) hinweg zu optimieren, wird vor allem dort Gebrauch gemacht, wo vertikale Unternehmenszusammenschlüsse das a priori ermöglichen, wo der Wettbewerb, zunehmend auch gegenüber potentiellen festen Querungen, die erforderlichen Partnerschaften erzwingt bzw. wo das wachsende Verkehrsaufkommen gute Chancen für die Modernisierung oder Entwicklung komplexer Verkehrsangebote bietet.

Neben Kosten- und Personaleinsparungen im operativen Betrieb, die durch verbesserte Leit- und automatisierte Abfertigungssysteme, durch Internetbuchungen usw. erreicht werden, steht die Entwicklung attraktiverer Angebote für die Fährkunden weiterhin im Mittelpunkt der Bemühungen. Auch auf diesem Gebiet dürften Innovationen in erster Linie an den bislang nicht so intensiv untersuchten Schnittstellen möglich sein und insbesondere auf höhere Bequemlichkeit, Sicherheit, Zuverlässigkeit und Pünktlichkeit zielen. Dazu können die Fährterminals nicht unerheblich beitragen.

Im Ro/Ro–Verkehr ist die Verringerung der Transportkosten das wichtigste Ziel der technischen Entwicklung. Infolge der lockeren Stauung der Ladung wird ein spezifisch großer Transportraum benötigt und außerdem zwingt sie zu einer aufwendigen Ladungssicherung. Wettbewerber sind küstenparallele Straßen- und Schienentransporte und partiell auch der Container–Feederverkehr.

Die zuverlässige Vorausbestimmung des zukünftigen Verhältnisses zwischen dem Ro/Ro–Verkehr und dem Container–Feederverkehr ist wegen der Komplexität des Problems schwierig. In beiden Fällen handelt es sich um Wachstumsmärkte, wobei die Prognosen für den Containerverkehr zwischen den Nord- und Ostseehäfen deutlich über dem erwarteten Wachstum der ostseeinternen Ro/Ro–Verkehre liegen. Die für beide Bereiche notwendigen Kapazitätserweiterungen bieten m.E. die Möglichkeit, vorliegende Ansätze für eine Integration von Container–Feederverkehr und Ro/Ro–Verkehr in einem kombinierten oder universellen Transportsystem technisch umzusetzen, ohne die vorhandenen moderne Schiffe und Terminals zu entwerten.

Die technisch anspruchsvollste und wirtschaftlich wahrscheinlich effektivste Lösung ist in diesem Zusammenhang das unter dem Namen IPSI (Improved Port/Ship Interface) bekannt gewordene Transportsystem. Kerngedanke ist die Staplung von Containern auf unterfahrbaren Kassetten, die mit speziellen AGV`s (Automated guided vehicles) im Ro/Ro – Verfahren umgeschlagen werden. Dabei wird zudem eine ähnlich dichte Stauung der Container wie in mit Zellen ausgerüsteten Feederschiffen angestrebt. Die konventionelle Bearbeitung des Schiffes und der Transport der üblichen rollenden Ladung bleiben bei dem Systemansatz konzeptionell erhalten. Die praktische Erprobung der EU–geförderten Systemlösung hat begonnen.

Obgleich der Wettbewerb mit dem Landtransport zu erhöhten Abfahrtsfrequenzen führt (tägliche Abfahrten werden im Ostseelängsverkehr zunehmend die Regel) bietet das Verkehrswachstum hinreichenden Raum für den Einsatz größerer Schiffe. Das gilt natürlich insbesondere für zukünftige kombinierte Container–Ro/Ro–Schiffe aber auch konventionelle Ro/Ro–Schiffe werden zunehmend größer.

Das Größenwachstum der Ro/Ro – Schiffe ist nicht nur Ausgangspunkt für die o.g. Automatisierungsbestrebungen, sondern führt in vielen Terminals auch zu Flächenproblemen. Zudem steigen die mittleren Umfuhrentfernungen. Zwar ermöglicht die Vergrößerung des Öffnungsgrades der Schiffe durch breitere Rampen auf z.T. mehreren Ebenen den Einsatz zusätzlicher Tugmaster. Das führt aber häufig zu höheren Aufwendungen, da sich die Auslastung der Geräte i.d.R. nicht in gleichem Umfange erhöht. Reduziert haben sich lediglich die gegenseitigen Behinderungen beim Einsatz vieler Umschlagsysteme an einer kleinen Öffnung. Welch zusätzlicher Flächenbedarf in den Haupthäfen für den Fähr- und Ro/Ro – Verkehr entsteht, ist leicht kalkulierbar, wenn man die zu erwartende Flächenproduktivitätsentwicklung betrachtet (Tabelle 1) und dabei die Entwicklung des Verkehrsvolumens berücksichtigt.

Tabelle 1: Schätzung der durchschnittlichen Flächenproduktivitätsentwicklung für wichtige Ladungsgruppen des Fähr- und Ro/Ro-Verkehrs (t/m^2,a)

Lfd. Nr.	Verkehrsgruppe	Rahmenbedingungen	2000	bis 2010	nach 2010
1.1	begleiteter Verkehr (Pkw, Lkw, Waggons)	Dienste mit ≥ 3 Abf./d (spez. Anleger)	20	20	25 (Pkw in 2. Ebene)
1.2		Dienste mit 1...2 Abf./d (spez. Anleger)	12	14	16
2.	unbegleiteter durchgehender Verkehr (Trailer, Container, Wechselbrücken)	1...2 Abfahrten/Anleger Durchlaufzeiten < 1d	8	10	12 (ggf. in 2. Ebene)
3.1	Stückgut auf Ro/Ro - Einheiten	Durchlaufzeiten 1...2d	7.5	8	10 (ggf. in 2. Ebene)
3.2		mit Distributionslager Durchlaufzeiten < 30d	5	6	8 z.T. Hochregal-lagerung
4.1	Neufahrzeuge	Durchlaufzeiten bis 4d	3	4	5
4.2		Durchlaufzeiten bis 5...10d	1,5	2	3 (Pkw in 2. Ebene)

Als Alternative ist eine Hafenanlage in mehreren Ebenen vorstellbar, die bislang wegen der hohen Investitionskosten noch nicht in die Überlegungen einbezogen wurde. Es ist aber durchaus möglich, dass 2–Ebenen–Terminallösungen sowohl in Fähr- als auch in Ro/Ro-Häfen für automatisierte bzw. Hochleistungsanlagen zukünftig bei weiter wachsenden Schiffsgrößen und insbesondere für Abfertigungsanlagen für Container–Ro/Ro–Schiffe interessant werden.

Die Fähr- und Ro/Ro– erminals in den deutschen Ostseehäfen und die über sie verlaufenden Verkehre sind im Wettbewerb mit den festen Querungen, den küstenparallelen Landtransporten und den polnischen Häfen sehr gut aufgestellt. Der weitere Ausbau der Verkehrsverbindungen vor allem mit Osteuropa und die erforderliche Anpassung der Häfen an die wachsenden Verkehre bieten beste Chancen auch neuen unkonventionellen Lösungen zum Durchbruch zu verhelfen. Dabei muss es gelingen, trotz der notwendigen engen Anpassung von Schiff und Terminal durch Standardisierung des Interface eine höhere Flexibilität des extrem leistungsfähigen horizontalen Transportsystems zu erreichen.

Es sei abschließend vermerkt, dass der Jubilar Herr Prof. Dr. Stuchtey als Wissenschaftler und vor allem auch als Mitglied der Geschäftsführung der DFO bzw. von Scandlines an der dynamischen Entwicklung des Fähr- und Ro/Ro–Verkehrs in der Ostsee einen besonderen persönlichen Anteil besitzt.

Dr. Jens-Albert Oppel

Die Entwicklung der Fähr- und Ro/Ro-Schifffahrt in der Ostsee

Die Ostsee verfügt heute über das dichteste Netz an Fähr- und Ro/Ro-Linien weltweit. 130 Schiffslinien verbinden die Ostseeanrainerstaaten mit mehr als 2.100 regelmäßigen Abfahrten pro Woche, über die jedes Jahr rund 2,8 Mio. LKW-Einheiten befördert werden.[1] Dass sich die Fähr- und Ro/Ro-Schifffahrt auf der Ostsee zu einer tragenden Säule des Ostseeverkehrs entwickeln konnte, ist auf die ständige Weiterentwicklung und Ausweitung der eingesetzten Schiffstonnage zurückzuführen. Während es in den Siebziger Jahren nur das „klassische Fährschiff" gab, können heute im Wesentlichen fünf Schiffstypen unterschieden werden (vgl. Abbildungen 1 bis 5).

Abbildung 1: Ro/Ro-Frachtschiff

Abbildung 2: Ro/Pax Fähre

Das reine Ro/Ro-Frachtschiff dient dem Transport von rollenden Gütern und wird überwiegend von der Papierindustrie zum Transport von Forstprodukten, d.h. Papier und Zellulose, eingesetzt. Das Ro/Ro-Frachtschiff ist neben dem Transport von Stückgütern auf Reedereieinheiten, im Wesentlichen Rolltrailer und Kassetten, für LKW ohne Fahrer konzipiert. Es bietet daher nur bis zu zwölf Schlafmöglichkeiten für LKW-Fahrer an Bord. Das Wetterdeck ist bei diesem Schiffstyp meist offen und mit den Decks im Schiffsrumpf über interne Rampen verbunden.

Beim kombinierten Passagier- und Frachtschiff (Ro/Pax-Fährschiff) ist ebenfalls die Passagierkapazität eingeschränkt, jedoch verfügt es über mehr als zwölf Kabinenplätze für LKW-Fahrer und Passagiere. Die Ro/Pax-Fähre besitzt kein durchgehendes Passagier-deck und verfügt ebenfalls über eine hohe Ladekapazität für rollende Güter.

---

[1] Vgl. *Cruise & Ferry*, Annual Statistics 2004

Abbildung 3: Pax/Car Fähre

Ein weiterer Schiffstyp ist die Passagier-Auto-Fähre (Pax/Car-Fähre), bei dem es sich um ein Fährschiff mit einem durchgehenden Passagierdeck und einer Vielzahl von Kabinen handelt. Im Inneren der Fähre befinden sich ein oder mehrere RoRo-Decks, auf denen sowohl Passagier-PKW als auch LKW und andere rollende Güter befördert werden können.

Abbildung 4: Cruiseferry

Ein Fährschiff, das vornehmlich auf die Beförderung von Passagieren ausgelegt ist und ausreichend Kabinen, jedoch nur wenig Stellfläche für Fahrzeuge bietet, ist die Kreuzfahrtfähre (Cruiseferry). Bei diesem Schiffstyp stehen der Passagier und seine Bedürfnisse im Vordergrund, es gibt ein großes Angebot an Bars, Restaurants und sonstigen Unterhaltungsmöglichkeiten. Der Ro/Ro-Laderaum dient in erster Linie der Unterbringung von Fahrzeugen der Passagiere und nur in geringem Umfang dem Transport von Gütern.

Abbildung 5: Hochgeschwindigkeitsfähre

Die Hochgeschwindigkeitsfähre (Fast Ferry) zeichnet sich durch eine Geschwindigkeit von mehr als 30 kn aus und wird meist auf kurzen Seestrecken eingesetzt. Die Größe und Passagierkapazität dieser Schiffe, die sowohl Katamarane als auch Einrumpfschiffe sind, ist stark eingeschränkt, Fracht wird nur in wenigen Fällen mit diesem Schiffstyp befördert.

Im Hinblick auf die Schiffsgrößen ist die Entwicklung der Fähr- und Ro/Ro-Schiffe in der Ostsee seit den Siebziger Jahren in erheblichem Maße vorangeschritten. Ein gutes Beispiel dafür liefert die Schiffsflotte der finnischen Reederei Transfennica. Es handelt sich hierbei ausschließlich um reine Ro/Ro-Frachtschiffe, die für den Transport von Forstprodukten zwischen Finnland und Westeuropa eingesetzt werden.

Abbildung 6: Ro/Ro-Frachtschiffe der Reederei Transfennica

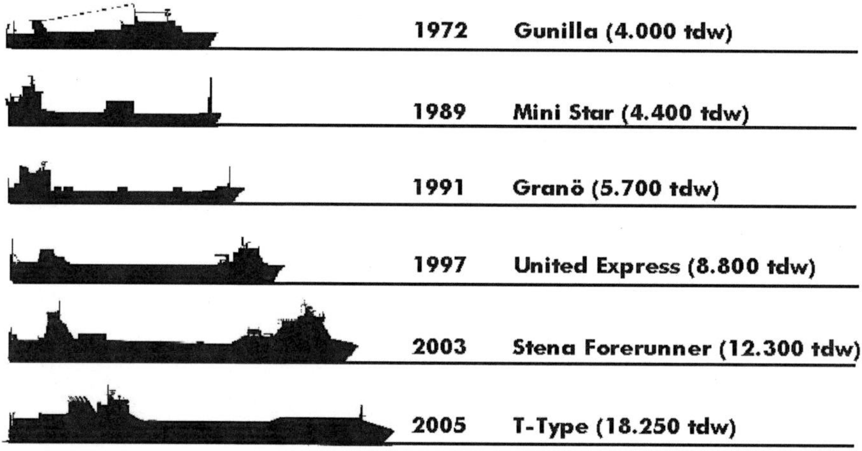

Quelle: ISL-Baltic Consult

Aus Abbildung 6 wird ersichtlich, dass die Abmessungen der Ro/Ro-Frachtschiffe in den letzten 33 Jahren sich hinsichtlich der Schiffslänge etwa verdoppelt, ihre Tragkraft sogar mehr als vervierfacht haben. So hat zum Beispiel die 1972 in Finnland gebaute „Gunilla" eine Gesamtlänge von 119 Metern und verfügt über eine Ro/Ro-Kapazität von 866 Lademetern. Sie ist eines von vier Schwesterschiffen, die hauptsächlich im Finnlandverkehr auf der Ostsee eingesetzt wurden. Während die Zunahme der Schiffsgrößen in den Siebziger und Achtziger Jahren vergleichsweise moderat voranschritt, erlebte sie zu Anfang der Neunziger einen deutlichen Anstieg, der bis heute anhält. Die 1997 gebaute „United Express" ist 154 m lang und besitzt Ro/Ro-Decks mit einer Gesamtlänge von 1.775 Lademetern. Sie verfügt damit über mehr als die doppelte Kapazität der „Gunilla". Bei der neuesten Schiffsgeneration von Transfennica ist diese Kapazität fast noch einmal verdoppelt worden. Das sogenannte T-Type Schiff besitzt ca. 3000 Lademeter und eine zusätzliche Kapazität für Container in Höhe von 660 TEU.

Dass die Schiffsflotte der Reederei Transfennica die generelle Entwicklung der Schiffsgrößen auf der Ostsee recht gut widerspiegelt, zeigt das Schaubild in Abbildung 7. Darin sind 122 Fähr- und Ro/Ro-Neubauten, unterteilt nach Passagierfähren (= Cruise Ferry, Pax/Car und Ro/Pax-Ferry) und reinen Ro/Ro-Frachtfähren, hinsichtlich ihrer Schiffstonnage und dem Zeitpunkt ihrer Indienststellung auf der Ostsee von 1960 bis 2004 abgetragen. In Bezug auf die reinen Ro/Ro-Frachtfähren ist erkennbar, dass dieser spezielle Schiffstyp erstmals Anfang der Siebziger Jahre auf der Ostsee eingesetzt wurde. Nach seiner

Etablierung nahm die Größe dieser Schiffe im Vergleich zu den Passagierfähren zunächst nur in geringem Umfang zu. Während die Passagierfähren bereits Mitte der Siebziger die 10.000 t Grenze überschritten und wenige Jahre später auch Schiffe mit einer Tragkraft von 20.000 t gebaut wurden, ist die Tonnage bzw. Kapazität der Frachtschiffneubauten erst Ende der Achtziger deutlich erhöht worden.

Abbildung 7: Entwicklung der Schiffsgrößen in der Ostsee

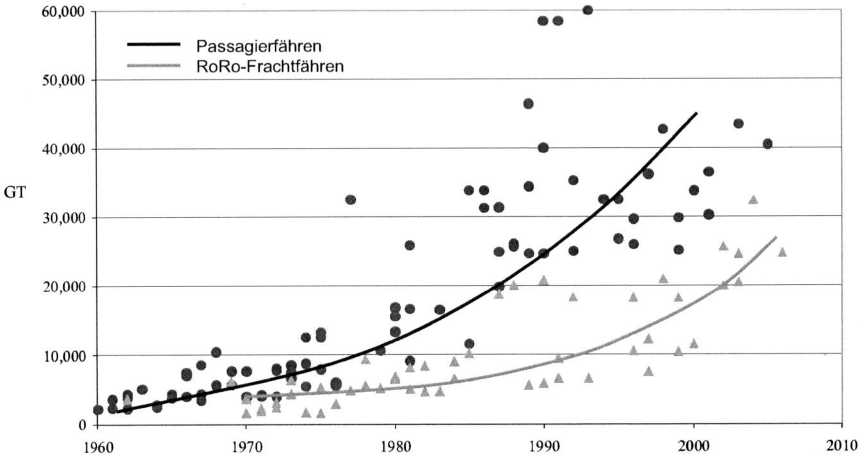

Quelle: ISL-Baltic Consult

Des Weiteren ist festzustellen, dass die Passagierfähren im Durchschnitt eine etwa doppelt so hohe Tonnage aufweisen wie die reinen Frachtfähren. Sie erreichen nicht selten eine Größe von mehr als 40.000 t, die Cruiseferries überschreiten inzwischen sogar die 60.000 t Grenze. Der neueste Bau einer Cruiseferry, die „Color-Fantasy“ der Reederei Color-Line, die Ende des Jahres 2004 eingesetzt werden soll, weist eine Tonnage von knapp 75.000 t auf. Das Schiff wird damit die „Silja Europa“ (60.000 t) der finnischen Reederei Silja Line als größtes Fährschiff der Welt ablösen.

Anders verhält es sich mit der Geschwindigkeit der auf der Ostsee eingesetzten Schiffe. Hier lässt sich kein überproportionaler Anstieg wie bei der Schiffstonnage feststellen.

Wie aus dem in Abbildung 8 enthaltenen Schaubild zu entnehmen ist, das auf den Angaben derselben Schiffe wie in Abbildung 7 basiert, hat sich bei den konventionellen Passagierfähren die durchschnittliche Reisegeschwindigkeit in den Sechziger und Siebziger Jahren von ca. 15 auf 20 kn erhöht und seit den Neunzigern bei ca. 22 bis 23 kn eingependelt. Einzige Ausnahmen sind die 1975 in Dienst gestellte Finnjet der Reederei Silja Line mit 32 kn[2] oder die in 2002 eingesetzten Schiffe der gleichnamigen Reederei Superfast mit 28 kn.

Abbildung 8: Entwicklung der Schiffsgeschwindigkeit in der Ostsee

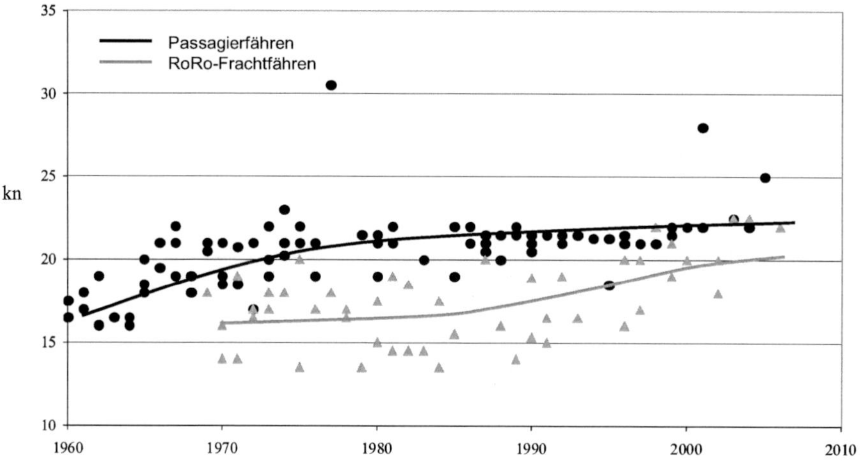

Quelle: ISL-Baltic Consult

Bei den Frachtfähren ist ebenfalls eine Erhöhung der Geschwindigkeit festzustellen, diese hat sich jedoch wesentlich langsamer als bei den konventionellen Passagierfähren vollzogen. Während in den Achtziger Jahren Geschwindigkeiten über 20 kn überhaupt nicht vorkamen, wird seit den Neunzigern auch dieser Schiffstyp mit einer höheren Geschwindigkeit ausgerüstet. Gleichwohl werden bis heute (vornehmlich kleinere) Ro/Ro-Frachtschiffe gebaut, deren Geschwindigkeit deutlich unter 20 kn liegt.

Bei der bisherigen Betrachtung der Schiffsgeschwindigkeiten wurden nur konventionelle Fährschiffe einbezogen. Seit Mitte der Neunziger sind aber neben den herkömmlichen Fähren auch Hochgeschwindigkeitsfähren in der Ostssee zum Einsatz gekommen. Dieser im englischen Kanal schon seit vielen Jahren eingesetzte Schiffstyp erlebte in der Ostsee einen regelrechten Boom, der jedoch genauso schnell wieder abebbte, wie er gekommen ist. Die Welle der Neubauten für die Nord- und Ostsee erreichte Ihren Höhepunkt 1996, als allein in diesem Jahr 11 neue Schnellfähren in Dienst gestellt und von vielen „Experten" als die Zukunft der Fährschifffahrt angesehen wurden.

---

2 Die Geschwindigkeit von 32 kn wird jedoch nur in den Sommermonaten gefahren und durch den zusätzlichen Einsatz von Gasturbinen erreicht.

Bereits nach wenigen Jahren stellte sich jedoch heraus, dass die Hochgeschwindigkeitsschiffe sowohl aufgrund ihres relativ hohen Treibstoffverbrauchs als auch durch nautisch-technische Probleme, insbesondere bei schwerem Seegang, nicht wirtschaftlich eingesetzt werden können. Die Schnellfähren haben sich daher lediglich auf einigen wenigen Kurzstrecken durchsetzen können.[3] Dementsprechend hat die Anzahl der Neubauten gegen Ende der Neunziger Jahre rapide abgenommen mit der Folge, dass seit 2000 überhaupt keine Hochgeschwindigkeitsschiffe mehr für den Einsatz in der Ostsee abgeliefert wurden.

Wohin wird also die Zukunft der Fährschifffahrt in der Ostsee gehen? Die reinen Schnellfähren haben sich nicht durchsetzen können, doch bei den konventionellen Fähren sind derzeit mehrere Neubauten bestellt bzw. bereits abgeliefert. Nachfolgend werden vier dieser Neubauten exemplarisch vorgestellt, um daraus erste Hinweise auf die zukünftige Entwicklung der Fährschifffahrt in der Ostsee zu erhalten.

Abbildung 9: Neubau eines Ro/Pax-Schiffes

Die Reederei Finnlines hat für die Route Travemünde – Helsinki drei neue Ro/Pax-Schiffe bestellt, deren Abmessungen alle bisherigen Ro/Pax-Schiffe übertreffen. Die neue Generation wird bei der italienischen Werft Fincantieri gebaut und wird eine Länge von 216 m und eine Breite von 30,5 m besitzen. Das Schiff wird 500 Passagierplätze in Kabinen bieten und zusätzlich über eine Ro/Ro-Ladekapaztität von 4.200 Lademetern verfügen. Bemerkenswert ist auch die hohe Reisegeschwindigkeit, die bei 25 kn liegen soll. Die Kosten für den Bau des Schiffes werden mit ca. 100 Mio. Euro angegeben.[4]

Abbildung 10: Neubau einer Cruiseferry

Quelle: Color Line

Einen anderen Weg wählt die norwegische Reederei Color-Line. Mit ihrem Cruiseferry-Neubau der Superklasse wird sie auf der Linie Kiel – Oslo ab Ende 2004 das größte je gebaute Fährschiff einsetzen. Dieses Schiff gleicht eher einem modernen Kreuzfahrtschiff als einer herkömmlichen Fähre. Die „Color Fantasy" wird eine Länge von 223,9 m und eine Breite von

3 Schnellfähren werden zum Beispiel von der Reederei TT-Line zwischen Rostock und Trelleborg sowie von Silja Line zwischen Helsinki und Tallin betrieben.

4 *Finnlines Plc*, Porkkalankatu 20 A, FIN 00180 Helsinki

35,0 m aufweisen und 2.770 Passagieren Platz bieten. Die Reisegeschwindigkeit des Schiffes wird ca. 22 Knoten betragen. Zusätzlich zu dem PKW-Deck, das 750 Fahrzeuge aufnehmen kann, wird der 300 Mio. Euro teure Neubau über eine Frachtkapazität von 1.270 Lademetern verfügen.[5]

Im Bereich der reinen Ro/Ro-Frachtschiffe hat Stena-Line bereits 2003 eine neue Schiffsgeneration in Dienst gestellt.

Abbildung 11: Neubau eines Ro/Ro-Frachtschiffes

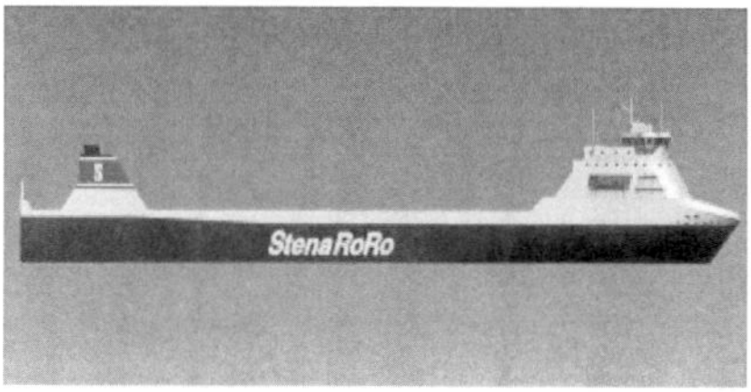

Quelle: Stena Line

Der sogenannte Stena-Forerunner-Typ ist 195,3 m lang, 25,6 m breit und besitzt einen Tiefgang von 7,5 m. Die Ro/Ro-Kapazität des Schiffes beträgt ca. 3.000 Lademeter, wahlweise können auf den Ro/Ro-Decks auch 863 TEU befördert werden. Dieser Schiffstyp hat eine Reisegeschwindigkeit von 22,5 kn und verfügt über die Eisklasse 1 A. Die Kosten für das Schiff liegen bei etwa 40 Mio. Euro.[6]

Abbildung 12: Neubau eines Con/Ro-Schiffes

Quelle: Transfennica

Die Reederei Transfennica schlägt mit ihrer sechsten Schiffsgeneration, bei der es sich um kombinierte Container- und Ro/Ro-Schiffe handelt, einen völlig neuen Weg ein. Derzeit werden in Stettin vier der 205m langen und 25,5m breiten Schiffe gebaut. Sie werden neben der Ro/Ro-Kapazität von ca. 3.000 Lademetern zusätzlich 660 Container (TEU) in eigens dafür vorgesehenen Zellen transportieren können.[7]

Ein weiteres Konzept zur Kombination der beiden Transportarten Container (im Lo/Lo-Verfahren) und Ro/Ro wird derzeit von der Reederei Scandlines unter dem Namen „Via Mare Balticum“ entwickelt. Es leitet sich aus den seit mehreren Jahren zweistelligen Zuwachsraten des parallel zum Ro/Ro- und Fährverkehr bestehenden Containerverkehrs der Nordseehäfen mit den Anrainerstaaten der Ostsee ab. Beide Verkehrssysteme weisen ein eigenes Auslastungsrisiko auf und verfügen damit insgesamt über ein erhebliches Bündelungspotential. Das

---

5 *Color Line AS*, NOR Oslo

6 *Stena Line Scandinavia AB*, SE 405 19 GÖTEBORG

7 *Transfennica Ltd.*, Eteläranta 12, FIN-00130 Helsinki

System umfasst jedoch mehr als nur den reinen Seetransport, sondern stellt vielmehr eine innovative Transportkette auf der Basis

- eines neuen kombinierten Container- und RoRo-Schiffstyps,
- standardisierter und optimierter Hafenterminals bzw. Fähranleger und
- eines intermodalen Transportsystems im Hafenhinterland

dar.

Abbildung 13: Das System „Via Mare Balticum"

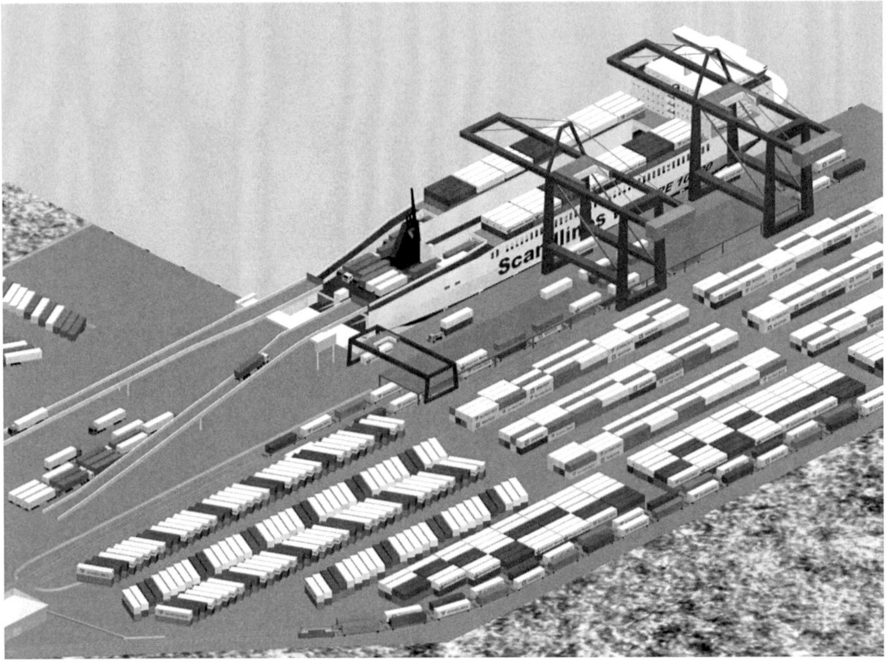

Quelle: Scandlines A/S, Denmark

Bei dem Schiffstyp „Via Mare 10.000" werden die Container mittig in dafür vorgesehenen Container-Zellen angeordnet. Dadurch erhält das 200 m lange und 36,4 m breite Schiff eine Kapazität von 400 TEU in Zellen plus 4.300 Lademeter Ro/Ro-Stellfläche, die ebenfalls für Container genutzt werden kann (auf dem Wetterdeck im Lo/Lo-Verfahren, in den anderen Decks auf Rolltrailern, teilweise im Doppelstock-Verfahren).

Alle o. a. Schiffsneubauten weisen eine Länge von mindestens 200 m auf, einige liegen sogar darüber. Angesichts solcher Abmessungen sind einige Häfen in der Ostsee bereits heute nicht mehr in der Lage diese Schiffe abzufertigen. Folglich stellt sich die Frage, ob die Schiffe in der Ostsee irgendwann Ausmaße wie bei den Tankern und Containerschiffen im Überseeverkehr einnehmen werden bzw. ob es in der Ostsee eine technische, natürliche und/oder wirtschaftliche Größenbegrenzung gibt.

Schiffe mit noch größeren Abmessungen als die heute üblichen werden nicht nur bestimmte Häfen in der Ostsee nicht mehr anlaufen können, sondern auch ganze Seegebiete (z.B. Kadett-Rinne) nicht mehr befahren können. Demzufolge wird es in naher Zukunft eine „Balticmax"-Grenze geben, deren Überschreiten technisch möglich, aber wirtschaftlich nicht mehr sinnvoll ist. Nur noch wenige Häfen in der Ostsee sind zur Abfertigung eines Schiffes mit einer Länge von 250 m, einer Breite von 35 m und einem Tiefgang von 9 m in der Lage. Schiffe mit größeren Abmessungen können daher nur noch auf ausgewählten Linien eingesetzt werden, was den Nachteil birgt, dass sie nicht mehr flexibel einsetzbar sind.

Als Ergebnis der Diskussion über die Zukunft der Fähr- und RoRo-Schiffe können somit folgende Entwicklungsrichtungen festgehalten werden:

- Mittel- bis langfristig werden zunehmend universell einsetzbare große Ro/Pax-Schiffe mit ausgeglichener Passagier und Frachtkapazität zum Einsatz kommen (Abmessungen: Balticmax);
- Mittel- bis langfristig werden verstärkt reine Frachtschiffe mit der Möglichkeit zum Transport von Ro/Ro-Gütern und Containern (Abmessungen: Balticmax) eingesetzt. Inwieweit sich die Kombination von Containern in speziell dafür vorgesehenen Zellen und Ro/Ro-Ladung auf der Ostsee etablieren wird, ist aus derzeitiger Sicht noch nicht abzusehen;
- Hochgeschwindigkeitsfähren werden sich nicht durchsetzen und auf ausgewählte Linien beschränkt bleiben;
- Zukünftig wird es wenige sehr große Cruiseferrys geben, die nur ausgewählte Häfen anlaufen können und ggf. die Balticmax-Grenze überschreiten werden.

Darüber hinaus lassen sich für die Fährschifffahrt in der Ostsee weitere Trends feststellen, die sich weniger auf die Abmessungen und Geschwindigkeiten der Schiffe beziehen. So wird der Fähr- und Ro/Ro-Verkehr durch die Reedereien zunehmend auf wenige Hauptlinienverbindungen zwischen ausgewählten Häfen konzentriert, die als Hubs fungieren. In der südlichen Ostsee konzentrieren die Reedereien sich zunehmend auf die Häfen Lübeck, Rostock, Stettin und Danzig. Die großen Häfen werden ihrerseits die Anlagen für die Abfertigung der Fähr- und Ro/Ro-Schiffe weiter standardisieren müssen, um eine höhere Auslastung der vorgehaltenen Infra- und Suprastruktur zu erreichen und damit die Kosten zu senken. Besonders hinsichtlich der Nutzung von Rampen besteht ein erhebliches Optimierungspotenzial. Während in der Containerschifffahrt internationale

Standards bestehen, die es jedem Containerschiff ermöglichen an nahezu allen Containerterminals weltweit abgefertigt zu werden, müssen für jedes neue Ro/Ro-Schiff teilweise komplett neue Anleger gebaut werden, die nur für diesen speziellen Schiffstyp geeignet sind.

Nicht zuletzt wird die Fähr- und Ro/Ro-Schifffahrt auch im Bereich des Umweltschutzes noch stärker als bisher voranschreiten. Der Fokus wird dabei auf die Schiffsemissionen gelegt werden, aber auch bei der Abfallwirtschaft und der Versorgung der Schiffe mit landgebundenem Strom in den Häfen werden zukünftig umweltfreundliche Verfahren geprüft und auch eingesetzt.

Dr. Gernot Tesch

Beurteilung von Marktein- und -austrittsbarrieren auf Märkten des Fähr- und Ro/Ro-Verkehrs auf der Ostsee

I. Begründung

Eine Untersuchung der Wettbewerbsintensität allein auf Grundlage von Größenkriterien der Marktteilnehmer ist wissenschaftlich überholt. Nicht allein die gegenwärtige Marktstruktur ist ausschlaggebend für die Intensität der Wettbewerbsprozesse, sondern auch die Bedrohung der aktuellen Anbieter durch potentielle Wettbewerber. Die Beurteilung von Ein- und Austrittsbarrieren stellt daher eine notwendige Ergänzung zu klassischen Untersuchungsmethoden dar. Der potentielle Wettbewerb gewinnt für die gesamtwirtschaftliche Effizienz um so mehr an Bedeutung, je geringer die Anzahl aktueller Wettbewerber ist und je größer dabei die Machtkonzentration ausfällt,[1] wie auf Schifffahrtsmärkten, die auf der Angebotsseite stark auf die Ausnutzung von Größenvorteilen angewiesen sind. Leider werden diese Erkenntnisse von den europäischen bzw. nationalen Wettbewerbsbehörden bisher ignoriert und weiter ausschließlich an unzureichenden Marktanteilsbeurteilungen festgehalten. Kartellgesetze orientieren sich in der Regel einseitig auf Übermachtphänomene (die zudem noch relativ schlecht operationalisiert werden können und in der theoretischen Erklärung nicht überzeugen). Dabei stellt die Theorie durchaus neue Methoden für eine Wettbewerbsbeurteilung anhand objektiver Kriterien bereit. Für die Fährschifffahrt auf der südlichen Ostsee wurde 2001 eine Untersuchung auf Funktionsfähigkeit des Wettbewerbs nach dem *Koordinationsmängel-Diagnose-Konzept*[2] für den Zeitraum 1990-1998 fertig gestellt.[3] Dabei konnte auf Grundlage objektiv nachvollziehbarer Bewertungskriterien nachgewiesen werden, dass Fährschifffahrtsmärkte in der Lage sind, definierte Marktfunktionen ausreichend zu erfüllen. In Ergänzung dazu soll nachfolgend versucht werden, zusätzlich die Bedeutung potentieller Konkurrenz sowie struktureller Marktein- und -austrittsbarrieren für einen funktionsfähigen Wettbewerb zu diskutieren.

---

1 *Kolbe, C.* (1991), S. 1-2.

2 Entwickelt von *Grossekettler*, siehe z.B.; *Borchert, M./Grossekettler, H.* (1985).

3 *Tesch, G.* (2002).

II Theoretische Grundlagen

In Ergänzung und Erweiterung der traditionellen Monopol- sowie Oligopolmodelle wurde zu Beginn der 80er Jahre durch die Berücksichtigung der potentiellen Konkurrenz von *Baumol, Panzar* und *Willig* die *Theorie der kontestablen Märkte* als neuer Referenzstandard der Wettbewerbstheorie entwickelt.[4] Der Terminus „kontestabler Markt" lässt sich näherungsweise mit „vollkommen bestreitbarer Markt" übersetzen. In einem nach Maßgabe der *Theorie der kontestablen Märkte* bestreitbaren Monopol reicht die disziplinierende Wirkung der potentiellen Konkurrenz aus, um dem Monopolisten ein wohlfahrtsoptimales Verhalten abzufordern. Ein nicht marktgerechtes Verhalten hätte unmittelbar einen Markteintritt zur Folge. Daher ist die potentielle Konkurrenz eine weitere den Wettbewerb beeinflussende Kraft. Nicht das Monopol an sich, sondern dessen dauerhafte Verstetigung ist als wettbewerbspolitisches Problem anzusehen. Eine Verstetigung von Monopolsituationen ergibt sich nur durch Markteintrittsbarrieren, durch die sich potentielle Konkurrenten vom Markteintritt abhalten lassen.

Die Markteintrittstheorie hatte ihre Grundlegung durch *Bains „Barriers to new competition"* erfahren.[5] Die *potential competition theory* besagt, dass sich mit zunehmender Höhe struktureller Markteintrittsbarrieren die Wirksamkeit potentiellen Wettbewerbs vermindert und sich der Verhaltensspielraum etablierter Anbieter entsprechend erweitert.[6] Damit verfügt der freie Marktzutritt über eine zentrale Bedeutung für die Effizienz von Marktprozessen und die Wirksamkeit von Wettbewerb. Nur Marktein- und -austrittsbarrieren werden als Kriterien für die Funktionsfähigkeit von Wettbewerb angesehen, da z.B. hoher finanzieller und technischer Aufwand für den Zugang zur Technologie kleinere Anbieter von vornherein als ineffektiv ausschließt. Die *Theorie der kontestablen Märkte* stellt eine Weiterentwicklung und Anpassung der *Theorie der vollständigen Konkurrenz* unter Berücksichtigung des realen Marktverhaltens im Prozess des technischen Fortschritts dar. Auch Fälle von Subadditivität sowie *economies-of-scale* sind in das Modell integrierbar.[7] Die Theorie kann daher in den realitätsnahen Marktformen des Oligopols sowie des Monopols Anwendung finden. Bedingungen für einen kontestablen Markt sind zusammengefasst:[8]

- ein vollkommen freier Marktzutritt
- ein Marktaustritt, der ohne finanzielle Verluste erfolgen kann

---

4 *Baumol, W. J./Panzar, J. C./Willig, R. D.* (1988), S. 290.

5 *Bain, Joe S.* (1956).

6 Vgl. *Longrée, H.-M.* (1982), S. 15-63.

7 *Kruse, J.* (1985), S. 299.

8 *Baumol, W. J./Panzar, J. C./Willig, R. D.* (1988), S. 5.

- etablierte und potentielle Wettbewerber verfügen über gleiche Zugriffsmöglichkeiten auf die notwendigen Technologien sowie gleichwertige Beziehungen zu den Nachfragern
- es existieren keine sachlichen, räumlichen, zeitlichen oder persönlichen Präferenzen der Nachfrager; außerdem herrscht eine vollkommene Transparenz der Märkte
- Marktzutritte führen zu keinen Preisreaktionen der Etablierten
- eine vollständige Marktbedienung durch etablierte Wettbewerber bei gleichzeitig selektiver Marktbedienung durch neue Anbieter ist möglich.

Die wettbewerbspolitische Bedeutung des Konzeptes ist aber auf Grund völliger Negierung von Vorteilen etablierter Anbieter durch Produktdifferenzierung, Technologievorsprung oder bessere Faktorausstattung umstritten. Gleiches trifft auf die Annahmen über die Schnelligkeit von Marktein- und -austritten sowie Reaktionsgeschwindigkeiten der etablierten Anbieter zu. In der Realität existieren zudem *sunk costs*, die über Marktaustrittsbarrieren etablierter die Eintrittsbedingungen neuer Anbieter beeinflussen.

III Markteintrittsbarrieren

Entscheidend für die Marktattraktivität und somit die Tendenz zu Markteintritten sind solche Faktoren wie Marktvolumen, Marktwachstum und Branchenrentabilität. Bestimmungsgründe für einen Marktzutritt sind:[9]

1. die auf dem Markt zu erzielenden Gewinne
2. die strukturellen Markteintrittsbarrieren
3. die zu erwartenden Reaktionen der etablierten Anbieter auf einen erfolgten Marktzutritt
4. die Informations- und Entscheidungskosten
5. die sich im Besitz der potentiellen Konkurrenten befindlichen Ressourcen
6. die Existenz weiterer potentieller Konkurrenten und deren wahrscheinliches Eintrittsverhalten
7. die Entwicklungsphase des Marktes.

Als Markteintrittsbarrieren werden alle Effekte bezeichnet, die einen Markteintritt verhindern oder erschweren. Sie sind als Kosten eines an einem Markteinstieg interessierten Wettbewerbers zu definieren, denen nach *Baumol* keine äquivalenten Kosten bei einem etablierten Wettbewerber gegenüber-

---

[9] Vgl. *Longrée, H.-M.* (1982), S. 68 sowie dort angegebene Literatur.

stehen: „*An entry barrier is anything that requires an expenditure by a new entrant into an industry, but imposes no equivalent cost upon an incumbent.*“[10]

Markteintrittsbarrieren werden unter wettbewerbspolitischem Aspekt in drei Gruppen unterteilt:[11]

8. institutionelle Markteintrittsbarrieren
9. strategische Markteintrittsbarrieren
10. natürliche (bzw. strukturelle) Markteintrittsbarrieren.

1 Institutionelle Markteintrittsbarrieren

Institutionelle Markteintrittsbarrieren beruhen auf staatlicher Einflussnahme über Gesetze und Normen. Der Zugang zu internationalen Fährmärkten ist nicht an staatliche Konzessionen gebunden. Staatliche Regulierungen beziehen sich fast ausschließlich auf Sicherheitsfragen. Institutionelle Markteintrittsbarrieren sind auf dem Markt offensichtlich nicht entscheidend für den Wettbewerb, da sie für alle Marktteilnehmer gleichermaßen gelten und sollen daher auch nicht weiter untersucht werden.

2 Strategische Markteintrittsbarrieren

Strategische Markteintrittsbarrieren sind von etablierten Unternehmen zum Zwecke der Eintrittsverhinderung errichtete Strukturen. Dazu zählen die strategische Produktdifferenzierung, die strategische Preisunterbietung, die Strategie der vertikalen Integration und bewusst aufgebaute Überkapazitäten.[12]

Eine strategische Überkapazität kann eintretenden Unternehmen signalisieren, dass bei Markteintritt Reaktionspotential in Bezug auf Kapazität und Preis vorhanden ist. Zu untersuchen ist, ob etablierte Anbieter die künstliche Errichtung von Marktzutrittsschranken in ihren Investitionsstrategien berücksichtigen, um den Markt für potentielle Konkurrenten quasi zu schließen. Eine derartige Kapazitätspolitik der Fährreeder ist zwar nicht auszuschließen. Für Überkapazitätssituationen sind aber vor allem andere Ursachen verantwortlich. Dazu zählen die lange Lebensdauer der Schiffe in Verbindung mit Unsicherheiten über zukünftige Verkehrsentwicklungen, die Unteilbarkeit der Schiffe als Kapazitätselemente sowie die Ausrichtung der Kapazitäten am Spitzen- und nicht am Durchschnittsbedarf.

Vertikale Integrationsstrategien sind im Fährverkehr durch die Übernahme von Speditionsaktivitäten, der Stauerei bzw. der gesamten Terminalaktivitäten durch

---

10 *Baumol, W. J./Panzar, J. C./Willig, R. D.* (1988), S. 282.

11 Vgl. *Kantzenbach, E./ Kruse, J.* (1989), S. 74 ff.

12 Vgl. *Kruse, J.* (1985), S. 327.

einen Reeder denkbar. Während im Finnland-Verkehr die Ausdehnung der Aktivitäten in der logistischen Kette auf Speditionen (teilweise), aber insbesondere Stauereien eine bewährte Strategie der Reeder darstellt, spielt dies z.B. im Schweden-Verkehr keine Rolle. Dagegen verfügen die Nachfolgeunternehmen der ehemaligen Staatsbahnen aus historischen Gründen über eigene Hafenanlagen. Die Errichtung eigener Anlagen beruhte auf dem höheren logistischen Aufwand des Eisenbahnfährverkehrs und dem Versuch, die logistischen Abläufe durch die abgestimmte Gestaltung der See- und Hafenaktivitäten zu optimieren.

3 Natürliche bzw. strukturelle Markteintrittsbarrieren

Natürliche bzw. strukturelle Eintrittsbarrieren beruhen allein auf Vorteilen etablierter Anbieter, die sich aus Kostenvorteilen, vorhandenen Nachfragebedingungen oder dem effizienzorientierten Handeln der etablierten Anbieter auf dem Markt ergeben.[13] Marktzutrittschranken natürlicher Art entstehen durch:[14]

A. Produktdifferenzierungsvorteile

B. Absolute Kostenvorteile

C. Betriebsgrößenvorteile.

Zu A. Produktdifferenzierungsvorteile

In einem durch Produktdifferenzierungsvorteile mit einer Marktzutrittsschranke versehenen Markt müssen neue Unternehmen vorhandene Kundenpräferenzen durch niedrige Preise und verstärkte Verkaufsbemühungen überwinden. Bei geringem Differenzierungsgrad der Leistungen verlieren Differenzierungsvorteile ihre Wirkung als Markteintrittsbarriere. Im Fährverkehr sind durch die Vergleichbarkeit der Raumüberwindung über eine Seestrecke als Leistung der Fährreeder die Möglichkeiten der Produktdifferenzierung, z.B. im Vergleich zu Konsumgütermärkten, zwar begrenzt. Differenzierung vermag einen Marktzutritt aber auch erleichtern, indem der *Newcomer* sich ausschließlich auf die lukrativen Segmente und Zeiten konzentriert und dadurch eventuell vorhandene Nachteile aus den geringeren Volumenbündelungen ausgleicht.

Für den Spediteur ist das Überwechseln auf einen Anbieter vergleichbarer Qualität ohne weiteres möglich. Dazu muss er insbesondere von der Qualität und Nachhaltigkeit des Angebots überzeugt sein. Der Wechsel stellt die Speditionen vor die Entscheidung, eingespielte Strukturen mit einer Ungewissheit über die Verlässlichkeit des neuen Angebots zu tauschen. Zudem werden nach einer eventuellen Schließung des Dienstes Reaktionen der etablierten Anbieter in Form des Verlustes bisher erworbener Sonderkonditionen befürchtet. Daher

---

13 Vgl. *Kolbe, C.* (1991), S. 70-71 sowie dort angegebene Literatur.

14 *Bain, J. S.* (1968), S. 255 ff.

bevorzugen die Speditionen vor allem Linieneröffnungen von Reedern, deren Qualitätsniveau und Verlässlichkeit ihnen bereits vertraut sind. Diese Loyalität beruht ausschließlich auf objektiven Faktoren wie positiven Erfahrungen bezüglich Zuverlässigkeit und Nachhaltigkeit. Markteintritte von erfahrenen Fährreedern, die bisher auf anderen geographischen Märkten verlässlich tätig waren, werden ebenfalls angenommen.

In einer Preisdifferenzierungspolitik kommt das Bestreben der Anbieter zum Ausdruck, ihre Produkte gegenüber der Konkurrenz positiv abzugrenzen und dadurch die Homogenität der angebotenen Güter und Leistungen aufzuheben. Ist diese Politik erfolgreich, ergeben sich einerseits Preissetzungsspielräume, andererseits wird den Kunden ein Anbieterwechsel erschwert. Differenzierungen über die logistische Leistungsfähigkeit erfordern ein besonderes *Know-how*. Bisher sind die Nachfrager kaum davon zu überzeugen, einen höheren Preis für Fährleistungen zu zahlen, weil ihnen die Vorteile eines Premium-Angebotes kaum einleuchten. Der Markteintritt von Superfast mit einer wesentlichen Verkürzung der Überfahrtzeit nach Finnland hat aber diesbezüglich neue Maßstäbe setzen können.

Preis- oder Produktdifferenzierungsvorteile sind nicht generell als wettbewerbsbeschränkend einzustufen. Sie sind Folge von in früheren Perioden getätigten Investitionen in Verkaufsförderung oder effiziente Vertriebssysteme. Gleichwohl können damit Markteintritte erschwert werden.

Zu B. absolute Kostenvorteile

Markteintritte werden ebenso erschwert durch unabhängig von Beförderungsvolumen entstehende absolute Kostenvorteile der etablierten Anbieter. Quelle dieser Vorteile sind:[15]

11. ausschließlicher oder bevorzugter Zugang zu hochwertigen Produktionstechniken bzw. sonstigen für das Wirken am Markt notwendigen Ressourcen
12. bevorzugter Zugang zu Kapitalmärkten
13. Tätigkeit von etablierten Unternehmern auf vor- oder nachgelagerten Märkten.

Notwendig zur Aufnahme von Fährverkehren sind damit folgende Ressourcen:

- Produktionsmittel und -modelle (Hafenzugang und Schiffsmaterial)
- Kapital
- Reservierungs- und Buchungssysteme; Zugang zu Vertriebskanälen

---

[15] *Bain, J. S.* (1969), S. 261 ff.

- Personal.

Zu untersuchen ist, ob notwendige Ressourcen Newcomern unter schlechteren Bedingungen als Etablierten zur Verfügung stehen. Dies könnte dazu führen, dass sie mit nachteiliger Technologie oder höheren Kosten produzieren und damit Wettbewerbsnachteilen ausgesetzt sind.

Zugang zu Produktionsmitteln und -modellen

Der Marktzugang kann durch knappe Produktionsmittel oder *Know-how*-intensive Produktionsmodelle erschwert werden. Der Aufbau von wettbewerbsfähigen Produktionsmodellen ist Voraussetzung für einen Markteinstieg und von zentraler Bedeutung für einen rentablen Fährbetrieb. Zulieferer sind Schiffbauer sowie Hersteller sonstiger maritimer Komponenten, Bunkerfirmen und Schiffsversorger. Die Anzahl der Werften mit Fährschiffbauerfahrung ist zwar begrenzt, hat sich aber durch den Eintritt chinesischer und koreanischer neben den traditionell starken finnischen, deutschen, spanischen und italienischen Werften wesentlich erhöht.

Schiffe sind über Neubauaufträge, Kauf auf dem Gebrauchtmarkt oder Charterung verfügbar. Grundsätzlich stehen diese drei Optionen sowohl Etablierten als auch *Newcomern* zur Verfügung. Die Höhe des Kapitaleinsatzes variiert stark zwischen speziell angepassten Neubauten und gebraucht erworbenen Einheiten. Linienspezifisch muss entschieden werden, ob Kapitalkostenvorteile Nachteile aus geringerer Kapazität und linienspezifischer Anpassung bzw. höheren Betriebskosten kompensieren können. Preisvorteile beim Kapazitätsbezug sind ausschließlich über die Bestellung größerer Schiffsserien denkbar. Die Preise für gebrauchte Einheiten sowie die Charterkosten schwanken in Abhängigkeit von der Angebots-Nachfrage-Situation relativ stark und können so die Markteintrittsmöglichkeiten beeinflussen.

Überlegene Produktionsverfahren, die durch Patente vor Nachahmung geschützt sind, spielen im Fähr- und Ro/Ro-Verkehr eine nur geringe Rolle. Die Technologie ist im Grundsatz frei verfügbar, da das *Know-how* vorwiegend bei Werften und Zulieferern angesiedelt ist. Diese versuchen, die Technologie über den Verkauf von Schiffen an eine Vielzahl von Kunden weiterzureichen. Daher ist aus den Besonderheiten bei der Beschaffung der erforderlichen Produktionsmittel keine Markteintrittsbarriere ableitbar. Unterschiede in der Schiffsaufbringung stellen keine schwerwiegende Markteintrittsbarriere dar, da allen Wettbewerbern, potentiellen und aktuellen, ein funktionierender Beschaffungsmarkt zur Verfügung steht.

Potentiell stellt auch die zeitliche Verfügbarkeit von Anlegern sowie Hafenflächen einen eintrittshemmenden Grund dar. Voraussetzung für einen Markteintritt sind ebenso wettbewerbsfähige Umschlagtarife. Vorteile für etablierte Anbieter würden bestehen, wenn diese den Hafenzugang zu günstigeren Bedingungen als potentielle Neueinsteiger erhalten. Die Konditionen sind jedoch nicht von der aktuellen Präsens im Hafen, sondern von der Verhandlungsmacht gegenüber dem Hafen/Stauereiunternehmen abhängig. Dabei spielt v.a. das Verkehrsvolumen des Reeders eine Rolle. Etablierte und neue Anbieter können die Anlagen in öffentlichen Häfen zu ähnlichen Bedingungen nutzen, weil Häfen tendenziell immer an neuen Verkehren interessiert sind. Probleme ergeben sich erst dann, wenn die Häfen Kapazitätsengpässe aufweisen sollten. Solche Engpässe sind oft durch investive Maßnahmen zu beheben. Zudem deuten die Investitionspläne der meisten Häfen im Ostseeraum nicht auf kapazitive Probleme in der Zukunft hin. Nicht ausgeschlossen werden können aber zeitlich begrenzt wirksame Engpässe, weil Hafenerweiterungen sowie die Schaffung von Vorstellflächen einen entsprechenden Zeitaufwand erfordern. Die Annahme, dass Häfen dazu neigen, die Nutzung ihrer Anlagen durch *Newcomer* dann zu erschweren, wenn dies eine Konkurrenzierung der Hauptkunden mit sich bringen würde, haben sich in den vergangenen Jahren nicht bestätigt. Dafür lassen sich etwa in Göteborg, Trelleborg, Lübeck bzw. Rostock viele Beispiele finden.

Ein Problem des Wettbewerbs ist vor allem die Marktmacht in Engpassbereichen, die notwendig für einen Marktzutritt sind.[16] Wettbewerb auf der nachgelagerten Wirtschaftsstufe ist an den Zugang zu diesen Einrichtungen gebunden. Ein Nachteil für neue Anbieter besteht aber nur, wenn keine alternativen Anlagen vorhanden sind. Mit Hilfe der *Theorie der kontestablen Märkte* kann auch ein eventueller Regulierungsbedarf in natürlichen Monopolen mit irreversiblen Kosten erkannt werden.[17] Ist der Zugang zu Engpassbereichen gewährleistet bzw. sind diese duplizierbar, ist ein funktionsfähiger Wettbewerb gesichert und damit kein Regulierungsbedarf vorhanden. Würden auch angreifbare Monopole reguliert, entfiele jede Bereitschaft, in eigene Netze zu investieren, selbst bei der potentiellen Möglichkeit. Gleiches gilt für die Bereitschaft des Netzinhabers zu Innovation und Kapazitätsausbau, da er jeden Fortschritt mit seinen Wettbewerbern teilen müsste.

Bei Nutzung von Häfen durch eine Vielzahl von Reedern können notwendige Anlagen größer dimensioniert und damit Kostendegressionseffekte genutzt werden. Daher sind öffentliche Häfen an einer Bündelung vieler Linien und der Aufnahme neuer Wettbewerber interessiert. Solche Überlegungen spielten z.B. bei der Errichtung von Eisenbahnfährhäfen keine Rolle. Sie sollten statt dessen die Bedürfnisse eines speziellen Verkehrs befriedigen und wurden entsprechend gestaltet und dimensioniert. Daher entstehen bei Zugangsbegehren zu bestimm-

---

16 Vgl. *Knieps, G.* (1999), S. 8.

17 Vgl. *Knieps, G.* (1999), S. 11.

ten Infrastrukturen nautische oder kapazitive Probleme bei der Aufnahme mehrerer Verkehre. Dem Problem der Zugangsfähigkeit zu Hafenanlagen kommt ausschließlich im Kurzstreckenverkehr eine Bedeutung zu (z.B. im Dänemark-Verkehr), wobei aber Hafenalternativen zur Verfügung stehen.

Personal

Für den erfolgreichen Betrieb einer Fährlinie kommt dem Personal eine besondere Bedeutung zu. In Deutschland machen sich bereits Personalengpässe als Folge fehlender seemännisch-technischer Ausbildung in der Vergangenheit bemerkbar. Diese treten insbesondere bei der Stellenbesetzung für hochqualifizierte Aufgaben im nautisch/technischen Bereich auf. Der Fährbetrieb auf hochfrequenten Linien stellt besondere Anforderungen an die Qualität der Besatzung. Die Ausbildung der Besatzungen, die im Fährgeschäft durch Sicherheitsübungen, das spezielle technische Equipment von Fährschiffen, häufiges An- und Ablegen und das Fahren in engen Gewässern sehr speziell ausfällt, ist für die Reeder mit hohen Kosten verbunden. Die Personalverfügbarkeit kann sich also in Teilbereichen zum eintrittserschwerenden Engpass entwickeln. Ein Fremdbezug, z.B. durch die *time-charterung* von Fähren, lässt aber auch dieses Hindernis überwindbar erscheinen. Die Realität zeigt darüber hinaus, dass Markteintritte meist von branchennahen Unternehmen erfolgen, die über entsprechend ausgebildetes Personal verfügen. Zudem sind griechische oder italienische Besatzungen im Ostseefährverkehr durchaus keine Seltenheit mehr. Die EU-Osterweiterung dürfte dieses Problem zukünftig weiter entschärfen.

Kapital

Die Verfügbarkeit von Finanzierungsmitteln ist Grundlage jeden unternehmerischen Handelns. Auf einigen Märkten erfordert die Geschäftstätigkeit auf Grund der Marktstruktur eine erhebliche Finanzkraft, so dass Wettbewerbswirkungen von vornherein nur von großen, kapitalkräftigen Unternehmen ausgehen können. Es ist zu erwarten, dass Fremdkapitalgeber gegenüber absoluten Neulingen zurückhaltender bei der Kreditvergabe auftreten und ihr Risiko durch einen Aufschlag minimieren. Realistischerweise wird aber ein *Newcomer* nicht aus dem Nichts auftauchen, sondern bereits über bestehende Bankverbindungen verfügen. Damit besteht in günstigen Finanzierungsmöglichkeiten etablierter Anbieter keine Marktzutrittsschranke gegenüber potentiellen Konkurrenten. Nur bei völligen Neugründungen sowie schifffahrtsfremden Investoren sind die Kapitalbeschaffungskosten wahrscheinlich höher.

Für kleinere und mittlere Unternehmen können Finanzierungsnachteile jedoch eine marktzugangshemmende Wirkung entfalten. Je höher der Kapitalbedarf, desto mehr weitet sich der Nachteil höherer Kapitalbeschaffungskosten aus. Andererseits ist die Bereitstellung von Kapital durch die Banken Ausdruck der Wertschätzung ökonomischer Leistungsfähigkeit durch in ökonomischen Einschätzungen geschulte Institutionen. Somit sind bei Nichtverfügbarkeit von Kapital Zweifel am Potential des betreffenden *Newcomers* angebracht.

Absolute Kostennachteile ergeben sich auch dann, wenn Vorprodukte zu höheren Preisen, als sie für etablierte Unternehmen gelten (höhere Einkaufsvolumen), bezogen werden müssen.

Reservierungs- und Buchungssysteme; Zugang zu Vertriebskanälen

Vorteile etablierter Anbieter ergeben sich auch aus leistungsfähigen Vertriebssystemen. Der Aufbau eines eigenen Vertriebsnetzes ist ebenso wie die Entwicklung von Reservierungs- und Buchungssystemen mit einem hohen zeitlichen und finanziellen Aufwand verbunden. Zudem ist die Beschäftigung von Spezialisten Voraussetzung für eigene Vertriebsaktivitäten. Als Zutrittsschranke kann dies jedoch nur gewertet werden, wenn Kosten auftreten, die etablierte Unternehmen in vergangenen Perioden nicht auch zu tragen gehabt haben. Investitionen in ein Vertriebsnetz bzw. in Buchungssysteme haben alle Reeder gezwungenermaßen durchführen müssen. Es steht potentiellen Anbietern frei, vergleichbare Netze bzw. Systeme zu schaffen. Der Zugang zu Vertriebskanälen ist zudem durch die Möglichkeit, den Vertrieb über Makler bzw. Agenten zu organisieren, auch für neue Wettbewerber gesichert.

Zu C. Betriebsgrößenvorteile

Massenproduktionsvorteile sind ebenfalls eine Form struktureller Markteintrittsbarrieren. Etablierte Wettbewerber verfügen über Vorteile, die in der so genannten Erfahrungskurven-Analyse erklärt werden. Die Hauptthese der Analyse besagt, dass bei Verdoppelung der Ausbringungsmenge reale Kostenreduktionen von 20-30 % erreicht werden; d. h. durch Erhöhung des *outputs* geht der Ressourceneinsatz, gemessen als reale Stückkosten, zurück. Die Ursachen dafür liegen:[18]

- in einem Lern- und Erfahrungsprozess
- in der Nutzung von Größendegressionseffekten (*economies of large scale*)
- in der Nutzung von Synergieeffekten (*economies of scope*)
- in der Nutzung des technischen Fortschritts (neue Produktionsverfahren)
- in der Ausschöpfung von Rationalisierungspotentialen.

Hierdurch wird die Marktanteilsmaximierung für die strategische Unternehmensplanung eine bedeutsame Zielgröße. Hohe Marktanteile ermöglichen die Nutzung komparativer Kostenvorteile gegenüber der Konkurrenz. Weiterhin

---

[18] Boston Consulting Group 1966; vgl. z. B. *Aberle, G.* (1996) S. 364.

wirken hohe Marktanteile als Eintrittsbarriere, da potentielle Wettbewerber als Folge geringerer Marktanteile mit höheren Durchschnittskosten belastet sind.[19] Eine vergleichbare Produktivität kann sich erst nach einiger Zeit als Folge einer höheren Ausbringungsmenge sowie einer verbesserten Ablauforganisation ergeben. Entscheidend für die Höhe der Markteintrittsbarrieren ist das Verhältnis von mindestkapazitätsoptimaler Größe des einzelnen Schiffes zum Gesamttransportaufkommen. Durch den Übergang von konventioneller zur Fähr- und Ro/Ro-Schifffahrt ist die minimale Größe für rentable Operationsformen entscheidend gestiegen. Relativ hohe mindestoptimale Betriebsgrößen werden begleitet von einer Verringerung der auf dem Gesamtmarkt sinnvoll einsetzbaren Schiffe. *Newcomer* sind gezwungen, ihre Produktionsanlagen bzw. -mittel in der für den Markt optimalen Größe zu errichten. Der angestrebte Marktanteil muss von vornherein für einen rentablen Betrieb hinreichend groß sein und fordert dadurch Gegenreaktionen der Etablierten mit Sicherheit heraus.

Damit können zwar Zielkonflikte zwischen der Eintrittsfähigkeit potentieller Konkurrenten und der Ausnutzung von Massenproduktionsvorteilen entstehen, andererseits ist dies im Sinne einer dynamisch orientierten, auf die Verwirklichung optimaler Marktergebnisse abzielenden Wettbewerbspolitik nicht als wettbewerbsbeschränkend zu bezeichnen.[20] Zum einen verstärkt sich auch im Transportwesen der Bedarf nach differenzierten Produkten, womit ein Markteintritt auch mit niedrigen Marktanteilen möglich ist. Die reine Transportleistung unterscheidet sich zwischen den einzelnen Reedereien zwar nur unwesentlich. Wenn die Gesamtleistung jedoch als Kombination der Transportleistung mit qualitativen Elementen wie passgenaue Abfahrtzeiten, Frequenz, Schnelligkeit, Zuverlässigkeit, Kapazitätsverfügbarkeit, Service und Preis verstanden wird, ergeben sich Möglichkeiten zur Erstellung mehrdimensionaler Fährprodukte und somit zur Differenzierung. Eine erfolgversprechende Markteintrittsstrategie kann daher in einer ausgesprochenen Nischenstrategie mit einer Beschränkung auf bestimmte Zeiten, Linien bzw. Nachfragesegmente bestehen. Zum anderen ist auch die optimale Betriebsgröße nicht festgelegt, sondern unterliegt einem durch technischen Fortschritt sowie Innovations- und Imitationsprozessen bestimmten Wandel.

Besonders wichtig ist die Feststellung, dass die Existenz von Skalenerträgen keinen potentiellen Wettbewerber daran hindert, unter gleichen Bedingungen zu produzieren wie ein etabliertes Unternehmen. Solange die für ein Wirken am Markt benötigten Ressourcen frei verfügbar sind, ist es jedem Nachfolgewettbewerber möglich, ähnlich wie bereits etablierte Anbieter eine optimale Produk-

---

19 *Aberle, G.* (1996), S. 364.

20 *Longrée, H.-M.* (1982), S. 177 ff.

tionsmenge zu erreichen.[21] Nur wenn die nötigen Ressourcen beschränkt sind, kann sich daraus ein Nachteil für nachfolgenden Wettbewerb ergeben. Dies gilt insbesondere dann, wenn die Ressourcen von etablierten Anbietern kontrolliert werden und Alternativen nicht verfügbar sind. Damit kann festgestellt werden, dass Massenproduktionsvorteile weder eine von etablierten Unternehmen kontrollierbare Eintrittsschranke darstellen, noch handelt es sich um eine Marktschranke, die es bei wirksamen Wettbewerb nicht geben dürfte.[22] Gleichwohl ist festzustellen, dass die Nutzung von Betriebsgrößenvorteilen die Anzahl der auf dem Markt tätigen Reeder begrenzt und damit Markteintrittsbarrieren bestehen, die bevorzugt nur von größeren Unternehmen überwunden werden können.

IV Zusammenfassende Diskussion der Markteintrittsbarrieren

Strukturelle Markteintrittsbarrieren können schlussfolgernd nicht undifferenziert als wettbewerbsbeschränkend gedeutet werden. Auf strukturellen Markteintrittsbarrieren beruhende Wettbewerbsvorteile sind Folge marktgerechter Angebote durch überlegene Produkte oder Technologien. Der Markteintritt gestaltet sich nur für solche potentiellen Investoren als nicht realisierbar, die nicht in der Lage sind, ein leistungsfähiges Angebot zu unterbreiten. Zudem sind ausschließlich solche Markteintritte gesamtwirtschaftlich wünschenswert, die zu einem besseren Marktergebnis führen. Damit üben Marktzutrittsschranken natürlicher Art die Funktion aus, weniger wettbewerbsfähigen Anbietern den Zutritt zum Markt zu verwehren.[23] Natürliche Markteintrittsbarrieren sind keine Verhinderung von Wettbewerb. Die Überwindung dieser natürlichen Barrieren ist sogar besonderes Ziel unternehmerischer Tätigkeit.[24]

Wettbewerb wird durch den Zugang zu allen für den Wettbewerb nötigen Ressourcen sichergestellt. Wird dieser Zugang nicht durch Dritte künstlich behindert, ist funktionsfähiger Wettbewerb sichergestellt. Es besteht ein ausreichender Zugang zu Hafenkapazitäten, zu Schiffsmaterial als auch zu sonstigen Vorprodukten. Solange ein Anbieter nicht allein Zugang zu allen notwendigen Ressourcen hat und andere Unternehmen nicht unter Druck setzen kann, ist von einem unbeschränkten Wettbewerb auszugehen.

V Marktaustrittsbarrieren

Die Untersuchung auf Marktaustrittsbarrieren stellt eine notwendige Ergänzung zur Beurteilung der Eintrittsbarrieren dar. Dabei ist insbesondere das Konzept der Irreversibilität als zentraler Baustein der Marktaus- und damit verbunden

21 *Schmidbauer, H.* (1974), S. 145.

22 *Longrée, H.-M.* (1982), S. 179-180.

23 *Longrée, H.-M.* (1982), S. 190-191.

24 Vgl. *Hoppmann, E.* (1988), S. 342-343.

auch der -eintrittstheorie zu betrachten. Die irreversiblen Kostenbestandteile der etablierten Unternehmer sind die entscheidenden Determinanten für die Höhe der für *Newcomer* wirksam werdenden natürlichen Markteintrittsbarrieren.[25] Die Irreversibilität ist determiniert durch die Festlegung eines Produktionsfaktors auf eine bestimmte sachliche oder räumliche Verwendung. Sie legt die Wiederverkaufsmöglichkeit bzw. alternative Nutzbarkeit fest. Die irreversiblen Kosten umfassen nach *Kolbe* die Kategorien: [26]

14. originäre Marktzutrittskosten – z. B. Kosten der Marktzutrittsplanung, der Firmengründung, der Abwerbung qualifizierter Arbeitskräfte bzw. der unternehmensinternen Schulung, des Erwerbs von befristeten Lizenzen, der einführenden Werbung usw.
15. fixe Marktaustrittskosten – z.B. Kosten der Geschäftsauflösung und der damit zusammenhängenden staatlichen Auflagen in Form von Sozialplänen, der Aufrechterhaltung von Kundendienstleistungen sowie des Bruchs langfristiger Kauf- und Lieferverträge usw.
16. Liquidationsverluste aus der Veräußerung von gebrauchten Produktionsanlagen etc.

Hohe Fixkosten stellen nicht unbedingt eine Markteintrittschranke dar, solange etablierte und neue Wettbewerber dieselbe Produktionstechnik bedienen und daher gleiche Kosten zu tragen haben.[27] Sie entfalten erst dann eine markteintrittshemmende Wirkung, wenn fixe Kosten zu versunkenen Kosten (*sunk costs*) werden. *Sunk costs* sind im Falle des Marktaustrittes völlig irreversible Fixkosten und entfallen auch bei Einstellung der Produktion nicht. Reversible Fixkosten dagegen entstehen während des Betriebes unabhängig von der Ausbringungsmenge, entfallen jedoch bei Einstellung der Produktion.[28]

Sind irreversible Investitionen unabdingbar für einen Markteintritt, entsteht mit Markteintritt auch eine nicht allein vom Erfolg des laufenden Geschäftes abhängige Bindung des Unternehmens an den Markt, da ein Marktaustritt mit dem Verlust der irreversiblen Investitionsbestandteile verbunden wäre. Während die etablierten Anbieter durch ihre Marktbindung (bereits getätigte irreversible Investitionen) den Markt kaum verlassen können, wird der potentielle *Newcomer* diese Situation vor Markteintritt berücksichtigen. Aus Opportunitätskostenge-

---

25 *Kantzenbach, E./ Kruse, J.* (1989), S. 76, 81.

26 *Kolbe, C.* (1991), S. 24.

27 *Baumol, W. J./ Panzar, J. C./ Willig, R. D.* (1982), p. 288 f.

28 Vgl. *Kantzenbach, E./ Kruse, J.* (1989), S. 66.

sichtspunkten werden diese Kosten für eintretende Unternehmen zu zusätzlichen Kosten.[29]

Über die Höhe der nicht abbaubaren Kosten wird das Ausmaß der Bindung eines Unternehmens an den Markt auch im Falle von Verlusten festgelegt. Solange die irreversiblen Kosten der Austrittsperiode teilweise gedeckt werden, sind die Verluste geringer als bei sofortigem Ausscheiden aus dem Markt. Damit kann ein Verbleiben am Markt im Sinne des Verlustminimierungsziels durchaus als sinnvoll und rational eingestuft werden.[30] Bei Markteintritt besteht für mit irreversiblen Kosten belastete etablierte Anbieter die gewinnoptimale Strategie darin, den Preis des *Newcomers* solange zu unterbieten, bis der eigene Preis gerade noch die reversiblen Kosten deckt. Nur ein die reversiblen Kosten des Etablierten unterbietender Preis bei gleichzeitiger Deckung der eigenen Kosten kann den Markteintritt erfolgreich gestalten. Damit wird der erforderliche Kostenvorsprung entsprechend größer. Auf Irreversibilitäten beruhende Austrittsbarrieren bewirken also Eintrittsbarrieren, die Effizienzmechanismen außer Kraft setzen können. Der Irreversibilitätsaspekt wirkt um so mehr, je höher die *scale economies* bzw. die relative *MOS*[31] ausfällt.[32] Bei einem Markteintritt mit *MOS*-Größe übersteigt unter Umständen die angebotene Kapazität die Nachfrage signifikant. In diesem Falle wird der Marktpreis als Folge der Überkapazitätssituation sinken und zu Verlusten bei allen Anbietern führen. Alle Marktteilnehmer werden mit sinkenden Durchschnittsauslastungen in Verbindung mit einem Preisdruck konfrontiert sein.

Die Höhe der *sunk costs* ist von den Einsatzmöglichkeiten der Schiffe in anderen Seegebieten abhängig. Normalerweise wird in der Transportwirtschaft von einer nahezu grenzenlosen Mobilität des Transportmittels ausgegangen.[33] Die physische Beweglichkeit ist zwar hinreichende Bedingung und mag den schnellen Marktein- und -austritt erleichtern. Notwendig ist aber die Gleichzeitigkeit von physischer und ökonomischer Mobilität.[34] Im Fähr- und Ro/Ro-Verkehr erfolgt die Optimierung der Linien durch die Anpassung der Schiffe bezüglich Größe, Kapazität und Geschwindigkeit an die speziellen Bedingungen (Nachfrage, externe Bedingungen) der bedienten Relation sowie an spezielle Umschlag- und Hafenanlagen. Geringere spezifische Anpassung ist mit einer geringeren Wirtschaftlichkeit im laufenden Betrieb verbunden. Spezialisierte Transportanlagen

---

29 Vgl. in der Argumentation *Fehl, U.* (1985), S. 29-49, S. 37-38.

30 *Kolbe, C.* (1991), S. 29.

31 MOS entspricht dem Term Mindestoptimale Unternehmensgröße.

32 *Kruse, J.* (1985), S. 54-56.

33 Vgl. z.B. *Quinet, E.* (1993), S. 42.

34 Vgl. *Gilman, S.* (1994), S. 62.

sind außerhalb ihres angestammten Einsatzgebietes daher oft nicht wettbewerbsfähig.[35]

Die Anpassung zwischen Schiff und Hafenanlage ist umso aufwendiger, je größer die technologischen Herausforderungen an den Umschlag und je wichtiger schnelle Be- und Entladeprozesse sind. Im Kurzstreckenverkehr ist die Anpassung an bestimmte Häfen besonders stark ausgeprägt.[36] Hochspezialisierte Kurzstreckenfähren sind nur schwer auf alternative Routen umzusetzen, während Fährreeder, die lange und frachtorientierte Strecken bedienen, die Offenhaltung ihrer strategischen Flexibilität bei der Flottenplanung berücksichtigen. Ro/Ro-Schiffe sind durch die geringere Anpassung an die Anleger relativ flexibel einsetzbar. Auch die Charterung von Schiffen erleichtert den Reedern die Anpassung an sich ändernde Wettbewerbsbedingungen. Eisenbahnfähren sind dagegen auf einzelne Linien zugeschnitten und speziell an die Anlaufhäfen angepasst. Eine Linienänderung ist ohne Umbauten oft nicht realisierbar. Hinzu kommen erhöhte technologische Anforderungen sowie die technische und organisatorische Einbindung in die nationalen und internationalen Eisenbahnsysteme.[37]

Erschwert wird eine Anpassung der Tonnage aber v.a. durch die geringe Aufnahmefähigkeit von Alttonnage durch andere Märkte.[38] Dies hängt zusammen mit den spezifischen Voraussetzungen, die für die Entwicklung von Fähr- und Ro/Ro-Märkten gegeben sein müssen. Mit der Ostsee vergleichbare geographische, aber auch wirtschaftliche und sozioökonomische Voraussetzungen sind nur in wenigen Seegebieten der Welt vorhanden. Technische Neuerungen, feste Querungen oder neue Vorschriften können sprunghafte Wertveränderungen der Schiffe verursachen. Zudem nimmt in Krisenzeiten das Angebot an gebrauchter Tonnage zu. Verbunden damit ist die praktische Unmöglichkeit, in den Schiffen gebundenes Anlagekapital in adäquater Weise wieder in liquide Mittel umzuwandeln. Nach der Außerdienststellung im Ostseeraum wurde eine Fähre üblicherweise in andere Seegebiete der Welt verkauft. Ein typisches Aufnahmegebiet war insbesondere das Mittelmeer. Von dort erfolgte dann ein Weiterverkauf in asiatische oder afrikanische Seegebiete. Diese Entwicklungslinie ist jedoch in den vergangenen Jahren unterbrochen worden. Frühere Aufnahmegebiete werden immer häufiger direkt mit Neubauten versorgt. Verkaufserlöse decken für die Ostseereeder in der Regel nur noch einen geringen Teil des zur Finanzierung von größeren und schnelleren Einheiten nötigen Kapitals.

---

35 *Von Schirach-Szmigiel, C.* (1979), S. 190.

36 *Muttilainen, H.* (ed. 1991), S. 42-43.

37 Vgl. *Laeger, J.* (1995), S. 16.

38 *Brogren, K./ Hillberg, E./Nordborg, S.* (1978), S. 109.

Es ist festzustellen, dass die Höhe der Marktaustrittsbarrieren in Verbindung mit den die Fährschifffahrt in den letzten Jahren begleitenden negativen Rahmenbedingungen (*Duty-free*-Wegfall, politisch und nicht allein wirtschaftlich motivierte Brückenbauprojekte) auf einigen Ostseefährmärkten zu starken Überkapazitätssituationen und damit verbundenem Preisverfall geführt haben. Durch die restriktive Politik der Wettbewerbsbehörden, die diese Entwicklung anscheinend nicht registriert haben (auch durch veraltete Beurteilungsmethoden), war eine Anpassung der Reeder an diese schwierige Situation bisher nicht möglich. Die teilweise massiv negativen Renditen vieler Ostseefährreeder, insbesondere im Schweden-Verkehr, lassen langfristig eine Gefahr für ein adäquates Transportangebot über die Ostsee erahnen.

VI Beurteilung der Marktein- und -austrittsbarrieren

Als Fazit ist feststellbar, dass Markteintrittsbarrieren in der Fährschifffahrt bestehen, aber auch überwindbar sind, wobei die Höhe der Markteintrittsbarrieren in Abhängigkeit von speziellen Routenbedingungen variiert. Es konnten prinzipiell keine Beschränkungen im Zugang zu den nötigen Ressourcen festgestellt werden. Die technische und organisatorische Komplexität des Fährverkehrs, die Kapitalintensität der Branche, der aufwendige Aufbau von rentablen Produktionssystemen auf der Grundlage hoher Marktanteile sowie die *Know-how*-Intensität der Fährschifffahrt wirken zwar als Markteintrittsschranke. Durch *outsourcen* des Schiffsmanagements, des *on-board-services*, durch Nutzung der Schiffbautechnologie der Werften sowie durch Anheuern von erfahrenen Besatzungen lassen sich *Know-how*-Nachteile jedoch ausgleichen. Probleme bezüglich der notwendigen Skaleneffekte können durch den gemeinsamen Ressourceneinsatz mehrerer Reedereien überwunden werden. Damit sind die Markteintrittsbedingungen in der Fährschifffahrt gegenüber vielen anderen Branchen als sehr günstig einzuschätzen. Vor allem die verschiedenen Möglichkeiten der Kapazitätsaufbringung, die Verfügbarkeit öffentlicher Häfen und die potentielle Nutzung von externen Dienstleistern führen zu diesem Urteil.

Erst die Verbindung von Markteintritts- mit -austrittsbarrieren wirkt sich hinderlich für neue Wettbewerber aus. Die geringe Wiederveräußerungsmöglichkeit von stark auf das Seegebiet angepassten Schiffen stellt eine nicht geringe Marktaustrittsbarriere dar. Die auf die speziellen Bedürfnisse einer Linie in Bezug auf die Nachfrage ebenso wie auf die geographischen, nautischen und Hafenbedingungen zugeschnittenen Transportkapazitäten eines Liniendienstes führen zu einer nur gering ausgeprägten Umsetzbarkeit vieler Schiffe.

Dabei fällt eine Beurteilung auf den verschiedenen Fahrtgebieten der Ostsee durchaus unterschiedlich aus. Die Anpassung der Fährschiffe an die spezielle Route ist im Schweden-, Finnland- oder Osteuropa-Verkehr geringer ausgeprägt und führt zu einem Abbau von Marktaustrittsbarrieren. Dort werden vielfach flexible, auf mehreren Routen einsetzbare Schiffe (trifft nicht auf die eisenbahntragenden Fähren zu) betrieben. Dagegen wird auf einigen Kurzstrecken derart hochspezialisiertes Schiffsmaterial eingesetzt, dass ein Umsetzen dieser Tonnage auf andere Routen einfach undenkbar ist. Diese Strecken weisen fast unüberwindliche Austrittsbarrieren auf.

Auch die erforderliche Eisklasse von Schiffen stellt im Finnland- und Russlandverkehr eine zu beachtende Besonderheit dar. Eine Folge sind höhere Markteintrittsbarrieren. Aber auch hohe Imbalancen durch die nur südwärts wirksam werdende Papiertransportnachfrage und das Engagement einiger Reeder im Umschlaggeschäft erschweren Markteintritte. Trotzdem bestehen auch für den Finnland-Markt Zeichen für einen funktionierenden Wettbewerbsprozess. Schließlich wurden bei unbefriedigenden Machtpositionen der Anbieterseite immer wieder Markteintritte herausgefordert (Krogius-Line, Transfennica als Alternative auch im Trailertransport, Superfast, ESCO/Scandlines, Power-Line).

Insbesondere im Direktverkehr Deutschland-Schweden konnten die durch die Kooperationen der Staatsbahnen ursprünglich vorhandenen hochkonzentrierten Strukturen mittels Markteintritt privater Reeder dauerhaft aufgebrochen werden. Der Übergang zum kombinierten Ro/Ro- und Fährverkehr, die damit verbundene Verkehrszunahme und die wachsende Rolle des Straßentransports gaben in den 60er Jahren auch privaten Reedern die Chance, in den Markt einzusteigen. Private Reedereien haben bisher eine große Flexibilität, Innovationsfähigkeit und Marktnähe gezeigt und waren so in der Lage, auch Marktnischen zu besetzen. Die Eisenbahnfährgesellschaften wurden in den 60er Jahren durch eine Vielzahl von privaten Operateuren ergänzt. Die Anzahl der Anbieter sank aber durch Fusionen oder Ausscheiden von Wettbewerbern seit den 70er Jahren stetig. Anfang der 80er Jahre war im Direktverkehr wieder eine hohe Konzentration erreicht, etwa im Verkehr zwischen Travemünde und Südschweden. Insbesondere der SJ-Konzern, zeitweise im Verbund mit TT-Line (TT-Saga), spielte eine dominierende Rolle im Verkehr zwischen Schweden und dem Kontinent. Seit Ende der 80er Jahre liefen aber fühlbare Dekonzentrationsprozesse ab. Insgesamt gesehen besteht möglicherweise jetzt wieder Raum für Fusionen/Übernahmen. Konzentrationsprozesse können sich allein auf Grundlage der Änderungen des externen Marktumfeldes (z.B. Brückenalternativen) entwickeln.

Zukünftig sind in der Fährschifffahrt auf der südlichen Ostsee zwei gegenläufige Entwicklungen zu erwarten. Einerseits werden insbesondere auf den Kurzstrecken die Lösungen immer spezialisierter und angepasster, andererseits stehen die Reeder durch die steigende Bedeutung der Fracht vor der Aufgabe, flexible Systeme zu entwickeln, die auf verschiedenen Routen einsetzbar sind. Die Änderung externer Marktbedingungen löst einerseits Konzentrationsprozesse aus, andererseits werden Markteintritte auf lukrativen Einzelstrecken unterstützt. Die Fokussierung kann einen der erfolgversprechendsten Strategietypen für Fährreeder darstellen.

Aus Fährschifffahrtsmärkten innewohnenden Besonderheiten können aber durchaus Überkapazitätssituationen in der Zukunft erwartet werden. Die Funktionsfähigkeit von Fährmärkten wird insbesondere durch den Bau fester Querungen beeinträchtigt, falls diese aus primär politischen Gesichtspunkten errichtet werden und auch die Mauthöhe nicht in angemessener Form einzelwirtschaftlichen Überlegungen entspricht. Feste Querungen sollten daher ausschließlich bei eindeutiger volkswirtschaftlicher Vorteilhaftigkeit, gesicherter einzelwirtschaftlicher Rentabilität und angemessener Mauthöhe genehmigt werden, da sie anderenfalls massiv die Funktionsfähigkeit von derzeit ausreichend funktionierenden Märkten beeinflussen könnten. Staatliche Unterstützungen in Form direkter oder indirekter Subventionen (Staatsgarantien) sind aus ordnungspolitischen Gründen abzulehnen.

Die Substitutionskonkurrenz paralleler Routen sowie die Markteintrittsdrohung potentieller Konkurrenten kann als ausreichend für ein wettbewerbskonformes Verhalten angesehen werden. Infolge des verkehrsgeographisch sehr weitläufig angelegten Fährverkehrs ist ein direkter Wettbewerb von Fährlinien mit identischer Linienführung nicht unbedingt eine Notwendigkeit für einen ausgeprägten Wettbewerb. Für Routen, die von einem einzelnen Anbieter befahren werden, erweisen sich in der Regel die Konkurrenz paralleler Linien sowie die Markteintrittsdrohung bei nicht wettbewerbskonformem Handeln als ausreichend.

Eine vollständige Monopolisierung eines Marktes ist in der Fähr- und Ro/Ro-Schifffahrt nie geglückt, weil bei Überschreitung eines gewissen Preisniveaus immer Markteintritte herausgefordert wurden. Die Wirkung der Konzentrationsgrade auf den Wettbewerb ist z.B. von der Entwicklungsphase des Marktes abhängig.

Markteintritte in sich neu herausbildende Märkte sind relativ unkompliziert, da kaum Eintrittsbarrieren bestehen und zudem keine Abwehrreaktion zu erwarten ist. Erweist sich im Zeitablauf der Markt als lukrativ, ist mit dem Erscheinen von kapitalkräftigen Großreedereien zu rechnen. Die Zutrittsschranken werden in Abhängigkeit von der Marktphase höher, weil das Betriebsgrößenoptimum bereits erreicht ist und sich für etablierte Reeder die Austrittsschranken erhöhen. Auf dem sich in der Ausreifungsphase befindlichen Markt führt ein internes Betriebsgrößenwachstum zu einer weiteren Konzentration des Angebots. Eine erhöhte Nachfrage wird durch interne Wachstumsprozesse der etablierten Anbieter bedient. Im Ausreifungsstadium wird der Wettbewerbsdruck durch nachfolgende Anbieter geringer.

Tabelle 1: Marktphasenbeschreibung im Fährverkehr [39]

	Experimentierphase	Expansionsphase	Ausreifungsphase	Stagnationsphase
Nachfragehöhe	gering	rasche Nachfrageexpansion meist aller Segmente	Nachfrageexpansion schwächt sich ab bzw. bleibt auf bestimmte Segmente beschränkt	ähnlich Ausreifung, Wachstum einzelner Segmente weiterhin möglich
Eintrittsbedingungen	geringes Kapazitätswachstum durch Unsicherheit über Marktentwicklung	durch Wachstum attraktiv für Markteintritte, Eintrittsbarrieren gering ausgeprägt bzw. werden durch Innovation überwunden	Konzentrationstendenzen nehmen zu, Markteintritte weiterhin möglich, werden aber durch fehlende Attraktivität und durch entstehende Eintrittsbarrieren seltener	Konzentrationstendenzen stark ausgeprägt, geringe Attraktivität des Marktes
Marktform	meist geringe Anzahl kleiner Anbieter; innovatorisches Monopol von Pionierunternehmen	Anzahl der Anbieter nimmt zu, auch größere Reeder aktiv, weites Oligopol imitierender Unternehmen	Entwicklung oligopoler Marktstrukturen (mit Tendenz zum Linien-monopol), aber weiterhin Bedrohung durch potentielle Markteintritte, Unternehmensgröße wird zunehmend durch technisch optimale Betriebsgröße bestimmt (weites Oligopol)	unverändert zu Ausreifungsphase; Verstärkung oligopoler und monopolartiger Strukturen (enges Oligopol)
Stand der Technik	Nutzung unvollkommener bzw. älterer Technologie	Technologie entwickelt sich, Anreize zu technischen und organisatorischen Neuerungen verstärken sich	Ausreifung der Technologie; partielle Verbesserungen	Ausnutzung vorhandener Technologie
Beispiel	südliche Ostsee Anfang der 60er Jahre, Osteuropaverkehr Anfang der 90er Jahre	südliche Ostsee Ende der 60er/Anfang 70er Jahre, Osteuropaverkehr seit Ende der 90er Jahre	südliche Ostsee heute	alle durch feste Querungen bedrohte Märkte

Trotzdem sind auch in dieser Phase Markteintritte möglich. Die Anzahl der in den Markt gewinnbringend operierenden Reeder ist jedoch begrenzt. Damit lässt das Ausmaß des Wettbewerbs immer nur wieder Oligopole entstehen.

Die Wettbewerbspolitik sollte sich schlussfolgernd darauf beschränken, Möglichkeiten für einen freien Wettbewerb offen zu halten und die Bildung von Markteintrittshemmnissen zu verhindern. Da die vorhandene Nachfrage auf den meisten Fährmärkten nur eine bestimmte Anzahl von Anbietern erlaubt, ist mit der Bildung oligopoler Marktformen bereits die Endstufe der Marktformenentwicklung erreicht. Dabei sollte nur der Übergang von weiten zu engen Oligopolen bzw. monopol betriebenen Linien kritisch betrachtet werden, und zwar dann, wenn keine ausreichende Substitutionskonkurrenz durch parallele Routen gegeben ist bzw. potentieller Wettbewerb nicht für ein erkennbar marktgerechtes Verhalten sorgt.

39 Übernommen aus: *Tesch, G.* (2002); S. 275.

Tabelle 2: Markteintritte im Bereich Dänemark/Schweden-Verkehr seit 1980[40]

Betreiber	Linie	Jahr	Kommentar
Rederi AB Nordö	Travemünde-Malmö	1982	
Europa-Linien	Rostock-Gedser	1990	
Baltic Express Line	Kiel-Nynäshamn-St.Petersburg	1992	
Euroway	Travemünde-Malmö	1992	nur Passagierverkehr
TT-Line	Rostock-Trelleborg	1992	
SeaContainers	Frederikshavn-Göteborg	1993	nur Passagierverkehr
HansaFerry	Rostock-Trelleborg	1994	
Corona-Lines	Gdynia-Karlskrona	1992	
Polferries	Swinemünde-Malmö	1995	
Baltic Express Line	Gdynia-Karlshamn	1995	
Stena Line	Gdynia-Karlskrona	1995	
Mercandia (HH-Ferries)	Helsingborg-Helsingør	1996	
easy-Line	Rostock-Gedser	1998	
Stavangerske Linjefart AS	Grenå-Halmstad	1998	
Scandlines AB	Travemünde-Trelleborg	1998	nur Frachtverkehr
Great-Belt-Link	Great Belt	1998	Fixed link
Uniroll	Århus-Halmstad	1999	
Cobelfret Ferries	Göteborg-Zeebrügge	1999	
Øresundskonsortiet	Øresund	2000	Fixed link
Polferries	Swinemünde-Ystad	2000	
Polferries	Swinemünde-Trelleborg	2000	
Superfast	Rostock-Södertälje	2002	
Finnlines	Travemünde-Malmö	2002	Übernahme Nordö
DFDS Tor-Line	Göteborg-Copenhagen-Danzig	2003	
DFDS Tor-Line	Göteborg-Rotterdam	2004	

Literatur

Aberle, Gerd (1996), Transportwirtschaft. R. Oldenbourg Verlag, München/Wien 1996

Bain, Joe S. (1956): Barriers to new competition. Cambridge (Mass.) 1956

Bain, Joe S. (1968): Industrial Organization. Second edition, New York/London/Sydney 1968

Baumol, William J./Panzar, John C./Willig, Robert D. (1988): Contestable markets and the theory of industry structure. New York and San Diego 1982 and revised edition 1988

40 Nicht alle Eintritte waren dauerhaft erfolgreich; Nordsee inkludiert; kein Anspruch auf Vollständigkeit.

Borchert, Manfred / Grossekettler, Heinz (1985): Preis- und Wettbewerbstheorie. Marktprozesse als analytisches Problem und ordnungspolitische Gestaltungsaufgabe. Verlag W. Kohlhammer, Stuttgart u. a. O. 1985

Brogren, Klas/ Hillberg, Esbjörg/Nordborg, Stig (1978): Linjesjöfart och färjetrafik. 1. uppl., Sveriges rederiförening, Hermods, Göteborg 1978

Fehl, U. (1985): Das Konzept der contastable markets und der Marktprozess. in: Bombach, G./Gahlen, B./Ott, A. E. (Hrsg.): Industrieökonomik - Theorie und Praxis. Schriftenreihe des wirtschaftwissenschaftlichen Seminars Ottobeuren, Band 14, Tübingen 1985

Gilman, S. (1994): Contestability and public policy in liner and short sea shipping. in: Competition policy in liner shipping. Proceedings of a conference organized by the International Association of Maritime Economists (IAME) and the University of Antwerp, February 1994, edited by H. J. Molenaar & E. van de Voorde, Antwerpen 1994, S. 45-64

Hoppmann, Erich (1988): Wirtschaftsordnung und Wettbewerb. Nomos-Verlagsgesellschaft, Baden-Baden 1988

Kantzenbach, Erhard/ Kruse, Jörn (1989): Kollektive Marktbeherrschung. Wirtschaftspolitische Studien 75 aus den Instituten für Europäische Wirtschaftspolitik und für Industrie- und Gewerbepolitik der Universität Hamburg, hrsg. von Harald Jürgensen und Erhard Kantzenbach, Vandenhoeck & Ruprecht, Göttingen 1989

Knieps, Günter (1999): Diskriminierungsfreier Zugang zu Netzinfrastrukturen: Eine Herausforderung an das Wettbewerbsrecht und die Wettbewerbspolitik. in: Diskriminierungsfreier Zugang zu (Verkehrs-)Infrastrukturen: Konzepte, Erfahrungen und institutionelles Design. in: Schriftenreihe der Deutschen Verkehrswissenschaftlichen Gesellschaft B 224, 31. Verkehrswissenschaftliches Seminar vom 30.9.-2.10.1998 in Hinterzarten/Schwarzwald, Gesellschaft für Verkehrswissenschaft und Regionalpolitik an der Universität Freiburg e.V. in Verbindung mit dem Verkehrswissenschaftlichen Seminar der Deutschen Verkehrswissenschaftlichen Gesellschaft, Bergisch-Gladbach 1999

Kolbe, Clemens (1991): Eintrittsbarrieren und die Eintrittsfähigkeit potentieller Konkurrenten. Wirtschaftspolitische Studien 85 aus den Instituten für Europäische Wirtschaftspolitik und für Industrie- und Gewerbepolitik an der Universität Hamburg, hrsg. von Harald Jürgensen und Erhard Kantzenbach, Vandenhoeck & Ruprecht, Göttingen 1991

Kruse, Jörn (1985): Ökonomie der Monopolregulierung. Wirtschaftspolitische Studien 70 aus den Instituten für Europäische Wirtschaftspolitik und für Industrie- und Gewerbepolitik an der Universität Hamburg, hrsg. von Harald Jürgensen und Erhard Kantzenbach, Vandenhoeck & Ruprecht, Göttingen 1985, S. 299

Laeger, Joachim (1995): Entwicklungsperspektiven der deutschen Fährschiffahrt in der Ostsee unter besonderer Berücksichtigung der Eisenbahnschiffahrt. Diplomarbeit TU Berlin, Fachbereich Wirtschaftsingenieurwesen, Berlin 1995

Longrée, Helge-Michael (1982): Marktzutrittsschranken und potentielle Konkurrenz unter wettbewerbspolitischem Aspekt. Dissertation Universität Essen 1982

Muttilainen, Harri (1991; ed.): Developments in handling of Ro-Ro cargo. ICHCA 1991, Helsinki 1991

Quinet, E. (1993): Transport between monopoly and competition: supply side and markets. in: European Transport Economics. Edited by Jacob Polak and Arnold Heertje, Blackwell Publishers, Oxford (UK) / Cambridge (USA) 1993, S. 33-51

Schirach-Szmigiel, Christopher (1979): Liner shipping and general cargo transport. Stockholm 1979

Schmidbauer, H. (1974): Allokation, technischer Fortschritt und Wettbewerbspolitik. Tübingen 1974

Tesch, Gernot (2002): Die Funktionsfähigkeit des Wettbewerbs auf Märkten des Fährverkehrs. Eine Untersuchung auf Basis des Koordinationsmängel-Diagnose-Konzeptes. Europäische Hochschulschriften, Reihe V, Lang-Verlag, Frankfurt, Berlin, Bern, Brüssel, New York, Oxford, Wien 2002

Prof. Dr. Manfred Zachcial

15 Jahre ISL-Forschung „Short Sea Shipping“

1. Einleitung

Seit Ende der 80er Jahre hat das Institut für Seeverkehrswirtschaft und Logistik (ISL), Bremen unter dem Vorsitz von Prof. Dr. Rolf Stuchtey Vorschläge unterbreitet, wie die europäische Schifffahrt gestärkt und gefördert werden kann, um die deutsche und europäische Verkehrspolitik in Richtung umweltfreundlicher Verkehrsträger weiter zu entwickeln. In einer ersten großen Untersuchung aus dem Jahr 1991[1] wurden die Chancen und Risiken einer gezielten Expansion der deutschen/ europäischen Küstenschifffahrt analysiert und zugleich das Volumen von Verkehrsverlagerungspotenzialen von der Straße auf das Schiff abgeleitet (14 Mio. Tonnen), die sich aus verschiedenen Quellen zusammen setzten. Zunächst die Niederlande und später zahlreiche andere europäische Staaten folgten den theoretischen und später den praktischen Überlegungen.

Zwischenzeitlich hat sich ein Netzwerk von Short Sea Shipping Promotion Centers in Europa gebildet, in dem die deutsche Initiative mit ihrem stark praxisbetonten Ansatz eine Vorreiterrolle spielt. Die in Form eines Vereins organisierte Institution (mit Sitz im Bundesministerium für Verkehr, Bau- und Wohnungswesen) wird zu 25 % aus Beiträgen aus der Industrie und zu 75 % aus Zuschüssen des Bundes sowie der Küstenländer finanziert. Es ist angestrebt, das SPC Deutschland längerfristig kostendeckend zu betreiben. Das ISL hat in den vergangenen Jahren überwiegend Untersuchungen zur Verknüpfung praxisbezogener und empirisch-theoretischer Ansätze vorgelegt.[2] Auch nach Abschluss der ersten grundlegenden Untersuchung zu diesem Themenkomplex hat der Jubilar die Forschung auf dem Gebiet der modernen Küstenschifffahrt in Nord- und Ostsee maßgeblich beeinflusst.[3]

2. Perspektiven der Containerhafenentwicklung in der Nordrange

Im Jahr 2001 erreichte der Containerumschlag in Nordeuropa 31,4 Mio. TEU, d. h. 50 % mehr als 1995 und doppelt so viel wie 1990. Entsprechend belief sich

---

1 *ISL u.a.* (1991)

2 *Zachcial, M.; Kramer H.* (2001) S. 1–19, oder *Zachcial, M.; Kramer H.* (1996), S. 103-111

3 *Stuchtey, R.W.* (1993) S. 289-298 und *Stuchtey, R.W.; Zachcial, M.* (1993) S. 36 – 44.

die durchschnittliche jährliche Wachstumsrate während dieses Zeitraums auf 6,7 % und seit 1996 sogar auf 7,0 %. Trotz dieser beachtlichen Wachstumsrate sank der Anteil der nordeuropäischen

Containerhäfen am Weltcontainerumschlag wegen der überaus dynamischen Entwicklung in anderen Weltregionen – insbesondere in Südostasien – von 17,8 % (1990) auf 12,7 % (2001).

In Verbindung mit den größer werdenden Containerschiffen und sich ändernden Anlaufstrategien der großen Allianzen entwickelte sich der Transhipment- und Feederverkehr besonders dynamisch. Bereits in einem früheren Beitrag hatte der Verfasser erwartet,[4] dass sich das Hub-and-Spoke-System weiter etablieren wird.

In dem zuvor zitierten Beitrag [*Zachcial*, 2003] war bis zum Jahr 2010 noch von einer Steigerung des Containerumschlags in der Nordrange von gut 31 Mio. TEU (2001) auf 49 Mio. TEU und bis 2015 auf 62 Mio. TEU ausgegangen worden. Zwischenzeitlich müssen diese Vorausschätzungen deutlich nach oben korrigiert werden. Neueste Prognosen des ISL gehen von mehr als 70 Mio. TEU bis 2015 aus.

3. Perspektiven für Short Sea Shipping

Es kann festgehalten werden, dass in den vergangenen zehn Jahren die europäische Küstenschifffahrt zumindest in zwei Segmenten erhebliche Mengenzuwächse erzielen konnte, und zwar:

- Container (Feeder- und Direktverkehre).
- Fähr- und Ro/Ro-Verkehre (trotz Kanaltunnel sowie Große-Belt- und Öresund-Querung).

Doch auch der Tank- und Bulkschifffahrt gelang es, zunächst nicht erwartete Wachstums-raten zu realisieren.

3.1 Analyse

Die Verkehrsentwicklung im Containerverkehr ist überaus expansiv verlaufen. Zwischen 1990 und 2001 wuchsen im Short Sea-Containerverkehr bei einer durchschnittlichen jährlichen Wachstumsrate von 7,0 % p.a., die Feederverkehre mit 10,5 % p.a. überproportional, während die europäischen Direktverkehre „lediglich“ um 5,2 % anstiegen.

---

4 *Zachcial, M.* (2003)

Tabelle 1: Entwicklung des Containerumschlags im Feeder- und Direktverkehr der Nordrange-Häfen

in Mio TEU	Mio. TEU 1990	2001	Wachstum % p.a.
Feederverkehre	2,2	6,7	10,5
Direktverkehre	6,1	10,7	5,2
Insgesamt	**8,3**	**17,4**	**7,0**

Quelle: ISL (2002)

In dem anders strukturierten Ostseefähr- und Ro/Ro-Verkehr der deutschen Seehäfen erhöhte sich der Umschlag in der letzten Dekade um 3,5 % p.a., wobei für die kommenden Jahre aufgrund der erwarteten Belebung der russischen Wirtschaft höhere Zuwächse wahrscheinlich sind.

3.2 Prognose

Ausgehend von der dynamischen Entwicklung im europäischen Containerverkehr sowie im Güterfähr- und Ro/Ro-Verkehr im Zeitraum 1990 – 2001 wird für die kommenden 10 – 15 Jahre weiterhin von deutlichen Zuwächsen ausgegangen. Ocean Shipping Consultants rechnen für die Nordrange mit einem Anstieg des Containerumschlags von 31 Mio. TEU (2001) auf 69 Mio. TEU (2015), was einer durchschnittlichen jährlichen Wachstumsrate von 5,8 % entspricht. Die direkten Short Sea- sowie die Feederverkehre werden sich von gut 17 Mio. TEU (2001) auf 40 Mio. TEU (2015) erhöhen.

Tabelle 2: Prognose des Containerumschlag in der Nordrange nach Verkehrsarten 2001 – 2010/2015 (Mio. TEU) - Base Case / Anpassung

Jahr	Übersee-verkehre	Short Sea (Direkt)	Feeder	Total
2001	14,01	10,67	6,72	31,40
2010	22,50	17,59	12,92	53,01
2015	29,16	22,75	17,29	69,20
ø Wachstums-rate	**5,4**	**5,6**	**7,0**	**5,8**

Quelle: Ocean Shipping Consultants 2002

Die stark vom Fähr- und Ro/Ro-Verkehr geprägte Ostseeschifffahrt wird überproportional von der erstarkenden Wirtschaft Russlands profitieren. Parallel zum Wachstum dieses traditionell ostsee-spezifischen Marktsegments werden in den nächsten Jahren die Containerverschiffungen überproportional ansteigen. Bereits im Jahr 2000 hat der Verfasser die damaligen Prognosen zur wirtschaftlichen Entwicklung Russland (minus 5 % p.a.) nicht nur in Frage gestellt, sondern im

Gegenteil eine positive Entwicklung mit 5 % Zuwachs pro Jahr ab 1995 prognostiziert. Diese Einschätzung ist voll eingetroffen.

4. Promotion Centers und Thematische Netzwerke

Wie einleitend ausgeführt, soll die Aktion „From Road to Sea" einen Beitrag zur Verlagerung von Güterverkehren von der Straße auf das Wasser leisten, um der Überlastung der Infrastrukturen und der damit einhergehenden Belastung der Umwelt entgegenzuwirken. Die besondere Bedeutung der wassergebundenen Binnen- und Seeverkehre in diesem Zusammenhang hat die Europäische Kommission in ihrem Weißbuch zur Verkehrspolitik hervorgehoben. Dazu werden in dem Projekt Strategien, Werkzeuge, Wirtschaftsinformationen und Initiativen zur Unterstützung insbesondere von Binnen- und Kurzstreckenseeverkehren zur Einbindung in die Logistikmärkte entwickelt. Schwerpunktmäßig sind dies:

Zukunftsorientierte Ansätze für die Entwicklung multi-modaler Logistiksysteme im wassergebundenen Transportmarkt,

- ein europaweiter Ansatz für die Erstellung von notwendigen Technologien und Lösungen für die Wirtschaft zur Förderung von Kurzstreckenseeverkehren und die
- Beseitigung von Engpässen, die auch auf nationaler und regionaler Ebene Anwendung finden soll und

die Entwicklung von Strategien und Verfahren zur Einbindung und Nutzung existierender Technologien und Entwicklungen, die dem Stand der Forschung entsprechen.

5. Erstellung von Quelle/Ziel-Matrizen im artreinen und im Land/Seeverkehr als Bedingung von Verlagerungskonzepten

Mit starker Unterstützung durch den mit diesem Beitrag geehrten Jubilar hat das ISL verschiedene Initiativen ergriffen, um europaweite Quelle/Ziel-Matrizen aufzubauen, wobei zwischen reinen Land-, reinen See- und „kombinierten" Land/See-Verkehren zu unterscheiden ist. Für uns besteht kein Zweifel, dass ein dringender Bedarf besteht, derartige Datenbasen als Inputs für umfassende und valide Politikberatung einzusetzen. Bedauerlicherweise ist eine derartige Auffassung nicht in ausreichendem Maße umzusetzen.

5.1 Land/See-Handels- und Verkehrsstromdaten

Mitte der 90er Jahre wurde anlässlich eines Vortrags des Verfassers auf der „Third European Roundtable Conference on Short Sea Shipping[5] festgehalten, dass es einen erheblichen Bedarf an validen Daten bezüglich der Güterströme inkl. kombinierter Land/See-Verkehrs-ströme gibt. Es hat verschiedene Versuche gegeben, dieses Problem anzugehen bzw. zu lösen. Zumeist wurden einzelne Handelsbeziehungen bzw. Fahrtgebiete analysiert, ohne einen konsistenten Ansatz realisieren zu können.

Die Ansätze scheiterten zumeist am fehlenden datentechnischen Verständnis der Inkompatibilität der Außenhandels- und Transitstatistiken. Hinzu kam die unterschiedliche Interpretation von Land- und Seeverkehr (insbesondere im Fähr- und Ro/Ro-Verkehr problematisch).

5.2 Integrativer Ansatz zur Verknüpfung von Außenhandel, Verkehr und Schifffahrt

Neben zahlreichen weiteren methodischen Problemen ist festzuhalten, dass auf nahezu allen Relationen (evtl. unter Ausschluss von Irland, Island, Malta, Zypern ...) verschiedene Verkehrsträger bei der Abwicklung der Außenhandelsverkehre eingesetzt werden können, wobei auf nicht wenigen Relationen lediglich Landverkehre möglich sind.[6]

Auf der anderen Seite gibt es zahlreiche Verkehrsströme, die mehrere Grenzen passieren und in sofern nur schwer zu modellieren sind. Beispielsweise verlässt ein Lkw die Schweiz, passiert Deutschland und dann die Niederlande, wird in Rotterdam an Bord genommen, weiter zu einem US-Hafen befördert und dann nach Mexiko weiter transportiert (Lkw oder Schiff).

6. Schätzungen von Modal-Split-Schätzungen im Sinne From-Road-to-Sea

Verschiedene Studien haben deutlich gemacht, dass eine Begründung für Verlagerungen allein auf Basis von Transportkostendifferenzen nicht zu befriedigenden Ergebnissen führen. Bisher sind die system-immanenten Nachteile des intermodalen/gebrochenen Transports inkl. des Seeweges im Vergleich zum direkten Lkw-Verkehr vom Versender bis zum Empfänger nicht quantifiziert worden. Aus früheren eigenen Untersuchungen sind überschlägige Schätzungen in Höhe von 15 – 30 % bekannt, die erforderlich zu sein scheinen, eine Verlage-

---

5 *Zachcial, M. (1996)*

6 Einzelheiten im Beitrag von *Zachcial, M.* (2002)

rung von der Straße auf das Schiff bzw. Binnenschiff zu realisieren. Voraussetzung hierfür ist natürlich, dass die geographische Konstellation der Quelle/Ziel-Relation überhaupt eine ökonomische Alternative zum reinen Landtransport eröffnet.[7] Diesen Überlegungen wird im folgenden Schätzansatz Rechnung getragen.

6.1 Modellansatz

In den Verkehrsmodellen werden die in der Praxis für die Modal Split Entscheidung neben Kosten und Zeit wesentlichen Faktoren meistens vernachlässigt. In einfacher Form lassen sich diese Ansätze wie folgt schreiben:

$$\frac{P_1}{1-P_1} = \frac{1}{\exp\{-\lambda(C_2+\delta-C_1)\}} = \exp\{\lambda(C_2+\delta-C_1)\}$$

Dabei gilt Pij	:	Marktanteile der Modes an den Quelle/Ziel-Daten
λ	:	Dispersionsparameter
δ	:	Penalty für intermodalen Nachteil

Zur Lösung der Regressionsaufgabe ist eine Linearisierung erforderlich, d.h.

$$In\left[\frac{P_1}{(1-P_1)}\right] = \lambda\ (C_2\text{-}C_1) + \lambda\delta$$

die Größen λ und δ sind die unbekannten Regressionsparameter, die zu bestimmen sind. Dabei stellt λδ die Konstante der Regression und λ die diesbezügliche Steigung der Regression dar. Die folgende Abbildung verdeutlicht, dass bei Kostengleichheit ($C_2 - C_1 = 0$) der beiden alternativen Transportwege (Seeweg: i=1 Landweg: i=2) entsprechend einer

Wahrscheinlichkeitsfunktion für eine Normalverteilung je die Hälfte der Transporte auf dem See- bzw. auf dem Landweg stattfindet. Für $C_2 - C_1 = 0$ gilt dann, dass der Anteil P_1 des Seewegs 0,5 und entsprechend der des Landweges ebenfalls 0,5 ist.

Das bedeutet aber auch, dass - selbst unter Annahme der Erfassung aller Kostenfaktoren im weitesten Sinne bei beiden Modes 1 und 2 - Kostengleichheit nicht heissen muss, dass 50 % auf Mode 1 und 50 % auf Mode 2 entfallen. Vielmehr zeigt die empirische Evidenz, dass es offensichtlich weitere qualitative und/oder

7 *Zachcial, M.* (1999)

marktimmanente Faktoren gibt, die im herkömmlichen Ansatz der generalisierten Kosten nicht aufgefangen werden.

Abb. 1: Theoretische Modal-Split-Funktion

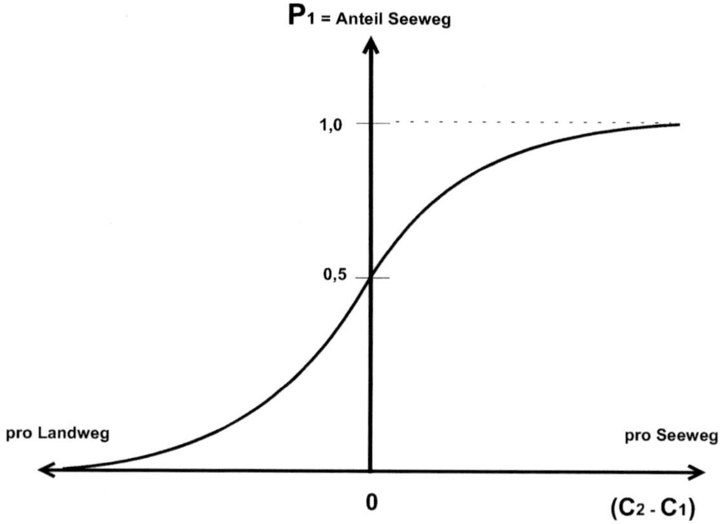

C_1 : Kosten Verkehrsträger See; C_2: Kosten Verkehrsträger Straße

6.2 Ergebnisse

Unter Nutzung empirisch ermittelter Daten für ausgewählten Relationen (deutsche Zentren/Lissabon) konnte folgende Regressionsfunktion geschätzt werden:

$$y = In\left[\frac{P_1}{(1-P_1)}\right] = 0{,}0095(C_2 - C_1) - 7{,}4826$$
$$(5{,}402) \qquad\qquad (-5{,}689)$$

Die Funktion ist aus statistischer Sicht wegen des hohen Bestimmtheitsmaßes von R^2 = 81 % sowie den hohen Werten der t-Statistik mehr als zufriedenstellend (insbesondere auch deshalb, weil es sich um eine Querschnitts- und nicht um eine Zeitreihenanalyse handelt).

Abb. 2: Linearisierte Regressionsfunktion zur Verkehrmittelwahl (0,90 €/km angenommen)

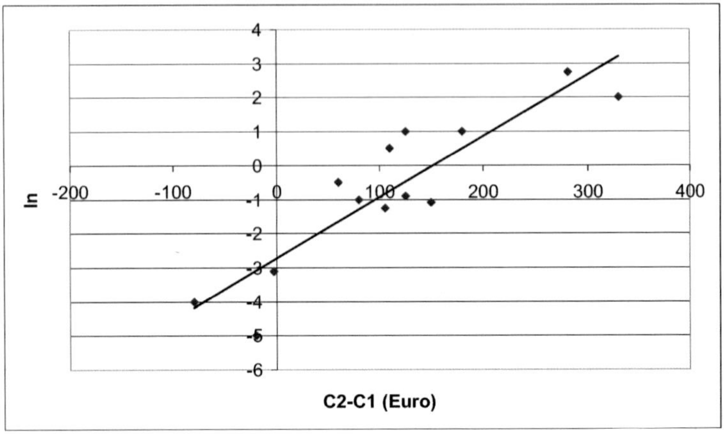

Das rechnerische Ergebnis lässt sich wie folgt interpretieren: Die Regressionsgerade schneidet die x-Achse bei etwa 134 €. Das bedeutet für die Verkehrsrelation Lissabon – Deutschland, dass der Seeverkehr 50 % des Marktes erreicht, falls die generalisierten Kosten für einen Container um 134 € niedriger sind als der direkte Lkw-Verkehr.

Das heißt andererseits, dass der Marktanteil des intermodalen Verkehrs (Straße/See) auf einer bestimmten Route zunehmen könnte, falls der Preisunterschied erhöht werden und/oder der qualitative Nachteil verringert werden könnte.

7. Zusammenfassende Betrachtung

Bei der Kalibrierung von Quelle-Ziel-Verkehren wird versucht, zwischen den einzelnen Regionen die Modal-Split-Verhältnisse so realitätsnah wie möglich abzubilden. Mit der möglichst präzise kalibrierten Abbildung des IST-Zustandes wird die Grundlage für sinnvolle Szenarien-Simulationen für die Zukunft geschaffen. Die Kalibrierung erfolgt dabei auf der Basis der generalisierten Kosten sowie anhand bestehender Kapazitäten und Auslastungsgrade der Verkehrsnetze.

Eine Umlegung konkreter Mengen auf die Verkehrsnetze des Modells führt im theoretischen Modell - auch bei Annahme einer gegebenen Grundauslastung - nicht bzw. nur sehr selten zu einem Modal Split oder einem Routen-Split auf einer Quelle-Ziel-Relation. Nur wenn aufgrund von Netzüberlastungen Staus auftreten, werden andere Routen gewählt. In der Realität sind aber auf fast jeder Quelle-Ziel-Relation verschiedene Verkehrsträgerkombinationen zur Bewältigung der Transportaufgaben eingesetzt. Das bedeutet, es sind entweder nicht nur die kostengünstigsten Wege gewählt worden oder es fließen Kostenpositionen (bzw. andere Faktoren) in die Entscheidung ein, die durch die direkten Kosten des Transportes nicht abgedeckt sind.

Ein wesentlicher Punkt in diesem Zusammenhang ist der Warenwert. Er führt über die Kapitalbindung dazu, dass langsame Verkehrsmittel einen relativen Nachteil gegenüber schnelleren haben. Daher wurde auch der Warenwert im Modell berücksichtigt. Die Folge war eine leichte Annäherung der Simulationsergebnisse an die Realität. Die Qualität der Kalibrierung ist allerdings damit noch nicht ausreichend. Es scheinen weitere Faktoren wesentlichen Einfluss auf die Modal Split-Entscheidungen zu haben.

Deswegen wurden und werden zur Verbesserung der Kalibrierung modell-unabhängige Modal Split Analysen durchgeführt, die über sogenannte Modal Split-Funktionen den Einfluss weiterer Faktoren für einzelne Gütergruppen ermitteln sollen.

Im folgenden wird ein Ansatz vorgestellt, der in der Lage ist, die Bedeutung der neben den Kosten in die Modal Split-Entscheidung einfließenden messbaren und nicht-messbaren Faktoren abzuschätzen und so die Kalibrierung des Modells zu verbessern.

Messbare Kriterien für einen Verlader sind z.B. der Vergleich der Abfahrtshäufigkeit von Schiff und Lkw, die eigene Ladungsmenge, die Kundenbetreuung sowie die Güterart und die damit verbundene Eignung des Verkehrsmittels.

Als nicht-messbare und damit als subjektiv empfundene Kriterien sind Zuverlässigkeit, Pünktlichkeit oder gewachsenes Vertrauensverhältnis anzusehen. Diese Kriterien sind für den Verlader bei einer Modal Split-Entscheidung zwischen Lkw und Schiff nicht unmittelbar zu quantifizieren.

Die hier genannten messbaren und nicht-messbaren Kriterien sind mitentscheidend für den Modal Split, aber sie können nicht direkt in die Berechnung der generalisierten Kosten einbezogen werden. Daher sind diese Kosten beispielsweise mit einem Straffaktor zu bewerten, um diese Kriterien bei der Routenumlegung und der Modal Split Auswahl des Modells zu berücksichtigen. Dieser Faktor kann zum einen einmalig bei der Wahl eines bestimmten Verkehrsmittels (als Ausdruck eines gewissen Widerstandes) in die Berechnung einfließen und/oder über zusätzliche Zeit- bzw. Kilometerkosten für bestimmte Verkehrsmittel berücksichtigt werden.

Literatur:

ISL u.a. (1991): Küstenschifffahrtsgutachten; im Auftrag des BVM, Bremen 1991

Stuchtey, Rolf W. (1993): Perspektiven und Handlungsnotwendigkeiten der Küstenschifffahrt, in: FRANK, H.J. und WALTER, N.: Strategien gegen den Verkehrsinfarkt, Stuttgart 1993, S . 289-298

Stuchtey, Rolf W.; Zachcial, Manfred (1993): Perspectives and Trends of the European Short Sea Shipping Industry, in: K.M. GWILLIAM: Current Issues in Maritime Economics, London 1993, p. 36 – 44.

Zachcial, Manfred (1996): Land/Sea Transport Flows in Europe, in: Building European Short Sea Networks Conference, Bergen (Norway), June 20,1996

Zachcial, Manfred (1999): Establishment of Europe-Wide Maritime Trade Flows by Origin/ Destination, (Bremen) 1999

Zachcial, Manfred (2002): Establishment of Europe-Wide Maritime Trade Flows by Origin/ Destination, in: The Maritime Handbook of Maritime Economics and Business, Ed. Costas Th. Grammenos, LLP 2002

Zachcial, Manfred (2003): Wie weit kann Short Sea Traffic das landseitige Verkehrsproblem lösen? in: HTG – Sprechtag, Okt. 2003

Zachcial, Manfred, Kramer, Holger (1996): From Road to Sea – Erfahrungen und Perspektiven, in: Seehäfen und Seeschifffahrt Mecklenburg-Vorpommerns in Europäischen Verkehrsnetzen, Heft 1, Nov. 1996, S. 103-111

Zachcial, Manfred, Kramer, Holger (2001): New Developments in Short Sea Shipping Activities, in: Liner Shipping Symposium VII, Hamburg, Sept. 2001, p. 1 – 19.

Dr. Burkhard Lemper

Chinas Einfluss auf die globalen Schifffahrtsmärkte

1. Einleitung

In den Jahren 2002 bis 2004 haben die Schifffahrtsmärkte die meisten Insider und Analysten durch ihre ausgesprochen gute Entwicklung überrascht. Dies betrifft praktisch alle großen Marktsegmente. Trotz einer nur sehr verhaltenen Prognose zur Entwicklung von globaler Wirtschaft und internationalem Handel und gleichzeitig hohen Auftragsbeständen der Werften mit entsprechendem Flottenwachstum kam es zwischenzeitlich zu ständig neuen Rekordwerten bei den Fracht- und Charterraten. Zwar gab es in einigen Fällen spezielle Ereignisse wie beispielsweise den Irakkrieg, die zu einer Verknappung an Tonnage und einem Ratenanstieg beigetragen haben, aber es setzte sich auch immer mehr die Erkenntnis durch, dass dies nicht die allein ausschlaggebenden Faktoren sein konnten. In diesem Zusammenhang fällt immer wieder das Stichwort „China“.

Dieser Beitrag versucht, darzulegen, welchen Einfluss das „Reich der Mitte“ als erwachender Riese auf die wichtigsten Schifffahrtsmärkte ausübt. Dabei geht es zum Stichwort „Märkte im Wandel“ nicht nur um die reine Größe des Landes und seine wachsende Bedeutung in der Weltwirtschaft, sondern es ist auch ein struktureller Effekt in den verschiedenen Märkten zu beobachten.

Nach einer kurzen Einordnung der chinesischen Wirtschaft in den globalen Gesamtzusammenhang wird an den Beispielen Container, Tank- und Bulk-Schifffahrt der Einfluss Chinas aufgezeigt.

2. Das chinesische Wirtschaftswachstum – ein neuer Motor der Weltwirtschaft

Seit einigen Jahren gehören beeindruckende Meldungen über das chinesische Wirtschaftswachstum zu den immer wiederkehrenden Nachrichten. Auch wenn dieses Wachstum anfangs von einem relativ geringen Niveau ausging, so hat China inzwischen einen erheblichen Stellenwert in der globalen Wirtschaft erreicht. Dieses Gewicht spiegelt noch nicht die Anteile Chinas an der Weltbevölkerung von rund 20 % wieder, aber die aktuelle Wachstumsdynamik lässt erwarten, dass Chinas Rolle weiter an Bedeutung gewinnt.

Nachdem das Land über lange Zeit weitgehend abgeschottet war bzw. nur zögernd auch dem internationalen Handel und internationalen Investitionen geöffnet wurde, hat sich dies in den vergangenen Jahren signifikant geändert. Ergebnis war neben dem beeindruckenden Wirtschaftswachstum auch eine erhebliche Steigerung der Vernetzung mit der übrigen Welt über den Handel. Einige Kennzahlen mögen dies belegen:[1]

- Die durchschnittliche jährliche Wachstumsrate des Bruttosozialprodukts betrug in den vergangenen 20 Jahren rund 9 %.
- Gemessen an der Gesamtproduktion nimmt das Land inzwischen weltweit den 6. Rang ein.
- Der Anteil am Welthandel wuchs in den vergangenen 20 Jahren von 1% auf 6 %, so dass China mittlerweile Rang 4 unter den Handelsnationen einnimmt.

Diese Entwicklung schlägt sich auch auf den verschiedenen Rohstoff- und sonstigen Verkehrsmärkten nieder. Insbesondere der ungeheure Bedarf an Energie und auch an Stahl führt zu entsprechenden Auswirkungen im Rest der Welt. Trotz der Bemühungen zur Einleitung eines konjunkturellen Bremsmanövers zur Vermeidung einer schädlichen Konjunkturüberhitzung setzte sich das Wachstum in den ersten Monaten des Jahres 2004 ungemindert fort, so dass die in der folgenden Tabelle dargestellten Erwartungen des IMF und anderer hinsichtlich des laufenden Jahres bereits als zu konservativ eingeschätzt werden müssen. So lag das BSP-Wachstum in den ersten Monaten des Jahres bei rund 10 % und sowohl Im- als auch Exporte legten um mehr als 30% gegenüber dem gleichen Vorjahreszeitraum zu.

Tabelle 1: Wachstumsraten wichtiger Indikatoren für China

Indikator	**1999**	**2000**	**2001**	**2002**	**2003***	**2004***	**2005***
Bruttosozialprodukt	7,1%	8,0%	7,5%	8,0%	9,1%	8,5%	8,0%
Exportevolumen	6,1%	27,9%	6,8%	22,4%	34,6%	15,0%	15,0%
Importvolumen	15,9%	35,2%	8,1%	21,3%	41,0%	19,0%	16,5%
Containerumschlag	22,1%	21,3%	9,1%	22,4%	24,0%	21,0%	18,0%
Ölnachfrage	7,2%	6,7%	3,1%	5,9%	11,1%	10,5%	9,0%
Ölimporte	33,8%	37,9%	10,0%	20,5%	30,8%	29,0%	18,0%
Erzimporte	6,8%	26,6%	32,1%	20,5%	34,0%	28,0%	15,0%

* Vorläufig bzw. Erwartung

Quellen: IMF, Clarkson Research, IEA, ADB, ISL 2004

[1] Vgl. *International Monetary Fund* (2004); S. 82

Ergebnis dieses Prozesses ist insbesondere aufgrund der stark zunehmenden Außenorientierung mit erheblich steigenden Importen eine zunehmend wichtige Rolle Chinas für die Weltkonjunktur. Auch wenn dies mancherorts als Gefahr gesehen wird, stellt China bereits jetzt sicherlich einen bedeutenden Motor der globalen Wirtschaft dar. Die Aussichten für die weitere Entwicklung des Landes werden im Durchschnitt sehr positiv beurteilt und der IMF rechnet sogar bis 2020 mit einem Wirtschaftswachstum von 7,6 % p.a.[2] Die Auswirkungen dieser Dynamik sind in praktisch allen Schifffahrtsmärkten zu spüren. In welchem Umfang, soll in den folgenden Abschnitten für die drei wichtigsten Bereiche diskutiert werden.

3. Die Rolle Chinas im Containerverkehr

Die Nachfrage in den Güterverkehrsmärkten und damit einhergehend auch in der Containerschifffahrt steht in engem Zusammenhang mit der Entwicklung von Weltwirtschaft und Welthandel. Generell beeinflusst die Konjunkturentwicklung die Produktion von Exportgütern sowie die Importnachfrage nach ausländischen Gütern oder Rohstoffen, woraus sich der Bedarf an internationalen bzw. interkontinentalen Seeverkehrsleistungen ableitet.

Das System Container ermöglicht durch seine Effizienz und kontinuierliche Optimierung hinsichtlich Leistung und Kosten einen weltweiten, ökonomischen Warenaustausch. Die daraus resultierende internationale Arbeitsteilung führt zu einer zunehmenden Globalisierung von Märkten und stellt einen wesentlichen Wachstumsfaktor für die jeweiligen Volkswirtschaften dar.

Gemessen am realen Welt-Bruttosozialprodukt konnte in den vergangenen 15 Jahren ein durchschnittliches Weltwirtschaftswachstum von 3,3 % pro Jahr verzeichnet werden. Deutliche Wachstumsimpulse gingen dabei insbesondere von den asiatischen Schwellenländern, China und einigen Entwicklungsländern aus, allerdings teilweise von einem relativ niedrigen Ausgangsniveau.

Der gesamte aufstrebende asiatische Raum wies im Jahr 2003 ein durchschnittliches Wirtschaftswachstum von +7,8 % auf, wobei Hauptwachstumsträger dieser Region nach wie vor China war. Auch Indien entwickelt sich zunehmend zur treibenden Kraft der Region und verzeichnete im vergangenen Jahr ein Wachstum des Bruttosozialprodukts von 7,4 %.

In der Vergangenheit belief sich die Relation zwischen dem Wachstum der Weltwirtschaft und dem Wachstum des Containerverkehrs durchschnittlich auf 1 : 3. Das heißt, dass bei einem Wirtschaftswachstum von durchschnittlich 3 % p.a. ein Zuwachs beim Containerumschlag von ungefähr 9 % p.a. realisiert wurde.

---

[2] Ebenda; S. 98.

Die Hauptgründe für die hervorragende Entwicklung des Systems Container im Seeverkehr sind die vergleichsweise schnelle und kostengünstige Be- und Entladung von Schiffen und die damit einhergehende Verkürzung der Hafenliegezeiten. Dies führte im Seeverkehr zu einer erheblichen Effizienzsteigerung gegenüber konventionellen Schiffen. Neben der besseren Nutzung des Kapitalgutes Schiff wird durch die Nutzung des Systems Container eine Reduzierung der Transaktionskosten im internationalen Warenaustausch realisiert. Demzufolge besteht ein erheblicher Anreiz, sämtliche geeigneten Warenströme sukzessive in Container zu verlagern. Dies ist in der Vergangenheit bereits in deutlichem Ausmaß geschehen und hat zum überproportionalen Wachstum beigetragen. Des Weiteren sind durch kontinuierliche Weiterentwicklungen bei Schiffen, in Häfen usw. Kostensenkungen realisiert worden, wodurch sich immer mehr Warenströme für einen Containertransport eignen.

Die für die vergangenen beiden Jahre verfügbaren Zahlen zur globalen Wirtschafts-, Handels- und Containerverkehrsentwicklung verzeichnen eine Entkopplung der Entwicklungslinien dieser drei Bereiche. Das unerwartet hohe Wachstum des Containerverkehrs überstieg erheblich die auf Basis der bekannten Zusammenhänge und der Wirtschaftsprognosen abgeleiteten Erwartungen.

	2002	**2003**
Wirtschaftswachstum (IWF):	3,0%	3,9%
Welthandel (IWF/OECD):	3,3-3,6%	4,5-5,2%
Containerumschlag (ISL):	12,5%	ca.12-13%
Relation		
Wirtschaft : Handel:	1 : 1,2	1 : 1,3
Handel : Containerverkehr:	**1 : 3,5**	**1 : 3,0**
Wirtschaft : Containerverkehr:	1 : 4,2	1 : 3,3

Im Wesentlichen verursacht hat dieses Wachstum eine Art „China-Effekt“. Die globale Wirtschaft und der Welthandel verzeichneten zwar in den vergangenen zwei Jahren nur eher moderate Zuwächse; es kam jedoch sowohl 2002 als auch 2003 zu einem erheblichen Nachfrageanstieg nach Containerverkehrsleistungen. Gleichzeitig zeigten sich deutliche Steigerungen der Umschlagleistungen in den chinesischen Häfen mit Zuwächsen von teilweise 50 % im Jahresvergleich bei einzelnen Häfen.

Einer der Hauptwachstumsträger der chinesischen Konjunktur war und ist die Exportwirtschaft. Da es sich bei den Exportgütern im wesentlichen um Halbfertigerzeugnisse und Konsumgüter sowie mehr und mehr um Produkte des Maschinenbaus handelt, resultierten aus der Steigerung der Ausfuhrtätigkeiten entsprechende Auswirkungen auf den Containerverkehr.

Die Analyse der Nachfrageseite erfolgt auf Basis des Indikators Containerumschlag in den Häfen, da die Containerverkehre selbst statistisch nicht direkt erfasst werden. Die nachfolgende Tabelle zeigt das Umschlagaufkommen der im Jahr 2003 bedeutendsten Containerhäfen der Welt. Fast die Hälfte des weltweiten Containerumschlags entfällt auf diese 20 Häfen, so dass sie einen guten Indikator zur Abschätzung der Gesamtentwicklung darstellen. Wie bereits im Jahr 2002 dürften diese 20 Häfen auch im vergangenen Jahr mit über 14 % ein erhebliches Wachstum verzeichnet haben. Die relative Steigerung des Jahres 2002 war zwar mit +15,4 % noch stärker ausgeprägt als der Zuwachs im Jahr 2003, geht jedoch von einer niedrigeren Ausgangsbasis als Folge des schwachen Jahres 2001 aus. Nachdem auf dieser Basis bei der Übertragung auf die globale Ebene bislang konservativ von 11 bis 12 % Zuwachs für 2003 ausgegangen wurde, wird inzwischen sogar ein Wachstum von bis zu 15 % im weltweiten Durchschnitt für realistisch gehalten.[3]

Deutlich wird aus der Tabelle 2 nochmals die hohe Bedeutung Chinas: 3 der 5 größten und inzwischen 5 der Top 20 Containerhäfen der Welt sind dort zu finden und weisen im Mittel weit überdurchschnittliche Zuwachsraten auf. Bei einem „normalen" Wachstum dieser 5 Häfen von maximal 10 % hätte der Umschlagzuwachs der Top 20 ebenfalls nur 10 % betragen. Insgesamt schlugen chinesische Häfen im vergangenen Jahr 70 Mio. TEU um – rund 23 % des globalen Volumens.

Die Auswirkungen dieses überproportionalen Wachstums des chinesischen Containerverkehrs lassen sich grob in zwei Bereiche teilen. Der erste ist der reine Effekt auf die Nachfrage und damit auf das Marktgleichgewicht. Bei Annahme eines Durchschnittswachstums der chinesischen im Gleichklang mit allen anderen Häfen über die vergangenen 5 Jahre, wäre der globale Containerverkehrsmarkt heute rund 32 Mio. TEU oder 11 % kleiner. Mit anderen Worten: Ohne China wäre auch das aktuell sehr hohe Ratenniveau in der Containerfahrt mehr als unwahrscheinlich, da nur dieses Wachstum die drohende, lang anhaltende Überkapazität verhindert hat.

---

3 Vgl. *Porter, J.* (2004) mit Bezug auf Drewry Shipping Consultants.

Tabelle 2: Umschlagentwicklung der Top 20 Containerhäfen der Welt von 2001 bis 2003*

Rang 2003	Hafen	2003*	2002	2001	Wachstum 2002-2003	Wachstum 2001-2002
			1.000 TEU			
1	Hong Kong	20.820	19.144	17.826	8,8%	7,4%
2	Singapore	18.411	16.941	15.520	8,7%	9,2%
3	Shanghai	11.370	8.620	6.334	31,9%	36,1%
4	Shenzen	10.650	7.610	5.076	39,9%	49,9%
5	Pusan	10.370	9.409	8.073	10,2%	16,6%
6	Kaohsiung	8.843	8.490	7.540	4,2%	12,6%
7	Los Angeles	7.179	6.106	5.184	17,6%	17,8%
8	Rotterdam	7.107	6.515	6.096	9,1%	6,9%
9	Hamburg	6.138	5.374	4.689	14,2%	14,6%
10	Antwerpen	5.445	4.777	4.218	14,0%	13,3%
11	Dubai	5.140	4.190	3.502	22,7%	19,7%
12	Port Kelang	4.830	4.530	3.760	6,6%	20,5%
13	Long Beach	4.658	4.524	4.463	3,0%	1,4%
14	Qingdao	4.240	3.330	2.639	27,3%	26,2%
15	New York / New Jersey	4.000	3.714	3.316	7,7%	12,0%
16	Tanjung Pelepas	3.500	2.660	2.050	31,6%	29,8%
17	Bremen/Bremerhaven	3.191	3.032	2.974	5,2%	1,9%
18	Laem Chabang	3.180	2.790	2.312	14,0%	20,7%
19	Gioia Tauro	3.080	2.955	2.488	4,2%	18,7%
20	Tianjin	3.020	2.260	2.010	33,6%	12,4%
Summe Top 20		145.173	126.971	110.070	14,3%	15,4%

* teilweise Schätzungen

Quellen: Angaben der Häfen, Internet-Recherche, ISL Hafendatenbank 2004.

Abbildung 1: Anteil Chinas am globalen Containerumschlagaufkommen

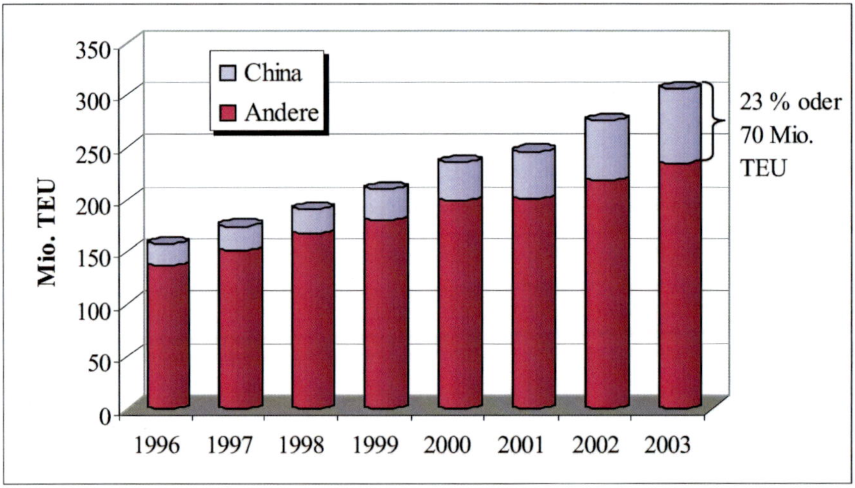

Quelle: Eigene Darstellung auf Basis ISL und Hafeninformationen

Der zweite Block der Wirkungen ist struktureller Art. Aufgrund des deutlich stärkeren Wachstums der Exporte von Containerladung als der Importe sind die Ströme mit vollen Containern von und nach Asien sehr unausgeglichen. Ausgehend von China sind die Container daher meist voll, in der Gegenrichtung ist der Anteil der Leercontainer dagegen sehr hoch, da die in China benötigten Boxen dort hin zurückgeschafft werden müssen. Diese Repositionierung obliegt grundsätzlich dem Linienreeder und ist für ihn mit erheblichen Kosten verbunden. Diese Kosten und natürlich auch die unterschiedliche Auslastung der Schiffe führen zu deutlichen Differenzen in den Frachtraten von und nach Asien.

Während die Raten aus China auch als Kompensation für die hohen Repositionierungskosten bei der Bereitstellung von Containern zur Zeit sehr hoch sind, bewegen sich die Frachten in der Gegenrichtung auf sehr niedrigem Niveau. Grund dafür ist sicherlich nicht nur die geringere Auslastung mit entsprechendem Preiswettbewerb, sondern auch die generelle Bestrebung mehr Ladung zu attrahieren, da jeder volle Container auch bei geringen Raten die Kosten der Leercontainer-Repositionierung für den Linienreeder reduziert.

Gleichzeitig bedeutet dieser strukturelle Effekt natürlich auch, dass mit dem insgesamt steigenden Leercontaineranteil das Wachstum der Ladung in den Containern deutlich geringer ausfällt, als es dies nach den reinen Umschlagzahlen – gemessen in Boxen – den Anschein hat. Der Bedarf an Schiffsraum wird dagegen durch den Leercontaineranteil nicht beeinflusst, es sei denn, dass man von Reederseite bei den Bestellungen bereits berücksichtigt, dass dadurch auch das Durchschnittsgewicht sinkt und weniger Tragfähigkeit bei gleichen Stellplatzzahlen erforderlich ist. Da dies aber immer nur für eine Richtung gilt und auch mittelfristig mit einem Abbau der Ungleichgewichte zu rechnen ist, ist dies eher unwahrscheinlich.

Ein letzter Punkt im Zusammenhang mit den strukturellen Effekten des China-Booms im Containerverkehr ist die Schiffsgrößenentwicklung. Da ein Großteil des chinesischen Handelswachstums sich auf weit entfernte Märkte in Europa und Nordamerika bezieht, ist damit ein überproportionales Wachstum der Langstreckenverkehre verbunden. Letztere sind bei entsprechender Auslastung prädestiniert für den Einsatz sehr großer Schiffe, da diese nur dort ihre Größenvorteile ausfahren können.[4] Somit ist hier auch ein wichtiger Grund für den zur Zeit zu beobachtenden Schub bei den Schiffsgrößen zu sehen.

4. Bedeutung des chinesischen Energiebedarfs für den Tankermarkt

Der Markt der Tankschifffahrt ist als einzelnes Segment bei Weitem das größte in der globalen Schifffahrt. Rund 36 % des Weltseehandels oder 2,3 Mrd. Ton-

4 Vgl. u.a. *Lemper, B.; Stuchtey, R.W.* (2002), S. 20 ff.

nen sind aktuell Rohöl und Ölprodukte und entsprechend groß ist auch der Anteil der Tanker an der Flotte der Handelsschiffe. Das Wachstum dieses Segments ist deutlich geringer als das der Containerschifffahrt und liegt bei 2,6 % p.a. Grund dafür ist eine zur Wirtschaftsleistung insgesamt unterproportional wachsende Nachfrage nach Öl als Energieträger insbesondere durch den Einsatz energiesparender Technologien und die Nutzung anderer, teilweise alternativer Energieträger. Die globale Nachfrage nach Rohöl und seinen Produkten wuchs in den vergangenen Jahren mit durchschnittlich 1,5 % p.a. und erreichte 2003 rund 3,7 Mrd. Tonnen. Die Tatsache, dass der Seeverkehr mit Öl und Ölprodukten schneller wächst als die Nachfrage, kann u.a. als Hinweis darauf gewertet werden, dass einerseits die Regionen des Verbrauchs weiter gestreut sind, und andererseits die Förderung auch mehr und mehr in abgelegenen Gebieten stattfindet.

Das vergangene Jahr war sowohl hinsichtlich des Ölverbrauchs als auch in Bezug auf den Seeverkehr mit Öl und Ölprodukten durch ein überaus hohes Wachstum geprägt. Während der globale Ölkonsum um 2,1 % über dem Wert von 2002 lag, nahm der Ölverkehr über die Weltmeere um etwa 5 % gegenüber dem Vorjahr zu.

Dagegen wuchs die in Tragfähigkeit gemessene Tankerflotte in 2003 nur um 3,2 %. Dieses in einem normalen Jahr bereits als hoch zu bezeichnende Flottenwachstum resultierte aus sehr umfangreichen Ablieferungen neuer Tonnage, die allerdings durch die hohen Verschrottungszahlen aufgrund der Richtlinien der IMO (International Maritime Organisation) zur Aussonderung sämtlicher Einhüllentanker bis zum Jahr 2015 und den entsprechenden Verschrottungszeitplan zu rund zwei Dritteln kompensiert wurden.

Damit wurde die Schere zwischen Angebot und Nachfrage weiter geschlossen und der Markt wurde enger. Dies zeigte sich auch im stetig abnehmenden Umfang aufgelegter Tonnage. Entsprechend wenig Spielraum durch kurzfristig zu aktivierende Kapazitäten war für den Ausgleich von Marktschwankungen vorhanden. Dies war ein wesentlicher Grund für die hohen Raten für Tanker im vergangenen Jahr.

Mit seiner riesigen Bevölkerung und vor allem durch das starke Wirtschaftswachstum ist China inzwischen ein wesentlicher Faktor auch auf dem Energie- und speziell dem Erdölmarkt. Während China bis vor wenigen Jahren Nettoexporteur von Öl war, hat es sich seit Mitte der 90er Jahre zu einem Nettoimporteur gewandelt. Das Nachfragewachstum für Öl und Ölprodukte von 11 % und mehr konnte von der relativ konstanten heimischen Produktion nicht mehr gedeckt werden. Inzwischen ist China nach den USA der zweitgrößte Ölverbraucher der Welt und hat damit Japan überrundet. Sein Anteil am globalen Verbrauch liegt bei 7 %. Durch die weinig veränderte eigene Produktion wachsen die Importe mit Raten von teilweise weit über 20% p.a. Ein Großteil dieser

Importströme nutzt den Seeweg mit entsprechenden Auswirkungen auf die Nachfrage nach Tankerkapazitäten. Und vor dem Hintergrund der prognostizierten bzw. erwarteten weiteren Wirtschaftsentwicklung in China, dürfte das Land auch in den kommenden Jahren einen wichtigen Einfluss im Tankermarkt haben. Bereits heute importiert mehr als 2 Mio. bpd (Barrel per day), was einem jährlichen Volumen von rund 100 Mio. t entspricht.

Abbildung 2: Entwicklung von Ölproduktion, -verbrauch und -importen in China seit 1980

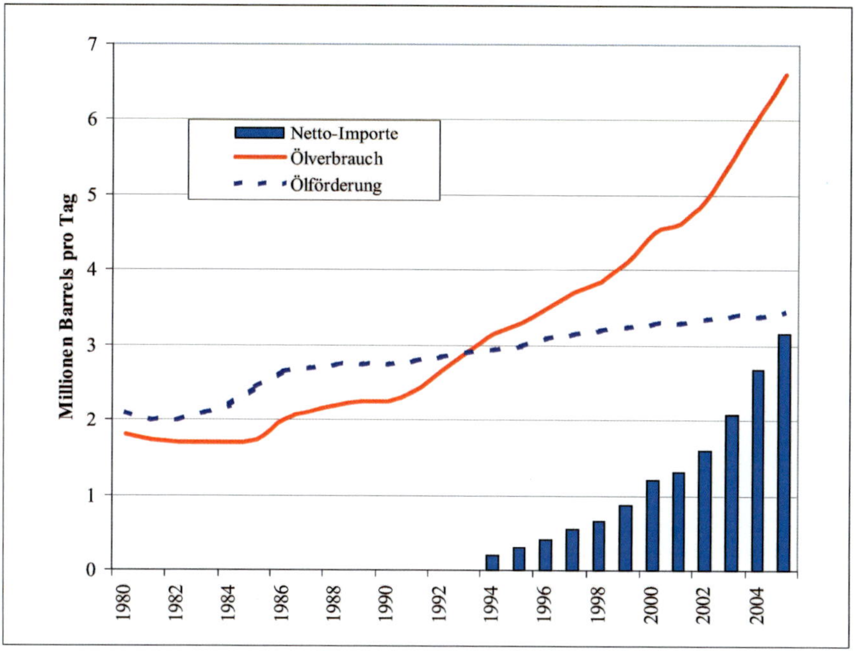

Quelle: eigene Darstellung auf Basis IEA und Clarkson

Aber es muss angemerkt werden, dass China nur ein wichtiger Faktor für den Tankermarkt ist, der aufgrund des erwähnten annähernden Ausgleichs von Kapazität und Nachfrage empfindlich auf weitere Verknappungen reagiert.

Ein weiterer, zumindest kurzfristig bedeutender Faktor war der sogenannte Bosporus-Engpass. Die Türkei implementierte strikte Regelungen für die Passage von Tankern durch den Bosporus und die Dardanellen. Danach ist es Tankern ab bereits relativ geringer Größen nur bei Tag und guten Wetterbedingungen gestattet, die Meerenge zu passieren; außerdem gilt jeweils eine Einbahnstraßenregelung. Zusammen mit der Zunahme russischer Ölexporte durch das Schwarze Meer kam es insbesondere im Winterhalbjahr 2003/04 zu erheblichen Staus an beiden Seiten des Bosporus, die sich in Wartezeiten von bis zu 25 Tagen für die Tanker auswirkten. Auch wenn damit keine zusätzliche Nachfrage im Sinne von Mehrtransport ausgelöst wurde, so hatte diese Verstopfung doch den Effekt, das Tonnage in nennenswertem Umfang auf Reede westlich und östlich von Istanbul gebunden, und so dem Markt entzogen war.

Aufgrund der Tatsache, dass einerseits ein weiteres Ansteigen der russischen Ölexporte erwartet wird und andererseits eine kurzfristige Entlastung der Meerenge beispielsweise durch parallele Pipelines nicht absehbar ist, muss auch im kommenden Winter mit einem ähnlichen Effekt gerechnet werden – mit entsprechenden Auswirkungen auf den Frachtenmarkt für Öl- und Ölproduktentanker.

Andere Störungen des Marktes können sich aus politischen Umbrüchen oder Konflikten ergeben, die zu strukturellen Verschiebungen der Ströme des Ölmarktes führen. Solche Veränderungen ergaben sich beispielsweise im vergangenen Jahr durch Streiks in Venezuela. Dieses Land produziert rund 2,5 Mio. bpd an Rohöl und exportiert einen großen Teil dieser Menge in die USA. Damit wird ein nennenswerter der US-amerikanischen Ölnachfrage gedeckt. Durch die Streiks und Unruhen in Venezuela fiel diese Quelle zumindest vorübergehend aus. Ergebnis war, dass das Öl für Amerika aus anderen, zum Teil deutlich weiter entfernten Förderländern kommen musste. Daraus ergibt sich wiederum ohne eine gesteigerte Gesamtnachfrage nach Öl ein zumindest kurzfristig erhöhter Kapazitätsbedarf bei Tankern aufgrund der längeren Strecken.

In den kommenden Monaten und Jahren ist zwar mit einem weiterhin überdurchschnittlichen Nachfragewachstum bei Öl und in der Tankschifffahrt zu rechnen. Eine wichtige Ursache dafür ist in China zu sehen. Auf der anderen Seite kann nicht deswegen nicht wieder mit so hohen Raten gerechnet werden.

Die unerwartet hohen Raten des vergangenen Jahres und die zeitweilige Knappheit an Tonnage waren nur zum Teil auf China zurückzuführen. Das Wachstum der chinesischen Nachfrage trug zum Abbau von Überkapazitäten in der Tankschifffahrt bei, so dass der Markt empfindlicher auf weitere Störungen reagiert. Für das laufende und das kommende Jahr 2005 sind die absehbaren Ablieferungen an Tankerkapazität größer als auf Basis der Verschrottung im Zuge des Phase-Out von Einhüllentankern und des bereits erhöhten Nachfragewachstums benötigt wird. Insofern geht die Schere wieder weiter auseinander und die Anfälligkeit für Störungen nimmt ab. Schlussfolgerung ist, dass die Raten von hohem Niveau unter Druck geraten und die Ausschläge nach oben weniger drastisch ausfallen dürften.

5. Bulker-Markt: Chinas kleine aber wichtige Rolle

Der dritte Schifffahrtsmarkt, für den die Bedeutung des chinesischen Wachstums und insbesondere die des chinesischen Hungers nach Rohstoffen in diesem

Beitrag analysiert werden soll, ist der Markt der Massengutschifffahrt oder Bulkschifffahrt.

Grundsätzlich ist der Bulkmarkt aufgrund der Tatsache, dass es sich im Wesentlichen um Rohstoffe handelt, von einem eher mäßigen Wachstum gekennzeichnet. Während des vergangenen Jahrzehnts betrug das durchschnittliche jährliche Wachstum dieses Bereichs der Schifffahrt rund 2,5 % p.a. Die wichtigsten Güter sind Eisenerz, Kohle und Getreide. Außerdem gibt es noch eine Reihe weiterer Massengüter, die unter den Oberbegriff „minor bulks" subsummiert werden.

Chinas Rolle in diesem Markt ist vor allem durch seine Importe von Eisenerz und dem dabei zu beobachtenden dramatischen Wachstum geprägt. Während das Importvolumen bei Eisenerz 1995 noch rund 40 Mio. Tonnen betrug erreichte es im vergangenen Jahr 2003 etwa 150 Mio. Tonnen. Auch die Kohleimporte nahmen insbesondere in 2002 und 2003 erheblich zu, bewegen sich aber auch aufgrund der großen eigenen Förderung mit 12 Mio. t noch auf relativ geringem Niveau.

Abbildung 3: Wachsende Rolle Chinas in der Bulkschifffahrt

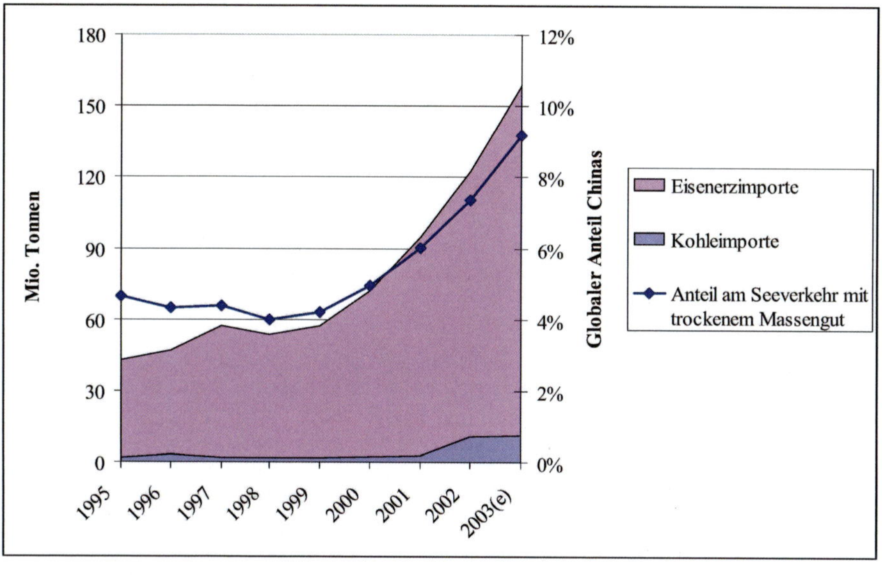

Quelle: China Customs Statistics, CRS

Trotz dieses hohen Wachstums entsprechen die chinesischen Importe an trockenen Massengütern heute maximal 9 % des Weltseeverkehrs mit diesen Gütern bzw. dem Markt der Bulkschifffahrt. Rechnet man auch hier den Einfluss des überproportionalen Wachstums der vergangenen Jahre heraus, dann wäre der Gesamtmarkt um 35 Mio. Tonnen oder 1,6 % kleiner als er heute ist.

Der Einfluss, den vor allem das starke Wachstum der chinesischen Eisenerzimporte auf die Bulkschifffahrt und die dort erzielten Raten hatte, ist somit weniger auf den reinen Mengeneffekt als vielmehr wiederum auf einen Struktureffekt und gebundene Tonnage zurückzuführen. Die stark wachsenden Importe an australischem Eisenerz führten sowohl in Australien als auch in chinesischen Löschhäfen zu Staus mit dem Effekt, dass Tonnage durch auf Reede liegende Schiffe unproduktiv gebunden war. Hinzu kam, dass aufgrund von Lieferengpässen in Australien ein wachsender Anteil des Erzes aus Brasilien bezogen wurde. Damit verbunden war ein deutlich längerer Weg, so dass die einzelne Reise auch länger dauerte.

Beide Aspekte – die Staus und die längeren Strecken - sorgten somit dafür, dass die gleiche Menge an Erz mehr Schiffskapazität im Sinne von Schiffstagen gebunden war. Dadurch wurde der eigentliche Mengeneffekt erheblich verstärkt.

Im Ergebnis explodierten die Raten für Bulker Ende 2003 förmlich und das völlig unerwartet. Inzwischen wurden einige Engpässe beseitigt und die Frachtraten im Bulkmarkt bewegen sich wieder nach unten.

6. Fazit

Zusammenfassend lässt sich festhalten, dass die Rolle Chinas sowohl für die Weltwirtschaft als auch für die Schifffahrtsmärkte bereits heute nicht zu unterschätzen ist und weiter wächst. Die Prognosen für die weitere Wirtschaftsentwicklung des Landes sind außerordentlich positiv und unterstellen sicherlich gewisse strukturelle Reformen in China selbst und erfolgreiche Maßnahmen gegen eine drohende Konjunkturüberhitzung.

Sollte das gelingen, dann wird einerseits der Export von containerisierter Ware weiter zunehmen und andererseits der Hunger des Landes nach Rohstoffen und Energie aber auch nach ausländischen Konsum- und Investitionsgütern weiter wachsen. Somit ist für den Containerverkehr unter diesen Prognoseannahmen mit einem weiterem Wachstum bei sich abschwächenden Unpaarigkeiten zu rechnen. Der Anteil Chinas am globalen Containerverkehr könnte entsprechend mittelfristig auf bis zu 30 % steigen.

Für die Tankschifffahrt ist ähnliches zu erwarten. Der Energiebedarf Chinas ist immens. Wegen der begrenzten eigenen Vorkommen ist von weiter stark ansteigenden Importen auszugehen. Trotz des hohen Wachstums der vergangenen Jahre repräsentieren die Ölimporte Chinas heute maximal gut 4 % des globalen Seeverkehrsvolumens mit Öl und Ölprodukten, so dass die rein mengenmäßige Rolle des Landes im internationalen Vergleich noch gering ist. Zunächst ist somit ein größerer Einfluss auf die Flottenauslastung und die Frachtenmärkte durch strukturelle Effekte wie längere Wege oder Wartezeiten an den Ölterminals zu erwarten, die in ihrer Wirkung durch ähnlich gelagerte Effekte an anderen Orten der Welt noch verstärkt werden.

Für die Märkte der trockenen Massengutfahrt ergibt sich eine vergleichbare Einschätzung. Auch hier ist die absolute Rolle Chinas noch relativ gering, wenngleich deutlich wachsend. Die Einflüsse auf den Frachten- und Chartermarkt waren daher bislang eher durch Struktureffekte geprägt. Allerdings dürfte sich das in den kommenden Jahren bei einer Fortsetzung der aktuellen Nachfrageentwicklung mit dem wachsenden Gewicht der chinesischen Massengutimporte ändern.

China wird in Zukunft somit erheblichen Einfluss auf alle Schifffahrtsmärkte haben. Angesichts der aktuellen Prognosen dürften die Wirkungen zunächst vor allem positiv im Sinne wachsender Nachfrage und Beschäftigung für die Schifffahrt sein. Allerdings birgt diese große Rolle auch die Gefahr einer Abhängigkeit und damit das Risiko, dass bei politischen oder wirtschaftlichen Störungen bzw. einem Versagen der Maßnahmen zur Vermeidung von Konjunkturüberhitzung entsprechend negative Effekte auf die Weltwirtschaft und die Schifffahrtsmärkte entstehen.

Literatur:

International Monetary Fund (2004): World Economic Outlook April 2004 – Advancing Structural Reforms; Washington 2004

Lemper, B.; Stuchtey, R.W. (2002): Aktuelle Entwicklungen auf den Märkten der Containerschifffahrt und ihr Einfluss auf Deutschland als Schiffbau- und Hafenstandort, Bremen 2002

Porter, J. (2004): Feeling the box squeeze?; in: Lloyd´s List vom 21.7.2004; S. 5

Swantje Stroman und Prof. Dr. Berthold Volk

Innovative Transportbehältertypen

1. Allgemeine Aspekte von Transportbehältern

1.1 Vorteile von Transportbehältern

Seitdem die Menschen Güter transportieren, besteht ein Bedarf an Transportbehältern, insbesondere für so genannte Stückgüter. Die Behälter dienen zunächst im Sinne einer äußeren Verpackung dem Schutz der in ihnen enthaltenen Waren vor Beschädigungen. Mögliche Transportschäden können einerseits beim eigentlichen Transportvorgang selbst und andererseits beim Umschlag und bei der Lagerung entstehen. Die jeweils notwendigen Belastungsgrenzen der Behälter, welche einen sicheren Transport der Waren gewährleisten, sind abhängig von dem gewählten Verkehrsmittel (Seeschiff, Binnenschiff, Eisenbahn oder Lkw).

Weiterhin ermöglichen Transportbehälter auch eine spürbare Vereinfachung der operationellen Transportabwicklung von Stückgut, da mehrere kleine Packstücke als eine größere Ladeeinheit gebündelt werden, so dass u. a. die Umschlagsproduktivität gesteigert wird. Darüber hinaus werden, sofern die Behälter hinsichtlich ihrer wichtigsten Merkmale und Abmessungen standardisiert sind, die zuvor unterschiedlichsten einzelnen Ladungsstücke durch die Stauung in einer einheitlichen Box quasi zu einem homogenen Gut umgewandelt. Auf diese Weise wird überhaupt erst die Grundlage für einen rationellen massenhaften Transport von Stückgut gelegt, dank einer effektiven Durchführung von Transport, Umschlag und Lagerung. Überdies können viele Vorgänge aufgrund der standardisierten Boxen besser mechanisiert und automatisiert werden, was wiederum die Produktivität erheblich erhöht.

Auch die problemlose Abwicklung von multimodalen und internationalen Transporten wird so gefördert, da die Transportwirtschaft nur durch die Einheitlichkeit der Charakteristika der Behälter das gesamte dazugehörige System von Fahrzeugen, Umschlagsgerät usw. optimal an die Boxen anpassen kann. Darauf aufbauend kann eine unkomplizierte Realisierung von Transportlösungen sowohl unter Einbeziehung von mehreren Verkehrsmitteln als auch länderübergreifend gewährleistet werden. Dabei ist dank der Behälter sogar bei der Nutzung der Schiene oder des Wasserweges ein Haus-zu-Haus-Verkehr möglich, weil bei jedem Wechsel zwischen den verschiedenen Verkehrsträgern lediglich der Transportbehälter, nicht jedoch die in ihm enthaltenen Güter umgeschlagen werden.

1.2 Wahl eines Transportbehälters

Bei der Wahl eines Transportbehälters für einen speziellen Transportvorgang sind daher mehrere Faktoren zu berücksichtigen, und zwar zunächst einmal die Eigenschaften und Abmessungen der zu transportierenden Güter. Dieser Punkt ist von deshalb von Bedeutung, weil Stückgüter jeweils individuelle Anforderungen an ihre Behälter stellen, z.B. hinsichtlich des benötigten Rauminhaltes, des Gewichtes oder im Hinblick auf besondere Bedürfnisse, wie z.B. einer Ventilation oder Kühlung des Gutes.

Ferner sollten sich die Konstruktion und die Stabilität eines Transportbehälters an den während der Beförderung zu erwartenden Beanspruchungen in Abhängigkeit von den genutzten Verkehrsmitteln orientieren. Eine Verschiffung über See stellt beispielsweise deutlich höhere Belastungsanforderungen als ein ausschließlicher Lkw-Landtransport, denn die auf das Fahrzeug und die geladenen Behälter einwirkenden Kräfte sind im ersten Fall viel stärker. Die Wahl der eingesetzten Transportmittel bestimmt außerdem einige notwendige Anforderungen an die Ausstattungsmerkmale des Behälters sowie seiner äußeren Abmessungen. Ersteres bezieht sich beispielsweise auf Befestigungsvorrichtungen zum Umschlag, welche mit dem eingesetzten Umschlagsgerät kompatibel sein müssen. Für einen Umschlag per Spreader sind z.B. passende Eckbeschläge an den oberen Ecken des Transportbehälters unumgänglich. Letzteres, d.h. die Determinierung äußerer Abmessungen des Behälters, hängt mit dem auf dem Trägerfahrzeug vorhandenen Platz- und Raumangebot zusammen. So können beispielsweise in Containerschiffen, welche mit fest eingebauten Zellgerüsten (Cell Guides) zur Stauung von Containern ausgerüstet sind, lediglich gewisse festgelegte Containergrößen gestaut werden. Sind die Boxen größer, dann sind diese Stellplätze zu eng, und sind sie kleiner, so wird der Platz nur unzureichend ausgenutzt und eine angemessene Ladungssicherung kann nicht mehr gewährleistet werden.

Ein weiterer Aspekt bei der Wahl eines Transportbehälters sind ferner die Gegebenheiten bei Empfänger und Absender. Die Behälter und das vorhandene Equipment an beiden Enden des Transportweges sollten miteinander kompatibel sein. Weiterhin sollte den operationellen Abläufen Rechnung getragen werden. Dies bezieht sich vor allem auf die Zugangsmöglichkeiten zum Innenraum des Transportbehälters durch eine zweckmäßige Anordnung der Türen. In diesem Zusammenhang sollten sowohl die Ausstattung der Lager- und Umschlagsflächen in die Entscheidungsfindung mit einbezogen werden, wie z.B. vorhandene Rampen, als auch die operationellen Vorgaben wie z.B. der gleichzeitige Einsatz mehrerer Gabelstapler für einen Behälter.

Zuletzt bleibt zu klären, ob der für seinen Einsatzzweck theoretisch optimal geeignete Transportbehälter überhaupt erhältlich ist bzw. wie hoch die Kosten für seine Konstruktion, der Kaufpreis und mögliche Leasingraten sind. Wird schließlich ein Standard-Transportbehälter gewählt, so geht dies einher mit einer guten Verfügbarkeit, relativ geringen Preisen sowie einem unproblematischen Handling während des Transportes. Nichtsdestotrotz sind solche Behälter nicht generell für jedes Gut gleichermaßen geeignet. Auf der anderen Seite besteht die Möglichkeit, Spezialbauten einzusetzen, welche besser auf die individuellen Bedürfnisse von Verlader und Ware zugeschnitten sind. Jene sind dann allerdings oft nicht kurzfristig in größeren Mengen erhältlich. Zudem sind sie aufgrund ihrer besonderen Konstruktion teurer. Darüber hinaus besteht bei ihnen ein erhöhtes Beschädigungsrisiko, wenn sie anders als Standard-Behälter gehandhabt werden müssen.

Basierend auf den obigen Ausführungen werden im Folgenden im Anschluss an eine kurze Vorstellung der derzeit gängigen Transportbehältertypen auch die aktuellen Tendenzen und Entwicklungen sowie einige besondere Behälter und ihre Einsatzzwecke erläutert. Da sowohl bei den Containern als auch bei den Wechselbehältern bereits zahlreiche unterschiedliche Spezial-Behältertypen erhältlich sind, wird jedoch lediglich eine kleinere Auswahl von ihnen ausführlich diskutiert. Abschließend wird ein Fazit über die Bedeutung dieser innovativen Transportbehälter gezogen.

2. Gängige Container und Wechselbehälter

2.1 Container

In multimodalen Transportketten können unterschiedliche Behältertypen eingesetzt werden. Die gängige Box für internationale Verkehre über See ist dabei der Container. Gemäß der Norm 830 der International Standardisation Organisation (ISO) „Container Terminology"[1] handelt es sich bei einem Transportbehälter um einen Container, wenn er:

- „von dauerhafter Beschaffenheit und daher genügend widerstandsfähig für den wiederholten Gebrauch ist,
- besonders dafür gebaut ist, den Transport von Gütern mit einem oder mehreren Transportmitteln ohne Umpacken der Ladung zu ermöglichen,
- für den mechanischen Umschlag geeignet ist,
- so gebaut ist, dass er leicht be- und entladen werden kann, und
- einen Rauminhalt von mindestens 1m^3 hat."

Sofern ein Container den ISO-Normen entspricht, bezeichnet man ihn als ISO-Container. Solche Container werden auch Übersee- bzw. Transcontainer ge-

1 zitiert in *Rödig, W.* (1996), S. 54f

nannt[2]. Sie sind ausreichend stabil genug gebaut, um allen denkbaren Beanspruchungen sämtlicher Verkehrsträger zu trotzen.

Heutzutage werden die meisten Standard-Container bzw. General Purpose Container aus Stahl gefertigt. Jene Boxen sind, wie ihr Name schon sagt, für nahezu alle Warenarten geeignet. Das Einsatzspektrum wird durch spezielle Ausstattungsmerkmale noch erweitert. Beispielsweise können die Container, versehen mit eingehängten großen Kunststoff-Beuteln, so genannten Inletts, für den Transport von Schüttgut oder ungefährlichen Flüssigkeiten eingesetzt werden.[3] General Purpose Container gibt es in verschiedenen Größen, am weitesten verbreitet sind dabei jene mit 20 und 40 Fuß Länge. Die meisten Größenklassen sind von der ISO genormt. Sondergrößen befinden sich hauptsächlich im regionalen Einsatz, z.B. in den USA oder in Europa. Die derzeit genormten Containergrößen sind in der untenstehenden Tabelle aufgeführt.

Tabelle 1: Derzeit genormte Containergrößen

Container	Code	Äußere Abmessungen in mm			Max. Bruttogewicht in kg
		Länge	Breite	Höhe	
40 Fuß HC	1 AAA	12 192	2 438	2 896	30 480
40 Fuß	1 AA	12 192	2 438	2 591	30 480
40 Fuß	1 A	12 192	2 438	2 438	30 480
40 Fuß	1 AX	12 192	2 438	< 2 438	30 480
30 Fuß HC	1 BBB	9 125	2 438	2 896	25 400
30 Fuß	1 BB	9 125	2 438	2 591	25 400
30 Fuß	1 B	9 125	2 438	2 438	25 400
30 Fuß	1 BX	9 125	2 438	< 2 438	25 400
20 Fuß	1 CC	6 058	2 438	2 591	24 000
20 Fuß	1 C	6 058	2 438	2 438	24 000
20 Fuß	1 CX	6 058	2 438	< 2 438	24 000
10 Fuß	1 D	2 991	2 438	2 438	10 150
10 Fuß	1 DX	2 991	2 438	< 2 438	10 150

Quelle: ISO-Norm 668 „Series 1 Freight Containers – Classification, Dimensions and Ratings“

2 *Witthöft, H.J.* (2004), S. 108

3 *Gesamtverband der Deutschen Versicherungswirtschaft* (2004), S. 3

Die Außenabmessungen sind stets gleich, da sie durch die ISO-Normen genau vorgegeben werden. Die inneren Abmessungen hingegen können von Hersteller zu Hersteller leicht variieren, weil die ISO für sie nur Minimalangaben herausgegeben hat.

Herkömmliche Container sind jedoch nur eingeschränkt für den Transport von Paletten geeignet. Paletten sind eine flache Ladefläche, auf welcher einzelne Packstücke zu größeren und standardisierten Ladeeinheiten gebündelt werden, die sich gut für den Umschlag mit Gabelstaplern eignen.[4] Auf diese Weise tragen sie zu einer Rationalisierung des Umschlagvorganges bei, auch, weil sie eine Mechanisierung und Automatisierung der Vorgänge ermöglichen. Paletten werden fast ausschließlich im europäischen Raum eingesetzt. Die am weitesten verbreitete Palettengröße ist die Euro-Palette mit einer Grundfläche von 800 mm x 1200 mm. Für diese Abmessungen ist der Innenraum von Standard-Containern insbesondere hinsichtlich der Breite wenig zweckmäßig.

2.2 Wechselbehälter

Die Deutsche Industrie Norm (DIN) 70 013 „Wechselbehälter: Maße und Gesamtgewichte“ definiert jene wie folgt als einen Frachtbehälter:

- „dessen Festigkeit den Anforderungen des Transports mit Schienen- und Straßenfahrzeugen im Land- und Fährverkehr entspricht, nicht jedoch allen für ISO-Container (...) geltenden Anforderungen,
- der breiter und länger ist als ISO-Container gleichartiger Größenklassen, um die im Straßenverkehr zulässigen Maße besser auszunutzen,
- der auf Fahrzeugen mit den gleichen Einrichtungen gesichert und befestigt wird wie ISO-Container (...),
- der in der Regel nicht stapelbar ist,
- der sowohl mit Greifzangen als auch mit Seilgeschirr umgeschlagen werden kann,
- der (...) von Straßenfahrzeugen mit bordeigenen Mitteln auf Stützbeinen abgesetzt und wieder aufgenommen werden kann.“

Wechselbehälter bzw. Wechselbrücken eignen sich besonders für den Einsatz bei innereuropäischen Transporten, sofern die Behälter nicht mit einem Containerschiff transportiert werden, d.h. in all jenen Fällen, in denen weder die hohen Stabilitätskriterien eines ISO-Containers noch dessen Maße eingehalten werden müssen. Die derzeit von dem Comité Européen de Normalisation (CEN) genormten Größen werden in der untenstehenden Tabelle vorgestellt.

---

4 *Oelfke, W.* (1999), S. 152f.

Tabelle 2: Derzeit genormte Wechselbehältergrößen

Abmessungen		Wechselbehälter (Klasse C)			Wechselbehälter (Klasse A)		
Äußere Abmessungen in mm	Länge	7 150	7 450	7 820	12 200	12 500	13 600
	Breite	2 550	2 550	2 550	2 550	2 550	2 550
	Höhe	2 670	2 670	2 670	2 670	2 670	2 670
max. Bruttogewicht in kg		16 000	16 000	16 000	34 000	34 000	34 000
Palettenstellplätze am Boden (Anz. Euro-Pal.)		17	18	19	30	31	33

Quelle: EN 284 „Swap Bodies – Swap Bodies of Class C – Dimensions and General Requirements“ und EN 452 „Swap Bodies – Swap Bodies of Class A – Dimensions and General Requirements“

Auch bei den Wechselbrücken sind die inneren Maße durch die Normen nicht exakt vorgegeben, so dass diese je nach Hersteller und Typ variieren. Weiterhin gibt es die Wechselbehälter in verschiedenen Höhen. Sie bieten jedoch, im Gegensatz zu Standard-Containern, in der Breite stets ausreichend Platz für zwei Euro-Paletten nebeneinander (> 2400 mm), nutzen die in Europa erlaubten Abmessungen für den Straßenverkehr komplett aus und sind zudem wegen ihrer weniger stabilen Konstruktion preisgünstiger und leichter. Diese Behältersorte wird aufgrund ihrer Eigenschaften fast ausschließlich in Europa genutzt.

Basierend auf der erfolgten Vorstellung der gängigen Standard-Transportbehälter werden im folgenden Kapitel die aktuellen Entwicklungen und Innovationen in diesem Bereich erörtert.

3. Entwicklungstendenzen bei Transportbehältern

3.1 Diversifikation der Behältertypen

Eine bereits seit mehreren Jahrzehnten zu verfolgende Entwicklung ist die zunehmende Vielfalt an Container- und Wechselbehältertypen[5]. Gab es ursprünglich lediglich Standard-Container, welche keine besonderen Ausstattungsmerkmale besaßen, sieht die Situation heute völlig anders aus. Die große Auswahl an Spezialcontainern ermöglicht in vielen Fällen überhaupt erst eine Containerisierung vieler Güter. Derzeit gibt es bereits mehr als 90 verschiedene Container-

[5] Branch, A.E.(1998), S. 86

Kategorien, welche sich hinsichtlich ihrer Größe und/oder des Typs unterscheiden.[6] Beispiele für Spezialbauten sind Tankcontainer für Chemikalien oder Lebensmittel, Kühlcontainer und Open-Top Container.

Für innereuropäische Verkehre von Euro-Paletten, bei denen als Transportbehälter Container bevorzugt werden, wurden verschiedene palettenbreite Container entwickelt. Zwei dieser Typen, der SeaCell Container und der Cellular Palletwide Container (CPC), bieten dank einer speziellen Konstruktion mehr als 2400 mm Innenbreite und können so, wie unten abgebildet, in der Breite zwei Paletten à 1200 mm bzw. drei Paletten à 800 mm aufnehmen.

Abbildung 1: Palettenbreiter CPC

Quelle: Consent Equipment AB, 2004

Ihre Eckpfosten sind dabei allerdings nicht breiter als bei einem herkömmlichen ISO-Container (2438 mm), so dass diese Boxen relativ problemlos in die Cell Guides von Containerschiffen gestaut werden können. Dies wird dadurch erreicht, dass die Sicken der Seitenwände etwas weiter nach außen ragen als die Ecksäulen. Zudem sind die Sicken ein wenig flacher als normale Sicken gewalzt. Des Weiteren sind beim SeaCell die Sicken an den beiden Seiten nicht spiegelbildlich, sondern versetzt angeordnet. Aufgrund solcher innovativer Container, welche speziell an die Anforderungen von Paletten angepasst sind, können z.B. in einer 40 Fuß langen Box 30 statt nur 25 Euro-Paletten eingestellt werden, d.h. 5 Stück bzw. 20% mehr. Jener erhebliche Zugewinn an Stauraum erhöht auf diese Weise u. a. die Wettbewerbsfähigkeit von Kurzstreckenseeverkehren gegenüber dem Lkw-Transport, ein wichtiger Aspekt bei den aktuellen Bemühungen zur Verkehrsverlagerung.

Bei den Wechselbehältern gibt es ebenfalls zahlreiche Spezialbauten. So wurden unterschiedliche Aufbauten entwickelt, welche sich an den individuellen Anforderungen der Verlader orientieren. Neuerdings gibt es beispielsweise stapelbare Wechselbrücken, welche überdies dank oberer Eckbeschläge mit Spreadern um-

---

6 *Foxcroft, A., Boyes, J. and Evers, R.* (2004), S. 6

geschlagen werden können. Aufgrund solcher Ausstattungen wird das Einsatzspektrum spürbar vergrößert.

3.2 Große und voluminöse Container und Wechselbrücken

Neben einer Fülle von verschiedenen Behältertypen haben sich zudem unterschiedliche Größen entwickelt. Ursprünglich waren die meisten Container 8 Fuß breit, 8 Fuß 6 Inch hoch und entweder 20 oder 40 Fuß lang. Für hochwertige Fertigprodukte, welche relativ wenig Gewicht haben, auf der anderen Seite allerdings sehr voluminös sind, ist ein solches Raumangebot jedoch zu gering bemessen. Dies gilt auch für den Wettbewerb zwischen dem kombinierten Verkehr und dem Lkw, dessen Aufbauten erheblich geräumiger sind. Für entsprechende Waren wurden die Standard-Container vergrößert. Zum einen wurden Boxen mit einer größeren Höhe, und zum anderen wurden längere Boxen gebaut. Die Breite wurde aus Gründen der Kompatibilität mit dem gesamten System aus Fahrzeugen und Umschlagsgeräten sehr selten über die gesamte Seitenlänge der Behälter hinweg ausgeweitet.

Zuerst entstanden die so genannten High Cube Container. Das sind Container mit einer Außenhöhe von 9 Fuß 6 Inch. Sie erleichtern den Transport von leichten und voluminösen Gütern sowie Gütern mit einer Überhöhe bis zu 2700 mm. Darüber hinaus bieten sie deutlich mehr Rauminhalt. Beispielsweise hat ein Standard-Container von 40 Fuß Länge ein inneres Volumen von ca. 67,7 m^3, ein vergleichbarer High Cube Container hingegen von ca. 76,3 m^3, d.h. 8,6 m^3 bzw. 12,7% mehr. Für 40 Fuß lange Boxen wurde diese Höhe bereits in die ISO-Normen übernommen, wenn auch noch nicht für die 20 Fuß langen Container. Die Zahl der High Cube Einheiten nimmt noch immer zu[7] und inzwischen ist fast jeder zweite 40-Fuß-Container ein High Cube Container.[8]

In die Länge geht die Vergrößerung bei den 45 Fuß langen Containern. Diese Konstruktionen sind erst seit einigen Jahren auf dem Markt und wurden noch nicht in die ISO-Normen integriert. Solche Boxen werden bisher nur in einigen Verkehren genutzt, wie z.B. zwischen Amerika und Asien oder auch im innereuropäischen Kurzstreckenseeverkehr. Ihr Einsatz ist nicht unproblematisch. Dies ist dadurch bedingt, dass sie aufgrund ihrer Überlänge nicht in herkömmliche Cell Guides gestaut werden können. Sie benötigen entweder spezielle Zellführungsschienen oder sie müssen an Deck gestaut werden. Letzteres führt, es sei denn, an Deck sind Stellplätze für 45 Fuß lange Boxen vorgesehen, zu Stauverlust. Weiterhin dürfen als Folge der EU-Richtlinie 96/53 ab 2006 keine normalen 45 Fuß langen Container mehr auf Europas Straßen transportiert werden. Stattdessen müssen sie an der Stirnseite mit abgerundeten Ecken versehen sein.

---

7 *Wriedt, J.* (2003), S. 162

8 *Foxcroft, A., Boyes, J. and Evers, R.* (2004), S. 26

Diese abgerundeten Ecken sind zusammen mit den Ecksäulen von der Firma Geest patentiert, so dass für die Nutzung Gebühren bezahlt werden müssen. Bei besonders großvolumigen Gütern werden häufig mehrere der oben vorgestellten Aspekte kombiniert, z.B. ein CPC mit 45 Fuß Länge und 9 Fuß 6 Inch Höhe.

Der Trend zu großen Einheiten zeigt sich auch im Bereich der Wechselbehälter. So genannte Jumbo-Wechselbrücken verfügen inzwischen über Innenhöhen von 3 m und mehr. Sie sind vor allem für leichte, voluminöse Ladung geeignet, erfordern allerdings spezielle Tragfahrzeuge mit niedriger Ladehöhe, um die in Europa maximal erlaubte Fahrzeughöhe von 4000 mm nicht zu überschreiten.

3.3 Verladerspezifische Transportbehälter

Obwohl die Anzahl an unterschiedlichen Transportbehältertypen inzwischen erheblich gestiegen ist, haben sich in den letzten Jahren einige Verlader dazu entschlossen, auf ihre ganz individuellen Bedürfnisse ausgerichtete Container und Wechselbehälter zu entwerfen und einzusetzen. Auf diese Weise hoffen sie, den für den jeweiligen Einsatzzweck optimalen Behälter nutzen zu können, um so den Transportvorgang besonders rationell und kostengünstig durchführen zu können. Dies wird dadurch erreicht, dass verladerspezifische Transportbehälter genau an die Eigenschaften und Abmessungen der Ware, die Verpackung, die eingesetzten Geräte, die vorgesehenen Verkehrsmittel sowie die operationellen Abläufe angepasst sind. Nichtsdestotrotz sind solche, auf einen einzigen Nutzer zugeschnittenen Transportbehälterlösungen, aufgrund der hohen Entwicklungskosten und Bau- bzw. Mietpreise nur für jene Verlader wirtschaftlich interessant, welche ein sehr großes Transportaufkommen haben und für die bereits vorhandene Behälter nur ungenügend geeignet sind. Weiterhin sind die höhere Schadensquote beim Handling und ggf. die Verzögerungen, welche mit der Abweichung von gängigen Standards (z.B. Größe, Belastungsfähigkeit) einhergehen, zu berücksichtigen.

Ein Beispiel für einen entsprechenden Spezialbau ist der Warsteiner Transportbehälter, welcher für den Transport palettisierter Ware von der gleichnamigen Brauerei zu Großhändlern konzipiert wurde. Es handelt sich hierbei um 43 Fuß lange Wechselbrücken mit einer Höhe von 9 Fuß 6 Inch sowie einer Breite von 2550 mm, welche hinsichtlich ihrer Ausstattung und Stabilitätseigenschaften für den Transport per Eisenbahn, Binnenschiff und Lkw ausgelegt sind. Die Behälter wurden mit verschiedenen Aufbauvarianten entwickelt, u. a. als Wechselbehälter mit einseitiger Schiebeplane, wie in der untenstehenden Abbildung dargestellt.

Abbildung 2: Der Warsteiner Transportbehälter

Quelle: Warsteiner Brauerei, 2002

Die gewählten Abmessungen ermöglichen die Stauung von 32 Euro-Paletten pro Lage ohne unnötigen Stauverlust. Darüber hinaus werden die im europäischen Straßenverkehr maximal erlaubten Abmessungen eingehalten. Inwieweit sich dieser außergewöhnliche Wechselbehälter jedoch letztlich durchsetzt, bleibt abzuwarten.

4. Fazit und Ausblick

Der Markt für Transportbehälter ist deutlich facettenreicher, als es auf den ersten Blick erscheint. Neben den bekannten 20 und 40 Fuß langen Containern und den Standard-Wechselbehältern gibt es noch eine große Vielfalt an weiteren Behältertypen und -größen für die verschiedensten Einsatzzwecke. Seit dem Jahr 2000 zeigt sich bei den Containern jedoch wieder ein gegenläufiger Trend zurück zu Standard-Equipment, sowohl prozentual als auch in absoluten Zahlen.[9] Die Entwicklung der Diversifikation der Containertypen scheint ihren Höhepunkt überschritten zu haben. Nichtsdestotrotz war sie von elementarer Bedeutung bei der so genannten Containerisierung unzähliger Warenarten. Der vermehrte Einsatz von Standard-Boxen vereinfacht hingegen wieder die reibungslose und rationelle Abwicklung von intermodalen und internationalen Behälterverkehren.

Vor diesem Hintergrund mutet die Nutzung hochwertiger und individuell konzipierter Transportbehälter bei einigen großen Verladern erstaunlich an. Dies kann darin begründet sein, dass sich besondere Behälter nur dann wirtschaftlich lohnen, wenn sie wirklich optimal auf den spezifischen Transport zugeschnitten sind und wenn sie darüber hinaus auch noch in sehr großer Anzahl eingesetzt werden können. Liegen diese beiden Voraussetzungen nicht vor, oder sind sie nur gering ausgeprägt, scheint die Verwendung von herkömmlichen Containern oder Wechselbehältern unter ökonomischen Gesichtspunkten sinnvoller.

Der Trend zu größeren Einheiten bleibt hingegen ungebrochen. Immer mehr Container werden als High Cube Einheiten gebaut. Auch die Containerschiff-

---

9 *Foxcroft, A ; Boyes, J.; Evers, R.* (2004), S. 44f

fahrt hat sich hierauf, z.B. bei den Verstärkungen an den Cell Guides, bereits eingerichtet. Bezüglich der längeren Container, d.h. der 45 Fuß langen Boxen, bleibt der endgültige Durchbruch noch aus. Doch auch hier ist ein stetiges Wachstum zu verzeichnen, vor allem im Bereich von palettenbreiten High Cube Containern, welche im innereuropäischen Kurzstreckenseeverkehr eingesetzt werden. Hält diese Entwicklung an, dürfte ihr ebenfalls im Schiffsneubau Rechnung getragen werden, was die rationelle Nutzung weiter vorantreiben sollte.

Der Transportbehältermarkt bleibt somit auch künftig im Wandel begriffen und es bleibt abzuwarten, welche Trends sich schlussendlich durchsetzen werden sowie welche Neuerungen die fortschreitende Weiterentwicklung der Technik mit sich bringen wird. Auf jeden Fall bieten innovative Transportbehälter, die auf die individuellen Bedürfnisse von Verladern und ihren Gütern zugeschnitten sind, dem multimodalen Verkehr spürbar bessere Wettbewerbschancen gegenüber dem reinen Lkw-Transport - ein Aspekt welcher im Rahmen der Bemühungen zur Verkehrsverlagerung nicht unterschätzt werden sollte.

Literatur

Branch, A. E. (1998) Maritime Economics: Marketing and Management. Cheltenham: Stanley Thornes.

Consent Equipment AB (2004) „40' Cellular Palletwide Containers (CPC'S): General Specification" (WWW) http://www.consent.se/equipment/cpc.html (23.05.2004)

Foxcroft, A., Boyes, J. and Evers, R. (2004) *Market Analysis: World Container Census 2004.* London: Containerisation International.

Gesamtverband der Deutschen Versicherungswirtschaft (2004) „Transportinformations-Service: Standard-Container" (WWW) http://www.tis-gdv.de/tis/containe/arten/standard/standard.htm (31.05.2004)

Wriedt, J. (2003) „Hoch und breit sind stark gefragt", in *Internationales Verkehrswesen.* 55 (4), S. 162.

Oelfke, W. (1999) *Güterverkehr - Spedition - Logistik: Speditionsbetriebslehre.* Bad Homburg vor der Höhe: Verlag Gehlen.

Rödig, W. (1996) „Der Container – eine Kiste macht Karriere", in *Stahlmarkt.* 46 (9), S. 54-57.

Warsteiner Brauerei (2002) „Warsteiner Brauerei macht sich stark für den kombinierten Verkehr" (WWW) http://www.warsteiner.de(...) (14.05.2004)

Witthöft, H. J. (2004) *Container: Die Mega-Carrier kommen.* Hamburg: Koehlers Verlagsgesellschaft.

Prof. Dr. Hans-Dietrich Haasis

Design qualifizierter maritimer Standorträume zur starken Positionierung internationaler Logistikketten

1. Trends in Logistik und Wertschöpfung

Logistik hat sich national und international zu einem bedeutenden Wirtschaftssektor entwickelt. Heutige Herausforderungen der Logistik umfassen globale Marktbeziehungen, ein kundenorientiertes Angebotsverhalten, ein kosten- und qualitätsoptimiertes Nachfrageverhalten, die Gestaltung und das Management von Logistikketten und kooperativen Systemen sowie informationslogistische Systeme. Die genannten Herausforderungen beeinflussen sowohl verkehrswirtschaftliche als auch betriebswirtschaftlich-logistische Lösungen. So kommt es derzeit zu neuen Aufgaben- und Standortverteilungen in Wertschöpfungsnetzwerken, zu technischen und prozessorganisatorischen Innovationen sowie zu neuen logistischen Produkten.

Logistik behandelt zunehmend die schnittstellenübergreifende Systemgestaltung, die als Supply Chain Prozess den Fluss von Gütern und Dienstleistungen sowie dazugehöriger Informationen entlang der gesamten Kette plant, koordiniert und kontrolliert. Wettbewerb orientiert sich dabei nicht mehr nur zwischen Unternehmen, sondern zwischen logistischen Ketten und vernetzten logistischen Standorträumen. Zugehörige internationale Wertschöpfungsketten können ihre Wettbewerbsposition durch qualifizierte maritime Standorträume weiter festigen. Bei deren Gestaltung sind alle gefordert, die Logistik- und damit Wertschöpfungsqualität in der Hafenregion im Zusammenspiel der Kräfte zu stärken: Lead Logistics Provider, Umschlagunternehmen, Spediteure, Reedereien, Schiffsmakler, Telematikanbieter, Wirtschaftsförderungsgesellschaften, Innovationsagenturen, Forschungsinstitute und Consultants. Das Zusammenspiel trägt wesentlich dazu bei, eine quantitativ und qualitativ exzellente zeitnahe Beherrschung der logistischen Komplexität im Unternehmen, in der Kette und gemeinsam am Standort zu erzielen.

Innovationsfaktoren in der Logistik sind in diesem Zusammenhang neben IuK sowie mobiler Kommunikation daher auch Produktdesign (z.B. 3/4PL, Mobilität), Technologieentwicklung (etwa im Güterumschlag), Systemintegration (beispielsweise zur Erzielung intermodaler Lösungen), Finanzierungskonzepte (unter anderem im Zusammenhang mit Public Private Partnership (PPP)), Kooperationsdesign (im Sinne etwa eines Freight Integrators oder auch bekannter

Ansätze der Güterverkehrszentren (GVZ)), Fähigkeitsintegration (bei Berücksichtigung von Skill Management Entwicklungen) und Mehrwertdienste (zur Sicherstellung der Gesamtqualität des logistischen Produktes). Durch die neue Strukturierung von Verkehrswirtschaft und Logistik sind Entwicklung und Gestaltung innovativer Lösungen dabei nicht nur durch ein wissensintensives Kooperationsdesign gekennzeichnet, sondern auch durch eine makro- und mikrologistische Systeme verbindende Sichtweise.

Vor diesem Hintergrund wird der Wirtschaftssektor Logistik aufgrund dessen Bedeutung derzeit konsequenterweise durch politische Initiativen sowohl im europäischen Ausland als auch auf Bundeslandsebene und regional in der Bundesrepublik Deutschland begleitet (Landesinitiativen der Länder Hamburg, Niedersachsen, Nordrhein-Westfalen, Bayern und Saarland). Diese Entwicklung wird auch im Bundesland Bremen durch die Überlegungen zu „Bremen – Die Logistik Company" mit Unterstützung des ISL und im Dialog mit dem Wissenschafts- und Wirtschaftsressort aufgegriffen.

2. "Bremen – Die Logistik Company" und ihre Bedeutung

Mit Bremen verbindet man Logistik. Zur weiteren Sichtbarmachung, zur Stärkung und zur Vernetzung der vielfältig vorhandenen Logistikexzellenz am Standort bedarf es jedoch auch der Vorbereitung und Umsetzung abgestimmter Maßnahmen, welche die Potentiale, die Effizienz, die Attraktivität und die Produktivität des Standortes nachhaltig stärken. Hierbei spielen in erster Linie Maßnahmen eine Rolle, welche einem Zusammenspiel verschiedener Unternehmen und Akteure bedürfen. Zu denken ist etwa

- an die Initiierung und Umsetzung einer binnenschiff-bezogenen Hinterlandanbindung,
- an den Entwurf und die Realisierung von logistischen Korridoren nach Osteuropa,
- an Short Sea Shipping Lösungen oder
- an das Kooperationsdesign für den chinesischen Markt.

Jeder Beteiligte an diesen Ansätzen hat Vorteile durch die Zusammenarbeit. Für die Ableitung und Initiierung derartiger kooperationsorientierter Maßnahmen bilden die Überlegungen zu "Bremen – Die Logistik Company" den Handlungsrahmen. Seine Elemente sind Gestaltung, Markencontrolling und Qualifizierung. Deren Ziel ist es, sowohl die traditionelle Kernkompetenz des Landes Bremen als internationaler maritimer Logistikknoten zu stärken als auch über Innovation und Netzwerkbildung diese dem internationalen Wandel im Wettbewerb stehender Wertschöpfungsketten weiter anzupassen. Bekanntlich werden neben der

Kundenorientierung in der Supply Chain in erster Linie das Kooperations- und Wissensmanagement die Logistik in den nächsten Jahren im internationalen Wettbewerb weiter prägen. Insoweit erfolgt eine Weiterentwicklung der Supply Chain- und Collaboration-Diskussion durch deren Einbindung in ein regionales Wissensmanagement.

Das Gestaltungskonzept berücksichtigt derzeit die fünf wesentlichen Handlungsfelder: Wertschöpfungsketten, regionales Leistungsprofil, Kooperation Wirtschaft/Wissenschaft, maritime Schnittstelle, Information und Kommunikation/eLogistik. Für diese Handlungsfelder wurde vom ISL unter anderem bereits eine strukturierende und begründende transparente Methodik zur Ableitung von Maßnahmenbündeln in Regionen entwickelt.

Die im Bundesland Bremen inhärenten Chancen einer weitergehenden maritimen Standortpositionierung und -entwicklung durch Logistikexzellenz können damit jetzt und in Zukunft konsequent genutzt werden. Dabei wird die Transparenz in der Logistik gesteigert und der Transfer gefestigt. Zugleich wird die wertschöpfungskettenbezogene Kompetenz gestärkt sowie die akquisitorische Wirksamkeit erhöht.

3. Koordination und Information als Wettbewerbsfaktoren

Zur Gestaltung wettbewerblich starker Wertschöpfungsketten über qualifizierte maritime Standorträume bedarf es eines Zusammenbringens mehrerer Ansätze des strategischen Controllings. Das strategische Controlling übernimmt bekanntlich im Rahmen einer Strategieentwicklung und -realisierung die Funktionen der Koordination sowie Informationsversorgung und Entscheidungsunterstützung zur Konsolidierung und zum Ausbau von Erfolgspotentialen, die – betriebswirtschaftlich gesprochen – einem Unternehmen das Bestehen des Wettbewerbs am Markt gewährleisten. Es operiert im allgemeinen mit weichen Daten. Erfolgspotentiale werden üblicherweise über Erfolgsfaktoren, wie etwa Personal, Technologie, Marktposition und Wertschöpfungsprozess operationalisiert. Diese Faktoren finden sich ebenfalls in dem hier verfolgten standortpolitischen Balanced Scorecard (BSC) Ansatz zur Strukturierung und Formulierung einer wirtschaftspolitisch nachhaltigen Entwicklungsstrategie wieder.

Das auf der Basis des strategischen Controllings vom ISL entwickelte Phasenmodell zur Konkretisierung des Gestaltungsrahmens "Bremen – Die Logistik Company" basiert auf den folgenden Instrumenten des strategischen Managements: Transparenz über Kompetenzträgerlandkarte (KTLK), Bildung strategischer Geschäftseinheiten, Portfolioansätze zur Stärken-/Schwächen-Analyse und zum Benchmarking, Balanced Scorecard, Performance Management auf der Basis eines Fuzzy Ranking und strategische Budgetierung. Diese Instrumente haben sich im Zusammenhang mit unternehmens- und netzwerkstrategischen Planungen bereits bewährt. Zur Qualifizierung des maritimen Standortraums werden sie in einen regionalpolitischen und standortraumbezogenen Rahmen transformiert.

Eine Anwendung des Phasenmodells erlaubt, durch die damit im Standortraum erzielbare höhere Problemlösungsqualität und Kundenattraktivität, die Position des maritimen Standorts im Wettbewerb anderer Standorträume zu festigen und sogar auszubauen. Eine kundenorientierte Ausrichtung bedeutet auch, eine transparente Abbildung der Kompetenzvielfalt und ein schnelles Reagieren und damit schnelle Steuerungsmöglichkeiten unterschiedlicher Arbeitsschritte zur Kundenbetreuung zu realisieren. Die Implementierung des Phasenmodells kann, verstanden als regionales Wissensmanagement, höhere Flexibilität und damit Wettbewerbsvorsprünge im Umgang mit institutionellen Arrangements und Regeln beim Produkt- und Kooperationsdesign implizieren.

Die Anwendung des Phasenmodells und seines Instrumentariums harmoniert ebenfalls mit bekannten Konzepten des strategischen Managements und des regionalwirtschaftlichen Innovationsmanagements.

Zur Ableitung und Bewertung von Maßnahmen(bündeln) werden im Phasenmodell sechs Phasen voneinander unterschieden:

- Impuls und Veranlassung,
- Anspruchsgruppenidentifikation und Logistikteambildung,
- Bewertung der Standortleistungen,
- Ermittlung des Maßnahmen-Sets,
- Wirkungsabschätzung und Priorisierung,
- Dokumentation und Entscheidungsaufbereitung.

Voraussetzungen für deren Anwendung sind die Realisierung eines regionalen Wissensmanagements und eines partizipativen Kommunikationsprozesses zwischen den Akteuren am Standort. Mittels dieses Ansatzes kann es gelingen, Koordination und Information als Wettbewerbsfaktoren konsequent einzusetzen.

4. Logistikvielfalt in der Kompetenzträgerlandkarte

Mit der Abbildung der Logistikvielfalt im Rahmen der konzipierten und erstellten Kompetenzträgerlandkarte wird die Zielsetzung verfolgt, Wissensverfügbarkeit und -transparenz über die für den maritimen Standort entscheidenden logistikrelevanten Aktivitätsbereiche zur Ausschöpfung "interner" und "externer" Nutzungspotentiale zu erreichen. Diese Transparenz bildet die Basis für weitergehende Maßnahmen zur Erhöhung der Standortproduktivität in Zusammenspiel relevanter Akteure. Sie ist Teil eines regionalen Wissensmanagements und leistet dadurch einen Beitrag zur Gestaltung und Qualifizierung von Wertschöpfungsketten, an denen der maritime Standortraum und seine Akteure beteiligt sind. Dadurch kann eine Stärkung bestehender und ein Aufbau neuer Kompetenzen sowie eine Erhöhung der beschäftigungs- und ertragswirksamen Leistungen in der Logistik erwartet werden.

Wissen wird im modernen Wirtschaftsgeschehen bekanntlich zunehmend als eine wettbewerbsentscheidende Ressource angesehen. Wissenstransparenz bzw. die Identifikation von Wissen werden als ein zentrales Element der Aufgaben im Wissensmanagement erkannt. Hier setzt die Kompetenzträgerlandkarte an.

Bewusst wird auf dieses Wissensmanagementinstrument zurückgegriffen, da es ein Systematisierungs-Tool darstellt, das im Wesentlichen die themenspezifische Suche nach Kompetenz- und Wissensträgern in einer Organisation beleuchtet. Das entwickelte Phasenmodell baut auf der Kompetenzträgerlandkarte auf.

Der Aufbau der Kompetenzträgerlandkarte umfasst sechs abgegrenzte Systematisierungsebenen mit jeweils steigendem Detaillierungsgrad. Die erste Ebene zur Beschreibung der Logistikvielfalt stellen die sogenannten "Kompetenzcluster" dar. Diese grenzen die Haupteinflussbereiche und Kernkompetenzen auf gegenwärtige und zukünftige Fragestellungen und Maßnahmen im Bereich der Standortlogistik voneinander ab. Auf der zweiten und dritten Ebene werden die Kompetenzcluster in "Kompetenzstrukturen" und diese wiederum in "Gegenstandsfelder" untergliedert. Während über die Kompetenzstrukturen eine funktionale Untergliederung der Logistikvielfalt erfolgt, werden mittels der Gegenstandsfelder den jeweiligen Funktionen "Informationsquellen" zugeordnet.

Diese Untergliederung ermöglicht die Identifikation von Stärken und Schwächen im Logistikprofil. Somit können beispielsweise im Rahmen eines Vergleiches mit weiteren deutschen und europäischen Logistik- und Hafenstandorten Verbesserungspotentiale ermittelt und Handlungsoptionen abgeleitet werden. Eine Identifikation von Zusammenhängen und Abhängigkeiten in der Logistikvielfalt wird möglich.

Auf der vierten Ebene werden die Gegenstandsfelder anhand einer "Profilausprägung" charakterisiert. Diese ist für jedes Gegenstandsfeld individuell ausgestaltet, um die beteiligten Akteure, die Produkte und Märkte, die Leistungen, die Strukturen, die Qualitäten, die Aufgaben und Zuständigkeiten sowie die Abhängigkeiten möglichst genau ermitteln, beschreiben und abbilden zu können. Diese Ausgestaltung der Profilausprägung unterstützt sowohl die Differenzierung der Logistikvielfalt als auch die Identifikation von Kompetenzträgern in den einzelnen Logistikbereichen.

Die fünfte und sechste Ebene der Kompetenzträgerlandkarte mit funktionaler Charakterisierung und Kompetenzträgern dienen der Ermittlung konkreter Aufgaben zur Ausgestaltung der logistischen Aktivitäten sowie der Identifikation personeller Verantwortlichkeiten und Zuständigkeiten.

5. Pilotierung und Organisation

Anhand ausgewählter Strategie- und Entwicklungsfelder wurde das Procedere der Anwendung des entwickelten strategischen Ansatzes zur wettbewerblichen Stärkung und Positionierung der Logistik an maritimen Standorträumen und zur Maßnahmenidentifikation in Pilotmaßnahmen bereits verdeutlicht. Machbarkeit und Nutzen des Ansatzes sind eindeutig und anschaulich aufgezeigt: Erhöhte Transaktionskosten in der Anlaufphase, verminderte Betriebskosten und Risiken sowie erhöhte Kundenattraktivität nach Umsetzung pilotierter Maßnahmen. Produkt- und Kooperationsdesign für innovative logistische Lösungen erfordern eine Kooperation verschiedener Einzelakteure und eine übergreifende Perspektive.

Zur weiteren Umsetzung des Ansatzes bedarf es einer organisatorischen Koordination, die – basierend auf der Kompetenzträgerlandkarte – Themen und Fragestellungen aktiv aufgreift und qualifiziert einem Pilotierungsprozess zuführt. Die mit der Koordination, der Informationssammlung und -verarbeitung verbundenen Aufgaben einer entsprechenden Organisation setzen formale Unabhängigkeit und Neutralität voraus, um den Interessenschutz der Beteiligten gewährleisten und Akzeptanz erfahren zu können. Die Koordination hat sowohl Individualinteressen der Akteure als auch Kooperationschancen mehrerer zu berücksichtigen. Geeignet erscheint eine Netzwerkorganisation in Kombination mit einer Koordinationseinheit.

Damit können mit dem hier skizzierten Ansatz Koordination und Information als Wettbewerbsfaktoren auch im europäischen Kontext herausgestellt werden. Durch dessen weitere Umsetzung wird ein für den maritimen Standortraum innovativer Beitrag zur Vermarktung der Logistikkompetenz auf internationaler Ebene geleistet: Standortpotential, Standortattraktivität und Standorteffizienz führen zu einer wirtschaftlich zukunftsfähigen Standortproduktivität.

Dr. Ralf Meyer

Dirigismus und Liberalismus im internationalen Fluglinienverkehr

1. Einleitung

Der Passagier-Fluglinienverkehr unterlag - beginnend mit dem Chicagoer-Abkommen über die internationale Zivilluftfahrt vom 7 Dezember 1944 - einer Marktordnung, die geprägt war von erheblichen Reglementierungen. Die Luftverkehrsordnung war nur sehr begrenzt multilateraler Art und im Wesentlichen bilateraler Natur. Im Rahmen dieser Ordnung gab es bestimmte Entwicklungen, von denen die einen zu mehr Dirigismus, die anderen zu mehr Liberalität tendierten. Zwar wurde versucht, den grenzüberschreitenden Luftverkehr durch multilaterale Verträge zu regeln, und dementsprechend war auch die Chicagoer Konferenz von ihrem Leitgedanken her auf eine Liberalisierung der Zivilluftfahrt, jedoch gelang eine multilaterale Verkehrsrechtegewährung in einer liberalen Ausgestaltung aufgrund der unterschiedlichen Interessen der teilnehmenden Staaten nicht. Damit lässt sich die Luftverkehrsordnung in Gestalt eines schwer durchschaubaren Netzwerkes von bilateralen Abkommen nachvollziehen, in denen die Rechte und Einzelheiten über die Aktivitäten von Fluglinien im gegenseitigen Austausch vereinbart werden. Ein Wettbewerb zwischen den Luftverkehrsgesellschaften (LVGs) ist nur in regulierter Form - soweit von den Staaten zugelassen - durchführbar.

Angesichts der immensen wirtschaftlichen Relevanz der Verkehrsrechte für den planmäßigen Linienverkehr existiert prinzipiell die Neigung, diese nur zu gewähren, wenn die Einräumung von Rechten mit einer Gegenleistung verknüpft ist. Rechte zur Nutzung des Luftraumes durch den internationalen Fluglinienverkehr sind folglich zu Objekten des internationalen Dienstleistungshandels geworden.

Bislang entwickelte sich der Fluglinienverkehr demnach in einem System, das auf multilateralen Preisabsprachen sowie auf der Zustimmung zu den ausgehandelten Tarifen durch die betroffenen Luftfahrtbehörden beruht, was den beteiligten LVGs weitgehende Exklusivrechte gewährte. In der Regel handelte es sich dabei um eine nationale LVG, die mit der Einräumung von Verkehrsrechten eine mehr oder weniger starke Monopolstellung erhielt.

Der Luftverkehr ist wie kein anderer Wirtschaftszweig darauf ausgelegt, grenzüberschreitend tätig zu werden. Die Ordnung des globalen Fluglinienverkehrs kann deshalb nicht dem nationalen Gesetzgeber überlassen bleiben. Eine Lösung der globalen Fluglinienverkehrsprobleme, welche die weltwirtschaftlichen Verflechtungen berücksichtigt, wäre eine multilaterale Liberalisierung des Luftverkehrsmarktes. In vielen Regionen der Welt sind mittlerweile Liberalisierungen im Fluglinienverkehr vorgenommen worden, insbesondere in den USA, in der EU sowie in Kanada, Australien, Neuseeland und Japan. Diese Maßnahmen hatten jedoch alle die primäre Intention, den Wettbewerb auf Inlandsmärkten zu intensivieren. Luftverkehrsmäßige Außenbeziehungen werden demgegenüber vom Prinzip der nationalen Opportunität dominiert. Die USA streben zwar unter dem Stichwort „open sky“ eine globale Liberalisierung des Luftverkehrs an, eine solche Politik muss aber auch die Freiheit der Kabotage im eigenen Luftraum für Konkurrenten aus anderen Staaten beinhalten. Eine Klausel, nach der die Aufnahme von Fluggästen zum Transport innerhalb des US-Luftraums für US-LVGs reserviert ist, diskriminiert die ausländischen Airlines beträchtlich. Auch in Europa und anderen Teilen der Welt gibt es derartige Präferenzen. Falls jedoch ausschließlich die internationalen Luftverkehrsmärkte liberalisiert werden, sind die US-LVGs kraft der quantitativen Relevanz des US-Inlandsmarktes sowie mit Hilfe protektionistischer Maßnahmen in der Lage, durch interne Subventionen künstliche Wettbewerbsvorteile auf internationalen Routen zu erringen. Verzerrungen entstehen aber auch dadurch, wenn LVGs staatlich subventioniert werden und damit Vorteile gegenüber den durchweg privaten US-LVGs erzielen.

Die Einbeziehung des internationalen Dienstleistungshandels in die GATT-Verhandlungen stellt ein absolutes Novum dar, war aber in Anbetracht der wirtschaftlichen Bedeutung der Dienstleistungen, die 50 bis 60 Prozent der Weltproduktion von Waren ausmachen und zudem eine Wachstumsbranche par excellence darstellen, durchaus begründet. Erklären sich die Staaten dazu bereit, den Luftverkehr in ein allgemeines Dienstleistungsabkommen zu integrieren, sind die bilateralen Abkommen, die mit den Freihandelsprinzipien nicht vereinbar sind, abzuschaffen.

2. Auf dem Weg zur Liberalisierung im Rahmen der WTO ?

Das traditionelle System der bilateralen Luftverkehrsabkommen erscheint im Zeitalter der fortschreitenden Internationalisierung der Wirtschaft sowie der zunehmenden Verflechtung der Märkte überholungsbedürftig. Als ein neues Modell für ein multilaterales Abkommen über Luftverkehrs-Dienstleistungen kommt daher die World Trade Organization (WTO) in Betracht.

Die achte Verhandlungsrunde des GATT bezog erstmals den internationalen Dienstleistungshandel ein. Die Verhandlungspartner waren sich einig, dass neben dem traditionellen GATT eine Art Nebenvertrag entstehen müsste, ein assoziiertes Dienstleistungs-GATT. In dem neuen institutionellen Rahmen der Welthandelsordnung stellt deshalb nunmehr das „General Agreement on Trade in Services“ (GATS) einen der drei Vertragspfeiler der völkerrechtlich selbständigen WTO dar. Mit dem GATS verfügt das multilaterale Handelssystem damit erstmals über ein Dienstleistungsabkommen, das die WTO-Mitglieder völkerrechtlich verbindlich zur Einhaltung gewisser Grundprinzipien - Meistbegünstigung/ Inländerbehandlung/Marktzugang - verpflichtet.

Die Integration des Luftverkehrs als Dienstleistung in das GATS würde bedeuten, dass den ausländischen LVGs die gleichen Rechten - hinsichtlich Strecken, Kapazität, Marktzugang sowie Verkehrs- und Tarifgestaltung - eingeräumt werden müssten wie den inländischen Wettbewerbern. Zwar diskutierten die Vertreter der Teilnehmerstaaten zu Beginn der Verhandlungen über die Frage der Einbindung des Luftverkehrs in das GATS ausführlich, jedoch änderten die USA aufgrund des Widerstandes US-Interessenvertreter der Luftverkehrswirtschaft ihre Haltung. Insbesondere die starke Position der US-LVGs im Weltluftverkehr - aufgrund eines großen deregulierten Heimatmarktes sowie freizügiger internationaler Abkommen einschließlich wertvoller innerasiatischer und -europäischer Verkehrsrechte - war ausschlaggebend dafür, dass die US-LVGs den internationalen Luftverkehr weiterhin bilateral geregelt sehen wollten. Aus diesem Grunde wurden im Bereich des internationalen Luftverkehrs die Verkehrsrechte und alle direkt damit verknüpften Dienste aus dem multilateralen Regelwerk ausgeklammert; das GATS gilt damit lediglich für Nebendienste. Folglich war der Weg geebnet für den Bestand des bisherigen Systems mit allen überkommenen anachronistischen Regulierungstheorien und die Chance zunächst vertan, den internationalen Liberalisierungsprozess in Gang zu bringen.

Insbesondere erwiesen sich die inhaltliche Ausgestaltung der Meistbegünstigungsklausel sowie die Anwendung des Gebots der Inländerbehandlung im Luftverkehrsbereich als besonders problematisch.

2.1 Problematische Anwendung der WTO-Schlüsselprinzipien

Der Kern des WTO-Handelssystems ist der Grundsatz der Nichtdiskriminierung, der sich insb. in der Meistbegünstigung ausdrückt und besagt, dass alle Vertragsparteien die gleiche Behandlung erhalten. Demzufolge werden bilateral ausgehandelte Sonderrechte multilateral wirksam. Die Einbeziehung des Luftverkehrs in das multilaterale Dienstleistungsabkommen hätte zur Folge, dass

- Zugeständnisse, die eine Regierung ihrem liberalsten Handelspartner einräumt, sich automatisch auf alle GATS-Unterzeichner übertragen. Dadurch würde sich z.B. die Attraktivität des US-Luftverkehrsmarktes als Köder zur Ermutigung protektionistischer Regierungen, ihre Märkte für US-LVGs zu öffnen, bedeutend verringern;

- die Unterhändler an Flexibilität hinsichtlich der Vergabepraxis von Verkehrsrechten verlieren. Die Handelsbarrieren im Luftverkehr zwingen sogar liberale Staaten dazu, bei der Vergabe von Verkehrsrechten zu diskriminieren, um den zum Teil schweren Beschränkungen Rechnung zu tragen, auf die ihre LVGs in fremden Märkten treffen;
- ausländische LVGs einen erweiterten Zugang zu den inländischen Märkten der liberaleren Staaten erhalten, ohne dass sich die Regierungen protektionistischer Staaten dazu verpflichten, gleichfalls ihre Märkte zu öffnen. Dadurch erhöht sich die inländische Wettbewerbsintensität zwischen den LVGs in den liberaleren Staaten, ohne gleichzeitig deren Zugang zu neuen Märkten zu erweitern;
- die Staaten lediglich zu dem minimalen Grad liberalisieren, der notwendig ist, um Freigaben anderer herbeizuführen, da das GATT versucht, das Problem der Mitläufer durch die Sicherstellung eines Gleichgewichts der Zugeständnisse zu lösen.

Die explizite Anerkennung der uneingeschränkten Meistbegünstigung wäre hiernach vor allem für liberalisierungswillige Staaten mit aufkommensstarken Binnenmärkten problematisch, da sie jeder LVG eines WTO-Partners gleichwertigen Zugang gewähren müssten, ungeachtet dessen, ob diese ihre Märkte ebenfalls öffnen. Vor diesem Hintergrund ist schließlich auch die Kehrtwendung der USA im Laufe der Uruguay-Runde durchaus verständlich. Da US-LVGs einerseits auf ihren großen deregulierten Heimatmarkt zurückgreifen können, andererseits durch freizügig ausgestaltete internationale Abkommen den Zugang zu starken internationalen Märkten genießen, stehen die USA vor einem Dilemma, wenn sie für eine Integration des internationalen Luftverkehrs in das GATS plädieren. Obwohl die US-LVGs von einem erweiterten Zugang zu weltweiten Märkten profitieren würden, wäre der dafür zu zahlende Preis eine Öffnung des US-Binnenmarktes für ausländische LVGs. Unter dem herrschenden bilateralen System ist es anderen Regierungen aber unmöglich, US-LVGs einen ausreichenden Zugang zu gewähren, der die Öffnung des amerikanischen Binnenmarktes rechtfertigen würde. Das wirtschaftliche Äquivalent für den uneingeschränkten Zugang zum US-Binnenmarkt wäre allenfalls die Öffnung des europäischen Binnenmarktes.

Unter Berücksichtigung der dargestellten Problematik erscheint es deshalb als sehr unwahrscheinlich, dass ein auf dem Meistbegünstigungsprinzip basierendes System allgemein akzeptiert werden würde. Die Anwendung dieses Grundsatzes auf den Luftverkehr könnte den Verhandlungsprozess behindern oder sogar gänzlich ersticken und damit die Aussichten verringern, ein weltweites Liberalisierungsabkommen zu erreichen.

Ähnliches gilt für Zugeständnisse hinsichtlich der Anwendung der sogenannten „Inländerbehandlung", sofern andere Länder hier restriktive Bestimmungen aufrechterhalten: Weniger kompromissbereite Staaten könnten in dem Fall als Free-Rider ohne Gegenleistung an diesem Liberalisierungsschritt teilhaben. Das Gebot der Inländerbehandlung besagt, dass importierte Dienstleistungen in Hinsicht auf absatzrelevante Rechts- und Verwaltungsvorschriften nicht schlechter gestellt werden dürfen als kongeniale Dienstleistungen inländischer Herkunft. Übertragen auf den Luftverkehrssektor würde die Anwendung dieses Prinzips erfordern, dass ausländische LVGs und Transportleistungen die gleiche Behandlung erfahren wie vergleichbare inländische. Bereits existierende internationale Vereinbarungen des US-Luftverkehrs verlangen inzwischen die Nichtdiskriminierung zwischen US- und ausländischen LVGs. Ausländischen LVGs, die die USA bedienen, ist es grundsätzlich erlaubt, ihre geschäftlichen Operationen auf die gleiche Weise wie die US-Carrier zu tätigen. Dies bedeutet, dass sie berechtigt sind, Verkaufsbüros zu eröffnen, zu werben sowie Bodendienstleistungen für sich selbst und andere anzubieten oder, allgemein ausgedrückt, auf denselben Grundlagen wie die amerikanischen LVGs Wettbewerb zu betreiben.

Bedeutsamer ist aber die Tatsache, dass das Prinzip der Nichtdiskriminierung sich bisher nicht auf verkehrswirtschaftliche Schlüsselrechte, z.B. die Routen, ausdehnt. Demzufolge sind z.B. die USA nicht verpflichtet, ausländischen Airlines zu erlauben, auf einer bestimmten Strecke zu operieren, nur weil eine US-Airline diese Route bedient. Eine Anwendung des Prinzips der Meistbegünstigung bzw. eine Liberalisierung des internationalen Luftverkehrs würde jedoch eine grundsätzliche Eliminierung dieser Barriere verlangen.

Im Bereich der Inlandsflüge ist eine weitere, noch gravierendere Beschränkung festzustellen. LVGs, die sich im Besitz ausländischer Staaten befinden oder unter deren Kontrolle stehen, sind in den USA und den meisten anderen Ländern per Gesetz vom inländischen Markt ausgeschlossen. Zur Verwirklichung des Prinzips der Inländerbehandlung wären demzufolge Gesetzesänderungen erforderlich. Verständlicherweise hegen die US-LVGs Bedenken hinsichtlich einer vollständigen Öffnung des US-Binnenmarktes. Zumal die post-deregulative Entwicklung des US-Luftverkehrs darlegte, welche Wettbewerbsbedeutung der Aufbau eines ausgedehnten Luftverkehrsnetzes von untereinander verbundenen Ausgangspunkten hat. Die Anwendung des Prinzips der uneingeschränkten Meistbegünstigung sowie der Inländerbehandlung würde den LVGs protektionistischer Staaten einen erheblichen Vorteil einräumen, indem sie ihnen gestatten, umfassendere Flugnetze aufzubauen als den LVGs aus liberalen Ländern.

Der gleiche Zugang zu den Binnenmärkten anderer Staaten würde US-LVGs dagegen mit Märkten konfrontieren, die für eine effiziente Operation zu aufkommensschwach sind. Durch die Freigabe des US-Binnenmarktes für ausländische LVGs, auf der Basis derselben Bestimmungen wie für die US-Carrier, vergrößert somit das Prinzip der Inländerbehandlung den Spielraum für Staaten mit geschlossenen Binnenmärkten erheblich. Zwar würde dieses Prinzip ausländischen LVGs den Zugang zum geöffneten US-Binnenmarkt sichern, jedoch lockert es nicht die strikten Zugangsreglementierungen, wie sie auf ausländischen Märkten üblich sind. Auf diese Weise würde die nationale Behandlung zwar den Zugang zum US-Markt garantieren, US-LVGs stießen aber in Übersee auf die gleiche Ablehnung wie alle Staaten, die versuchen, ihr Luftverkehrsnetz auf stark regulierte Länder auszuweiten.

Bevor nicht Prozesse entwickelt werden, die eine prompte und flexible Hilfestellung darstellen, werden viele Staaten, wenig gewillt sein, über neue, bedeutende Zugeständnisse zu verhandeln. Die meisten Konflikte zwischen bilateralen Luftverkehrspartnern werden auf Regierungsebene gelöst. Damit behalten sich die Regierungen das Recht vor, die Tätigkeit einer ausländischen LVG für den Fall zu beschränken, dass bestimmte Rechte verletzt werden. Die Unannehmlichkeiten, die Reisenden, die ja auch Wähler sind, entstehen, und die wechselseitige Verletzbarkeit der LVGs gegenüber Regierungssanktionen trugen dazu bei, die augenscheinlich hohen Kosten eines Disputs zu scheuen und Konflikte im internationalen Luftverkehr rascher zu lösen. Zwar wird das Streitschlichtungsverfahren des GATT/der WTO als Argument angeführt, dieses System auch auf den Luftverkehrsbereich anzuwenden, jedoch scheint das Verfahren nicht in der Lage zu sein, die Konflikte rasch zu lösen. Auf Grund der langen Beratungszeiten bieten sich diese Institutionen kaum als Forum für die Lösung internationaler Handelskonflikte im Bereich des Luftverkehrs an.

Die US-Liberalisierungsinitiative veranschaulichte zudem, dass es für einige bilaterale Partner durchaus möglich ist, protektionistische Barrieren abzubauen. Indem die USA den Zugang zum US-Luftverkehrsmarkt als Anreiz nutzten, ließ sich der Verkehr über dem Nordatlantik deutlich liberaler gestalten. Ebenso führte der starke Druck von Seiten der USA zu einiger Liberalisierung in Japan und zu starker Liberalisierung in anderen Randstaaten des Pazifiks.

2.2 Ein „Mini-GATS“ für den Fluglinienverkehr

Die mit der Anwendung des Meistbegünstigungsprinzips sowie der Inländerbehandlung verbundenen Probleme verdeutlichten, dass ein multilaterales Übereinkommen, welches für den Luftverkehrsbereich nach den WTO-Schlüsselprinzipien eine vollkommene Öffnung des Marktzuganges (unabhängig vom Ort des Unternehmenssitzes), freie Preisgestaltung, verbindliche Einigung auf anzuwendende Wettbewerbsregeln sowie effiziente Konfliktmechanismen (Schlichtungsverfahren) herstellt, als ein Maximalkonzept aufgefasst werden muss, welches auf eine Fülle von Widerständen stößt.

Durch die universale Ausweitung der Vorteile der Liberalisierung auf beide - liberale und protektionistische - Staaten, und auf solche, die mehr oder auch weniger geneigt sind, sich den vereinbarten Regeln zu unterwerfen, würden die WTO-Schlüsselprinzipien den erwarteten Wert des Abkommens für aufkommensstarke Luftfahrtnationen erheblich reduzieren. Insbesondere für Staaten mit bereits geöffnetem Binnenmarkt bestünde der Zwang, ihre Luftverkehrsmärkte für Mitläufer mit beschränkten regulativen Marktsystemen zu öffnen. Dadurch würde das Prinzip der Inländerbehandlung liberale Staaten entmutigen, ihre Binnenmärkte freizugeben. Zudem ist dieses Prinzip zu beschränkt in seiner Fähigkeit, effektiv mit dem Problem der Zugangsbarrieren und restriktiven inländischen Vorschriften intoleranter Staaten umzugehen. Auch sind die US-Luftverkehrspartner noch nicht in der Lage, den Vereinigten Staaten Rechte einzuräumen, die mit den von amerikanischer Seite eingeräumten vergleichbar wären. Gleichwertigkeit setzt beispielsweise den gesicherten Zugang US-LVGs zum europäischen Binnenmarkt voraus, im Austausch gegen den gesicherten Zugang europäischer LVGs zum US-Luftverkehrsmarkt.

Europa bewegt sich zwar auf einen gemeinsamen Luftverkehrsmarkt zu, jedoch ist die EU noch nicht in der Lage, mit den USA über Luftverkehrsrechte zu verhandeln, geschweige denn, den Zugang zum EU- Luftverkehrsmarkt anzubieten oder den Erwerb EU-Airlines durch US-LVGs zu genehmigen. Auch die USA müssten Regelungen treffen, um ausländischen LVGs zu gestatten, rein inneramerikanische Flüge durchzuführen oder durch Kauf die Leitung über eine amerikanische LVG zu erlangen. Insgesamt lässt sich damit festhalten, dass nicht übereinstimmende Regelsysteme und zu kleine inländische Märkte ein bedeutendes Verhandlungsproblem beim Versuch, den Austausch im Luftfahrtsektor zu liberalisieren, erzeugen.

Insofern erscheint es mehr als fraglich, ob sich die verschiedenen Staaten mit ihren unterschiedlichen Wirtschaftsordnungen und ökonomischen Zielvorstellungen auf eine rasche und umfassende liberale Regelung im Rahmen des GATS einigen können und für die Schaffung einer völlig neuen Marktordnung im Luftverkehrsbereich bereit sind. Es wird sicherlich noch einige Jahre dauern, bis sich die Überzeugung weltweit durchsetzen wird, dass das alte regulierte bilaterale System überholt ist.

Um jedoch den Prozess der Liberalisierung anzukurbeln und die für die bisherigen GATT-Runden typisch gewordenen Schwierigkeiten bei der Suche nach einem kleinsten gemeinsamen Nenner zu umgehen, bietet es sich an, zunächst einen bestimmten Mindeststandard festzulegen, an denen sich ein Interessenaustausch im Luftverkehr orientiert. Ähnlich dem Prozedere, wie es im Rahmen des europäischen Integrationsprozesses abgelaufen ist, könnte ein Ansatz gewählt werden, in einem multilateralen Abkommen zunächst die liberalisierungswilligen Länder im Weltluftverkehr zusammenzuführen und aus dieser Keimzelle heraus anderen Ländern einen späteren Beitritt anzubieten. Damit könnte rasch auf wichtigen Teilgebieten des Luftverkehrssystems ein Abbau von gegenseitigen Wettbewerbsrestriktionen erzielt werden.

Zur Forcierung einer globalen multilateralen Luftverkehrsmarktliberalisierung bietet sich die Vereinbarung folgender Prinzipien an:

- Rückführung staatlicher Anteile an Airlines;
- Einstellung aller staatlichen Subventionen;
- Nichtdiskriminierte Teilnahme an den weltweiten CRS;
- Errichtung eines bindenden Streitschlichtungsmechanismus;
- Gewährung der 5. Luftverkehrsfreiheit;
- Abbau von Restriktionen beim Zugang zur Infrastruktur;
- Sicherung des freien Marktzuganges;
- Beseitigung der Ausländerdiskriminierung.

Zur Vermeidung von Problemen, die mit der Anwendung des uneingeschränkten Meistbegünstigungsprinzips verbunden sind, könnten die Unterhändler eine beschränkte Meistbegünstigungs-Vereinbarung entwickeln, welche nur für die Staaten gilt, die bereit sind, vereinbarte Regeln zu akzeptieren bzw. einzuhalten sowie Bedingungen zur Sicherung eines freien Luftverkehrs zu erfüllen. Ein ähnlicher Ansatz könnte auch zur Lösung hinsichtlich der Anwendung des Prinzips der Inländerbehandlung beitragen.

Ein derartiger Vorstoß würde einen ersten Schritt zur Entwicklung eines globalen liberalen Luftverkehrssystems darstellen. Das Nicht-Diskriminierungsgebot sollte selbstverständlich nur auf die Staaten ausgeweitet werden, die bereit sind, das gesamte mit der Liberalisierung des Luftverkehrs verbundene Paket zu akzeptieren. Anderen Staaten könnte es zudem gestattet werden, auf einer beschränkteren Basis beizutreten, wenn sie sich bereit erklären, einen Ausgleich für jede Beeinträchtigung zu zahlen.

Da ein Abkommen zwischen relativ wenigen liberalisierungswilligen Ländern (z. B. zwischen den Vereinigten Staaten und der EU) bereits über die Hälfte des Weltluftverkehrs abdeckt, würde dieses „Mini-GATS" für den Luftverkehr, welches auf dem Prinzip der beschränkten Meistbegünstigung basiert, sowohl leichter verhandelbar als auch beträchtlich liberaler sein als jedes andere Abkommen, das auf der Anwendung der Prinzipien der unbeschränkten Meistbegünstigung sowie der Inländerbehandlung beruht. Dieser Ansatz würde einerseits das Problem des kleinsten gemeinsamen Nenners lindern, der ansonsten erst in langwierigen GATS/WTO-Verhandlungen erzielbar wäre, da die Beteiligung anfangs auf die relativ gleichgesinnten Staaten begrenzt ist, und andererseits den Druck zur weltweiten Liberalisierung verstärken.

Aber auch Verhandlungen zwischen einer kleinen Gruppe liberal-orientierter Länder wären nicht ohne Schwierigkeiten durchführbar. Zur Erreichung des Mindeststandards wären die beteiligten Regierungen gezwungen, Subventionen für „ihre“ LVGs einzudämmen, staatliche LVGs zu privatisieren und ausländischen LVGs einen erweiterten Marktzugang zu gewähren. Zudem müssten die Regierungen die Unvermeidlichkeit von Erwerb, Fusionen und der Multinationalisierung ehemaliger „Flag-Carrier“ akzeptieren.

Zwar sind bilaterale Versuche, den Handel im Luftfahrtsektor zu liberalisieren, in vielerlei Hinsicht attraktiv und gemeinhin eine akzeptierte Methode zur Verhandlung von Luftfahrtabkommen, da sie einem Staat erlauben, ein Paket ökonomischer Rechte zu entwickeln, um Handelsbarrieren zu überwinden, die den Wettbewerb ihrer Fluglinien auf ausländischen Märkten vereiteln, jedoch beschränkt das bilaterale System den Luftverkehr genauso, wie es ihn schützt. Ein bilaterales Abkommen, das offen ist für Staaten, die bereit sind, die vereinbarten Regeln zu akzeptieren, wäre jedoch ein erster hoffnungsvoller Schritt zur Errichtung eines globalen multilateralen Luftverkehrssystems.

Angesichts des hohen Grades wirtschaftlicher Verflechtung sowie der weltweit höchsten Übereinstimmung von Wirtschaftskraft, Ordnungspolitik und Verständnis von Marktwirtschaft wäre ein Abkommen zwischen den Vereinigten Staaten und der EU ein logischer Ansatz für die Entwicklung eines zielgerichteten, multilateralen Luftverkehrsabkommens. Dazu bedarf es aber zunächst der Übertragung luftverkehrspolitischer Kompetenzen auf die EU.

3. Internationale Luftverkehrspolitik

Im Kontext mit der europäischen Liberalisierung des Luftverkehrs befürchten Drittstaaten, dass sich der von der EU eingeschlagene Liberalisierungsprozess lediglich auf die innereuropäischen Luftverkehrsmärkte beschränkt und diese gegenüber internationalen Wettbewerbern aus Drittländern abgeschottet werden. Verwiesen sei in diesem Zusammenhang auf die Erfahrungen mit der Deregulierungspolitik auf dem US-Markt, der für ausländische LVGs nach wie vor verschlossen ist. Verstärkt werden diese Mutmaßungen durch die Pläne der EU, eine Organisation zu schaffen, die in Zukunft zentral für alle EU-Staaten die Luftverkehrsverhandlungen mit Drittländern tätigen soll. Um zu verhindern, dass in Zukunft z.B. einzelne Länder Asiens ihre Interessen gegen die Vereinigten Staaten und Europa nicht mehr adäquat vertreten können, wird von einigen Ländern dieser Region als Gegengewicht ebenfalls die Koordinierung ihrer nationalen Luftfahrtpolitiken angestrebt.

3.1 EU-Luftverkehrspolitik und bilaterale Luftverkehrsabkommen

Da vor allem die wirtschaftlichen und rechtlichen Elemente der internationalen Luftverkehrsbeziehungen durch bilaterale Abkommen zwischen den Staaten geregelt werden, ist insbesondere die Frage zu klären, wer die Interessen der EU bzw. der Mitgliedstaaten vertritt. Eine allgemeingültige Regelung ist nicht nur für die Beteiligten innerhalb der EU von Bedeutung, sondern auch für sämtliche Drittstaaten, die Luftverkehrsbeziehungen mit den EU-Mitgliedstaaten unterhalten und entsprechende Vereinbarungen getroffen haben. Ob die von den einzelnen Mitgliedstaaten abgeschlossenen bilateralen Abkommen durch multinationale EU-Abkommen ersetzt werden sollen, wird für die weitere Entwicklung der internationalen Luftverkehrspolitik von erheblicher Tragweite sein. Wenn man davon ausgeht, dass der Binnenmarkt luftverkehrspolitisch zu einem gemeinschaftlichen Hoheitsgebiet erklärt werden kann, der Luftverkehr zwischen den Mitgliedstaaten für LVGs aus Drittstaaten zu Kabotageverkehr wird und eine EU-Zugehörigkeit für in den Mitgliedstaaten beheimatete LVGs begründet werden kann, dann würden gemeinschaftliche Interessen entstehen, die auch gemeinsam vertreten werden müssen. Diese Ansätze sind jedoch sowohl innerhalb der EU als auch international strittig, solange es keine Politische Union gibt. Luftverkehrsverhandlungen oder -vereinbarungen durch die EU würden eine Kündigung der bestehenden Abkommen zwischen Drittstaaten und den jeweiligen Mitgliedstaaten nach sich ziehen und multinationale Vereinbarungen mit der EU zur Folge haben. Trifft die EU jedoch Luftverkehrsabkommen, die nicht auf der Grundlage völliger Freizügigkeit basieren, entsteht gemeinschaftsintern das Problem der Verteilung der erworbenen Verkehrsrechte auf die einzelnen EU-Carrier. Als mögliche Lösung bieten sich Ausschreibungsmöglichkeiten an, auf die sich die zugelassenen EU-LVGs bewerben können. Es wird allerdings nicht leicht sein, Zuteilungskriterien und Prioritäten zu finden, die nationalen sowie anderen Ansprüchen in der EU gerecht werden und die nicht zu Schlechterstellungen für Mitgliedstaaten und LVGs führen.

Die EU-Kommission (KOM) plädierte von Anfang an dafür, dass die Mitgliedstaaten künftig die Luftverkehrsverhandlungen auf die Gemeinschaft delegieren sollten. Dies begründete die KOM nicht nur damit, dass sie als übergeordnete Instanz eine stärkere Verhandlungsposition als die einzelnen Mitgliedstaaten innehabe, vielmehr hielt sie die bisherigen bilateralen Abkommen schon nicht für EU-rechtskonform. Insbesondere die bilaterale Festlegung der Transportkapazitäten ist nach ihrer Auffassung nicht mehr vereinbar mit den Grundsätzen des Binnenmarktes und verstößt gegen Art. 5 und 85 EGV. Ähnliches gilt für Tarifvereinbarungen, Marktzugangsbeschränkungen etc.

Die nationalen bilateralen Abkommen sollten schrittweise durch EU-Abkommen ersetzt werden. Die Konsequenzen für Drittstaaten sind jedoch noch nicht absehbar. Diese hätten grundsätzlich nur noch mit der Gemeinschaft zu verhandeln, d.h., langwierige Vertragsverhandlungen entfielen. Andererseits ist fraglich, ob die EU bereit wäre, dieselben Zugeständnisse zu machen wie die Einzelstaaten. Insbesondere Tariffindungsklauseln wären ausgeschlossen, weil sie mit dem EU-Wettbewerbsrecht nicht in Einklang stehen.

Innerhalb der EU besteht eine Fülle von verschiedenen bilateralen Luftfahrtabkommen, die Drittländern unterschiedliche Rechte in der Union einräumen. In vielen Fällen hat dies zu erheblichen Wettbewerbsverzerrungen zwischen LVGs in verschiedenen Mitgliedstaaten geführt. Die differenzierten, bilateralen Luftverkehrsabkommen im Drittlandverkehr bewirken mittelbar Strukturkonsequenzen innerhalb der EU, da sie die Ertragskraft der LVGs unterschiedlich beeinflussen. Nur durch die Schaffung einheitlicher Rahmenbedingungen kann ein vernünftiger Wettbewerb innerhalb der Union in Verbindung mit partnerschaftlichen Verträgen zu Drittstaaten geschaffen werden.

3.2 Die Luftverkehrspolitik zwischen der EU und den USA

Die EU erhebt gegenüber den USA den Vorwurf, dass die amerikanische „open-sky"-Politik nur für US-Airlines zum Tragen kommt, während die europäischen LVGs im US-Luftraum eher mit einem geschlossenen Himmel konfrontiert werden. Die Unausgewogenheit in den bilateralen Luftverkehrsabkommen verhindere die Chancengleichheit auf der Nordatlantik-Route. Speziell für die Lufthansa (LH) stellte sich die bilateral ausgehandelte Situation als besonders krass heraus. Nach dem bisherigen deutsch-amerikanischen Luftverkehrsabkommen (Besatzerstatus) durften die US-LVGs alle deutschen Flugbasen anfliegen, es wurde ihnen sogar das Recht der 5. Luftverkehrsfreiheit zugestanden, d.h., sie konnten auf ihren deutschen Zielflughäfen - vorbehaltlich der jeweiligen Drittstaatgenehmigung - Passagiere zur Weiterbeförderung in Drittländer aufnehmen. Die LH hatte dagegen in den Vereinigten Staaten lediglich 12 sogenannte „Gateways" und war deshalb um so mehr auf Zubringer-Airlines für die Weiterflüge innerhalb des US-amerikanischen Luftraumes angewiesen. Das ungleich ausgestattete Abkommen führte schließlich dazu, dass sieben US-LVGs nach Deutschland flogen und ihren Marktanteil auf der Atlantikroute von 50 (Anfang der 80er Jahre) auf rund 70 Prozent ausbauen konnten.

Im Gegensatz zur LH konkurriert dagegen British Airways in London-Heathrow lediglich mit zwei US-LVGs. Zudem beinhaltet das britisch-amerikanische Luftfahrtabkommen, dass zwei britische LVGs insgesamt 25 Destinationen in den USA anfliegen dürfen. Weiterhin gestattet das Abkommen den britischen LVGs - vorbehaltlich der Drittstaatengenehmigungen -, die US-Zielflugbasen auch von Kontinentaleuropa aus zu bedienen, während praktisch alle anderen europäischen LVGs dies lediglich jeweils von ihrer „homebase location" aus dürfen. Das liberale amerikanisch-niederländische Abkommen sowie die Allianz mit der US-LVG Northwest versetzt die KLM sogar in die Lage, über 200 Zielflugbasen in den USA anzufliegen.

Nach mehrjährigen zähen Verhandlungen einigten sich Deutschland und die Vereinigten Staaten am 24. Mai 1994 schließlich auf eine neue vierjährige Interimslösung (Memorandum of Cooperation), die den aus den 50er Jahren stammenden Luftverkehrsvertrag ablöste und an deren Ende möglichst ein bi- oder multilaterales und marktorientiertes Abkommen stehen soll. Nach der neuen Vereinbarung ist die Zahl der wöchentlichen Flüge auf 290 zwischen Deutschland und den Vereinigten Staaten sowie auf 155 im Verkehr über Deutschland oder die Vereinigten Staaten hinaus in dritte Länder beschränkt. Im Gegenzug erhielt die Lufthansa (LH) das Recht, statt bisher 13 Flughäfen in den Vereinigten Staaten nunmehr 25 anzufliegen. Daneben wurde es der LH ermöglicht, sich für weitere Transatlantikverbindungen an eine amerikanische Partnergesellschaft (United) - im Rahmen eines „Code-sharing"-Abkommens - zu binden.

Als Teil einer Neuorientierung der US-Luftverkehrspolitik, mit dem langfristigen Ziel eines weltweiten liberalisierten Flugverkehrs vor Augen, versuchen die Vereinigten Staaten durch eine Fülle von „open sky"-Abkommen mit kleineren europäischen Staaten (Niederlande, Luxemburg, Österreich, Finnland, Schweiz, Island) einen Druck auf die größeren EU-Nationen (Deutschland, Frankreich, Großbritannien, Italien) auszuüben, damit diese ihre Flugbasen für amerikanische LVGs öffnen. Die Vereinbarungen mit den kleineren Ländern nach dem Muster des amerikanisch-niederländischen Abkommens sollen dabei als Beispiel und Katalysator für die Gestaltung liberaler Abkommen dienen. Mit dieser pragmatischen Strategie der kleinen Schritte wollen die Vereinigten Staaten die zurückhaltenden großen europäischen Staaten mit einem Netz von liberalen Abkommen umgarnen. Zudem setzen die amerikanischen Behörden die Anti-Trust-Immunität als Köder für bilaterale Marktöffnungsabkommen ein. Für eine enge Verzahnung zwischen europäischen und amerikanischen LVGs verlangen die USA den Abschluss von Luftfahrtabkommen mit dem jeweiligen Staat, die einen völlig freien Luftverkehr zwischen allen Städten beider Länder erlauben. Dementsprechend gaben die Vereinigten Staaten zu erkennen, dass sie die Allianz zwischen BA und American nicht ohne den Abschluss eines bilateralen „open-sky"-Abkommens mit Großbritannien genehmigen.

Als erstes großes europäisches Land hat Deutschland mit den Vereinigten Staaten ein Luftfahrtabkommen unter Dach und Fach gebracht, das dem beiderseitigen Luftverkehr eine umfassende Liberalisierung und Marktorientierung sichern soll. Das Abkommen tritt an die Stelle der Übergangsvereinbarung von 1994. Mit dem neuen deutsch-amerikanischen Abkommen sind nicht nur alle Beschränkungen sowohl bei Anzahl und Größe der Flugzeuge wie bei den Preisen („double disapproval"-Verfahren) aufgehoben. Wichtiger noch ist die Möglichkeit, im Partnerland Passagiere aufzunehmen und in ein drittes Land zu fliegen. Noch folgenreicher ist die Aufhebung aller Beschränkungen im „Drittland-Code-Sharing" (bisher auf 350 Flugdienste begrenzt). Danach ist es amerikanischen LVGs, die europäische LVGs als Partner haben, erlaubt, über deren Heimatländer nach Deutschland zu fliegen. Obendrein hat das amerikanische Transportministerium die Allianz zwischen der Lufthansa und United weitgehend von den Vorschriften des amerikanischen Wettbewerbsrechts befreit („Antitrust-Immunität“). Damit sind Vereinbarungen der Allianz über Kapazitäten, Frequenzen, aber auch über Preise grundsätzlich statthaft.

Insgesamt erhoffen sich die USA, dass sie die Vereinbarung mit Deutschland auch als Druckmittel gegenüber Großbritannien verwenden und damit die Öffnung des britischen Marktes herbeiführen können, da die Gespräche über ein britisch-amerikanisches Luftfahrtabkommen wegen grundsätzlich unterschiedlicher Vorstellungen ins Stocken geraten sind. Der Streitpunkt besteht darin, dass die amerikanische Seite für ihre LVGs in Europa im „Open Sky“ das Recht sieht, nicht nur jeden Flughafen im Land des Partners anzufliegen, sondern von dieser Flugbase auch in weitere EU-Länder bzw. andere europäische Staaten weiterzufliegen. Dies war den USA im deutsch-amerikanischen Luftfahrtabkommen zugestanden worden. Umgekehrt jedoch können die LVGs der europäischen Partner in den Vereinigten Staaten nur direkt zur gewünschten Destination fliegen, aber dann nicht weiter zu einem anderen US-Flughafen. Die Forderungen Großbritanniens gehen jedoch über die Bedingungen des deutsch-amerikanischen Abkommens hinaus. Sie verlangen von den USA, dass britische LVGs nach einer Landung in den USA zu anderen US-Flugbasen weiterfliegen dürfen, also praktisch den inneramerikanischen Flugverkehr aufnehmen dürfen (Kabotage). Ferner besteht Großbritannien darauf, dass die Vereinigten Staaten die Vorschrift abschaffen, nach der sich ausländische LVGs nur mit einer Beteiligung von bis zu 25 Prozent an US-LVGs engagieren dürfen. Die Kabotage-Rechte werden jedoch von den USA mit der Begründung abgelehnt, dass die europäischen LVGs vom Inlandsmarkt mehr profitieren würden als US-Carrier von deren europäischen Heimatmärkten. Um den Druck auf die britische Regierung zu erhöhen, hat das US-DoT nunmehr die Genehmigung für die geplante Allianz zwischen BA und American Airlines von dem Abschluss eines britisch-amerikanischen Luftfahrtabkommens abhängig gemacht.

Die Bemühungen der Vereinigten Staaten, mit ihren wichtigsten Handelspartnern bilaterale Luftfahrtabkommen zu schließen, um einen möglichst großen „open sky“-Raum zu schaffen, sind auch auf wachsenden Widerstand der KOM gestoßen. Die KOM argumentiert, dass ein gemeinschaftliches Vorgehen den EU-LVGs mehr Marktzugangs- und Flugrechte sichern werde als bei Alleingängen der EU-Länder ausgehandelt werden könnten. Die KOM macht beispielsweise geltend, dass bei einem Netz bilateraler Verträge die US-LVGs ihre Dienste zwischen EU-Destinationen anbieten könnten, etwa zwischen Frankfurt und Amsterdam; einer EU-LVG sei es dagegen zwar gestattet, irgendeine Flugbase in den Vereinigten Staaten anzufliegen (Punkt-zu-Punkt-Relationen), nicht jedoch z.B. New York mit Los Angeles (Kabotage) zu verbinden.

Ziel der KOM ist es, durch ein Abkommen der Gemeinschaft mit den Vereinigten Staaten das bestehende Ungleichgewicht im transatlantischen Luftverkehr zu beseitigen und auf Basis der Gegenseitigkeit eine völlige Öffnung der Luftverkehrsmärkte zu erreichen. Damit sind also nicht nur die dritte und vierte Luftverkehrsfreiheit gemeint, die Gegenstand der umstrittenen „open sky"-Abkommen sind, sondern auch die weiteren Aktivitäten, wie etwa die Kabotage, die einer US-LVG beispielsweise gestatten würde, einen innerdeutschen Dienst aufzuziehen. Daneben sind jedoch auch gemeinsame Regeln zur Verbesserung der Wettbewerbsbedingungen sowie zu Landerechten, CRS, Beihilfen sowie für die gemeinsame Kennzeichnung bei gemeinschaftlich betriebenen Flugrelationen (Code-sharing) erforderlich. Schließlich sollten auch die unterschiedlichen Vorschriften über Kapitalbeteiligungen (in der EU maximal 49 Prozent, in den Vereinigten Staaten höchstens 25 Prozent) einander angeglichen werden. Als Fundament für einen einheitlichen gemeinsamen transatlantischen Luftverkehrsraum könnte die derzeit diskutierte „TAFTA" bzw. eine transatlantische Liberalisierungsinitiative im Luftverkehr dienen.

3.3 Transatlantische Luftverkehrsliberalisierungs-Initiative

Von verschiedenen europäischen und amerikanischen Vertretern wurde der Vorschlag zur Errichtung einer transatlantischen Freihandelszone (die sogenannte „TAFTA") in die Diskussion gebracht. Die Befürworter argumentieren, dass mit wirtschaftlich und/oder kulturell verbundenen Regionen bilateral rascher eine umfassende Liberalisierung vereinbar sei, als in komplizierteren multilateralen Verhandlungen. Da Europa und die USA die am stärksten wirtschaftlich verbundenen Regionen der Welt sind, verlangt das Potential der transatlantischen Wirtschaftsbeziehungen - auch angesichts der Herausforderungen durch den Fernen Osten - nach neuen Regelungsmechanismen. Insofern versteht sich dieser Ansatz zur regionalen Integration der beiden großen Handelsblöcke auch als Gegenstück zur geplanten APEC. Zwar wird im Falle einer Verwirklichung der TAFTA die Gefahr gesehen, dass diese als „exklusiver Klub der Industrieländer" angesehen und dass eine „sektoral unvollständige und regional begrenzte Freihandelszone die WTO-Regeln verletzen" würde. Jedoch wird aus der Diskussion um die TAFTA die Schlussfolgerung gezogen, dass sowohl die USA als die EU zu weiterer Handelsliberalisierung bereit sind.

Diese Impulse könnten genutzt werden, um die Umsetzung der Verpflichtungen aus der Uruguay-Runde zu beschleunigen und damit die globale Handelsliberalisierung zu forcieren. Und zwar zum einen dadurch, dass die anderen WTO-Mitglieder ermutigt werden, ebenfalls eine schnellere Realisierung der Uruguay-Beschlüsse anzustreben, zum anderen, wenn sich die Liberalisierung verstärkt auf Sektoren erstreckt, für die es im multilateralen Rahmen noch keine verbindlichen Vereinbarungen gibt. Dadurch würde die WTO - unter Einbeziehung der TAFTA-Ergebnisse - gedrängt werden, bisher unerledigte Arbeiten der Uruguay-Runde wieder aufzunehmen. Insofern ergeben sich aus der Schaffung einer TAFTA bilaterale Handlungsmöglichkeiten, die nicht nur mit dem multilateralen Ansatz vereinbar wären, sondern diesen zugleich auch stützt.

In Anbetracht des beachtlichen Stellenwertes der USA und der EU für den Fortbestand der multilateralen Handelsordnung müssen sich die zwei wichtigsten Handelsblöcke der Signalwirkung einer TAFTA bewusst sein. Die TAFTA darf diese Ordnung nicht schwächen, sondern muss sie stärken. Oberstes Gebot sollte folglich sein, die Defizite der vergangenen multilateralen Verhandlungen abzubauen und die TAFTA damit als Hebel für weltweiten Freihandel einzusetzen. Gerade die regionalen Integrationen sind eher Bau- als Stolpersteine für eine multilaterale Welthandelsordnung und gelten als „test labs“ für den Multilateralismus. Insofern muss liberalisierungswilligen Staaten der Beitritt zur TAFTA gestattet werden, wenn sie im Gegenzug ihre Heimatmärkte gemäß den TAFTA-Regeln öffnen. Die Beitrittskandidaten übernehmen dann sowohl die Rechte als auch die Pflichten der TAFTA. Damit wird von vornherein eine selektive Handelspolitik, die manche Länder bevorzugt und andere benachteiligt, ausgeschlossen.

Insgesamt lassen sich folgende Vorteile der bedingten Öffnung anführen:

- Die weltweite Liberalisierung wird über den regionalen Umweg beschleunigt, da regionale Integrationen oftmals im Innenverhältnis zu einem schnelleren und umfassenderen Abbau von Marktzutrittsschranken beitragen;
- Drittstaaten werden nicht durch die Errichtung einer nordatlantischen Festung ausgeschlossen;
- Ein Rosinenpicken wird vermieden, da die Beitrittskandidaten das gesamte Verhandlungspaket übernehmen müssen.

Zwar würde die TAFTA eine Abkehr von dem fundamentalen Prinzip der WTO bedeuten, da regionale Integrationsabkommen nicht zur Meistbegünstigung verpflichtet sind, jedoch werden Freihandelszonen durch das GATT legitimiert, wenn sich das Liberalisierungsabkommen auf „annähernd den gesamten Handel“ bezieht. Die TAFTA entspräche also dem Geist der WTO, wenn die Handelsschranken in allen substantiellen Sektoren abgebaut werden, also auch in jenen, in denen ein hoher Anpassungsdruck für die heimischen Anbieter zu vermuten ist.

Der Luftverkehrssektor bildet bisher eine gravierende Ausnahme vom Freihandelspostulat. Spezifisch vom Liberalisierungsansatz ausgeklammert werden die bestehenden bilateralen und plurilateralen Luftverkehrsabkommen. Zwar gab es schon einige Liberalisierungsschritte, jedoch sind die Märkte in den USA und in der EU für ausländische Konkurrenz noch nicht ausreichend geöffnet. Insofern ist die bloße Meistbegünstigung unzureichend. Da die EU und die USA wichtige Luftverkehrspartner sind, könnte eine Liberalisierung im Rahmen der TAFTA die notwendigen Impulse geben, den Bilateralismus zu überwinden, den Luftverkehr in das GATS zu integrieren und damit die transnationale Deregulierung zu forcieren.

Zur Beschleunigung einer globalen Liberalisierung des Fluglinienverkehrs sollten folgende Prinzipien im Rahmen der TAFTA vereinbart werden:

- Freier Marktzugang im Luftverkehrsraum der TAFTA (Binnenkabotage);
- Gleichstellung von US- und EU-LVGs im TAFTA-Luftverkehrsgebiet;
- Angleichung der unterschiedlichen Vorschriften über Kapitalbeteiligungen von (TAFTA-) ausländischen an nationalen LVGs;
- Eliminierung von Subventionen für nationale LVGs;
- Abschaffung von Chapter 11 des US-Konkursgesetzes;
- Schaffung einheitlicher rechtlicher CRS-Rahmenbedingungen;
- Festlegung von Mindeststandards für grenzüberschreitend wirksame Wettbewerbsbeschränkungen.

4. Resümee

Das Fernziel der internationalen Zusammenarbeit im Bereich der Luftverkehrspolitik muss eine transnationale Liberalisierung sein, die den Bilateralismus überwindet und zu neuen multilateralen Abkommen führt. Da bilaterale Abkommen eine besondere Form des Protektionismus darstellen, wäre es sinnvoll, die WTO-Prinzipien des freien Welthandels auch auf den Luftverkehrsmarkt anzuwenden. Das Verschmelzen der Wirtschaft zu einem globalen Markt wird multilaterale rechtliche Regelungen nötig machen, die die bisherigen bilateralen Abkommen ersetzen. Da die Regierungen ihre Staatsanteile an Flag-Carriern in erheblichen Maße verringern, die Deregulierung der Binnenmärkte voranschreitet und die Globalisierung der Luftverkehrsnachfrage sowohl im Tourismusbereich als auch im Geschäftsreiseverkehr stetig steigt, werden multilaterale Lösungsansätze zukünftig immer dringlicher.

Infolge der angeführten Schwierigkeiten hinsichtlich der Integration des Luftverkehrssektors in das GATS erscheint es jedoch vorteilhafter, zunächst die „europäische Zone des freien Luftverkehrs“ über die Grenzen Europas hinaus zu erweitern. Insbesondere läge es nahe, sie auf die Vereinigten Staaten auszudehnen. Eine „Atlantische Zone freien Luftverkehrs“ in der skizzierten Art würde über 60 Prozent des Weltlinienluftverkehrs erfassen. Ihre Ausdehnung auf weitere wichtige Regionen, etwa auf den asiatisch-pazifischen Raum, wäre wohl nur eine Frage der Zeit. Mit einer solchen Liberalisierung des Weltluftverkehrs könnte die bereits im Jahre 1944 angestrebte multilaterale Ordnung dieses Verkehrszweiges schließlich doch verwirklicht und eine totale, globale Verkehrsfreiheit erreicht werden. Insbesondere die EU und die Vereinigten Staaten könnten im Rahmen einer transatlantischen Luftverkehrsliberalisierung eine Lokomotivfunktion für Wandlungen in der internationalen Luftverkehrspolitik übernehmen. Folglich könnten Luftverkehrsvereinbarungen im Rahmen von Staatenblöcken zu einer Bewegung weg vom Bilateralismus und hin zum Multilateralismus führen.

Prof. Dr. Alfons Lemper

Die liberale Ordnungsidee im Zeitalter der Globalisierung

I. Fragestellung.

Seit den 80er Jahren des letzten Jahrhunderts, eigentlich bereits mit Beginn der zweiten Jahrhunderthälfte, hat sich die Wahrnehmung durchgesetzt, dass die Weltwirtschaft Globalisierungsprozessen unterliegt, wie es in der Geschichte noch nie der Fall war. Alle bisherigen überregionalen Wirtschaftsbeziehungen, vom römischen Imperium bis zum britischen Empire, waren im Vergleich dazu mehr oder weniger partielle und geringvolumige Erscheinungen.

Wie für alle Formen des menschlichen Zusammenlebens, ob kulturell, politisch oder ökonomisch, stellt sich die Frage der adäquaten Ordnung. Die gesamte Moderne seit Beginn der Industrialisierung war in starkem Maße geprägt von der Prävalenz der liberalen Ordnungsidee, die ihre Kraft und faktische Überlegenheit in vielen Belangen unter Beweis gestellt hat und stellt, nicht zuletzt unter dem Eindruck des totalen Scheiterns ihres ordnungspolitischen Gegenstücks, der totalitären und zentralistischen Ordnungsform, wie sie z.B. dem Kommunismus zugrunde lag.

Gleichwohl ist die liberale Ordnungsidee nie ganz unangefochten gewesen. Es wurden und werden ihr zahlreiche Vorbehalte entgegengehalten: die angebliche Begünstigung schrankenloser Willkür, eine Förderung ungleicher Einkommensverteilung, eine Verstärkung der Benachteiligung ohnehin benachteiligter Entwicklungsländer, eine Verletzung ethischer Grundlagen und Missachtung der Menschenwürde etc. Im Grunde hat sich die liberale Ordnungsidee seit je mit diesen und ähnlichen Vorbehalten auseinandersetzen müssen. Namentlich in Krisenzeiten waren die Angriffe ihrer Gegner regelmäßig besonders heftig. Es bedurfte und bedarf immer wieder geduldiger und überzeugender Argumente, um die offenen und latenten Angriffe des Interventionismus und Dirigismus abzuwehren und die genannten Vorbehalte zu entkräften.

In diesem Beitrag geht es darum, angesichts der neuartigen und umfassenden Form der modernen Globalisierung die Tauglichkeit und die Gestaltungskraft der liberalen Ordnungsidee erneut zu hinterfragen und natürlich auch ihre Grenzen abzustecken. Er versteht sich als Plädoyer für eine liberale Ordnung der Weltwirtschaft, soweit sich diese Liberalität mit den berechtigten sozialen und humanitären Belangen der jeweiligen Partner vereinbaren lässt.

Unser Jubilar war zeitlebens der liberalen Idee verpflichtet. Ich hoffe deshalb, dass er den folgenden Gedankengängen und Schlussfolgerungen weitgehend zuzustimmen vermag. Wenn ja, dann mag er den Beitrag als kleines Geburtstagsgeschenk betrachten.

II. Die moderne Form der Globalisierung.

1. Manchem erscheint die Globalisierung als ein neues Phänomen. Grund dafür sind vielleicht die Neuartigkeit und die Wucht, mit denen dieser Prozess in wenigen Jahrzehnten die Erde überzogen hat. Vorformen der heutigen Globalisierung hat es aber schon lange und öfter gegeben. Die Ausbreitung der „europäischen", im wesentlichen anfangs von Großbritannien ausgehenden Form der Industrialisierung mit dem Ausbau riesiger Kolonialterritorien kann man sicherlich als eine solche Vorform betrachten. Die Wirtschaftshistoriker sprechen geradezu von der Herausbildung der „Weltwirtschaft" im 18. und 19. Jahrhundert. Es war das europäische Denken, die europäische Rationalität und Wissenschaft und die europäische Technologie, die sich in relativ kurzer Zeit bis in die letzten Winkel der Erde ausbreiteten.

Als Folge entstanden ganz neue Handelsströme von bisher nicht gekannten Dimensionen, zunächst stark eurozentriert, dann nach und nach um mehrere Zentren gruppiert. Aber es waren eben doch weltweite Verflechtungen, die sich herausbildeten. Diese Entwicklung wurde sehr stark beschleunigt durch die Verdrängung der Segelschiffe durch die Dampfschifffahrt gegen Ende des 19. Jahrhunderts, was zu einer dramatischen Verringerung der Frachtraten führte und was wiederum die Expansion des Welthandels enorm begünstigte.

In den Jahrzehnten vor Ausbruch des I. Weltkrieges erreichte der Welthandel einen ersten absoluten Höhepunkt, dem durch Krieg und Nachkriegszeit ein deutlicher Abschwung folgte. Insbesondere die schwere Wirtschaftskrise der 1930er Jahre ließ den Protektionismus und Bilateralismus stark aufblühen, was zu einer erheblichen Schrumpfung des Welthandels führte. Von diesem Einbruch hat sich der Welthandel nach dem Ende des II. Weltkrieges nur allmählich und mühsam erholt. Vor allem Initiativen der OECD und des GATT waren erforderlich, um den Handel von den politisch motivierten Fesseln zu befreien.

Das war dann gewissermaßen der Ausgangspunkt für die moderne Globalisierung. Auf den Handel bezogen mag man seine Wucht an der Tatsache ermessen, dass das Welthandelsvolumen in dem halben Jahrhundert nach 1950 um den Faktor 100 zugenommen hat.

Aber nicht allein der Handel zeigte schon seit einigen Jahrhunderten Merkmale einer Globalisierung. Sie war auch bei den Investitionen und Kapitalströmen zu beobachten. Wiederum war es England, das in dieser Beziehung eine Führungsrolle innehatte. Bis zum Ausgang des 19. Jahrhunderts beherrschte es als führende Imperialmacht auch die Weltkapital- und Finanzmärkte. Denken wir nur an die Erschließung des nordamerikanischen Raumes, an die Gründung der Ostindischen Kompanie, an die Besiedlung des australischen Kontinents. Die anderen europäischen Mächte standen demgegenüber weit im Hintergrund. Am aktivsten waren noch die Niederlande mit ihren großen Besitzungen in Asien, dem heutigen Indonesien. Frankreich und Deutschland spielten eher eine Nachzüglerrolle. Die USA traten erst nach dem I. Weltkrieg, nachdem sie den eigenen riesigen Kontinent erschlossen hatten, international als Kapitalgeber und Direktinvestor in Erscheinung.

Die moderne Form der Globalisierung zeigt indessen nicht nur bisher völlig unbekannte Ausmaße, sie führt sich auch zurück auf ganz neue Ursachenkomplexe, bei denen oft verschiedene Innovationsstränge ineinander greifen. Die wichtigsten werden im Folgenden kurz erörtert.

2. Eine Innovation, die für den Globalisierungsprozess von durchschlagender Bedeutung war, war die Entwicklung der Mikroelektronik sowie der Informations- und Kommunikationstechnologie, die im letzten Drittel des vorigen Jahrhunderts ihren beispiellosen Siegeszug antraten. Wir machen uns heute meist wenig Gedanken über die Reichweite dieser Entwicklungen, obwohl wir bei genauerem Hinsehen feststellen müssten, dass es kaum einen Lebensbereich gibt, der nicht grundlegend durch diese neuen Technologien revolutioniert worden ist.

Industrielle Fertigungsprozesse werden längst mikroelektronisch gesteuert. Fertigungsstraßen werden durch Roboter beherrscht. Technische Planungen werden nicht mehr an Messtischen, sondern an Bildschirmen durchgeführt. In den Büros der Banken, Versicherungen und der öffentlichen Verwaltungen steht an jedem Arbeitsplatz ein PC. Chemische Analysen sind digitalisiert; Drucktechniken sind elektronisch gesteuert etc., etc. Oder denken wir nur an den ungeheuren Aufschwung, den die gesamte Konsumelektronik genommen hat. Unter dem Einfluss dieser neuen Technologien hat eine enorme Beschleunigung aller ökonomischen Prozesse stattgefunden, und zwar weltweit.

Auch die Kommunikationstechnik ist durch die Entwicklung der Mikroelektronik grundlegend umgestaltet worden. Schon die Erfindung der Telegrafie und des Telefons vor etwas mehr als einhundert Jahren stellte damals auf dem Gebiet der Kommunikation einen gewaltigen Entwicklungsschub dar. Man stelle sich nur einem Moment unsere Welt ohne die Möglichkeit des Telefonierens vor. Aber während wir noch vor wenigen Jahrzehnten auf feste Leitungsnetze angewiesen waren, einschließlich der Überseekabel, hat die satellitengestützte Übertragungstechnik ganz neue Möglichkeiten erschlossen:

In Sekundenschnelle jagen wir heute Informationen rund um den Globus. Aus aller Welt steht jederzeit eine Fülle von Informationen zur Verfügung, und zwar in Größenordnungen, die nur partiell genutzt werden können. Die Information ist global geworden: Globalisierung par excellence. Und es gibt keine Möglichkeit, diese Entwicklung wieder zurückzudrehen.

3. Einen wesentlichen Impuls in Richtung Globalisierung hat die Weltwirtschaft durch wesentliche Neuerungen auf dem Gebiet der Verkehrstechnik erfahren.

Eine Innovation, welche die meisten von uns gar nicht als solche empfunden haben, vermutlich, weil sie auf einer äußerst einfachen Idee beruht, ist die Erfindung des Containers. Als in den 60er Jahren des vorigen Jahrhunderts ein findiger amerikanischer Reeder auf die Idee kam, das Stückgut für den Küstenverkehr nicht mehr mühsam und zeitaufwendig an Bord zu verstauen, sondern gewissermaßen in Schachteln verpackt zu transportieren und damit wesentlich handhabbarer zu machen, wurde er von den meisten Kollegen, zumal auch in Europa belächelt und sogar mit Hohn bedacht. Dennoch hat sich diese Idee, wie wir wissen, mit Windeseile durchgesetzt. Der Weltgüterverkehr ist heute ohne die Containerisierung überhaupt nicht mehr denkbar. Der Welthandel hat durch diese simple Erfindung einen erheblichen Aufschwung genommen.

Auch an diesem Fallbeispiel lässt sich gut demonstrieren, wie die Entwicklung verschiedener Techniken Hand in Hand geht. Wer die ungeheuren Mengen an Containern in den großen Seehäfen sieht, kann sich leicht vorstellen, dass das damit verbundene logistische Problem, die jeweiligen Container bestimmten Schiffen zuzuordnen, um von A nach B oder C transportiert zu werden, ohne die Unterstützung durch die Computertechnologie überhaupt nicht lösbar wäre. Wir haben hier wiederum ein eindrucksvolles Beispiel dafür vor uns, wie sich Technologien gegenseitig ergänzen und befruchten.

Das gilt in ähnlicher Weise auch für den Luftverkehr. Wenn man heute einen modernen Jet betritt, kann man sich kaum vorstellen, dass zwischen dem primitiven Fluggerät der Brüder Wright und diesem modernen Gerät die technische Entwicklung von nur ziemlich genau hundert Jahren liegt. Der Beitrag des Luftverkehrs zur Globalisierung ist immens. Binnen weniger Stunden können Reisende, ob Urlaubsreisende oder Geschäftsleute, nahezu jeden Punkt der Erde erreichen, und sie machen millionenfach von dieser Möglichkeit Gebrauch.

Allein auf dem Flughafen Frankfurt werden jährlich über 50 Millionen Fluggäste abgefertigt. Der Globalisierungseffekt dieses Verkehrs ist unübersehbar.

Daneben wird bereits ein beträchtlicher Teil auch des Warenverkehrs auf dem Luftwege abgewickelt, nachdem die Fluggeräte nicht nur immer größer, sondern auch pro Tonnenkilometer immer sparsamer geworden sind. Vor allem hochwertige und leicht verderbliche Waren nehmen diese Transportmöglichkeit in Anspruch, unterstützt wiederum durch die Technik der Containerisierung. Ob für Personen oder Güter: durch den Luftverkehr schrumpfen die Distanzen, die

Welt wird „kleiner". Nichts anderes ist die Globalisierung. Und auch diese Entwicklung ist irreversibel.

4. Ein weiteres Globalisierungsfeld darf hier nicht unerwähnt bleiben, da es mit den erwähnten Erscheinungen eng verbunden ist: die Globalisierung der Märkte und der Unternehmen.

Die fortschreitende Arbeitsteilung, seit Adam Smith bekannt als eine entscheidende Quelle der Produktivitätssteigerung im Industrieprozess, führt zu einer immer tiefer greifenden Spezialisierung und Auffächerung der Produktion. Bereits darin liegt ein wichtiges Argument für eine u.U. weltweite Ausdehnung der Märkte. Denn je spezieller das Produkt, desto größer sind in der Regel die Marktradien. Da überdies das technologische Wissen und die technische Praxis nicht ländergebunden, sondern länderübergreifend verfügbar sind, sind auch Angebot und Nachfrage nach vielen technisch orientierten Produkten nicht lokal abgrenzbar, sondern weltweit dimensioniert.

Die Märkte für Kraftwerke und Automobile, für PC`s, Fernsehgeräte und Mobiltelefone, für Rohstoffe und Erdölprodukte, um nur einige wenige Beispiele zu nennen, sind nicht auf Länder und Regionen begrenzt. Ihr Markt ist der Weltmarkt. Bei Produkten, die rascher technischer Alterung unterliegen, sind die Produktzyklen zudem kurz, so dass die Unternehmen gezwungen sind, möglichst rasch die Märkte abzuschöpfen, um ihre Investitionen zu amortisieren.

Aber nicht nur die Märkte sind in zunehmendem Maße global geworden, es sind dies auch die Unternehmen. Und zwar nicht, weil sie einem aktuellen Modetrend folgen, sondern aus innerer Notwendigkeit, wenn sie ihre Existenz nicht aufs Spiel setzen und ihre Expansionsfähigkeit erhalten wollen. Die Industriegeschichte zeigt, dass die Unternehmen ihren Märkten folgen, wenn sie erfolgreich sein wollen. Es ist i.d.R. weder möglich noch opportun, Riesenproduktionsstätten an einem einzigen Ort zu konzentrieren und den Weltmarkt von einem Standort aus zu bedienen. Zehntausende multinationale Unternehmen sind Beleg für diese Tatsache.

Das ist der Kern der Multinationalität der Unternehmen. Weltunternehmen wie etwa Siemens sind an hundert oder mehr Standorten tätig. Sie sind ebenso global wie ihre Märkte. Ihnen diese Globalität verwehren zu wollen, käme ihrem Todesurteil gleich. Selbst mittelständische Unternehmen, die oft als die Motoren der wirtschaftlichen Dynamik angesehen werden, können sich diesen Tendenzen im Prinzip nicht entziehen.

5. Als ein anderer äußerst wichtiger Bereich der ökonomischen, internationalen Kommunikation und Kooperation sind schließlich die Finanz- und Kapitalmärkte zu nennen, die ihre eigene Genese und ihre eigenen Funktionsbedingungen besitzen.

Internationale Finanzströme sind nicht ein sonderlich neues Phänomen. Es hat sie zumindest seit dem 19.Jh. in beträchtlichem Maße gegeben. Damals war Großbritannien der Hauptakteur auf der internationalen Bühne. Aber erst die Verfügbarkeit über die elektronischen Kommunikationsmittel und eine weitgehende Konvertibilität der wichtigsten Währungen haben gewissermaßen eine Entfesselung dieser Märkte bewirkt.

Es ist den Finanzakteuren heute möglich, sich jederzeit einen präzisen Überblick über die lokalen und regionalen Finanzmärkte zu verschaffen und sekundenschnell Dispositionen. So schätzt man heute, dass arbeitstäglich etwa 2 Bill. Dollar ihre Besitzer wechseln. Angesichts der unübersehbaren Vielzahl der Akteure, ihrer institutionellen und nationalen Zugehörigkeit dürfte es kein praktikables Mittel geben, diese Märkte wirksam einzugrenzen, ohne die Weltwirtschaft insgesamt schwer zu schädigen. (Auf den Vorschlag der sog. Tobin-Steuer wird später eingegangen.)

Als Ergebnis dieses Abschnittes müssen wir also feststellen, dass es vielfältige, elementare und kaum steuerbare Einflüsse sind, welche die Weltwirtschaft offenbar immer weiter in Richtung Globalisierung drängen. Diese Tatsache mag manchen mit Unbehagen erfüllen und zum Widerstand reizen, wie uns die mehr oder weniger spektakulären Aktionen der sog. Globalisierungsgegner immer wieder zeigen. Sich diesen aufgezeigten Tendenzen entgegenzustemmen ist ungefähr so erfolgversprechend wie sich einem sich abzeichnenden Naturereignis entgegen zu stellen.

Es stellt sich allerdings die Frage, ob es vielleicht Möglichkeiten gibt, *die Folgen* dieser naturähnlichen Prozesse einzugrenzen und für alle Beteiligten erträglicher zu machen. Es wäre sicher falsch, sich einem willenlosen Fatalismus hinzugeben. Und es stellt sich weiter die Frage, ob vielleicht die liberale Ordnungsidee, die den Aufstieg namentlich der westlichen Ökonomien seit mehr als zwei Jahrhunderten begleitet und wesentlich geprägt hat, in ihrer Spezialvariante der von der Freiburger Schule konzipierten „Sozialen Marktwirtschaft" ein brauchbarer Ansatz wäre, den Prozess der Globalisierung wenn nicht aufzuhalten, so doch etwas zu domestizieren und für die Menschen etwas erträglicher zu machen.

III. Die moderne Form der Globalisierung und die liberale Ordnungsidee

1. Menschliche Aktivitäten, ob im privaten, gesellschaftlichen oder ökonomischen Bereich, können sich nur konstruktiv und fruchtbar gestalten, wenn sie in eine „Ordnung" eingebunden sind. Solche Ordnungen stellen keineswegs ein starres Gefüge von Anweisungen dar, sondern vielmehr Rahmen oder Muster von Verhaltensregeln, an die sich der Einzelne oder die Gruppe hält bzw. halten soll und deren Einhaltung ggf. mit der Androhung oder Durchsetzung von Sanktionen erzwungen werden kann.

So unterliegen auch Ökonomien bestimmten Ordnungen. Im europäischen Mittelalter dominierte die ständische, später die feudale Ordnung. Seit Beginn der Industrialisierung setzte sich mehr und mehr die marktwirtschaftliche Ordnung durch. Die vom Sozialismus und Nationalsozialismus kreierten zentralistischen bzw. totalitären Ordnungen stellten episodenhafte Sonderformen dar.

Auch die Weltwirtschaft im Zeichen der Globalisierung braucht ein Ordnungsmodell, an das sich alle Beteiligten – innerhalb einer tolerierbaren Spannbreite – halten müssen, wenn die wirtschaftlichen Beziehungen sich für alle Mitspieler fruchtbar und erträglich gestalten sollen.

Das heute weltweit dominierende Ordnungsmodell hat sich in sofern als besonders erfolgreich erwiesen, als es zu bisher nicht gekannten ökonomischen Ergebnissen geführt hat. Das ihm zugrundeliegende liberale Grundverständnis wird dabei nur in einer gewissen Spannbreite verwirklicht. Auch die in Deutschland um die Mitte des 20. Jh. konzipierte Variante des liberalen Marktmodells hat sich sehr bewährt und in Europa viele Freunde gefunden. Dennoch zeigt die Erfahrung, dass auch die erfolgreiche liberale Ordnung ständigen Angriffen seitens illiberaler Partikularinteressen und politischer Egoismen ausgesetzt ist und immer wieder gegen z.T. erhebliche Widerstände verteidigt werden muss.

Es stellt sich die Frage, ob das bisher erfolgreiche liberale Ordnungsmodell auch unter den Prämissen der Globalisierung zu wünschbaren bzw. tragbaren Ergebnissen führt, oder ob es nicht in gewissen Grenzen modifiziert werden sollte, ohne seine kreative, wohlstandssteigernde Kraft einzubüßen.

2. Die Idee des freien Marktes hat keine sehr lange Tradition. Sie ist letztlich ein Produkt der christlich-abendländischen Ideentradition, die geprägt war vom Kampf um individuelle Freiheit und Anerkennung allgemeiner Grundrechte, beginnend etwa mit der Aufklärung zu Beginn des 16. Jahrhunderts. An ihrem Anfang stand die Forderung nach religiöser Freiheit, die in den Prozess der Säkularisierung einmündete mit der Einforderung politischer Freiheiten und individueller „Menschenrechte“.

Ihren einflussreichsten Wortführer fand der klassische Liberalismus in Adam Smith (1723-1790), einem der wichtigsten Vertreter der schottischen Moralphilosophie. Ohne hier auf die Einzelheiten der Smith`schen Moralphilosophie eingehen zu können, sei nur festgehalten, dass Smith und seine Nachfolger, wie D. Ricardo, J. St. Mill u.a. das ökonomische Denken ihrer Zeit und auf Jahrhunderte hinaus geprägt haben. Smith gilt auch als der Begründer des Wirtschaftsliberalismus und der Theorie des freien Handels aus dem Prinzip der Arbeitsteilung. Sein Anliegen war es darzulegen, dass im Verfolg des Eigeninteresses und im freien Austausch auf freien Märkten ein optimales ökonomisches Ergebnis zu erzielen sei, das aufgrund der allgemeinen Wohlstandssteigerung schließlich allen zugute komme und somit auch ethisch vertretbar sei. Smith hat als Moralphilosoph großen Wert darauf gelegt, die ethischen Grundlagen seines Konzeptes klarzulegen. Es ging ihm also nicht nur um die Entdeckung der materiellen Voraussetzungen der Entfaltung von Wohlstand, sondern auch um die institutionellen Bedingungen und die Frage einer Sozialordnung, die individuelles und gesellschaftliches Wohlergehen gewährleistet, indem sie Wohlstand fördert und Armut beseitigt.

David Ricardo (Hauptwerk 1823) löste bereits die Einheit von Wirtschaft, Staat und Gesellschaft auf, indem er im Rahmen seiner „reinen Theorie" mit Methoden der Deduktion und Abstraktion einzelne ökonomische Größen analysierte. Er schuf damit die Methode des theoretischen Modellbaus und legte die Grundlagen für den späteren sog. "Manchesterliberalismus". Methodisch führt die Spur weiter bis zum „Modellplatonismus" (H. Albert), der weite Teile der heute dominierenden Neoklassik beherrscht.

Ordnungspolitische Fragestellungen im umfassenden Sinne sind dagegen in der Neoklassik weitgehend in den Hintergrund getreten. Ihre hochspezialisierten empirisch-analytischen bzw. abstrakt-analytischen Modelle orientieren sich weitgehend an Fragen der ökonomischen Effizienz. Aus der Enge ihrer Fragestellung entsprang das Bedürfnis, die von der Neoklassik vernachlässigten „Institutionen" gesondert in den Blick zu nehmen (Institutionen-Ökonomik). Das Problem der wünschenswerten Ordnung steht nicht auf ihrer Agenda, außer in einzelnen Entwürfen, welche die Aktivität des Staates zugunsten des Marktmechanismus möglichst in den Hintergrund drängen möchten (M. Friedman).

3. Während im angelsächsischen Sprachraum eine Ordnungspolitik i. S. der Schaffung einer wünschenswerten Ordnung nie eine ernsthafte Rolle gespielt hat, hat sich Mitte des letzten Jahrhunderts im deutschen Sprachraum, wie oben bereits angedeutet, eine Denkrichtung mit ausgeprägt ordnungspolitischem Schwerpunkt herausgebildet, verbunden mit Namen wie Walter Eucken, Franz Böhm, Wilhelm Röpke, Alexander Rüstow, Alfred Müller-Armack, Friedrich A. V. Hayek u.a., die unter dem Synonym der „Freiburger Schule" zumindest in Europa Berühmtheit erlangte und wirtschaftspolitisch erheblichen Einfluss gewann, zumal sich Ludwig Erhard die wesentlichsten Postulate dieser Schule zu eigen machte und sie politisch umsetzte. Das weltweit bestaunte deutsche „Wirtschaftswunder" nach der Katastrophe des II. Weltkrieges galt als der überzeugendste Nachweis für die wirtschaftspolitische Fruchtbarkeit dieses Ansatzes.

Die Freiburger Schule war insgesamt getragen von einer liberalen Ordnungsidee. Sie entstand aus der Auseinandersetzung mit den Erfahrungen des Laissez-Faire-Liberalismus, den Bestrebungen des Sozialismus und der Konfrontation mit dem Totalitarismus des nationalsozialistischen Deutschlands. Anders als der angelsächsische, praktisch wertfreie, auf Effizienz ausgerichtete Marktliberalismus besaß der Liberalismus der Freiburger Schule einen ausgeprägten ethisch basierten normativen Impuls. Sie verstand Ordnung gewissermaßen als „Lebensordnung“. Sie sah die Wirtschaftsordnung als Ganzes, in gegenseitiger Interdependenz zu allen übrigen menschlichen Ordnungen, also nicht nur eine ökonomischen Interdependenz, sondern eine Interdependenz der Wirtschaftsordnung mit allen anderen Lebensordnungen. Der gesamtgesellschaftliche Bezug der im Grundsatz liberalen Ordnung mit ihrer ausgeprägt wohlstandssteigernden Kapazität (Wohlstand für Alle) sollte in dem von Müller-Armack geprägten Begriff der „Sozialen Marktwirtschaft“ zum Ausdruck gebracht werden. Dieser wurde dann für viele Jahre die Leitidee der deutschen Wirtschaftspolitik. Immer mehr Nachbarn Deutschlands schlossen sich nach und nach, wenn nicht dem Begriffe nach, so doch dem Inhalt nach dieser Idee an.

Um die Idee noch einmal zusammenzufassen: Kernelement ist das freiheitliche, auf Selbstbestimmung und Selbstverantwortung ausgerichtete, humanitäre Menschenbild. Die Aussicht darauf, die Früchte der eigenen Leistung zu ernten, fördert Leistung und Kreativität. Marktorientierung und Wettbewerb geben zusätzliche Impulse. In dieser Kombination führt das letztlich durch praktizierten Eigennutz gesteuerte Handeln, wie schon Smith unablässig betonte, zu maximalen ökonomischen Ergebnissen. Das ist die eine Seite. Auf der andern Seite verlangt die humanitäre Ausrichtung die soziale Rückkoppelung dadurch, dass nicht schrankenloser Egoismus und Rücksichtslosigkeit das Feld beherrschen, sondern dass dafür Sorge getragen wird, dass auch die schwächeren Teile der Gesellschaft am Wirtschaftserfolg partizipieren können. Letztlich war es wohl der Charme dieser Kombination, welcher der „Sozialen Marktwirtschaft“ zu so weitreichender Akzeptanz verholfen hat.

4. Es stellen sich nunmehr die zentralen Fragen: Kann bzw. sollte sich die Weltwirtschaft unter den skizzierten Bedingungen der modernen Globalisierung gütermäßig und kapitalmäßig ausschließlich nach den Regeln der Markteffizienz organisieren? Haben die Politik und die demokratischen Institutionen tatsächlich eine Chance steuernd und moderierend einzugreifen? Gibt es eine Chance, weltweit eine Ordnung zu etablieren, die in etwa dem erprobten Modell der Sozialen Marktwirtschaft entspricht?

Beginnen wir mit der ersteren. Es ist oben dargelegt worden, dass es verschiedene unausweichliche Zwänge gibt (revolutionäre wissenschaftliche und technische Neuerungen; Expansion von Unternehmungen und Märkten usw.), welche die Globalisierung weiter treiben und treiben werden. Nichts und niemand auf der Welt kann diese Entwicklung unterbinden, wenn sie auch manchem unheimlich und fatal erscheint. Insofern stehen die sog. Globalisierungsgegner, die immer wieder mit spektakulären Aktionen auf sich aufmerksam machen, auf verlorenem Posten. Denn die Alternative, nämlich die Behinderung dieser Evolution würde katastrophale Ergebnisse zeitigen. In den Industrieländern würde eine Behinderung der wettbewerblichen Marktwirtschaft nicht nur einen Eingriff in die Konsumfreiheit nach sich ziehen, sondern auch für die Unternehmen die Aushebelung des Zwanges bedeuten, permanent das Rationalprinzip anzuwenden, also Kosten zu minimieren bzw. Ergebnisse zu maximieren. Die Folgen für die öffentlichen Haushalte, für die Arbeitsmärkte, für die sozialen Sicherungssysteme wären unabsehbar. Insoweit hat das fast verzweifelte Rufen nach Wachstumsprozenten einen ganz realen Hintergrund. Keine Regierung demokratischer Staaten würde eine solche Politik überleben.

Entsprechendes gilt für die Entwicklungs- und Schwellenländer. Diese haben umso größere Chancen, dem Teufelskreis der Rückständigkeit und Armut zu entkommen, je konsequenter sie sich marktwirtschaftlich organisieren und der Effizienz der Märkte Spielraum gewähren. Wir kennen genügend positive und negative Beispiele überall auf der Welt. Das spektakulärste Beispiel ist wohl die VR China. Die Öffnung des Landes nach außen unter Deng Xiao Ping und die partielle Liberalisierung nach innen haben geradezu eine sensationelle Dynamik freigesetzt, wie sich jeder überzeugen kann. Ähnliches gilt für andere asiatische Länder. Ein besonders markantes Beispiel positiver Art in jüngster Zeit ist Indien: Nachdem es aufgrund seiner verfehlten zentralistischen Wirtschaftpolitik und protektionistischen Außenhandelspolitik jahrzehntelang im Schatten Chinas stand, erreicht es heute nach vorsichtiger Liberalisierung und Öffnung nach außen ganz erstaunliche Wachstumswerte, die über kurz oder lang in eine Steigerung der Wohlfahrtsindizes einmünden werden.

Als bedauerliche Gegenbeispiele negativer Art seien nur Kuba und Nordkorea genannt.

Die Erfolge liberaler Wirtschafts- und Handelspolitik zu rühmen bedeutet jedoch nicht, einem schrankenlosen Liberalismus das Wort zu reden. Selbst A. Smith, der Vater der Freihandelsidee, hat schon jene berühmten Ausnahmen vom Freihandelspostulat formuliert. Es gibt auch heute in fast jedem Land, insbesondere in den Entwicklungs- und Schwellenländern Konstellationen, die eine partielle und vorübergehende Protektion rechtfertigen (vgl. das bekannte von Fr. List propagierte Erziehungszollargument). Es kann für junge, aufkommende Industrien tödlich sein, sie unter allen Umständen und rücksichtslos dem Wettbewerb starker und etablierter Anbieter auszusetzen. Allerdings gibt es hier das Problem des „richtigen“ Maßes. Nur zu gern versuchen sich heimische Industrien mit den erwähnten Schutzargumenten hinter Protektionsmauern zu verstecken, hinter denen es sich bekanntlich bequemer leben lässt als im rauen Wind des Wettbewerbs. Das gilt beispielsweise für Teile der europäischen Industrie und insbesondere der Landwirtschaft ebenso wie für die US-Stahlindustrie. Ein schrankenloser Kapitalismus, in dem ausschließlich das Recht des Stärkeren gilt, ist sicher nicht das, was die Weltwirtschaft brauchen kann und was dem Frieden dient.

Die zweite Frage lautet: Hat der Staat mit seinen Institutionen gegenüber den Kräften des Marktes und der Macht der Konzerne überhaupt eine Chance, steuernd oder moderierend einzugreifen?

Die Antwort kann nur sein: natürlich hat er eine Chance. Er kann eine kluge Standortpolitik betreiben, um Investitionen ins Land zu holen. Er kann seine Steuerpolitik zu diesem Zweck einsetzen. Er kann mit Hilfe seiner Soziapolitik Ergebnisse des Marktes korrigieren. Er kann ferner eine zukunftsfähige Forschungspolitik betreiben, die interne Korruption bekämpfen sowie für eine adäquate Infrastruktur sorgen etc. Nur: sich den Hauptströmungen des Marktes entgegenstemmen, das kann er nicht. Vermutlich hat der Staat gegenüber den internationalen Konzernen an Macht eingebüßt. Aber er ist keineswegs machtlos. Allerdings, wenn er sich für zu mächtig hält und sich an fundamentalen ökonomischen Zusammenhängen vergreift, wird er von der Wirtschaft gnadenlos zur Ordnung gerufen werden.

Einen beliebten Ansatzpunkt für Interventionen seitens der Globalisierungskritiker stellen die internationalen Finanzmärkte dar. Auf diesen Märkten gibt es in großem Umfang kurzfristige Kapitalbewegungen, die von mancher Seite als Casino-Kapitalismus etikettiert werden. Die täglichen Umsätze an den Weltbörsen und Devisenmärkten sind gewaltig. Und die Kursschwankungen sind häufig mit den üblichen Instrumenten der Fundamentalanalyse nicht mehr zu erklären. Es werden daher immer wieder Stimmen laut, diese „sinnlosen" und hochspekulativen Kapitalbewegungen irgendwie zu zügeln. Forderungen dieser Art hört man sowohl von Seiten mancher Politiker aber auch gelegentlich von Wissenschaftlern. Meistdiskutiert ist in diesem Zusammenhang die sog. Tobin-Steuer, eine Steuer auf (kurzfristige) Kapitalbewegungen, um diesen Transaktionen eine gewisse Bremse anzulegen.

Wie ist nun ein solcher Vorschlag zu beurteilen? Dazu muss man zunächst die Funktion der Kapitalmärkte in Augenschein nehmen. Auf Märkten jeglicher Art treffen sich nicht nur allgemein Angebot und Nachfrage, sondern oft Millionen von Akteuren beider Seiten, die ihre Dispositionen treffen aufgrund der ihnen zugänglichen Informationen. Mit ihnen werden die betreffenden Vermögenswerte permanent neu bewertet. Jeder Akteur versucht damit, sein Vermögensportfolio optimal zu strukturieren. Maßstab ist dabei für ihn die Bewertung seiner Vermögensteile durch andere Marktteilnehmer. Spekulativ sind solche Bewertungen immer dann, wenn ihnen Zukunftsschätzungen zugrunde liegen.

Die momentane Bewertung oder Umwertung der Vermögen mag im Einzelfall richtig oder unrichtig, übertrieben positiv oder negativ sein. Das bekannte Herdenverhalten der Marktteilnehmer kann zu Zeiten besonders ausgeprägt sein und zu spekulativen Übertreibungen führen. Die sog. Spekulationsblasen, die vor wenigen Jahren allenthalben aufgebaut wurden und dann platzten und vor allem in Asien zu massiven Krisenerscheinungen führten, sind noch in frischer Erinnerung. Dennoch muss man sich darüber im Klaren sein, dass es keine Institution gibt, weder staatliche Behörden, wissenschaftliche Institute oder Beratungsunternehmen, die über bessere Informationen verfügen als der „Markt“ mit seinen Millionen Informationsquellen.

Eine Steuer auf diese Kapitalbewegungen bedeutet nichts anders als in die Effizienz des Marktes bezüglich seiner Lenkung knapper Ressourcen zu ihrer bestmöglichen Verwendung einzugreifen. Die Steuer würde sich wie Mehltau über die Märkte legen und ihre Funktionsfähigkeit schädigen, wenngleich der anzurichtende ökonomische Schaden ex ante nur schwer abschätzbar ist. Hier läge ein Fall vor, in dem staatliche Hybris in ökonomische Abläufe eingreifen würde, ohne die Folgen abschätzen zu können.

Doch auch hier wäre es falsch, einem schrankenlosen Marktliberalismus das Wort zu reden. Denn es lassen sich durchaus Fälle denken, in denen zumindest eine vorübergehende Beschränkung der Kapitalbewegungen angebracht wäre. Die riesigen mobilen Kapitalströme, die Anlagemöglichkeiten suchen, können insbesondere die relativ kleinen Märkte mancher Entwicklungs- und Schwellenländer total überfordern und zu exorbitanten, jede vernünftige Basis verlassenden Kursbewegungen führen, die diese Länder in schwere Krisen stürzen. Vor allem Asien und Lateinamerika bieten uns in jüngerer Zeit entsprechendes Anschauungsmaterial. Das bedeutet aber nicht, dass es sinnvoll wäre, generell die Kapitalbewegungen zu erschweren. Ein besonders wichtiger Markt würde damit teilweise seiner wichtigsten Funktion beraubt, ohne dass dafür ein geeigneter Ersatz in Sicht wäre.

IV. Schlussfolgerungen

Die voraufgegangenen Darlegungen und Überlegungen lassen sich in wenigen Punkten zusammenfassen:

1. Was wir heute als Globalisierung wahrnehmen, ist ein historisch einzigartiges Phänomen. Es umfasst praktisch alle technischen und ökonomischen Lebensbereiche. Seine Wurzeln liegen im tiefen anthropologischen Bereich und es trägt nachgerade den Charakter eines Naturereignisses. Deshalb gibt es auch keinerlei Möglichkeit, ihm grundsätzlich entgegenzutreten. Darin liegt eine gewisse Tragik der sog. Globalisierungsgegner.

2. Möglich ist es indessen, *die Folgen* des Globalisierungsprozesses und seine Erscheinungsformen im Einzelnen teilweise beherrschen zu lernen und für die Beteiligten erträglich zu gestalten. Das ist aber nur möglich, wenn man Ursachen- und Wirkungszusammenhänge sorgsam analysiert und geeignete Gegenmittel einsetzt. Das Modell der„Sozialen Marktwirtschaft“ kann hier vielleicht als Vorbild dienen. Denn auch dort geht es um die sozial erträgliche Zähmung eines an sich gewünschten dynamischen Prozesses. Wir wissen aber auch um die Problematik dieser Politik, die immer eine Gratwanderung darstellt und immer

wieder Gefahr läuft, durch politische Ideologie, wirtschaftlichen Dilettantismus oder menschlichem Egoismus Schaden zu nehmen.

3. Die größte Schwierigkeit bei der Kanalisierung der negativen Globalisierungserscheinungen dürfte daraus entstehen, dass es sich dabei um weltweite Phänomene handelt und die Maßnahmen ebenso weltweit koordiniert werden müssten. Wir erleben täglich in der Politik, wie schwierig eine solche Koordination ist und wie oft auch gute und richtige Ansätze in politischen Ränkespielen zerrieben werden. Wir kennen zum Glück aber auch Beispiele dafür, dass Erfolge eben Schule machen und sich Vernunft letztlich durchsetzt. Die Globalisierung wäre ein dankbares Objekt, das zu beweisen. Videant Consules...

Prof. Dr. Rudolf Hickel

Invitation zum Forschungsprojekt: Maritimes Netzwerk Bremerhaven

1. Bedeutungsgewinn der Regionalökonomik

Die Regionalökonomie und damit die regionalökonomische Forschung werden in den kommenden Jahren weiterhin an Bedeutung gewinnen. Scheinbar paradox liegt einer der entscheidenden Gründe in der wachsenden Globalisierung. Im Zuge der sich rasant ausbreitenden, grenzüberschreitenden Warenströme und der Entscheidung für Produktionsstandorte außerhalb des früher nationalstaatlichen Kontextes geraten die regionalen Ökonomien in doppelter Weise in das Zentrum der wirtschaftlichen Entwicklung. Einerseits nimmt der Druck auf die bisher vorherrschenden Strukturen und Schwerpunkte der Wirtschaftsbeziehungen in den Regionen durch die Globalisierung zu, ja dadurch wird deren bisherige ökonomische Relevanz in Frage gestellt. Andererseits ergeben sich unter dem internationalen Wettbewerbsdruck auf regionaler Ebene neue Ansatzpunkte und auch Chancen, auf der Basis der Restrukturierung der bisherigen Produktionsschwerpunkte neue ökonomische Kompetenzen aufzubauen.

Durch die mit der EU angestrebte Schaffung eines einheitlichen Binnenmarktes sowie eines Währungs- und Sozialraums, der die Vergemeinschaftung bisher nationalstaatlicher Politiken verlangt, kommt es zum zusätzlichen Druck in Richtung der Veränderung der bisherigen Produktionsschwerpunkte der regionalen Ökonomien. Veränderungen in der europäischen Arbeitsteilung werden derzeit durch die EU-Osterweiterung vorangetrieben. Am Ende entstehen neue attraktive Produktionsstandorte. Im Zuge der Transformation dieser Ökonomien ist mit einer intensiven Dynamik des wirtschaftlichen Wachstums zu rechnen. Die für eine längere Phase zu erwartenden komparativen Vorteile im Bereich der Arbeitskosten, die sich jedoch allmählich im Zuge der ökonomischen Expansion und der Lohnangleichung abbauen werden, führen zu Veränderungen der bisher vorherrschenden Produktionsstrukturen in den regionalen Ökonomien.

Dieser Trend zur wachsenden Bedeutung wettbewerbsfähiger Regionalökonomien findet auch in der empirisch abgesicherten Theorie der Regionalökonomie ihren Niederschlag. Dabei lässt sich eine Vielzahl von neuen theoretischen Ansätzen identifizieren, die jedoch noch durch methodische Unsicherheiten und viele offene Fragen geprägt sind. So wird allerdings ohne ausreichende inhaltliche Präzisierung vielfach der Ausbau endogener Potenziale gefordert. In dieser Zielsetzung spiegelt sich nicht nur die bittere Erkenntnis wider, dass mit exogenen Impulsen – etwa durch relevante Neuansiedlung von Produktionsstätten - nicht mehr zu rechnen ist. Auch wird die Sicherung bzw. Schaffung einer Exportbasis in der Region in diesem Ansatz zu wenig berücksichtigt. Gegenüber den bisherigen Produktionsschwerpunkten in traditionell ökonomisch erfolgreichen Regionen stellt sich die Frage, inwieweit Verluste im industriellen Sektor durch den Ausbau der Dienstleistungsökonomie kompensiert werden können. Dabei wird oftmals übersehen, dass vor allem produktionsorientierte Dienstleistungen an die Dynamik des industriellen Sektors gebunden sind. Neuerdings steht das Leitbild einer anzustrebenden wissensfundierten Regionalökonomie im Vordergrund. Das all umfassende Stichwort lautet Wissensgesellschaft. Durch diese Neuorientierung der Regionalökonomik wird der wachsenden Bedeutung des Humankapitals mit den Schwerpunkten Bildung, Ausbildung und praxisbezogene Forschung für die künftige Entwicklung von Innovationen im Bereich der Güter- und Dienstleistungsproduktion Rechnung getragen. Noch ist es nicht gelungen, die unterschiedlichen innovativen Ansätze zu einer empirisch begründeten, konsistenten Regionalökonomik in einem brauchbaren Konzept zusammen zu fassen. Deshalb sollen an dieser Stelle lediglich die wichtigsten theoretischen Innovationen, die maßgeblich auf unkonventionelle, pionierhafte Untersuchungen in den USA zurückgehen, aufgelistet werden:

- Die Schaffung und Stärkung des innovativen Milieus steht heute im Zentrum eines Leitbildes für eine moderne Regionalökonomie. Entscheidend ist die Zusammenführung der auf Wissen und damit qualifizierte Arbeitskräfte angewiesenen Produktionsstätten mit einer entsprechenden öffentlichen Infrastruktur im Sinne der produktiven Komplementarität. Dazu gehören für die Wirtschaft nützliche Forschungseinrichtungen sowie insbesondere Hochschulen. Aber auch ein hochwertiges sozial-kulturelles Angebot (beispielsweise Theater und Kunst) trägt zum innovativen Milieu einer Region bei. Beispiele regionaler Entwicklung im Sinne des innovativen Milieus gibt es in Ostdeutschland. Im Zuge der Transformation der ostdeutschen Wirtschaft haben sich sehr unterschiedliche Regionalökonomien durchgesetzt. Dabei kommt der Raum Dresden/Leipzig/Halle dem Leitbild „innovatives Milieu“ recht nahe.
- Im ökonomisch engeren Sinn steht in der modernen Regionaltheorie nicht das isoliert betrachtete Unternehmen als einzelwirtschaftlicher Gewinnoptimierer im Mittelpunkt. Vielmehr geht es um die Erfassung der Verflechtungsstrukturen sowie deren Optimierung. In vielen Regionen wird das ökonomische Potenzial durch ein oder mehrere Großunternehmen mit einer entsprechenden Produktpalette geprägt. Der Erfassung der Verflechtungen

sowie deren strategische Optimierung dient die Cluster-Analyse. Hierbei werden auf der Basis strategischer Produktionsstätten die Wertschöpfungsketten (Zuliefer- und Abnehmerbeziehungen zwischen den Unternehmen) und die infrastrukturellen Bedingungen berücksichtigt. Beispiele dieser auf die Region bezogenen Clusteranalyse sind die Automobilproduktion (beispielsweise in Eisenach) sowie das Cluster IT-Produktion in München. Zur Evaluation dieser regionalen Cluster gehört auch der Vergleich mit Konkurrenzstandorten (Ermittlung der „Best practice").

- Ein gegenüber der Cluster-Analyse umfassenderen Ansatz stellt die regionale Netzwerkökonomik dar. Hier werden auch Aspekte des „innovativen Milieus" berücksichtigt. Weit über das Cluster-Konzept hinaus werden die über einen Produktionsschwerpunkt – wie die Automobilproduktion oder IT-Branche – hinausgehenden Vernetzungen berücksichtigt. Die Verflechtungen der Produktionsschwerpunkte sowie die gesamte Infrastruktur einer Region bestimmen das Netzwerk. Mittlerweile gibt es bereits viele umfassende Untersuchungen zu regionalen Netzwerken. Ein wichtiges Beispiel ist das Konzept eines „maritimen Netzwerks" für Regionen an der Nord- und Ostsee. Hier werden alle, im maritimem Bereich relevanten Produktionsbereiche in der Region zur Nutzung von Synergien und Selbstverstärkungseffekten als Netzwerk systematisiert. Am Konzept eines „maritimen Netzwerkes" unter dem Titel „Themenbaum „Zukunft Meer" wird derzeit in Schleswig-Holstein gearbeitet. Produktion durch Unternehmen und Forschungseinrichtungen sowie das Angebot öffentlicher Infrastruktur werden innerhalb des gesamten Netzwerkes wie folgt strukturiert (mit jeweils einem Beispiel): Transportraum (beispielsweise Häfen), Dienstleistungsraum (maritime Dienstleistungen), Technologieraum (Werftindustrie) , Energie- und Rohstoffraum (Offshore-Windenergie), Bildungs- und Erkenntnisraum (Forschungsinstitute), Gesundheits- und Ernährungsraum (Fischerei), Rechtsraum (Seerecht), Sicherheitsraum (Meeresüberwachung), Kultur-, Lebens- und Erlebnis-/Erholungsraum (maritimer Tourismus, Kultur, soziale Infrastruktur).

2. Auf dem Weg zu einem interdisziplinären Forschungsprojekt „Maritimes Netzwerk Bremerhaven"

Es gibt erste, bedeutende Versuche, auch Bremerhaven und die Region als „maritimes Netzwerk" zu beschreiben, um auf der Basis eines konsistenten Konzepts Anhaltspunkte für eine Stärkung der Wirtschaftskraft und Sicherung/Schaffung von Arbeitsplätzen zu gewinnen. Die Seestadt Bremerhaven eignet sich besonders für dieses Konzept. Vorhanden sind wichtige Produktionsschwerpunkte im maritimen Bereich, die jedoch zum Teil ökonomisch auch gefährdet sind. Vernetzungen sind jedoch kaum erkennbar. Dabei ist der Bedarf an einem strukturierenden Konzept, mit dem die Entwicklungspotenziale gestärkt werden können, groß. Wirtschaftliche Wachstumsschwäche und fehlende Arbeitsplätze kennzeichnen die katastrophale Lage der Seestadt Bremerhaven. Die hohe und lang anhaltende Arbeitslosigkeit führt mittlerweile zu einer starken Fernwanderung qualifizierter Arbeitskräfte. Dabei konzentriert sich der Arbeitsplatzabbau auf wichtige Produktionsschwerpunkte des maritimen Sektors. Seit Jahren stehen im Mittelpunkt der Kapazitätsbereinigung die Werften zusammen mit der Zulieferindustrie. Einzig und allein expandiert der Containerumschlag zusammen mit den damit verknüpften zusätzlichen Hafendienstleistungen. Bremerhaven braucht dringend ein regionalpolitisches Leitbild. Hier bietet sich das Konzept „Maritimes Netzwerk“ an.

Die Basis bilden die derzeit vorhandenen Produktionspotenziale in Bremerhaven. Hierzu zählen die krisengeschüttelten Werften sowie der Dienstleistungsbereich Hafenumschlag, der auf der Basis der Containerisierung massive Zuwächse verzeichnet. Im Rahmen des Netzwerks lässt sich der elende Streit industrielle Kerne versus Dienstleistungsproduktion konstruktiv auflösen. Industrielle Produktion und darauf bezogene sowie zusätzliche Dienstleistungen werden in das „Maritime Netzwerk“ eingebunden. Bei der Suche nach der Antwort auf die Frage, inwieweit ein regionalökonomisches Konzept als „maritimes Netzwerk“ entwickelt und optimiert werden kann, lohnt sich der Einsatz einer empirisch fundierten und problembezogenen Regionalwissenschaft. Für den Erfolg einer solchen Initiative gibt es durchaus positive Hinweise. Durch die Vernetzung der maritimen Schwerpunkte der Güter- und Dienstleistungsproduktion, mit der Synergien ausgeschöpft und Selbstverstärkungseffekte freigesetzt werden können, lassen sich in Bremerhaven das wirtschaftliche Wachstumspotenzial stärken und die Arbeitsmarktlage verbessern. Zur Gestaltung dieses Konzepts müssten in einem ersten Schritt die vorhandenen Produktionsstätten erfasst und deren Einbindung innerhalb eines maritimen Netzwerks präzisiert werden. Der zweite Schritt hätte sich unter Berücksichtigung der Risiken auf die Konzipierung und schließlich die Stärkung des „Maritimen Netzwerkes Bremerhaven“ zu konzentrieren.

Zur Konzipierung und Umsetzung eines regionalökonomischen Leitbilds für Bremerhaven bedarf es jedoch dringlicher Forschungsaktivitäten. Ohnehin fällt auf, dass Bremerhaven durch die regionalökonomische Forschung in den letzten Jahren vernachlässigt worden ist. Es gibt lediglich eine Studie, die empirisch die Schwerpunkte der marinen und maritimen Produktion in Bremerhaven beschreibt und ein regionalpolitisches Konzept präsentiert. Diese Studie von Frank Haller und Helma Landsberg trägt den Titel „Wirtschaftsinitiativen für die Region Bremerhaven“.[1] Darüber hinaus vermittelt *Heinz Möller* von der Arbeitnehmerkammer Bremen einen gut lesbaren Überblick mit der Aufforderung

---

1 *Haller, F.; Landsberg, H.* (2004)

„Regionale Entwicklung in Bremerhaven stärken“. Im Vordergrund stehen die Produktionsschwerpunkte Fisch/Ernährungswirtschaft / Häfen / Schiffbau / Tourismus.[2] Zu erwähnen sind auch vorzügliche Einzelstudien zur Werft- und insbesondere Hafenwirtschaft.[3]

Die sozial-ökononomisch prekäre Entwicklung Bremerhavens verlangt dringlich einen konzentrierten Forschungseinsatz, mit dem die derzeitigen Defizite überwunden werden sollten. Deshalb hat sich am Institut Arbeit und Wirtschaft (IAW) ein Forschungsteam unter der Leitung von Wiebke Lang gebildet. Ziel ist es, aus der vorhandenen ökonomischen Kompetenz auch neue Produktionsschwerpunkte (etwa Offshore-Windenergie-Anlagen) zu entwickeln. Im Mittelpunkt steht die Integration der maritimen Güter- und Dienstleistungsproduktion in einem dynamischen Netzwerk. Dabei soll die Stärkung der Region an den vorhandenen Produktionspotenzialen der Industrie, der Dienstleistungsbereiche, der Fischereiwirtschaft, sowie der Forschungseinrichtungen und des Tourismus ansetzen. Aus dieser Substanz heraus wird versucht, neue Produktlinien zu entwickeln.

3. Überblick: Schwerpunkte der maritimen Vernetzung

Die potenziellen Verbünde und Cluster „Maritimes Netwerk Bremerhaven“ sind in einer Übersicht durch Wiebke Lang systematisiert worden.[4]

1. Eine der drei Verbundsschwerpunkte konzentriert sich auf „Schiffbau/Maritime Technologien“. Im Mittelpunkt steht die Werftindustrie, die mit den beiden Schiffbauunternehmen *SSW Fährschiff und Spezialschiff GmbH* und *Lloyd-Werft* die industrielle Basis des maritimen Netzwerks bilden. Zu den derzeit ca. 1.500 direkten Arbeitsplätzen kommen bei einem Vorleistungsmultiplikator mit 1,4 nochmals ca. 600 indirekt Beschäftigte hinzu. Auf der Basis von validen Prognosen zur weltweiten Entwicklung sollten die Risiken und Chancen der beiden Werftenstandorte durch das Forschungsteam bewertet werden. Absehbar ist, dass wegen des starken Konkurrenzdrucks im Containerschiffbau im Bremerhaven neue, hochwertige Produktionslinien entwickelt und implementiert werden müssen. Insgesamt ist eine intensive Kooperation zwischen den beiden großen Werften bis hin zu einer Fusion zu überprüfen. Über die Neuausrichtung des Schiffbaus hinaus sollte die Produktion auf maritime Technologien konzentriert werden. Das wichtigste Projekt zur alternativen Nutzung der SSW-Kapazitäten ist die Projektierung und der Bau von Anlagen für die Offshore-Windgewinnung. Zum zukünftigen Bedarf werden dringend realistische Marktanalysen unter Berücksichtigung der politischen Rahmenbedingungen benötigt.

---

2 *Möller, H.* (2004)

3 *Salot, M.* (2004), oder *Hickel, R.; Dietrich, R.; Lang, W.* (2004)

4 *Lang, W.; Hickel, R.* (2004)

2. Einen weiteren Schwerpunkt im maritimen Netzwerk bildet der „Verbund Hafen/Logistik“ zusammen mit den Zulieferunternehmen sowie den praxisnahen wissenschaftlichen Einrichtungen vor allem zur Lösung logistischer Herausforderungen. In diesem Verbundsbereich kann Bremerhaven heute schon große Erfolge aufweisen. Komparative Vorteile gegenüber den Konkurrenzhäfen an der Nordseeküste sind durchaus gegeben. Sie müssen jedoch unter Berücksichtigung neuer Trends im Schiffstransport immer wieder ausgebaut und gestärkt werden. Im Mittelpunkt der Hafenaktivitäten in Bremerhaven stehen der Containerumschlag sowie auch der Automobilumschlag. 1998 waren in den hafenrelevanten Wirtschaftszweigen in Bremerhaven knapp 7.900 Arbeitskräfte beschäftigt (neuere Daten vor allem zu den indirekt Beschäftigten liegen derzeit noch nicht vor). Über die 1.700 Beschäftigte im Containerterminal hinaus sind in den hafenbezogenen Bereichen (Großhandel, Handelsvermittlung, Zollbeamte, Lotsen, öffentliche Verwaltung) nochmals 1.550 Arbeitskräfte im Einsatz. Hinzukommen 3.300 Beschäftigte im Autoumschlag sowie die Beschäftigten in Technikzentren, Speditionen, Behörden und vieles mehr. Die Häfen in Bremerhaven erreichten im Jahr 2002 mit einem seeseitigen Umschlag in Höhe von rund 46,5 Mio. Tonnen ein Spitzenergebnis. Die sich auch für die nächsten Jahre abzeichnende Expansion des Hafenumschlags wird neben dem Autoumschlag maßgeblich durch die Containerentwicklung vorangetrieben. Allein im Bereich des Containerumschlags wird zwischen 2001 und 2005 jahresdurchschnittlich ein Zuwachs um 5,8% und bis 2020 um 3,9% prognostiziert. Der Containerumschlag ist der Wachstumsmotor in Bremerhaven. Seit Mitte der 70er Jahre ist der Containerumschlag kontinuierlich gestiegen. Insgesamt wurden in den Bremischen Häfen im Jahr 2002 rund 3,0 Mio. TEU (20 /8/8,5 Fuß-Standard-Container) umgeschlagen. Allerdings hängt der künftige Containerumschlag auch vom Einsatz immer größerer Containerschiffe ab. Derzeit umfasst die gerade noch einsetzbare maximale Größe eines Postpanmax-Containerschiffs der 15000 bis 18000 TEU-Gruppe folgende Maße: 400 m Länge, 54 m Breite und 15,5 m Tiefgang. Die wachsenden Schiffsgrößen führen zur Ausweitung der bisherigen bzw. zum Bau neuer Hafenanlagen. In Bremerhaven gehört dazu der Ausbau des Containerterminals CT IIIa sowie der Neubau der CT IV-Anlage. Die gemeinsame Planung des Landes Niedersachsens und Bremens zum Bau des seetiefen Jade/Weser-Hafens in Wilhelmshaven wird maßgeblich mit dieser Entwicklung zu diesen Großschiffen begründet. Zur Entwicklung der Containerverkehre sowie des Umschlags gibt es großen Forschungsbedarf, dem sich das Forschungsteam „Maritimes Netzwerk Bremerhaven“ stellt. Die wichtigsten Anforderungen an die Forschung sind: Die vorhandenen Prognosen müssen überprüft und neue Prognosen erstellt werden. Die Frage gilt es zu beantworten, welches die ökonomisch optimale, von der Auslastung und den Küstenbedingungen abhängige Schiffstiefe ist. Schließlich sind Volumen und Struktur der Verkehre unter Berücksichtigung der Gegenhäfen (vor allem in Südostasien) zu präzisieren. Große

Bedeutung kommt der Untersuchung der Strategien der Reedereien zu. Wie das jüngste Beispiel der Gründung eines Gemeinschaftsunternehmens durch Eurogate (hälftiger Besitz der BLG-Logistics Group mit Stammsitz in Hamburg) und die Mediterranean Shipping Company (MSC) im südlichen Terminal I Bremerhavens zeigt, konzentrieren sich Großreedereien mit ihren Verkehren nur noch auf einen Containerhafen („Dedicated Terminal“). Ein weiterer Forschungspunkt konzentriert sich auf die Erfassung des Beitrags zur Wertschöpfung Bremerhavens durch die Umschlagstätigkeit der Häfen. Die Messung der wirtschaftlichen Verflechtung mit den in der Region ansässigen Unternehmen erfolgt über die Loco-Quote. Mit ihr werden die Mengen, die entweder im Hafenbereich produziert und dann über See versandt werden, oder aber von der See kommend nach dem Umschlag in der Region weiterverarbeitet werden, erfasst. In Bremerhaven wird diese durch den Umschlag induzierte Wertschöpfung durch Weiterverarbeitung - gemessen am Gesamtumschlag der Güter – nur mit 3% angegeben. Hamburg weist traditionell mit seinen Unternehmen in Hafennähe eine Loco-Quote von 40% aus.[5] Im Zuge der wachsenden Containerisierung des Transportes über See wird jedoch die Unterbrechung der Transportkette zur wertschöpfenden Weiterverarbeitung in Hafennähe an Bedeutung verlieren und damit die Loco Quote eher schrumpfen. Es gibt allerdings in Bremerhaven erfolgreiche Bemühungen, im Kontext des Hafenumschlags zusätzliche Wertschöpfung in Hafennähe zu binden. In diesem Forschungsteam müssen auch die derzeitigen Standortplanungen – vor allem der Bau des Tiefseehafens in Wilhelmshaven – auf der Basis einer Kosten-Nutzen-Analyse evaluiert werden. Die Kostenstrukturen der Unternehmen an den bisherigen und künftigen Standorten stehen ebenfalls auf der Forschungsagenda. Dabei sind einerseits die Kosten in die Supra- und Infrastruktur zu berücksichtigen. Andererseits gilt es zu klären, wie diese bei der einzelwirtschaftlichen Preisbildung zu berücksichtigen sind. Zu vielen dieser hier zusammengefassten Forschungsaufgaben kann Rolf Stuchtey wichtige Erkenntnisse einbringen, die in das Konzept „Maritimer Sektor Bremerhaven“ zu verarbeiten sind.

3. Weitere Schwerpunkte im „Martimen Netzwerk Bremerhaven“ sind: die „marine Wirtschaft“ mit dem Zentrum Fischereiwirtschaft, die „Touristik“ mit dem Leitbetrieb Kreuzfahrtterminal (maritimer Trail) und vor allem „die auf maritime Fragen bezogene Wissenschaft“. Auf diese Schwerpunkte wird an dieser Stelle nicht weiter eingegangen. Hervorzuheben ist jedoch das derzeit schon hoch entwickelte Angebot an wissenschaftlichen Einrichtungen, die wesentliche Knotenpunkte im „Maritimen Netzwerk Bremerhaven“ bilden. Hierzu zählen die Erforschung der Meere, des Klimas und der Fischerei sowie die Bereiche

5 Vgl. *Haller, F.; Landsberg H.*, a.a.O., S. 23

Lebensmitteltechnologien, Biotechnologie, Transportwesen und Logistik, Schiffsbetriebstechnik, Seetouristik.

4. Forschungsinput zur „Maritimen Vernetzung" durch Rolf Stuchtey

Zu diesem interdisziplinären Forschungsteam „Maritimes Netzwerk Bremerhaven" lade ich Prof. Dr. Rolf Stuchtey anlässlich dieser Festschrift gerne ein. Seine Mitarbeit wäre ein großer Gewinn. Rolf Stuchtey hat integrierende Analysen zur weltweiten Entwicklung der Werften-, Reeder- und Hafenwirtschaft vorgelegt. Die weltläufige Dimension seiner Untersuchungen lassen sich auf die Region Bremerhaven herunterbrechen. Rolf Stuchtey ist für diesen Dienst zugunsten der Seestadt Bremerhaven bestens geeignet. Er verfügt über die Begabung, die theoretische Analyse mit dem Anspruch auf die Gestaltung der Praxis zu verbinden. Seine Praxisfähigkeit hat er durch seinen Einsatz an der Spitze von Unternehmen des maritimen Sektors sowie mit seinen Beratungsgutachten bewiesen. Für seine Befähigung zur wirtschaftswissenschaftlichen Analyse im maritimen Bereich gibt es ausführliche Belege. Seine theoretischen Untersuchungen konzentrieren sich auf die Hafenwirtschaft sowie den Schiffbau. Dazu gehört auch eine Analyse des Hamburger Hafens. Für die regionalwirtschaftliche Analyse Bremerhavens sind seine Untersuchungen zum Strukturwandel der Häfen und zum Schiffbau unter dem Regime der Containerisierung von besonderer Bedeutung.[6] Aus den vorliegenden Untersuchungen sowie der intensiven Praxiserfahrungen ergeben sich Erkenntnisse, die im Forschungsteam „maritimes Netzwerk Bremerhaven" produktiv genutzt werden können. Dies wurde auch durch ein Gespräch Anfang August 2004 mit der Autorin der Studie „Hafenkooperation als Zukunftsstrategie?" und mir für das „Institut Arbeit und Wirtschaf (IAW)" eindrucksvoll belegt. Diese „Hafenstudie" wurde durch Rolf Stuchtey auf der Basis eines Thesenpapiers mit wichtigen Erkenntnissen aus der Erforschung weltweiter Trends zur Hafen-, Reeder- und Werftwirtschaft, die für die Standorte in Bremerhaven nutzbar sind, konfrontiert.[7] Dabei ging es auch um eine kritische Analyse des geplanten Tiefseewasserhafens in Wilhelmshaven einerseits und der Erweiterung um den Container Terminal IV in Bremerhaven andererseits. Ob die angenommene zeitliche Abfolge – erst Auslastung des CT IV in Bremerhaven und nachfolgend die Nutzung des Hafens in Wilhelmshaven durch die Megaschiffe – realisiert werden kann, hängt von derzeit ungewissen Entwicklungen der Containerverkehre ab.

---

6 *Lemper, B.; Stuchtey, R.* (2002)

7 *Salot, M.* (2004),

5. Die Kontoverse: Allokationsschwächen der Marktpreisbildung in der maritimen Wirtschaft

Rolf Stuchtey verfolgt, wie seine Untersuchungen zeigen, ein von Opportunismen freies ordnungspolitisches Konzept. In dessen Mittelpunkt steht die Sicherung bzw. Schaffung eines funktionsfähigen Wettbewerbs. Voraussetzung dafür ist ein aus dem Zusammenspiel von Angebot und Nachfrage bestimmtes, flexibles Preissystem, das einzig und allein die optimale Allokation knapper Ressourcen auch im maritimen Sektor sicherstellen soll. Dieses ordnungspolitische Credo wird durch interessante Studien zur Hafenwirtschaft belegt. Gezeigt wird, dass der preisgesteuerte Wettbewerb zwischen den Häfen an der Nordseeküste dazu maßgeblich beiträgt, Allokationseffizienz herzustellen. Spiegelbildlich heißt dies, politisch behinderter Preiswettbewerb führt zur Ineffizienz der Hafenwirtschaft. Während durch den Verzicht auf die volle Überwälzung der Kosten des Hafenumschlags vorübergehend Gewinner zu verzeichnen sind, erhöht sich am Ende durch den Wettbewerb der Druck, daraus entstandene Fehlallokationen zu beseitigen. So ist das Zustandekommen von Überkapazitäten im Hafenumschlag die Folge politisch gebremster Konkurrenzwirtschaft. Damit rückt die rationale Festlegung der Preise (Port Pricing) für die Nutzung von Hafendienstleistungen in den Mittelpunkt. Die Regeln der ökonomisch optimalen Preisbildung in diesem Bereich sind heftig umstritten. Beim Preis für die Dienstleistung Hafenumschlag stellt sich die Frage, inwieweit über die unmittelbaren Betriebsausgaben die Kosten für die Hafeninfra- und Suprastruktur zu berücksichtigen sind.[8] Die wichtigsten Kostenkomponenten sind: Kosten für die terminale Infrastruktur (Kaimauern, Spund- und Flügelwände) sowie die Suprastruktur (Containerbrücken, Abstellflächen, Gebäude) und schließlich die allgemeine Infrastruktur (Verkehrswegenetz). Einerseits ist ökonomisch die Frage umstritten, inwieweit etwa Kosten der allgemeinen und terminalen Infrastruktur im Preis für den Hafenumschlag einzelwirtschaftlich zugerechnet werden sollen/können. Schließlich handelt es sich um allgemeine Rahmenbedingungen der Produktion mit positiven externen, also einzelwirtschaftlich nicht zurechenbaren Effekten. Deren Finanzierung erfolgt traditionellerweise über öffentliche Finanzen. Bei der Preisgestaltung eröffnen sich durch eine unzureichende Kostendeckung durchaus manipulative Möglichkeiten - bis hin zum rigorosen Preisdumping. Jedenfalls wird durch derartige offene und versteckte Subventionierungen die konkurrenzbezogene Preisbildung verzerrt. Rolf Stuchtey bietet plausible Argumente für eine wettbewerbsbasierte Preisbildung bei den Unternehmen im Hafenumschlag an. Dadurch soll auf Dauer die ökonomische Effizienz hergestellt werden. Nach seiner Botschaft sichert nur das Regime harter Konkurrenz leistungsfähige Produktionsstandorte. Seine Kritik am Scheitern der

8 Vgl. Ansätze zur Preisbildung: *Meersman, H. u.a.* (2002)

EU-Richtlinie zum Port Package II ist bei dieser ordnungspolitischen Option von Rolf Stuchtey logisch konsequent. Durch die Öffnung der Märkte für die Unternehmen im Hafenumschlag, der Hafenarbeit sowie der Lotsendienstleistungen sollte diese Liberalisierung Druck in Richtung sinkende Preise auslösen. Bei dieser Richtlinie ist insbesondere die künftige Zulassung der Selbstabfertigung in den Häfen (Self Handling) über die eigenständige Beauftragung durch die Reeder – etwa durch den Einsatz der Seeleute auf dem jeweiligen Schiff - umstritten. Soziale Belastungen der in den derzeitigen Unternehmen Beschäftigten, vor allem aber auch die Sicherheit für den Schiffsverkehr sowie ökologische Kriterien haben nach heftiger Debatte und Streiks in den Häfen an der Nordsee erst einmal zur Ablehnung dieser Richtlinie durch das Europäische Parlament geführt.

Im Forschungsteam „Maritimes Netzwerk Bremerhaven“ sollte Rolf Stuchtey, falls er hoffentlich die Invitation in die Forschungsgruppe annimmt, zu diesen wichtigen Fragen der Preisbildung in der Werft-, Reeder- und Hafenwirtschaft theoretisch begründete und empirisch nachvollziehbare Vorschläge einbringen. Sicherlich sind spannende Diskussionen über die Steuerungsfähigkeit von Marktpreisen im maritimen Sektor zu erwarten. Grundsätzliche Kontroversen über die äußerst restriktiven Annahmen zur Ableitung markträumender Gleichgewichtspreise werden wohl unvermeidlich. Schließlich ist sattsam bekannt, dass nur durch die Fiktion des walrasianischen Auktionators an der Pariser Börse, dem die Preise zugerufen werden („Prix criée par Hasard“) und der Geschäfte erst zulässt, wenn der Gleichgewichtspreis gefunden worden ist (Verbot des Handelns im Ungleichgewicht, „false trading), markträumende Preise zustande kommen. Die mit dieser Fiktion hervorgezauberte vollkommene Information steht im Widerspruch zur praktischen Preisbildung auf den realen Märkten. Preisreaktionen auf veränderte Nachfrage-/Angebotskonstellationen erfolgen in der historischen Zeit (nicht logischen Zeit des Auktionators) und unter unzureichender Information sehr träge. Übrigens lässt sich mit der Trägheit des Preissystems (sticky prices) selbst unter Bedingungen der vollkommenen Konkurrenz die Entstehung makroökonomischer Fehlentwicklungen erklären. Geht die Nachfrage bei gegebenem Angebot zurück, dann sinken die Preise nicht schnell genug. Die blitzschnelle Mengenanpassung bei kurzfristig nicht reagierenden, also starren Preisen führt zu einem sich kumulierenden Nachfrageausfall. Diese Bewegung wird durch die Tatsache verursacht, dass im Unterschied zur Modellfiktion in der Wirklichkeit auch im Ungleichgewicht gehandelt werden muss. Selbst auf einem Gemüsemarkt können Verkäufer und Käufer nicht warten, bis sich ein Gleichgewichtspreis bildet und dann erst die Transaktionen vorgenommen werden. Die vorlaufende Mengenanpassung im Ungleichgewicht erklärt die von Keynes begründete Ableitung eines kurzfristigen makroökonomischen Gleichgewichts bei Unterauslastung der Produktionskapazitäten und damit Arbeitslosigkeit. Dieser Fall zeigt, wie das Preissystem selbst bei vollkommenem Wettbewerb nicht in der Lage ist, ausreichende Informationen zu generieren und rechtzeitig zur verarbeiten. Die Preisbildung funktioniert nicht einmal in der kurzen Frist. Marktpreise leiden darüber hinaus unter der Unfähigkeit, mittel- und längerfristige Informationen allokationsoptimal zu berücksichtigen. Am Ende kommt es Fehlallokationen, die durch den Markt erzeugt worden sind. Rolf Stuchtey wird nicht müde, dieses informationell bedingte Marktversagen an einem Beispiel aus der maritimen Wirtschaft zu belegen. Im Schiffbau dominiert der Schweinezyklus, der jedenfalls mit der reinen Theorie der Preisbildung unter dem Regime der vollkommenen Konkurrenz nicht entstehen dürfte. Das Muster läuft wie folgt: Steigen die Frachtraten der Reedereien und lassen sich die Frachten mit der vorhandenen Kapazität nicht bewältigen, dann wird der Bau neuer Schiffe in Auftrag gegeben. Entstehen durch die Ausweitung der Flotte Überkapazitäten, dann geht die Nachfrage nach neuen Schiffen wieder zurück und die Werften geraten in die Krise. Steigen schließlich die Frachtraten wegen jetzt fehlender Kapazitäten, dann beginnt ein neuer Schiffbauboom. Jedenfalls ist das Preissystem nicht der Lage, die Fehlentwicklung zu Überkapazitäten rechtzeitig zu antizipieren, um eine Selbstkorrektur auszulösen. Die Märkte können diesem Fall aus eigener Kraft keine optimale Allokation. Zusätzliche Marktinformationen müssen generiert werden. Zur Beschreibung der Defizite privatwirtschaftlicher Preissysteme gehört auch der Hinweis auf die Tatsache, dass Drittwirkungen (externe Effekte) bei der Allokationsentscheidung nicht angemessen berücksichtigt werden. So erzeugt die einzelwirtschaftliche Nutzung von Schiffen Belastungen, die in der Preiskalkulation nicht berücksichtigt. Vielmehr werden diese externalisiert. Klassisches Beispiel sind die Umweltbelastungen. Aus der einzelwirtschaftlichen Rationalität heraus wird die Umwelt als freies Gut missbraucht, während die dadurch entstandenen Schäden der Gesellschaft angelastet werden. Im Schiffsverkehr sind dies die Meere und Küsten. Einzelwirtschaftlich ist es rational, weil kostensparend, Müll ins Meer zu kippen. Auch fallen die sozialen Kosten eines havarierten Öltanker in Folge der Belastung der Küste enorm hoch aus. Bei der einzelwirtschaftlichen Preisbildung werden jedoch diese Kosten soweit wie zulässig erst einmal externalisiert, also nicht dem Unternehmen angerechnet. Diese Fehlentwicklung wird jedoch nicht in die Preisbildung aufgenommen und korrigiert. Es gibt keinen nachhaltigen Anreiz, beispielsweise doppelwandige Öltanker einzusetzen. Hier zeigt sich, dass die Preisbildung auf den Märkten in politische Rahmenvorgaben eingebettet werden muss. Dazu steht das Instrumentarium politisch gewollter Preisaufschläge – etwa die Ökosteuer – zur Verfügung, mit denen Anreize für umweltbewusstes ökonomisches Verhalten geschaffen werden sollen. In vielen Fällen kann die Belastung der Umwelt nur durch Gebzw. Verbote begrenzt werden. Ein Beispiel ist das Verbot von Tankern, die nicht über eine doppelte Hülle verfügen, in Häfen anzulegen. Ein weiteres Beispiel für ein Verbot ist der Umgang mit Chemikalien in der Nordsee. Da die

Nordsee ökologisch kurz vor dem Kollaps steht, versagt auch die Preisregulierung. Die Verklappung von Chemikalien kann nur verboten werden. Schließlich ist das kurzfristig ausgerichtete Marktpreissystem als Basis der Entscheidung über den Bau rentierlicher Containeranlagen überfordert. Hier sind langfristige Entscheidungen erforderlich, bei denen nicht nur einzelwirtschaftliche Anforderungen zu beachten sind. Die Grundlage bilden politische Entscheidungen. Ersatzweise für das unternehmerische Kalkül sind jedoch regional bezogenen Kosten-Nutzen-Analysen erforderlich, um mit einigermaßen objektiven Kriterien eine rationale Standortentscheidung zu ermöglichen. Dies gilt etwa auch für die Entscheidung über Großprojekte wie der Bau des Container Terminal IV sowie eines völlig neuen Tiefseewasserhafens in Wilhelmshaven. Allerdings müssen bei politisch begründeten Entscheidungen ebenfalls Fehlallokationen – etwa Überkapazitäten im Angebot von Anlagen zum Containerumschlag – vermieden werden. So ist zu kritisieren, dass die Entscheidung für das Großprojekt Jade/Weser-Tiefseehafen in Wilhelmshaven nicht mit einer ausreichenden Kosten-Nutzen-Analyse abgesichert worden ist. Die kritischen Hinweise zur Preisbildung zeigen aber auch, es gibt nicht die Alternative entweder nur Markt oder nur Politik. Vielmehr kommt es auf die optimale Kombination der Steuerung über Märkte zusammen mit der politischen Planung an.

Die Einladung an Rolf Stuchtey in das Forschungsteam „Maritimes Netzwerk Bremerhaven" am Institut Arbeit und Wirtschaft (IAW) wiederhole ich zum Abschluss dieser Überlegungen. Die in der Wissenschaft sowie der Praxis entwickelten Erkenntnisse sowie der energische Arbeitsstil Rolf Stuchteys nützen der auf die Regionalanalyse konzentrierten Wirtschaftswissenschaft ebenso wie der Seestadt Bremerhaven.

Literatur:

Haller, Frank; Landsberg, Helma (2004): Wirtschaftsinitiativen für die Region Bremerhaven; in: BAW-Regionalwirtschaftliche Studien Nr. .20/2004 , Bremen

Hickel, Rudolf; Dietrich, Reinhard; Lang, Wiebke (2004): Maritimes Netzwerk Bremerhaven – Perspektiven in der SSW-Krise, Kurzgutachten des Instituts Arbeit und Wirtschaft (IAW) der Arbeitnehmerkammer und der Universität Bremen

Lang, Wiebke; Hickel, Rudolf (2004): IAW-Arbeitsgruppe Maritimes Netzwerk – Entwurf eines gemeinsamen Projekts, Juli 2004, Bremen

Lemper, Burkhard; Stuchtey, Rolf (2002): Aktuelle Entwicklungen auf den Märkten der Containerschifffahrt und ihr Einfluss auf Deutschland als Schiffbau- und Hafenstandort; hrsg. Bremer Gesellschaft für Wirtschaftsforschung e. V., Bremen, September 2002

Meersman, H. u.a. (2002): Port Pricing Issues – Considerations on Economic Principles, Competition and Wishful Thinking; Vortrag zum zweiten Seminar von IMPRINT - EUROPE Thematic Network, Brüssel 14th/15th May 2002

Möller, Heinz (2004): Regionale Entwicklung in Bremerhaven stärken; in: Arbeitnehmerkammer Magazin, Heft 3/2004

Salot, Marion (2004): Hafenkooperation als Zukunftsstrategie? Der JadeWeserPort und seine Auswirkungen auf die bremischen Häfen; Arbeitnehmerkammer Bremen 2004

Reiner Johannes Vogl

Erzwingt der internationale Standort- und Systemwettbewerb eine ordnungspolitische Renaissance in Deutschland?

I. Hektischer Aktionismus bestattet schleichend eine marktgerechte Ordnungspolitik

1. Die Hydra Massenarbeitslosigkeit bleibt unbesiegt

Die Ursachen und Auswirkungen der in Deutschland seit den letzten Jahrzehnten andauernden Massenarbeitslosigkeit, deren Ausmaß sich mit jedem Konjunkturzyklus höher schraubt, halten Wirtschaft und Gesellschaft auch nach gut sechs Jahren Rot-Grün in Atem. Die Arbeitslosigkeit, die in den sechziger Jahren des 20. Jahrhunderts nahezu überwunden schien, hat sich treppenförmig wieder auf das Nachkriegsniveau empor geschraubt. Der große Zeiger der offiziellen Arbeitslosenuhr steht unbeirrt auf im Jahresdurchschnitt gut vier Millionen, der kleine verharrt auf noch einmal mindestens zwei Millionen verdeckt beschäftigungslosen Personen. Summa summarum fehlen in Deutschland zurzeit wenigstens sechs Millionen sozialversicherungspflichtige Arbeitsplätze. Ohne Arbeitsstelle zu sein bedeutet nicht nur Einkommensverlust, sondern heißt ebenso Einbuße an gesellschaftlicher Anerkennung und sozialer Integration. Das brennende Beschäftigungsproblem bleibt insofern der politische Gesprächs- und Sprengstoff Nummer 1.

Obgleich es an fundierten wirtschaftspolitischen Vorschlägen, vor allem jedoch an erfolgreich durchgeführten Praxisbeispielen zur Schaffung von neuen, wettbewerbsfähigen Dauerarbeitsplätzen in verschiedenen Ländern nun wirklich nicht mangelt, fehlt hierzulande zur Bewerkstelligung eines längst überfälligen Reformbefreiungsschlages zur Überwindung der nunmehr weit über ein Vierteljahrhundert währenden strukturellen Arbeitsmarkt- und Wachstumsprobleme ein in sich schlüssiges Maßnahmenpaket. Weder das von der Regierung postulierte Jahrhundertreformprogramm „agenda *2010*“ noch der von Massenprotesten begleitete vermeintliche Heilsbringer „Hartz IV“ werden es wirklich richten.[1] Es muss betrüben, dass trotz der ersichtlichen Misere, deren Bewältigung drängender ist denn je, nur wenige tonangebende Verantwortliche in die Nähe des Gedankens geraten, das dringend Notwendige – gemeint ist die entschei-

---

[1] Vgl. *Presse- und Informationsamt der Bundesregierung* (Hrsg.) (2003).

dende Verbesserung der Rahmenbedingungen für die nachhaltige Revitalisierung der Wirtschaft – vorurteilsfrei, zielbewusst und ohne weitere Zeitverzögerung anzugehen.[2]

> „Die Agenda 2010 bleibt richtig, aber mit ihr wird das Pferd vom Schwanz her aufgezäumt. So wird die Spanne bis 2006 wie schon die ersten vier Jahre der Regierung Schröder eine verlorene Zeit sein.“[3]

Nicht wenig deutet ferner darauf hin, dass sich der aktuell bestimmende bundespolitische Wille über weite Strecken an die Stelle des ökonomischen Verstandes gesetzt hat. Allzu leichtfertig wird dort Grundsätzliches der Opportunität der Tagespolitik geopfert. Mit wachsendem Abstand zu den Gründungsjahren beginnt die Erinnerung an die genuinen Grundlagen unseres (Massen-)Wohlstandes ohnedem bei einer wachsenden Anzahl beratungsresistenter Parteigewaltiger, aber auch in weiten Teilen der Bevölkerung immer schneller zu verblassen. Nicht die Gestaltung der Zukunft steht im Mittelpunkt, einzig und allein die Verteidigung und der Genuss des Erworbenen.

2. Wer im Schatten sitzen will, sollte Bäume pflanzen

Anders gewendet: Von rühmlichen Ausnahmen einmal abgesehen, beschränken sich die gesellschaftlichen Kräfte mit allen erdenklichen Mitteln darauf, den Status quo zu erhalten. Diese unsinnig vergeudete Energie fehlt dafür an anderer Stelle. Konkret heißt das: Seit geraumer Zeit kämpfen die einflussreichen nationalen Interessengruppen härter, mögliche Verluste zu vermeiden als neue, zusätzliche Gewinne zu erzielen. Während Ludwig Erhard, der Begründer des sog. „Wirtschaftswunders“, noch in der Multiplikation und nicht in der Division des Sozialprodukts die eigentliche Aufgabe der Wirtschaftspolitik erblickte, wird das momentan eher umgedreht gesehen.

> „ ‚Soziale Kälte‘ ist die Dicke Bertha in diesem Abwehrgefecht; auf den Flaggen der Status-quo-Verteidiger stehen ‚soziale Gerechtigkeit‘ und ‚Solidarität‘. So simpel aber sind die Alternativen nicht. Wer von ‚Sozialabbau‘ redet, meint in Wahrheit die Beschneidung von Besitzständen; hinter dem Wort von der ‚Gerechtigkeit‘, jedenfalls wo es um Materielles geht, steht immer der Ressourcentransfer von einer Gruppe zur anderen. Wer sagt: Wir wollen im Namen sozialer Gerechtigkeit mehr X (Pflege, Kulturhäuser, Subventionen, Mindestlöhne ...), sagt in Wahrheit: Wir wollen, daß jemand anders bezahlt, was wir gerne hätten, daß jemand anders erarbeitet, was wir umsonst genießen wollen. Er sagt ‚Gerechtigkeit‘ und meint den Gewinn für seine Gruppe. ‚*There is no such thing as a free lunch*‘, heißt es auf englisch. Es sieht zwar so aus, als wenn der Kindergartenplatz, die subventionierte Theaterkarte vom Staat bezahlt werden, aber der Staat sind wir, und der Preis ist eine

---

2 Vgl. *Berthold, N.* (2004), S. 7.

3 *Spranger, G.* (2004), S. 2.

> Staatsquote von über fünfzig Prozent, Tendenz steigend."[4]

Noch einmal: Es gebricht der Politik an der Fähigkeit, erkennbare zukünftige Entwicklungen zu berücksichtigen und zweckmäßige Verzichte oder angemessene Belastungen um späterer Profite willen zu ertragen bzw. durchzusetzen. Der „geistige Überbau" eines Volkes bestimmt aber letzen Endes auch dessen ökonomischen Erfolg. Schon der Soziologe Max Weber (1864-1920) betonte, dass jede Gesellschaft auf Dauer die Wirtschaft haben werde, die ihrer jeweiligen geistigen Verfassung entspreche. Siebert bringt dieses Drama mit klarer Sachlichkeit auf den Punkt:

> „Hier und da fehlt es an Sachverstand, oft auch an der Kraft, die in die Zukunft reichenden Aspekte angesichts des Vorrangs für den Kampf um Wählerstimmen richtig zu gewichten."[5]

Allem Anschein nach findet die als selbsternannte Modernisierungsregierung einer diffusen „Neuen Mitte" angetretene rot-grüne Koalition den Gedanken, von den positiven wie negativen Erfahrungen gelungener Reformen anderorts irgendetwas Verwertbares zu lernen, sogar als Zumutung, und zwar selbst dann, wenn diese durch sozialistische Regierungen im benachbarten europäischen Ausland oder in Übersee erworben wurden. Die letzten Chaos-Jahre unter der zugegebenermaßen abwechslungsreichen Obhut von Rot-Grün lassen jedenfalls keinen Zweifel mehr aufkommen, dass sich das Regierungslager absolut autark eigene Erfahrungen erarbeiten möchte, was einer Perpetuierung des systemlosen Durcheinanders gleichkommt.

3. Verstöße wider alle Regeln der Ökonomie

Soviel steht jedenfalls fest: Das im Herbst 2002 knapp im Amt bestätigte Regierungsbündnis hat auch in seiner zweiten Legislaturperiode durch eine nicht enden wollende Kette von Fehl-, halbherzig und nicht getroffenen Entscheidungen die Wirtschaft, Bevölkerung und das befreundete Ausland so stark verunsichert wie kein Bundeskabinett zuvor. Während eine Wende zum Besseren auch für die Zukunft zu diesem Zeitpunkt nicht ersichtlich wird, spiegeln sich die sehr ernstzunehmenden Konsequenzen der reparaturbedürftigen Regierungstätigkeit in den aktuellen DIHT-Unternehmensumfragen wider: Die Unternehmen wollen der gesetzgeberischen Planlosigkeit mit deutlich wachsender Zurückhaltung bei Investitionen (und damit auch bei der Beschäftigung) begegnen. In welches Unternehmen man auch immer kommt, überall schallt einem lautes Wehgeschrei entgegen. Immer mehr Unternehmer, auch solche, die dem rot-grünen Bündnis lange Zeit verhältnismäßig indifferent und/oder abwartend gegenüberstanden,

---

4 *Joffe, J.* (1996), S. 29, (Hervorhebung im Original).

5 *Siebert, H.* (1998), S. 15.

wenden sich mit Grausen ab. Das Wehklagen, so heißt es im Volksmund, ist der Gruß der Kaufleute. Aber das heutige Gejammere der Unternehmer ist morgen das grimmige Klagen eines ganzen Volkes.

4. Zwischenbemerkung: Wer schneller das Richtige von anderen lernt, hat gemeinhin die Nase vorn!

Bekanntermaßen haben in der Wissensgesellschaft heutiger Tage zumeist diejenigen die Nase vorn, die schneller lernen als die Konkurrenz. Wissen das die rot-grünen Koalitionäre womöglich nicht? Oder gilt das für sie nicht? Wohl kaum. Nicht zuletzt wegen der vielfach eingeräumten „handwerklichen" Mängel bei der Regierungsarbeit, die vor nicht allzu langer Zeit noch weit stärker mit dem Kopf, als mit den Händen bewältigt wurde, drängt sich schon fast der Verdacht auf, dass die Regierungstruppe zwar schnell lernen würde, wenn sie es denn könnte.

Ein Zitat des deutschen Reichskanzlers Otto von Bismarck – dem die historische Fachliteratur in vielerlei Hinsicht bescheinigt, ein großer Stratege gewesen zu sein – wirkt in diesem Zusammenhang keineswegs verstaubt, im Gegenteil: Die moderne Sprachschöpfung hat für eine der zahlreichen Weisheiten des ersten deutschen Reichskanzlers (von dem nicht nur der amtierende Bundeskanzler – der zwar nicht alles anders, aber vieles besser machen wollte – durchaus etwas fürs Leben einüben könnte) ein einprägsames Wort ins Leben gerufen: „Benchmarking". Die Bestimmung von und die Ausrichtung an vorbildlichen Praktiken ist der Grundgedanke von Benchmarking. In zunehmendem Maße werden jetzt auch Branchen sowie Sozial- und Wirtschaftssysteme von Ländern und Regionen verglichen, während nach diesem Verfahren bisher vornehmlich Unternehmen gegenübergestellt wurden. Aber nun Bismarck im Wortlaut:

> „Nur ein Idiot glaubt, aus den eigenen Erfahrungen zu lernen. Ich ziehe es vor, aus den Erfahrungen anderer zu lernen, um von vornherein eigene Fehler zu vermeiden."[6]

5. Und Deutschland? „Auf uraltem Steig in stolze Höhe"?

Es beschleicht unterdessen wohl so einige das ungute Gefühl, dass den momentan abwechselnd in Berlin und Bonn „brillantierenden" bürokratischen Machteliten das Gespür für die unbedingten ökonomischen Notwendigkeiten des Tages – vom wirtschaftlichen Weitblick einmal ganz zu schweigen – immer vollständiger abhanden zu kommen scheint. Aber wie es so geht, wenn man hoch zielt und in die Höhe blickt, man sieht oft die nächsten Dinge nicht mehr. Wer sich außerhalb des Wettbewerbs von Ideen, Informationen und Innovationen

---

[6] Otto von Bismarck, zitiert nach *Appel, H.* (1996), S. 11. Ein gleichsam trefflicher Satz von *Erich Staudt* (1998), S. 2 soll hier nicht vorenthalten werden: „Am besten lernt man aus (eigenen) Fehlern und am billigsten aus den Fehlern anderer."

begibt, fällt unweigerlich zurück. Die Weltgeschichte hält eine ganze Reihe Beispiele von ehedem prosperierenden Regionen und Gesellschaften parat, die infolge mangelnder Modernisierungsfähigkeit oder fehlender Reformbereitschaft immer weiter zurückgefallen sind.

> „Ein Gemeinwesen, das sich so verhält, lebt gefährlich. Denn es wird blind für Veränderungen, Umbrüche, Mißbrauch. Die Lektionen der Geschichte sind hier eindeutig. So tabuisierte die mittelalterliche Kirche jahrhundertelang wichtige Bereiche von Wirtschaft und Gesellschaft, was zu Stagnation, dann Rückschritt führte. Der absolutistische Staat verhielt sich nicht anders, mit gleichen Ergebnissen: Beide Male bedurfte es wirklicher Revolutionen, um die Tabus und deren Folgen zu brechen.“[7]

Trotz dieses Wissens setzen sich die überkommenen Rituale fort. Die zentrale Frage lautet: Wie lange kann das noch gut gehen?

6. Alarmzeichen bleiben in ihrer enormen Tragweite entweder unerkannt oder werden seit langem geflissentlich übersehen

Und tatsächlich wird es immer offensichtlicher, dass die typischen Signale eines relativen Abstiegs – geringe Wirtschaftsdynamik, hohe und von neuem steigende Arbeitslosenziffern, zusätzlich anwachsende Steuer- und Abgabenlasten, übersteigerte Regulierungswut, ein weiter wild wucherndes Subventionsgestrüpp und eine ungebremst emporschießende Staatsverschuldung, um nur einige der schrillsten aus der nahezu endlosen Liste zu nennen – entweder in ihrer vollen Bandbreite nicht erkannt werden oder schlicht sträfliche Missachtung erfahren.

Traurige Tatsache ist, dass de facto fast alle großen Konzerne in Deutschland Arbeitsstellen abbauen und dass es für den überwiegenden Teil kleiner und mittelständischer Unternehmen alles andere als attraktiv ist, neue Arbeitskräfte einzustellen. Alles in allem wächst die Anzahl der Unternehmen, die ihre Mitarbeiterzahl verringern wollen. Sie liegt deutlich über der Anzahl der in puncto Beschäftigung expandierenden Unternehmen. Zudem strecken viele Betriebe ihre Investitionsprojekte zeitlich. Und das besonders Alarmierende: Seit geraumer Zeit überragen die Rationalisierungsinvestitionen (mit negativen Beschäftigungseffekten) die Investitionen in Erweiterungsmaßnahmen.

Das liegt nicht bloß an hohen Löhnen und Lohnnebenkosten, mangelnder Flexibilität im Tarifrecht, rekordverdächtigen Fehlzeiten, großzügigem Urlaubsanspruch, naiv-arbeitnehmerfreundlichen Arbeitsgerichten, einer Tarifpolitik zum alleinigen Wohl der Arbeitsplatzbesitzer, bürokratischen Hürden, forciertem Umweltschutz, mangelndem Vertrauen in die politische Führung und so weiter.[8]

---

[7] *Miegel, M.* (1996, S. 217).

[8] Vgl. *Heß, W.; Mahnkopf, C.* (1996), S. 9ff.

Dies fußt vor allem im wechselseitig sich verstärkenden Zusammenwirken all dieser Umstände, die trotz der unbestrittenen Tüchtigkeit des größten Teils der hier ansässigen Bevölkerung das Land in eine veritable Krise gestürzt haben.

> „Die Arbeitslosigkeit ist nicht auf einen einzigen Grund zurückzuführen, sondern auf viele Ursachen: auf hohe Abgaben, eine leistungsfeindliche Steuerstruktur, auf nach wie vor zu starre Arbeitszeitregelungen sowie auf ein Lohnniveau und eine Lohnstruktur, die nicht den Marktbedingungen entsprechen."[9]

7. „Politik ohne Leitbild, Ordnung, Richtung – dafür zuweilen mit ruhiger Hand ..."

Der einst vielerorts gepriesene „Musterzug D" ist schon seit längerem von den ordnungspolitischen Gleisen abgekommen. Seit kurzem jedoch regiert allenthalben ein ständig an Einfluss gewinnender, punktueller Interventionismus, der basso ostinato innerhalb der Wirtschafts- und Sozialpolitik von Rot-Grün. Das unheilvolle politische „Hineindilettieren" in die Wirtschaft gewinnt zweifelsfrei die Oberhand. Schwer wiegen die strukturellen Defizite, die sich dank dieser profil- und konzeptionsarmen Wirtschafts-, Sozial- und Bildungspolitik zusätzlich noch ansammeln werden. Ganz grundsätzlich ist die politische Orientierungs- und Konturlosigkeit eine der Hauptursachen für die vielen ökonomischen Schwierigkeiten der Gegenwart in diesem, unserem Lande.

Das Land leidet darüber hinaus in schmerzhafter Weise Mangel an wirklich entschlossenen (wirtschafts)politischen Erneuerern, die durch Konsequenz, Rasanz und robuster Durchsetzungskraft die an allen Ecken und Enden geforderte Aufbruchstimmung zu initiieren vermögen. Es fehlt einfach die politische Kraft, die auf ökonomisch zielführende Modernisierung drängt – auf Reformmaßnahmen, die das Unternehmerische anregen, zu Investitionen ermutigen, Eigenverantwortung festigen helfen und den Staat samt seinen Ein- und Ausgaben auf die absolut erforderlichen Hauptaufgaben zurückführen. Mit den Worten des Ex-Vorstandsvorsitzenden der Metallgesellschaft, Karl-Josef Neukirchen:

> „Innovationen gelingen nicht mit einem Schmusekurs. Wer etwas verändern will, braucht – gerade wegen der Mechanismen der Demokratie – Mut, Kraft, Durchhaltevermögen, Kreativität und Verantwortungsbewußtsein sowie persönliche Integrität. Das ist, zugegeben, viel verlangt."[10]

Aufs Ganze gesehen werden mit dirigistischen und interventionistischen Methoden die Marktkräfte mehr und mehr in die Knie gezwungen. Diese fortschreitenden Erosionsprozesse im marktwirtschaftlichen und rechtsstaatlichen Ordnungsrahmen und die rechts- und ordnungspolitische Verwahrlosung unserer Wirt-

---

9 *Eekhoff, J.; Schlecht, O.* (1998), S. 15.

10 *Neukirchen, K.-J.* (1997), S. 174.

schaftspolitik lassen die dringend benötigte innovative Dynamik sukzessive erlahmen.

8. Wachsende Freiheiten oder zusätzliche Zwänge?

Die Konsequenzen: Die Chancen zur Regenerierung und zu einer erneuten, dauerhaft hohen Wirtschaftsleistung werden aufgrund dessen nicht einmal ansatzweise genutzt. Viele, allemal vorhandene Zukunftschancen werden somit leichtfertig verspielt. Allem Anschein nach prallen die Rufe nach grundlegenden Strukturreformen, die nur neue Strophen eines altbekannten Liedes sind, an dem sich immer mehr verknöchernden Parteien- und Gesellschaftsgefüge ergebnislos ab. Der Verlust von wirtschaftlicher Dynamik, die Lähmung der Gesellschaft und eine weitverbreitete Mutlosigkeit sind die Folgen solchen Gebarens.

Kurzum: Während andernorts ein echter politischer Gestaltungswille vorherrscht, waltet in Deutschland die Lethargie und allein der Wunsch, das Bestehende aufrechtzuerhalten, besser noch: für die Ewigkeit zu zementieren. Der bei uns erreichte, nach wie vor enorme Lebensstandard wird für immer mehr Bürger zum Besitzstand, dessen Infragestellung zur Störung oder gar zur unsozialen Attacke. Die schon allein aufgrund des Namensmissbrauchs mehr als fragwürdigen „Montagsdemonstrationen“ im Zuge der beabsichtigten Zusammenführung von Arbeitslosen- und Sozialhilfe für Erwerbsfähige, besser unter dem Schlagwort „Hartz IV“ bekannt, unterstreichen das nachhaltig. Allmählich spricht sich aber auch in einer breiten Öffentlichkeit herum, dass Deutschland damit im Begriff steht, den Anschluss an die dynamischen Völker und Staaten immer schneller zu verlieren.

Und es könnte tatsächlich noch schlimmer kommen: Die (freilich erst einmal vollständig gegen die Marktgesetze- und Lebenswirklichkeiten um- und durchzusetzende) Programmwelt der regierenden Grünsozialisten entwirft das Zukunftsbild eines noch ausgeprägter paternalistischen Staates. Die ohnedies schon dicken Gefängnismauern der Sozialversicherungen sollen nicht abgetragen, sondern abermalig im wirtschaftlichen und gesellschaftlichen Leben Verstärkung erfahren. Überall wird der besonders verwaltungsintensiven staatlichen Fürsorge Vorrang vor den effizienzfördernden Kräften des Wettbewerbs eingeräumt. Das Land ist insofern weit eher auf dem Marsch in den bürokratischen Zentralismus und permanenten Staatsinterventionismus als in den vielerorts vehement kritisierten Marktliberalismus US-amerikanischer Prägung.[11]

---

[11] Siehe z. B. *Bundesverband deutscher Banken* (Hrsg.) (2004).

II. Zwischen vermeintlichen Globalisierungsfallen und tatsächlichen Fußangeln des Wohlfahrtsstaates – oder: Das allmähliche Verschwinden einer nur scheinbar sicheren Idylle im behaglichen Schatten westdeutscher Wohlfahrts-Eichen

1. Immobile Politik und Gesellschaft – Mobile Wirtschaft

Gute Stimmung ist in der Wirtschaft schon die halbe Miete: Das gilt für Verbraucher ebenso wie für Produzenten. Vor allem Investoren versuchen permanent einzuschätzen, inwieweit ein Wirtschaftsstandort fähig und willens ist, seine längerfristigen Probleme anzugehen. Aus diesem dominanten Grund muss jede wirtschaftspolitische Entscheidung durch den Gesetzgeber daraufhin geprüft werden, wie sie Inflation, reale Renditen und Risikoprämien der Unternehmen etc. beeinflussen wird. Durch den internationalen Standortwettbewerb sind nationale Regierungen und Notenbanken enorm unter Druck gekommen, die Attraktivität ihres Landes für mobile Produktionsfaktoren zu steigern bzw. eine unablässige Stabilitätspolitik zu betreiben.

Werden hingegen in den Konzernzentralen fortwährend negative Signale über ein Land empfangen, beginnen die Unternehmensstrategen diesem zu misstrauen. Kommen gravierende Zweifel beim längerfristig stabilitätsorientierten Kurs auf, so ist dies ein gewichtiger Indikator dafür, dass dort schwerwiegende Probleme auf die lange Bank verschoben werden. Die Glaubwürdigkeit, diese Fehlentwicklungen verlässlich lösen zu können, ist angesichts dessen allmählichen Schwundprozessen unterworfen. Aufgemerkt: Das Kapital hat das Herz eines Hasen, die schnellen Beine eines Rennpferdes und das Langzeitgedächtnis eines Elefanten.

Auf diese Weise rückt die weltumspannende Wettbewerbsarena in die Rolle des Chef-Controllers. So wie multinationale Unternehmen sich heutzutage überall auf der Welt mit anderen grenzüberschreitend agierenden Konkurrenten messen müssen, stehen Regierungen ebenfalls im globalen Wettbewerb. Sie müssen fortwährend das Damoklesschwert des Widerspruchs und, falls das zu nichts führt, letzten Endes das der Abwanderung als Strafe für eine schlechte, ineffiziente Politik befürchten. Und das ist gut so – denn diese ständige Warnung und die damit verbundenen Herausforderungen drängen die gewählten Machtträger zumindest auf lange Sicht dazu, ihre Politik tatsächlich an den Notwendigkeiten der sich ihnen anvertrauten Menschen auszurichten.[12]

---

12 *Albert O. Hirschman* (1974) hat diese komplexen Phänomene schon 1970 unter dem US-Originaltitel „Exit, Voice and Loyalty: Responses to Decline in Firms, Organizations, and States“ sehr plausibel verdeutlicht.

2. An der Schwelle eines neuen Zeitalters

All das sind keine ungewohnten Laute. Denn spätestens seit dem Ausklingen der im Vergleich zum Status quo „goldenen" achtziger Jahre des letzten Jahrhunderts gewann hierselbst schon einmal eine international begleitete Kritik unter der Fragestellung „What's Wrong with the German Economy?" mehr und mehr an Dramatik. Nur dem am Anfang der neunziger Jahre ungestüm stattgefundenen Jahrhundertereignis – gemeint ist der welthistorische Epochen- und Weltbildwechsel, hervorgebracht durch die deutsche Wiedervereinigung – und der damit einhergehenden kurzbemessenen Phase einer konjunkturellen (Schein-)Erholung (Stichwort: „Vereinigungsboom") der deutschen Wirtschaft in den darauffolgenden Jahren war es zu verdanken, dass die zwar auch weiterhin geführte wirtschaftspolitische Debatte vorübergehend von den eigentlichen strukturellen Ursachen der notwendigen Anpassungszwänge abgelenkt wurde.

> „Die Tatsache, daß die Wiedervereinigung Bundeskanzler Kohl von dem drohenden Niedergang seiner Politik befreite, wurde nicht zur Ursache ihrer Erneuerung. Die ‚Wende' bedeutete für die Bonner Politik nach dem Zusammenbruch der SED-Diktatur die Anpassung der ehemaligen ‚Ostzone' an Wirtschaft und Verwaltung der Bundesrepublik."[13]

3. Globalisierung als Realität – Trugschlüsse des Protektionismus

Nachdem das Strohfeuer zwischenzeitlich verpuffte, entbrannte der Disput von neuem, zumal die mit zunehmender Heftigkeit hereinbrechende so genannte Marktglobalisierung – worunter das immer engere Zusammenwachsen und Bestreiten der Güter- und Faktormärkte, also die Internationalisierung der Konkurrenzverhältnisse, verstanden werden kann – die schon seit Mitte der 70er Jahre des vorangegangenen Jahrhunderts vorhandenen strukturellen Schwächen und Defizite schonungslos offen legte. Der Vorgang der Marktglobalisierung ist im Übrigen nicht ganz so neu. Neu ist allerdings die Geschwindigkeit, mit der dieser sich vollzieht. Der dadurch bedingte intensivere Wettbewerb zwischen Unternehmen hat sich auch zu einem Ringen um die Standortgunst entwickelt.

> „Wir haben zu lange in der Illusion gelebt, der Status quo ließe sich aufrechterhalten. Durch hohe Subventionen für überkommene Industrien und Sozialsysteme den Besitzstand für alle Bürger erhalten zu können: dieser Traum ist geplatzt, zunächst im Gefolge der Wiedervereinigung, dann als Konsequenz der Globalisierung. Denn die gibt es ja auch erst wirklich seit 1990. Seither sind mehr als drei Milliarden Menschen aus China, Indien, Südamerika und Osteuropa zusätzlich auf den Weltmarkt getreten, und zwar auch als Konkurrenten auf dem Arbeitsmarkt. Dritter Faktor bei diesem Umbruch ist die Deregulierung auf immer mehr Märkten, angefangen bei den Finanzdiensten, fortgesetzt bei der Telekommunikation und jetzt auch bei Energie und Verkehr. Dort gab es früher Preisschirme gegen den Wettbewerb, die jetzt zusammenfallen. Mit anderen Worten: Wir haben noch große Überkapazitäten, die zunächst einmal abgebaut werden müssen inklusive der dort vorhandenen Ar-

---

[13] Altmann, R. (1999, S. I).

beitsplätze. Und die verbleibenden Arbeitskapazitäten haben Nachholbedarf in ihrer Wettbewerbsfähigkeit.“[14]

Ein italienisches Sprichwort lautet: „La lingua batte dove il dente duole“ („Die Zunge tastet dorthin, wo der Zahn wehtut“). Ins Ökonomische übersetzt heißt das, dass den eben angesprochenen Kräften der Globalisierung – überall, nur in verschieden schnellem Tempo – die Rolle des Aufdeckers zuteil wird. Analog den Herbstwinden, die das welke Laub vom Baum blasen, spürt diese Erscheinung die schon vorhandenen Strukturdefekte sowie die damit verbundenen Fehlallokationen von gestern und vorgestern auf und macht sie in beschleunigtem Maße sicht- und fühlbar. Dies gilt für Unternehmen und Standorte gleichermaßen.

„Wir können in Deutschland nicht so tun, als ob die Welt um uns herum sich nicht verändert habe. In der Weltwirtschaft vollzieht sich ein gewaltiger Umbruch: Die Gütermärkte werden stärker bestritten, der Wettbewerb wird intensiver. Kapital und technisches Wissen sind weltweit mobiler. Das Weltarbeitsangebot nimmt schlagartig zu, da neue Regionen wie Mittel- und Osteuropa und China in die internationale Arbeitsteilung eintreten. Gleichzeitig entstehen neue Märkte.“[15]

Obgleich diese Zusammenhänge durchaus erkenn- und nachvollziehbar sind, wird das Globalisierungsphänomen zum Schreckgespenst erklärt und für alle wirtschaftlichen Übelstände (Arbeitslosigkeit, sinkende Reallöhne, soziale Unsicherheit und den Auszug von Industrien in „Billigländer“ usf.) nicht nur in Deutschland verantwortlich gemacht. Vordergründig attackieren selbstgerechte Kritiker zwar die „Globalisierung“, tatsächlich wollen sie dabei den wenig geliebten Markt ins Mark treffen. Sie empören sich über „Marktradikale und Sozialabbau“ – und ihr Engagement richtet sich auf alles, was die freiheitsstiftenden und wohlstandsfördernden Potenzen des Wettbewerbs drosseln könnte: Tobin-Steuer auf Devisenhandel und Kredit, internationale Abmachungen gegen den Staatenwettbewerb und „Harmonisierung“ genannte europäische Blockbildung, eine Gemeinschafts-Steuerpolitik in der Europäischen Union, soziale und ökologische Mindeststandards für den Welthandel, eine ökologische Steuerreform für ganz Europa, europäische Gewerkschaftsverbünde sowie das Ende der Deregulierung und ungezählte weitere marktferne Vorschläge mehr. Ständig sind sie auf der Suche nach neuen, „dritten“ Wegen jenseits von „Turbo-Kapitalismus“ und „etatistischem Wohlfahrtsstaat“. So weit, so schlecht.

„Wortgewandt identifizieren sie den Weltmarkt als Schuldigen an steigender Arbeitslosigkeit und sonstigen Krisenerscheinungen. Geprägt haben sie Begriffe wie Turbokapitalismus, Kasinokapitalismus oder Vulgärliberalismus. Mache glauben gar, die Industrieländer

---

14 Roland Berger im Interview mit *Freitag, M.* (1999), S. 51.

15 *Siebert, H.* (1997), S. 6.

seien in eine Globalisierungsfalle getappt, und prognostizieren einen Angriff auf Wohlstand und Demokratie."[16]

Nicht wenige Angstmacher und Bedenkenträger leiten zudem den falschen Schluss ab, dass ohne Globalisierungseffekte alles in allerbester Ordnung wäre. Doch Vorsicht: Wie man einen mächtigen Fluss nur unter allergrößten Mühen und Schäden verschwinden lassen kann, lässt sich auch die nunmehr beschleunigte Tendenz zu intensiverem Wettbewerb, zu einer gewaltigen Zunahme der Mobilität von Renditen suchendem Kapital und Innovationen generierendem technischem Wissen auch nicht durch verführerische, aber marktwidrige Symptomkuren wegzaubern. Gezügelt werden können diese Phänomene allemal. Sie sind politisch durchaus gestalt- und zähmbar.

Doch dazu müssen sie – möglichst beizeiten – erst einmal angenommen werden, und zwar auch dann, wenn dies so manchem mancherlei Unbehagen bereitet. Wir müssen uns auf den notwendigen und jetzt besonders dringenden Wandel (beherzt statt nur „behartzt") einlassen und ihn mutig gestalten. Wir müssen unweigerlich von anderen lernen, insbesondere von Modell-Ländern, die Modernisierungsprozesse mit Gewinn durchlaufen haben. Wir brauchen nichts und niemanden blind kopieren, vielmehr aus der eigenen Tradition heraus einen gangbaren und tragfähigen Weg finden, der sich einen anerkannten Platz in der Mitte der Gesellschaft sichert.[17] Allerdings – der Jubilar hat es stets in seinen Vorlesungen und mannigfachen Vorträgen betont – müsste dies schon sehr zeitnah geschehen. Keine Frage – gegenwärtig zeichnet sich die deutsche Gesellschaft weder durch besondere Handlungsfähigkeit noch durch ausgeprägte Wettbewerbsbereitschaft aus.

In aller Klarheit muss obendrein festgehalten werden: Das Aufrechterhalten eines wirtschafts- und innovationsfreundlichen Umfeldes im Allgemeinen und die Effizienz staatlicher Dienstleistungen im Besonderen, vor allem jener, die sich unmittelbar auf die Aktivitäten von Privatunternehmungen auswirken, ist eine vorrangige Bringschuld der wirtschaftspolitischen Rahmenwerkgestaltung. In wenigen Worten: Eine gute Wirtschaftspolitik, die als rahmensetzende, langfristig ausgerichtete Ordnungspolitik die Steigerung des Gemeinwohls bzw. der allgemeinen Wohlfahrt zum Ziel hat, kann daran gemessen werden, ob sie dauerhaft die Kraft zur Attrahierung mobiler Ressourcen besitzt, um diese mit den eigenen zu ergänzen und eben deshalb ein möglichst hohes Pro-Kopf-Einkommen insgesamt zu erwirken. Dazu ist auch ein gewisses Quantum an eingeübter Aufgeschlossenheit gegenüber den Belangen der Wirtschaft, insbesondere beim Verwaltungsapparat, vonnöten.

---

16 *Fels, G.* (1997), S. 39.

17 Siehe etwa *Dohnanyi, K. v.* (1997).

4. Wohlstand als Modernisierungsbremse?

Der Aufbruch zu neuen Zielen kann indes nur dann erfolgen, die Bereitschaft mitzugehen nur dann wachsen, wenn die Einsicht in die Notwendigkeit von Veränderungen vorhanden ist. Entweder muss der Leidensfaktor groß genug sein oder lohnende Ziele müssen die Menschen mobilisieren. Der vernünftigere Weg wäre wohl der letztgenannte. Trotz allem mehren sich indes die Anzeichen, dass Mancur Olson mit seiner „Leidensdruck-These" Recht behalten könnte.[18] So flexibel der Mensch auch sein kann, erst der unmittelbare Leidensdruck bewirkt in aller Regel Korrekturen seines Verhaltens.

Die Erfahrungen aus Großbritannien, den Niederlanden oder Neuseeland und anderswo haben bedauerlicherweise gezeigt, dass der wirtschaftliche Leidensdruck beträchtlich sein muss, bevor substantielle und umfassende Modernisierungsschritte, die zu einer gesellschaftlichen Neufindung führen, angegangen und in die Tat umgesetzt werden. Demgemäß muss sich also erst die länderspezifische Situation extrem zuspitzen, bevor die in Gruppen- und Sonderinteressen erstarrten frühindustrialisierten Gesellschaften die nötige Kraft für drastische Reorganisationsmaßnahmen aufzubringen bereit sind, bis also der besagte „Ruck", die vielbeschworene Aufbruchsstimmung durchs Land geht. Otto Graf Lambsdorf hat Recht, wenn er sagt: „Das deutsche Wort notwendig bedeutet offensichtlich, dass erst die Not etwas wendet."[19]

> „Bleibt also alles beim alten? Das kann man ausschließen. Wenn der Sozialstaat ausrinnt, weil die Kraft zu seiner Reform fehlt; wenn die Renten unsicher werden, weil die Rentenformel nicht mehr stimmt; wenn die Besteuerung für bestimmte gesellschaftliche Gruppen zu drückend wird, werden sich Veränderungen Bahn brechen. ... Explosionen sind ganz und gar nicht auszuschließen."[20]

Im Großen und Ganzen beschreibt die vorangestellte wörtliche Rede noch immer die augenblickliche Verfasstheit in Deutschland, wo die beinahe zementierte Saturiertheit der letzten Jahre langsam, aber sicher unheimliche Schatten auf das Land zu werfen beginnt. Die Verfallserscheinungen sind längst erkennbar: Während die Arbeitslosenzahlen und die Staatsverschuldung in immer bedrohlichere Höhen klettern, fällt der Wohlstand nach und nach weiter in den Keller. Dennoch klappern die Mühlen im alten Trott munter weiter, überkommene Rituale setzen sich fort. Ganz generell gelingt es gewissen Gruppen oder deren Interessenvertretern immer wieder aufs Neue, den ihnen zugedachten und zwingend nötigen Anpassungsleistungen verhältnismäßig stark entgegenzuwir-

---

[18] Siehe hierzu *Olson, M.* (1991).

[19] *Otto Graf Lambsdorff*, zitiert nach *Manager Magazin* (1998), S. 47.

[20] *Glotz , P.*(1997), S. 7.

ken. Die größten Widersacher einer neuen Ordnung sind jene, heißt es bei Machiavelli, die aus der alten Ordnung Vorteile beziehen.[21]

Die Lösung liegt einmal mehr in der Mitte: Nicht beim beharrlichen Behindern wirtschaftlich-technisch und gesellschaftlich notwendiger, bisweilen schmerzlicher (Reform-)Maßnahmen, sondern im rechtzeitigen und tatkräftigen Einleiten entsprechender Regelungen. Wichtig ist der Zeitfaktor: Die Geschwindigkeit des Wandels und der Reaktion auf erkannte Probleme gelten noch immer als entscheidende Erfolgsdeterminanten. Diesen spannungsgeladenen Weg der Anpassung und Neuausrichtung wird die deutsche Gesellschaft vor der Kulisse eines verschärften weltumspannenden (Standort-)Wettbewerbs, der durch die unlängst vollzogene Osterweiterung der Europäischen Union wohl eher nicht an Dynamik eingebüßt hat, insgesamt einschlagen müssen, um auf Dauer die erreichte Lebensqualität und das Wohlstandsniveau erfolgreich verteidigen oder erhöhen zu können. Je früher und kolossaler auf die tiefgreifenden Veränderungen Erwiderungen konzeptioneller wie organisatorischer Art gegeben werden können, umso besser. Denn das Abwarten lässt den Preis nur noch höher schnellen.

> *„Jede ältere Organisation und insbesondere jede ältere Demokratie zeigt eine starke Tendenz, Fehlstrukturen und eine wertvernichtende innere Beschäftigung aufzubauen. Das größte Problem liegt für viele alte Demokratien bzw. Volkswirtschaften darin, diese Fehlstrukturen zu beseitigen.“*[22]

5. „Wer zu spät kommt ...“ – Rechtzeitiger Reifenwechsel entscheidet auch in der Formel 1 über Sieg oder Niederlage

Werden allerdings keine hinreichenden Veränderungen durchgeführt bzw. die als unumgänglich erachteten Modernisierungsmaßnahmen immer weiter hinausgezögert, spitzt sich die Situation über kurz oder lang tatsächlich immer stärker zu, bis zu dem Zeitpunkt, wo bedrohliche Notsituationen bzw. finanzielle Flächenbrände einen Paradigmenwechsel in die eine oder andere Richtung regelrecht erzwingen. Die Fragestellung reduziert sich letztendlich darauf, ob der krakenarmige Wohlfahrts- und Interventionsstaat mit all seinen angeblich notwendigen und angenehmen Einrichtungen evolutionär gelockert oder revolutionär weggesprengt werden wird. Letzteres wäre in der Tat für niemanden wünschenswert. Auf alle Fälle dürfte inzwischen evident geworden sein, dass gerade der in den zurückliegenden Jahrzehnten aufgebaute, überdimensionierte Wohl-

---

[21] In der deutschen Übersetzung von Rudolf Zorn wird das Machiavelli-Zitat aus der Schrift „Il Principe“ wie folgt wiedergegeben: „(D)enn jeder Neuerer hat alle die zu Feinden, die von der alten Ordnung Vorteile hatten, und er hat an denen nur laue Verteidiger, die sich von der neuen Ordnung Vorteile erhoffen.“ *Machiavelli, N.* (1972), S. 22.

[22] *Reuter, F.* (1996), S. 9, (Hervorhebung im Original).

fahrts- und Interventionsstaat und der Versuch, Einkommensungleichheiten mit marktfernen Methoden abzubauen, nicht bloß zur Verteuerung des Faktors Arbeit mit beitrug, sondern analog die Arbeitsanreize nachhaltig verringerte sowie den Arbeitsmarkt inflexibel hat werden lassen.

> „Bleibt der Wille zu unbequemen Taten weiterhin aus, werden die Kürzungen nach den Gesetzen der Ökonomie früher oder später unkontrolliert eintreten. Dass dannzumal Härtefälle ausbleiben würden, ist eine trügerische Hoffnung."[23]

Werden allerdings Strukturveränderungen dann zu abrupt angegangen, ist die Wahrscheinlichkeit durchaus groß, dass es zu punktuellen Konfusionslagen kommt, zum Beispiel der Koloss (Massen-)Arbeitslosigkeit in der Übergangsphase noch drastischer anschwillt, der gesamtwirtschaftliche Beschäftigungsstand weiter abnimmt und der Lebensstandard breiter Bevölkerungsgruppen anfangs abermals abfällt. Erst nach Verstreichen einer tristen Übergangsfrist ist es indessen aufgrund eines stark beschleunigten Wirtschaftswachstums wieder möglich, sowohl die Zahl der Beschäftigten als auch den Lebensstandard erneut sukzessive anzuheben.

Obgleich die Zeichen der Zeit längst auf Sturm stehen, sind wir glücklicherweise noch nicht soweit, dass der Zwang der Umstände dazu führt, annähernd alles an unserer bestehenden Politik verändern zu müssen. Ohne das Einleiten der nötigen Reformmaßnahmen rückt der Tag freilich näher und näher. In Joffes Worten lautet die Devise: „Es ist klüger, rechtzeitig die Reifen auszuwechseln, als den Karren aus dem Abgrund zu schleppen."[24] Eine Neu- bzw. Rückbesinnung auf ordnungspolitische Kardinaltugenden tut wahrlich Not. Deutschland muss seine Uhren nach der Weltzeit der modernen Wirtschaftspolitik richten. In den Worten Sieberts:

> „Nur diejenigen Regelungen, die die TÜV-Plakette für eine moderne Volkswirtschaft erhalten, können sich behaupten. Der Besitzstand kann nicht die Richtschnur für die Zukunft sein."[25]

6. Die Gefahren der Globalisierung werden über-, ihre Chancen unterschätzt

Zugegeben: Veränderungen erzeugen in einer unvorbereiteten und schlecht geführten Bevölkerung Zukunftsängste, weil sie in aller Regel den Abschied von Gewohnheiten, von Erlerntem, von erfolgreichen Verhaltensmustern und eingeübten Verfahren bedeuten. Gleichwohl kommt eine aufgeklärte, im Weltmaßstab noch immer gut ausbildete und in nicht wenigen Bereichen durchaus zu absolu-

---

23 *Ruch, P.* (1995), S. 14.

24 *Joffe, J.* (1996), S. 31.

25 *Siebert, H.* (1998), S. 15.

ten Spitzenleistungen befähigte Gesellschaft mit einem gerüttelt Maß Zuversicht weit eher voran, als mit permanenter, von interessierter Seite geschürter Furcht vor allem und jedem. Angst ist immer ein schlechter Ratgeber. Aufklärung tut also bitter Not. Ergo ist es weit vernünftiger, sich auf die bewiesenermaßen wohlstandsfördernden Wettbewerbskräfte der Globalisierung zu verlassen, sich also auch weiterhin darauf einzulassen, statt einer noch stärkeren Rück- bzw. Umkehr zu protektionistischen oder merkantilistischen Aktivitäten das Wort zu reden. Denn mit solchen Aktionen hemmt man lediglich den unausweichlichen strukturellen Wandel, verzerrt überdies die Ressourcenallokation und vermindert den wirtschaftlichen Wohlstand.

Sowieso dürfen wir uns weder weiteren Illusionen noch enttarnten saarländischen Märchenerzählern hingeben: Kein Land kann sich dauerhaft gegen die Funktionslogik des weltwirtschaftlichen Strukturwandels stemmen. Ausschlaggebend für wirtschaftliches Wachstum ist im Gegenteil, sich die beträchtlichen Möglichkeiten einer möglichst freien und multilateralen Weltwirtschaftsordnung in allen Facetten zu Nutze zu machen. Damit hat Deutschland seit den fünfziger Jahren des 20. Jahrhunderts prinzipiell nur positive Erfahrungen gemacht. Mehr noch: Markt und Wettbewerb haben für sehr breite Bevölkerungsschichten ein Wohlstandsniveau geschaffen, das in der deutschen Geschichte ohne Beispiel, ja, einmalig ist. Daneben beweisen die erfolgreichen Entwicklungs- und Transformationsländer von neuem, welche beachtlichen wirtschaftlichen Potentiale dank einer auf volle Integration in die Weltwirtschaft und in die internationale Arbeitsteilung gerichtete Handelspolitik freigesetzt werden können.[26]

> „Doch die Globalisierung ließ die Unternehmen nicht weniger konkurrenzfähig werden, im Gegenteil. Aber sie bringt Vergleichbarkeit, sie legt offen, wie enorm teuer die nicht wettbewerbsfähigen Branchen und Unternehmen schon immer waren – nur dass es die Bürger mangels Alternativen nicht merkten und zum Teil über zu hohe Preise statt über Subventionen oder über Arbeitslosigkeit bezahlen mussten."[27]

7. Reformen brauchen einen langen Atem: Statt undurchsichtiger *Patentrezepte* griffige *Langzeitkonzepte*

Daraus folgt: Mit einem ausgeprägten Beharrungsvermögen allein hält niemand eine Volkswirtschaft profitabel am Laufen, geschweige denn am Wachsen. Die Devise, dass diejenigen, die lediglich selten Neues wagen, auch nur wenig falsch machen können, scheint unausrottbar.

> „Wer Konkurrenz meidet oder nicht ernst nimmt, schafft sich erst recht Konkurrenz! Der Traum vom Erreichen der Parkstraße im weltwirtschaftlichen ‚Monopoly' kann dann be-

[26] Vgl. *Willgerodt, H.* (2003), S. 11.
[27] *Schwarz, G.* (1997), S. 9.

reits frühzeitig enden."[28]

Umgekehrt gilt: Der intensivere Wettbewerb auf den Güter- und Faktormärkten erzeugt unterdessen auch zusätzliche Handlungsanreize für innovative Aktivitäten. Alles in allem beschert der Globalisierungsprozess die Aussicht auf ein dynamisches Wirtschaftswachstum und wird daneben helfen, eine Vielzahl neuer, moderner Vollzeitarbeitsplätze in diversen, in erster Linie aber in den wissensbasierten Dienstleistungsbranchen zu schaffen. Den vielen und übrigens im Ganzen mit Unrecht erhobenen Klagen und Verdächtigungen über die angeblichen Negativauswirkungen der Globalisierung ist somit eine ganz entschiedene Absage zu erteilen. Wohlgemerkt: Nicht diejenigen gefährden den Bestand eines immer weniger funktionierenden Gemeinwesens, die es partiell verbessern wollen, sondern jene, die dessen Leistungsstützen unbekümmert immer weiter überfordern.

Eine Änderung wird sicherlich auch nicht durch wohlmeinende Appelle an die Akteure erreicht werden, sich doch endlich auf das Gesamtinteresse (= die Förderung des Gemeinwohls) zu konzentrieren. Die Spielregeln bedürfen einer so gearteten Abänderung, dass das kollektive Resultat trotz der mannigfachen, derzeit meist übermächtigen Partikular- und Individualinteressen – also mit ihnen – günstiger wird. Eine von ökonomischen Zweck- und Gesetzmäßigkeiten beherrschte Agenda, die die nötige Revitalisierung der Wirtschaft vor Augen hat, muss den Abbau staatlicher Regulierungen, die Stärkung des Wettbewerbsprinzips und der freien Preisbildung sowie die Zurückschneidung bestehender Subventionen zum Inhalt haben.

Nichts weniger ist gefragt als eine besonnene Ordnungspolitik, die dem produktiven Leistungswettbewerb verlässliche und kalkulierbare Rahmenbedingungen setzt. Diese Handlungsbedingungen wiederum sind dann als geeignet anzusehen, wenn sie den Akteuren genügend Anreize und Spielräume für wachstums- und beschäftigungsfördernde Investitionen bieten.

> „Gerade heute, da sich die Logik der Märkte kräftig durchsetzt, braucht es nicht etwa eine ‚neue soziale Marktwirtschaft', sondern eine Rückbesinnung auf den Primat der Ordnungspolitik, jener Verbindung von ökonomischer Kompetenz und politischem Gestaltungswillen im Rahmen dessen, was die Märkte zulassen."[29]

---

28 *Lumbeck, J.; Spilker, M.* (1997), S. 9.

29 *Schwarz, G.* (1998), S. 9.

8. Weniger bürokratische Staatstätigkeit und dafür mehr private Handlungsfreiheit tut gut – oder: It is by cutting taxes, not raising, that is the way forward to create jobs

Ganz praktisch: Nicht Wirtschaftshilfe durch die Politik, sondern mehr Bewegungsfreiheit für jene, die „wirtschaften" wollen, muss das Credo heutiger Tage sein. Die Rahmenbedingungen verbessern zu wollen, bedeutet somit konsequente Ordnungspolitik, weniger Steuern, Abgaben, Gebühren, kleinere Fiskalquoten, geringere Regulierungsdichte, mehr Flexibilität – kurz und bündig: Freiheit statt Gleichmacherei.[30] Die Wirtschaftspolitik ist dann als erfolgreich zu bezeichnen, wenn sich im Land eine konkurrenzfähige Wirtschaft entwickeln kann, die hohe Beschäftigung garantiert.

Und für die Lage am Arbeitsmarkt bzw. für die Schaffung von neuen Beschäftigungsmöglichkeiten, wofür die Regierung zweifelsohne nicht allein die Verantwortung trägt, sondern aufgrund der Tarifautonomie die Tarifvertragsparteien in einem hohen Maß selbst zuständig sind, gilt mindestens zweierlei: Erstens muss der Gesetzgeber damit aufhören, die Dynamik und Anpassungsfähigkeit der Volkswirtschaft durch immer neue Regulierungen auf den Arbeits- und Gütermärkten unzeitgemäß zu beschneiden, und zweitens sollte sich bei den Tarifpartnern, die jahrelang überhöhte Löhne und starre Lohnstrukturen vereinbarten, Böttchers Betrachtungsweise Bahn brechen:

> „Ganz entscheidend ist, daß wir überflüssiges Konfrontationsdenken endlich dort belassen, wo es hingehört, und zwar in das 19. Jahrhundert, allenfalls noch in die erste Hälfte des 20. Jahrhunderts. Dieses Denken kann nicht mehr als Maxime im angehenden 21. Jahrhundert weiterhelfen. Dieser in Ritualen erstarrte Dualismus trägt einfach nicht mehr, er wirkt sich immer schädlicher für die deutsche Volkswirtschaft und das Arbeitslosenproblem aus. Wir müssen zu einem ganzheitlicheren Verhältnis zwischen Unternehmern und Arbeitnehmern finden!"[31]

Literatur

Altmann, Rüdiger (1999): Einen Platz in der Welt gewonnen. Fünfzig Jahre Bundesrepublik: Leistungswille und wohlfeile Wohltaten, in: Frankfurter Allgemeine Zeitung, Nr. 117 vom 22. Mai 1999 (Beilage Bilder und Zeiten), S. I.

Appel, Holger (1996): Lernen von den Besten. Benchmarking, in: Frankfurter Allgemeine Zeitung, Nr. 176 vom 3. Juli 1996, S. 11.

Berthold, Norbert (2004): Im Zweifel für mehr Freiheit. Staatliche Regulierung ist ein gefährlicher Irrweg. Und doch klammert sich die Politik bei ihren aktuellen Reformversuchen immer noch an die alten Rezepte, in: Handelsblatt, Nr. 157 vom 16.8.2004, S. 7.

---

30 Vgl. *Solms, H. O.* (1999), S. 19.

31 *Böttcher, S.* (1996), S. 76.

Böttcher, Siegfried (1996): Ostasien denkt und handelt anders: Konsequenzen für Deutschland (Schriftenreihe des ifo Instituts für Wirtschaftsforschung, Nr. 142), Berlin und München 1996.

Bundesverband deutscher Banken (Hrsg.) (2004): Vorrang für Markt und Wettbewerb, Berlin 2004.

Dohnanyi, Klaus von (1997): Im Joch des Profits? Eine deutsche Antwort auf die Globalisierung, Stuttgart 1997.

Eekhoff, Johann/Schlecht, Otto (1998): Der Lohn der Bescheidenheit, in: Frankfurter Allgemeine Zeitung, Nr. 170 vom 25. Juli 1998, S. 15.

Fels, Gerhard (1997): Mobile Wirtschaft – immobile Gesellschaft. Die verkannte Chance der Globalisierung, in: Neue Zürcher Zeitung, Internationale Ausgabe Nr. 96 vom 26./27. April 1997, S. 39.

Freitag, Michael (1999): Warum ist Schwarzarbeit notwendig, Herr Berger? (Interview mit Unternehmensberater Roland Berger), in: Frankfurter Allgemeine Magazin, Heft 1007 vom 18. Juni 1999, S. 50-51.

Glotz, Peter (1997): Die politische Krise als Kommunikations-Krise. Eine kommunikationswissenschaftliche Makroanalyse, in: Aus Politik und Zeitgeschichte, 47. Jg. (1997), Nr. B 36-37/97, S. 3-7.

Hamm, Walter (1999): Mißratene Mittelstandspolitik, in: Frankfurter Allgemeine Zeitung, Nr. 133 vom 12. Juni 1999, S. 13.

Heß, Wenke/Mahnkopf, Cordula (1996): Teure Manager, müde Erfinder, lahme Studenten. Sind die immer wiederkehrenden Klagen über Deutschlands Wirtschaft und Gesellschaft berechtigt? – Eine Bestandsaufnahme, in: Holzamer, Hans-Herbert (Hrsg.), Wirtschaftsstandort Deutschland. Mythen – Fakten – Analysen, München und Landsberg am Lech 1996, S. 9-24.

Hirschman, Albert O. (1974): Abwanderung und Widerspruch. Reaktionen auf Leistungsabfall bei Unternehmungen, Organisationen und Staaten, Tübingen 1974.

Joffe, Josef (1996): Die Händler der Angst und die Angst vor dem Handeln, in: Liberal, 38. Jg. (1996), Heft 3 (August), S. 28-31.

Lumbeck, Jochen/Spilker, Martin (1997): Vorwort, in: Bertelsmann Stiftung/Bundesverband Junger Unternehmer (Hrsg.), Unternehmer und neue Märkte, Gütersloh 1997, S. 7-11.

Machiavelli, Niccolò (1972): Der Fürst, 4. Aufl., Stuttgart 1972.

Manager Magazin (1998): Rubrik „Aufgelesen", 28. Jg. (1998), Heft 9 (September), S. 47.

Miegel, Meinhard (1996): Nachdenken über den Sozialstaat, in: MERKUR, 50. Jg. (1996), Nr. 564, Heft 3 (März), S. 216-225.

Neukirchen, Karl-Josef (1997): „Power can never be in the hands of millions of men". Warum wir uns zu unserer Elite bekennen müssen, in: Forschung & Lehre, 4. Jg. (1997), Heft 4, S. 172-174.

Olson, Mancur (1991): Aufstieg und Niedergang von Nationen. Ökonomisches Wachstum, Stagflation und soziale Starrheit, 2., durchges. Aufl., Tübingen 1991 (die Originalausgabe von 1982 erschien unter dem Titel: The Rise and Decline of Nations: Economic Growth, Stagflation and Social Rigidies).

Presse- und Informationsamt der Bundesregierung (Hrsg.) (2003): agenda *2010*. Deutschland bewegt sich – Antworten zur *agenda 2010*, Berlin 2003.

Reuter, Friedrich (1996): Der effiziente Staat – Fiktion oder Vision? Unternehmerische Ideen für Lebensqualität und Wohlstand, Wiesbaden 1996, S. 9.

Ruch, Peter (1995): Wie moralisch ist der Wohlfahrtsstaat? Einwände gegen die Verkürzung der Ethik, in: Neue Zürcher Zeitung, Internationale Ausgabe Nr. 257 vom 4./5. November 1995, S. 14.

Schwarz, Gerhard (1998): Demontage eines deutschen Erfolgsmodells, in: Neue Zürcher Zeitung, Internationale Ausgabe Nr. 140 vom 20./21. Juni 1998, S. 9.

Schwarz, Gerhard (1997): Die Strukturerhaltungs-Falle, in: Neue Zürcher Zeitung, Internationale Ausgabe Nr. 73 vom 29./30. März 1997, S. 9.

Siebert, Horst (1998): Wieder in Marktprozessen denken, in: Frankfurter Allgemeine Zeitung, Nr. 134 vom 13. Juni 1998, S. 15.

Siebert, Horst (1997): Auf der Suche nach einem Konsens: Zehn Punkte für die Wirtschaftspolitik, in: Handelsblatt, Nr. 126 vom 4./5. Juli 1997, S. 6.

Solms, Hermann Otto (1999): Standpunkte: Das Steuerrecht vereinfachen, die Lasten senken. Gleichbehandlung und Gerechtigkeit rufen nach einem einheitlichen Tarif für alle Einkunftsarten, in: Frankfurter Allgemeine Zeitung, Nr. 143 vom 24. Juni 1999, S. 19.

Spranger, Georg (2004): Verlorene Zeit, in: Diepholzer Kreisblatt, Nr. 194 vom 20. August 2004, S. 2.

Staudt, Erich (1998): Innovationen erfordern Mut des Managements oder neue Köpfe, in: Handelsblatt, Nr. 168 vom 2. September 1998, S. 2.

Willgerodt, Hans (2003): Die unverstandene Wirtschaftskrise. Deutschland braucht eine Lockerung seiner ordnungspolitischen Bremens, in: Frankfurter Allgemeine Zeitung, Nr. 171 vom 26. Juli 2003, S. 11.

Prof. Dr. Gerhard Feldmeier

Der Preis der Bildung oder Hochschulausbildung - ein marktfremdes Gut?

0. Vorwort des Verfassers

Als langjähriger akademischer Weggefährte, sei es als Student, während meiner beruflichen Praxis in den Diensten der Selbstverwaltung der Wirtschaft als auch seit meiner Berufung als Hochschullehrer, fühle ich mich Prof. Dr. Rolf W. Stuchtey in besonderer Weise verbunden, so dass ich ihm gerne anlässlich seines 65. Geburtstages diesen wissenschaftlichen Beitrag widme und hoffe, dass er ihm Freude bereitet.

1. Einführung und Problemstellung

Der Wettbewerb als Entdeckungsverfahren (Hayek) ist im vielzitierten Zeitalter der Globalisierung nicht nur ein Phänomen der klassischen Güter- und Faktormärkte, sondern tangiert in zunehmenden Maße auch das öffentliche Bildungswesen. Wesentlicher Auslöser ist die mit der Öffnung der Märkte und Volkswirtschaften einhergehende Etablierung eines internationalen Bildungsmarktes, der mit mehr als 1,5 Millionen mobilen Studierenden einen Wachstumsmarkt darstellt. Da die gesamtwirtschaftliche Wertschöpfung von Organisationen und Nationen heute auf einem möglichst exklusiven Besitz von Wissen und dessen gekonnter Anwendung basiert, wird Bildung gerade für rohstoffarme Länder wie Deutschland immer mehr zum entscheidenden Standort- und Wettbewerbsfaktor.

Insofern gelten Bildung und Wissen im 21. Jahrhundert als die entscheidenden „Rohstoffe und Basisindikatoren" für einzel- und gesamtwirtschaftliche Produktivität, Erfolg und Wohlstand. Die internationale Wettbewerbsfähigkeit und die Zukunftsfähigkeit einer Gesellschaft werden mehr denn je von der Qualifikation ihrer Menschen bestimmt.

Trotz dieser unbestrittenen Einsicht in die Bedeutung einer Wissensgesellschaft für die Zukunftsfähigkeit einer Nation ist in der öffentlichen Diskussion in Deutschland unklar, was unter Bildung und Wissen eigentlich konkret zu verstehen ist bzw. nach welchen Kriterien deren Qualität bemessen werden soll. Die diesbezüglichen politischen Diskussionen jedenfalls driften meistens in eine Polarisierung in den Denkkategorien „Wirtschaftlichkeit versus soziale Verträglichkeit" ab.

Insbesondere die ernüchternden Ergebnisse aus internationalen Vergleichsstudien, die den deutschen Hochschulen Mängel bei der Vermittlung und Verbreitung von Wissen attestieren sowie Unzulänglichkeiten in ihren Leitungsstrukturen und beim Qualitätsmanagement herausstellen[1], decken Schwächen des traditionellen Hochschulbildungssystems im internationalen Vergleich auf und lösen Debatten aus, die mehr emotional und dogmatisch als sachlich analytisch geführt werden. Auch der Tatbestand, dass sich der Hochschulstandort Deutschland, der noch zu Beginn des 20. Jahrhunderts Schauplatz bahnbrechender Forschung und bevorzugte Anlaufstelle für Gelehrte und Studierende aus aller Welt war, an wissenschaftlicher Attraktivität (sowohl für Wissenschaftler als auch für Studenten) verloren hat und sich nur noch im Mittelfeld der Industriestaaten bewegt, löst kontroverse Diskussionen um die Zukunftsfähigkeit des Hochschulbildungssystems aus, die letztlich in der ordnungspolitischen Grundsatzfrage nach mehr Staat oder mehr Markt münden.

Mit dem grundgesetzlich verbrieften Recht auf einen ungehinderten und unbeschränkten Zugang zu einem staatlich gestalteten Schulwesen (vgl. Artikel 7 Grundgesetz) und dem daraus abgeleiteten Prinzip der Chancengleichheit ist das Hochschulwesen in Deutschland dem Marktsystem traditionell entzogen. Dies zeigt sich nicht zuletzt in dem im Hochschulrahmengesetz von 2001 verankerten Verbot einer Erhebung von Studiengebühren an deutschen Hochschulen, gegen das von einigen Bundesländern eine Normenkontrollklage vor dem Bundesverfassungsgericht eingereicht wurde. Das „ökonomische Gut Hochschulausbildung" mit Verweis auf Marktineffizienzen und mitunter Marktversagen als öffentliches Gut und nicht als privates Dienstleistungsgut zu deklarieren ignoriert hierbei weitgehend das volkswirtschaftliche Allokationsziel eines effizienten Einsatzes knapper Ressourcen. In der „politischen Überhöhung der Bildung zum öffentlichen Gut"[2] wird das Recht auf Bildung somit mit einem „Recht auf kostenlose Bildung"[3] oder einem „Recht auf Quantität statt Qualität"[4] gleichgestellt.

Zweifelsohne beinhaltet das Gut „Ausbildung" so viele gesellschaftspolitische Facetten, dass es kein reines Marktgut sein kann und das Hochschulwesen einer vollständigen Marktsteuerung entzogen werden muss. Die Deklarierung von Bildung als „höheres Kulturgut" setzt jedoch im Umkehrschluss nicht zwingend eine politische Einordnung des Hochschulwesens „jenseits von Angebot und Nachfrage" und jeglichen Verzicht auf marktwirtschaftliche Steuerungsinstrumente in der Hochschulpolitik voraus.

---

1 Vgl. *Mittelstraß, J.* (2004)

2 *Horn, K.* (2003)

3 *Richter, W./Wiegard, W.* (1998)

4 *Jeske, J.* (2000)

Allein der Tatbestand, dass die Gründung und Führung privater Hochschulen, (die sich über Studiengebühren finanzieren, die öffentlichen Hochschulen untersagt sind), nicht nur akzeptiert wird, sondern mitunter (wie am Beispiel der International University Bremen) in erheblichem Maße mit öffentlichen Geldern finanziell unterstützt wird, zeugt von heimlichen politischen Sympathien für Marktmodelle, die ein effizienteres (und elitäres) Bildungssystem gewährleisten und staatliche Hochschulen „per Gesetz zum Verlierer des Wettbewerbs"[5] degradieren.

Die Erreichung eines angesichts des sich verschärfenden internationalen Bildungswettbewerbs erforderlichen (pareto-) optimalen Bildungsniveaus, basierend auf einem sich ergänzenden wirtschaftlicheren *und* sozialeren Bildungssystem, setzt somit zwangsläufig eine stärkere Gewichtung marktwirtschaftlicher Elemente in der Hochschulpolitik voraus. Nicht zuletzt die sich abzeichnenden demografischen Einwicklungen in Form rückläufiger Bevölkerungszahlen sowie zu erwartender dauerhafter öffentlicher Haushaltsrisiken, die weitere finanzielle Einschnitte in den öffentlichen Hochschuletats hervorrufen, erfordern zwangsläufig ein Umdenken und die Suche nach geeigneten Alternativen. Eine stärkere Überantwortung des Hochschulwesens in die marktwirtschaftlichen Gesetze von Angebot und Nachfrage und einer damit einhergehenden individuellen Preisbildung und Kostenzuweisung wird hierbei aus Sicht des Verfassers unausweichlich eine stärkere Rolle einnehmen müssen und jegliche dogmatische Diskussion obsolet machen.

Ziel nachfolgender Ausführungen ist es insofern, ein objektiveres Bild in der verfahrenen Diskussion um die „Ökonomisierung der Bildung" zu vermitteln, den daraus vermeintlich resultierenden Zielkonflikt zwischen Wirtschaftlichkeit und Gerechtigkeit zu entschärfen und alternative marktwirtschaftliche Reformmöglichkeiten für das Hochschulwesen aufzuzeigen.

2. Volkswirtschaftliche und gesellschaftliche Diskrepanzen im marktfremden deutschen Hochschulsystem

Ein Studium an einer öffentlichen Hochschule begründet ein Interessenverhältnis zwischen Studierenden (Bildungsnachfragern) und Hochschule (Bildungsanbieter). Ordnet man beide Akteure dem gängigen volkswirtschaftlichem Marktmodell zu, ergeben sich folgende Konstellationen bezogen auf die Status-Quo-Situation in der deutschen Hochschullandschaft:

Die Angebotsseite ist geprägt von der ausschließlichen Finanzierung durch die öffentliche Hand, also aus dem allgemeinen Steueraufkommen, sieht man von Eigenbeiträgen der Studierenden in Form von zu entrichtenden Semesterver-

---

[5] *VDE* (2003)

waltungsgebühren in Höhe von durchschnittlich 120 Euro ab. Hochschulbildung ist somit ein stark subventioniertes Gut und die öffentlich finanzierten Hochschulen als weisungsgebundene Behörden konkurrieren nicht um knappe Ressourcen, sondern bilden gewissermaßen ein „Kollektivmonopol". Für das kollektiv angebotene öffentliche Gut „Bildung" existiert kein Marktpreis, da es nicht verkauft, sondern nur kostenlos bereitgestellt wird. Sein Wert wird in der volkswirtschaftlichen Gesamtrechnung (VGR) lediglich in Form der öffentlichen Selbstkosten (=Herstellkosten) definiert, also in Höhe der für die Bereitstellung erforderlichen investiven und konsumtiven Haushaltsmittel[6]. Ihr Anteil am BIP beläuft sich derzeit auf ca. 4,3 %[7], was im Vergleich zur Sozialquote von ca. 32,1 %[8] relativ gering ist.

Eine Ausrichtung des „Bildungsproduzenten" an der Nachfrage ist insofern nachrangig, als die Nachfrager Bildung kostenlos konsumieren und somit keine Ansprüche auf die Qualität des angebotenen Produktes durchsetzen können. Ein Wechselspiel des Angebots mit den Wünschen und Präferenzen der Bildungsnachfrage findet somit nicht statt.[9] Wettbewerb unter den anbietenden öffentlichen Hochschulen entsteht bei dieser Angebotskonstellation lediglich über das Renomee jeder einzelnen Hochschule in der Wirtschaft und Öffentlichkeit, welches in inoffiziellen Rankings von diversen Medien regelmäßig erfragt und publiziert wird und aufgrund unvollständiger Informationen, mangelnder direkter Vergleichsmöglichkeiten, einseitiger Bewertungskriterien, ihres „ex post-Charakters" und subjektiver Wahrnehmungen bei den Befragten nicht zwingend repräsentativ ist. Eine weitere Alternative von akademischen Bildungsanbietern sich von ihren politischen „Zwangsallianzpartnern" abzuheben, besteht lediglich über deren Fixierung auf attraktive Nischenangebote, die nur vereinzelt oder unikat studierbar sind.

Die „Shareholder" der öffentlichen Bildungsfinanzierung, die Steuerzahler, haben auf direktem Wege keinen Einfluss auf die Gestaltung des mit ihren finanziellen Mitteln bereitgestellten Angebots und können somit auch keine Controllingfunktion über das Bildungsmanagement ausüben. Da Bildungspolitik allgemein und Hochschulpolitik im besonderen keine populären politischen Themen darstellen und Wahlkämpfe in „Paketlösungsangeboten" der politischen Parteien ausgetragen werden, sind auch indirekte Sanktionen seitens der stimmberechtigten Bildungsfinanciers (insbesondere aus Nichtakademikerkreisen) gegen ineffizienten Mitteleinsatz kaum möglich.

---

6 Vgl. *Dohmen, D./Hoi, M.* (2004)

7 Vgl. *Schmidt, M.* (2003)

8 Vgl. *BMGS* (2003)

9 Vgl. *Siebke, J.* (1994)

Grafisch im Marktmodell ausgedrückt, stellt das gesamtwirtschaftliche Hochschulbildungsangebot eine Gerade dar, die parallel zur Abszisse verläuft und sich von dieser lediglich durch den zu entrichtenden Preis in Höhe der jeweiligen Studentenwerks- und Studentenschaftsbeiträge unterscheidet, der als „stark subventionierter Angebotspreis“ unabhängig von der Nachfrage ausgewiesen wird. Eine Anhebung dieses (in Form einer Parallelverschiebung nach oben) findet im heutigen System lediglich über die Erhöhung von Verwaltungskostenbeiträgen statt, wie sie von einzelnen Bundesländern erwogen wird oder bereits (wie im Falle Bremens in Höhe von 50 Euro) umgesetzt wurde.

Die Nachfrageseite nach Hochschulbildung ist gekennzeichnet durch einen enormen Nachfrageüberhang, der aus der kostenlosen Inanspruchnahme, und somit der Nichtanlastung der reinen Ausbildungskosten an die betroffenen Nutznießer des Bildungsangebots, resultiert. Eine derartige öffentliche Bereitstellung von „Bildungsfreibier“[10] entspricht dem gängigen Marktphänomen, je stärker ein Gut subventioniert wird, desto stärker wird es nachgefragt. Dass dieser „Ansturm“ auf die Hochschulen mitunter verteilungspolitisch erwünscht war und ist, äußert sich vor allem im erklärten sozialpolitischen Ziel einer Erhöhung des Akademikeranteils aus „bildungsfernen Schichten“ und zeigt sich nicht zuletzt in angestrebten (und letztlich erreichten) Akademikerquoten (d.h. dem Anteil der Studierenden am jeweiligen Altersjahrgang) innerhalb der letzten 30 Jahre von 5,3 % im Jahr 1970 auf 39% im Jahr 2003.[11] Bemerkenswert hierbei ist, dass von letzteren heute in Deutschland nur 16% eines Altersjahrgangs mit einer ersten Hochschulausbildung abschließen und die durchschnittliche Studiendauer mit 6,0 Jahren im internationalen Vergleich extrem hoch ist.[12]

Die Folgen dieser Übernachfrage zeigen sich in überfüllten Hörsälen und überlasteten Bibliotheken und Laboren, überlangen Studienzeiten, niedrigen Absolventenquoten und irrationalen Studienentscheidungen begünstigter Studierender, welche das „Studium zum konsumtiven Lebensabschnitt statt zu einer Investition in ein zukunftsfähiges Bildungswesen missbrauchen“[13].

Empirische Untersuchungen an der Universität Kassel[14] belegen diesen Mismatch. So haben beispielsweise im dortigen Studiengang Wirtschaftswissenschaften von den 310 Studienanfängern im Wintersemester 1994/95 42% keinen akademischen Abschluss in der Regelstudienzeit erreicht; nur ein Drittel der studienbegleitenden Prüfungen wird dort von Studierenden erbracht, die dieses

---

10 *Oberender, P./Fleischmann, J.* (2003)

11 Vgl. *BMBF* (2003)

12 Vgl. *OECD* (2003)

13 *Siebke, J.* (1994)

14 Vgl. *Reese, J.* (2002)

nicht abschließen möchten oder können, während 10 % „Scheinstudierende" keine einzige Studienleistung ablegten.

Die Alternative, den vorhandenen Nachfrageüberhang durch eine Erhöhung des Angebots zu kompensieren, scheiterte im Zeitverlauf an immer knapper werdenden öffentlichen Finanzmitteln und daraus resultierenden Haushaltseinsparungen bei öffentlichen Hochschulen mit der Folge mangelnder personeller und sachlicher Ausstattungen bei den Bildungsanbietern. So stiegen beispielsweise die öffentlichen Hochschulbildungsausgaben im Zeitraum 1975 bis 2000 lediglich um bescheidene 1,4 % im Durchschnitt pro Jahr und somit erheblich langsamer als die gesamtwirtschaftliche Leistung[15] und stehen in keinem Einklang zur Studierendenzahl, die sich im selben Zeitraum nahezu verdreifachte.[16] Unzureichende Professoren-, Assistenten- und Verwaltungsstellen sowie mangelnde Lernmittelausstattung trugen und tragen mitunter wesentlich zu den oben beschriebenen Missständen auf der Nachfrageseite bei und haben wesentlichen Anteil daran, dass „Quantität statt Qualität" produziert wird.

So lassen beispielsweise durchschnittliche Betreuungsrelationen Hochschullehrer zu Studierenden an deutschen Hochschulen von 1: 58[17] im Vergleich zu 1 : maximal 20 an Universitäten in den USA[18] keine vernünftige und intensive Betreuung von Studierenden zu. Zudem werden im Zuge personeller Engpässe Hochschullehrer (neben ihrem im internationalen Vergleich höheren regulären Lehrdeputat) zur Aufrechterhaltung des Lehrbetriebs zunehmend in der Lehre eingesetzt, was zwangsläufig zu Lasten ihrer Forschungszeiten und -leistungen geht.

Da ein Zustand, bei dem dauerhaft mehr nachgefragt wird, und auf den die beschriebene Angebots- und Nachfragediskrepanz zutrifft, volkswirtschaftlich weder sinnvoll noch sozial verträglich ist und die marktwirtschaftliche Alternative den dauerhaften Nachfrageüberhang mit Angebotspreisanhebungen zu begegnen bislang aus allokationseffizienz- und verteilungspolitischen Gründen, die näher im nachfolgenden Kapitel 3 beschrieben werden, vehement verworfen wird, verbleiben als einzige Alternative weitere Staatsinterventionen, die die Folgen ersterer zu korrigieren versuchen. Diese politische Praxis entspricht dem Phänomen des Staatsversagens, dass dirigistische Steuerungsmaßnahmen, die falsche Anreize für Anbieter und Nachfrager setzen, weitere Interventionen nach sich ziehen, diese sich potenzieren (sog. Ölflecktheorie) und sich letztlich als völlig kontraproduktiv erweisen.

---

15 Vgl. *BLK* (2002)

16 Vgl. *Fraunholz, U./Schramm, M.* (2004)

17 Vgl. *Schmoll, H., Finanzierung* (2004))

18 Vgl. *Demougin, D.* (2000)

So musste zunächst zur Zurückdrängung der Übernachfrage nach Studienplätzen mittels Numerus clausus eine Politik der Mengenbeschränkung des Hochschulzugangs betrieben werden, die weitere regulative Eingriffe nach sich zog und in einer kompletten diskretionären staatsdirigistischen Gängelung und Zwangsbewirtschaftung mündete. Die Folge waren zunächst generelle Studienplatzkontingentierungen, die anschließend auf einzelne Bundesländer, Hochschulen und Studiengänge heruntergebrochen wurden und unter anderem zur Einrichtung einer zentralen Vergabestelle von Studienplätzen, der ZVS, führten. Lediglich auf die generelle Festlegung einer Obergrenze für ausländische Studierende konnte bislang verzichtet werden, was auf den wenig rühmlichen Umstand zurückzuführen ist, dass sich deren Andrang in Deutschland bislang in Grenzen hält, weil attraktivere Hochschulstandorte im Ausland tendenziell von ihnen bevorzugt werden.

Ein gravierendes Problem, welches in jüngster Zeit verstärkt in Erscheinung tritt, ist das bildungsföderalismusbedingte „fiskalische Schwarzfahrertum"[19] von einzelnen Bundesländern, die aus Spargründen Ausbildungskapazitäten in ihren Hoheitsgebieten reduzieren und ihren Akademikernachwuchs aus anderen Bundesländern rekrutieren. Ein derartiger „Akademikerimport" bzw. derartiges „Bildungsoutsourcing" lässt sich derzeit insbesondere bei Lehramtsanwärtern gut beobachten und erfordert als weiteren Staatseingriff konsequenterweise eine Hochschulausbildungsabgabe durch die begünstigten „Hazardeure", ähnlich der politisch geplanten (und letztlich nicht umgesetzten) Ausbildungsplatzumlage für nicht oder unzureichend ausbildungswillige Unternehmen in der Wirtschaft.

Da derartige regulative Nachfragesteuerungsinstrumente nicht ausreichend sind und mehr einer dauerhaften Mangelverwaltung denn einer nachhaltigen Missstandsbereinigung dienen, sind weitere nachfragemengenreduzierende Maßnahmen angedacht bzw. bereits umgesetzt worden, die eher marktwirtschaftliche Züge erkennen lassen. Dies sind beispielsweise die Auflage von Mentorenprogrammen oder verpflichtenden persönlichen Zielvereinbarungen mit strikteren Leistungskontrollen,[20] Studienkontenmodelle oder die Erhöhung von Semesterverwaltungsgebühren mit dem Ziel einer Reduzierung von Studienzeiten und Abbrecherquoten sowie der Eliminierung von Scheinstudierenden. Einige Bundesländer wie Baden-Württemberg präferieren mit selber Zielsetzung die Einführung von Studiengebühren für Langzeitstudierende oder für Zweitstudien, die allerdings mehr den Charakter einer Strafzahlung für eine Ordnungswidrigkeit als eines marktwirtschaftlichen Preissteuerungsmechanismus einnehmen.[21]

---

19 *Richter, W./Wiegard, W.* (1998)

20 Vgl. *Reese, J.* (2002)

21 Vgl. *Richter, W./Wiegard, W.* (1998)

Um auch die Angebotsseite, die aufgrund der Kostenfreiheit des Studiums sowie hoheitlicher Fremdbestimmung und zentraler Budgetzuweisungen wenig Anreize verspürt studentischen Nachfragewünschen besser zu entsprechen, zu einem nachfrageorientierteren Angebot zu bewegen, wurden und werden den Hochschulen gleichermaßen Reformmaßnahmen politisch verordnet, die stärkere marktwirtschaftliche Züge tragen.

Mit der zentralen Zielvorgabe einer stärkeren Autonomiegewährung, mehr Flexibilität bei der Mittelverwendung und der Einführung an betriebswirtschaftlichen Grundsätzen ausgerichteter Controllingsysteme sollten den Hochschulen mehr Selbstverantwortung und eigene Gestaltungsspielräume eröffnet werden, also gewissermaßen mehr „Effizienz durch Lenkung von oben“[22] verordnet werden. Mittels Globalhaushalten sollten die Hochschulen zu einem weniger verwaltenden und mehr an betriebswirtschaftlichen Effizienzmaßstäben ausgerichteten Management veranlasst werden.

Die mit diesen Maßnahmen verbundene Dezentralisierung von Entscheidungskompetenzen auf Rektorate und Dekanate sowie die beabsichtigte Transformation der „staatlichen Verwaltungsbehörde Hochschule“ in ein öffentliches Unternehmen mit betriebswirtschaftlichen Führungsgrundsätzen entspricht zwar tendenziell eher dem marktwirtschaftlichen Subsidiaritätsgedanken,[23] bedeutet jedoch keine eigentliche Deregulierung und Privatisierung, solange Allokationseffizienz und Leistungssteigerung durch (planwirtschaftliche) Mittelzuweisungen und zentrale Vorgaben von Leistungskennziffern von oben erfolgen anstelle einer eigenverantwortlichen Angebotssteuerung über Marktpreise, die allein den Wert des Gutes „Bildung“ widerspiegeln.[24] Derartige (schleichende, mehr aus Not denn aus Überzeugung praktizierte) Marktreformen von oben erinnern an die (letztlich gescheiterte) Perestroijka-Politik im sozialistischen Sowjetreich oder die (kläglichen) Versuche in manchen sozialistischen Ländern mit einem „bisschen verordneter Marktwirtschaft“ bei grundlegender Aufrechterhaltung des ideologischen Systems eine Verbesserung desolater wirtschaftlicher Zustände herzustellen.

Ein jüngstes Beispiel für eine durchaus gut gemeinte, jedoch rudimentär erscheinende Angebotsverbesserungsmaßnahme an staatlichen Hochschulen ist die von einigen Bundesländern praktizierte Verknüpfung von Sachmittelzuweisungen mit ex post Sollgrößen wie der Anzahl der Studienabschlüsse oder der

---

22 *Neumann, M.* (2000)

23 Wenn auch nur halbherzig, da die Dezentralisierung vor den Lehrstühlen oder persönlichen Etats von Hochschullehrenden halt macht und ihnen nach wie vor vorgeschrieben wird, welchen Teil ihres zugewiesenen Jahresetats sie für jeweils konsumtive und investive Zwecke verwenden dürfen.

24 Vgl. *Neumann, M.* (2000)

Absolventenquoten innerhalb der Regelstudienzeit, mit dem Ziel Ausbildungszeiten zu verkürzen, zu nennen. Dieses erweist sich dann als kontraproduktiv, wenn damit eine Verschlechterung der Ausbildungsqualität einhergeht, was wiederum die Vorgabe zentraler Mindestqualitätsstandards erfordert. Um derartige Fehlanreize zu revidieren müsste folglich die Leistung einer Hochschule nicht nur nach erfolgreichen Abschlüssen, sondern auch nach erfolgreichen studienbegleitenden Prüfungen bemessen werden. Falls alternativ wie im Land Hessen höhere Mittelzuweisungen für Studierende innerhalb der Regelstudienzeit erfolgen, werden auch Trittbrettfahrer begünstigt, die keine Ambitionen oder Absichten auf einen erfolgreichen Studienabschluss haben, solange sie sich innerhalb der Regelstudienzeit befinden.[25] Hinzu kommt, dass die staatlichen Hochschulen aufgrund des grundsätzlichen Anspruchs eines (Fach-)Abiturienten auf ein Studium und staatlich organisierter Allokationsverfahren in Engpassfächern (ZVS) ihre Studierenden kaum nach eigenen Qualitätsmaßstäben auswählen können und letztlich akzeptieren müssen, was ihnen im Rahmen ihrer Aufnahmekontingente zugewiesen wird. Sind deren Profile in Bezug auf Vorbildung, Begabung und Motivation nicht hinreichend, führen sie oft (um hohe Abbrecherquoten oder überlange Studienzeiten zu vermeiden, die bei der öffentlichen Mittelzuweisung kontraproduktiv sind) zu einem „Bildungsdumping“ in Form reduzierter und vereinfachter Lehrinhalte, und/oder eines Verzichts auf schwer verständliche abstrakte Grundsatzfragen und komplexe vernetzte Wissensgebiete mit eigenständigen Problemlösungsansätzen. Dies führt zwangsläufig zu einer Verwässerung akademischer Bildungsabschlüsse und trägt massiv dazu bei, dass eine Hochschulausbildung zunehmend zu einem „Gut ohne Wert“[26] verkommt. Letztlich obliegt es der „kreativen Buchführung“ der jeweiligen Hochschulentwicklungsdezernate mechanistische Erfolgslisten und bestreitbare Exzellenznachweise so zu gestalten, dass ihre Hochschulen bei der politisch gesteuerten Mittelzuweisung nicht übergangen werden.

Die aufgezeigten und bislang wenig erfolgreichen interventionistischen Reformmaßnahmen sowohl auf der Nachfrage- als auch der Angebotsseite demonstrieren einmal mehr, dass staatsdirigistische Elemente dem hochschulpolitischen Ziel eines effizienzsteigernden Ressourceneinsatzes weder dienlich noch durchgreifend sind. Als echte Alternative gegen die vorherrschende Bildungsplanwirtschaft empfiehlt sich ein grundlegender bildungspolitischer „turnaround“ getreu der Maßgabe von Hayek „wenn man ein schwieriges Problem nicht lösen könne, „müsse man Wettbewerb zur Suche nach der besten Lösung organisieren“ mit einer stärkeren Gewichtung einer an der schöpferischen Kraft des Wettbewerbs ausgerichteten Marktsteuerung.

---

25 Vgl. *Reese, J.* (2002)

26 *Oberender, P./Fleischmann, J.* (2003)

3. Hochschulbildung - öffentliches oder marktfähiges Gut?

3.1 Die allokationspolitische Komponente: Gesamt- versus einzelwirtschaftliche Kosten und Erträge einer Hochschulausbildung

Trotz des in jüngster Zeit zu beobachtenden schleichenden Einzugs stärkerer marktwirtschaftlicher Elemente (mehr aus Not denn aus Überzeugung) wird das Hochschulwesen in Deutschland tendenziell planwirtschaftlich organisiert. Die politischen Begründungen hierfür liefern sowohl unterstellte Marktineffizienzen als auch umfassende gesellschaftspolitische Überlegungen.

Als zentralen Rechtfertigungsgrund für den „Marktentzug" der Hochschulausbildung beruft sich die Bildungspolitik im allgemeinen „auf die Existenz einer gesellschaftlichen Situation, in der bei individualistischen Entscheidungsverhältnissen ein Gefangenendilemma vorliegt bzw. individualisiertes Entscheidungsversagen wegen Unsicherheit gegeben ist"[27]. Speziell wird auf gesellschaftlich unbefriedigende Allokations- und Distributionsergebnisse des Marktes verwiesen, die nach der Musgraveschen Staatsfunktion im besonderen beruhen auf

- dem Vorliegen externer Effekte, das auf einer nicht einzelwirtschaftlichen Zuordnung gesellschaftlicher Kosten und Erlöse basiert,
- dem Phänomen meritorischer Güter, die vom Markt nicht hinreichend oder zu sozial unangemessenen Preisen angeboten werden und deshalb aus Bedarfsdeckungsgründen staatlicherseits bereitgestellt oder subventioniert werden müssen sowie
- verteilungspolitischen Gerechtigkeitsvorstellungen, die auf dem Umstand basieren, dass sich die Einkommenserzielungschancen nur auf den Besitz produktiver Ressourcen stützen können.

Diesen Argumenten soll im folgenden einzeln nachgegangen werden:

Externe Effekte entstehen dann, wenn einzel- und gesamtwirtschaftliche (soziale) Kosten und Erträge differieren, was sowohl negativ der Fall sein kann (wie im Fall exzessiver Umweltausbeutung), wenn gesamtwirtschaftliche Kosten die privat zuordnungsbaren Kosten übersteigen als auch positiv, wenn die volkswirtschaftlichen Erträge größer sind als die privaten Erträge (wie im Fall einzelwirtschaftlich positiver Umweltgestaltung).

Volkswirtschaftlich optimal ist ein Zustand, bei dem die sozialen Grenzerträge deckungsgleich mit den sozialen Grenzkosten sind und die privaten Kosten und Erlöse den gesamtwirtschaftlichen entsprechen. Zur Herbeiführung dieses „sozialen" Gleichgewichts bedient sich die Wirtschaftspolitik alternativer Eingriffsin-

---

27 Vgl. *Feldmeier, G.* (1993)

strumente, wie z.B. einer kompletten Verstaatlichung privatwirtschaftlicher Bereiche (im Extremfall) oder einer massiven Steuerung des privaten Angebots mittels restriktiver kostenbeeinflussender Produktionsauflagen und/oder einer Nachfragelenkung durch preisbeeinflussende Instrumente wie Steuern oder Abgaben.[28]

Nun besteht in der wirtschaftspolitischen Praxis die Schwierigkeit der konkreten Ermittlung, Quantifizierung und Bewertung privat- und gesamtwirtschaftlicher Kosten und Erträge, was hier versuchsweise im Fall des „Gutes" Hochschulausbildung unternommen werden soll.

Unterziehen wir zunächst die privaten und volkswirtschaftlichen Kosten eines Hochschulstudiums einer näheren Betrachtung: Errechnet man die gesamtwirtschaftlichen Kosten in einer ersten Annäherung aus der Summe der für die Hochschulen bereitgestellten jährlichen öffentlichen Finanzmittelzuweisungen und dividiert diese durch die Anzahl der bundesweit eingeschriebenen Studierenden ergibt sich in etwa ein Wert von 9.466 US-Dollar pro Studienplatz und Studienjahr.[29] Hierin eingerechnet ist auch der Anteil derjenigen Scheinstudierenden, die keine Studienleistungen erbringen und somit nicht direkt die Hochschulen, sondern nur die Allgemeinheit (der Steuerzahler) belasten.

In einer gängigeren Methode werden die Kosten einer Hochschulausbildung pro Absolvent (also für ein komplettes Studium) ermittelt und zwar insgesamt sowie nach jeweiligen Studienrichtungen. Nach Berechnungen des Wissenschaftsrates[30] kostet ein durchschnittliches Studium an einer deutschen Hochschule pro Absolvent die öffentliche Hand rund 60.000 Euro. Das Spektrum der Inanspruchnahme öffentlicher Dienstleistungen variiert hier zwischen 15.000 bis 20.000 Euro in den sog. „Bücherstudiengängen" Rechts- und Wirtschaftswissenschaften, über 100.000 Euro in technischen Studiengängen bis hin zu 135.000 Euro in der Humanmedizin. Diese Spannweite resultiert sowohl aus dem unterschiedlichen Sachaufwand für die Bereitstellung der jeweiligen Bildungsdienstleistungen als auch auf einer unterschiedlichen Personaldichte in den jeweiligen Studiengängen.

Bei der Ermittlung der privaten Kosten der Hochschulausbildung finden die oben alternativ ermittelten sozialen (öffentlichen) Ausbildungskosten keine Berücksichtigung, da diese aufgrund der Studiengebührenfreiheit von den Studierenden nicht beglichen werden müssen und somit reinen Subventionscharakter haben. Die individuell entstehenden Kosten eines Studiums stellen somit nur (unzureichend quantifizierbare) Opportunitätskosten in Form entgangener Ein-

---

28 Vgl. *Richter, W./Wiegard, W.* (1998)

29 Vgl. *OECD* (2003)

30 Vgl. *Wissenschaftsrat* (2002)

kommen auf dem Arbeitsmarkt während der Studienzeit dar. Diese reduzieren sich für den Fall eines Empfangs von Bafög oder eines Erhalts von Stipendien bzw. durch mit dem Studentenstatus verbundene Vergünstigungen wie die kostenlose Nutzung öffentlicher Verkehrsmittel, subventionierte Mensaessen, vergünstigte Eintrittspreise in öffentlichen Theatern, Schwimmbädern, Museen und vorteilhafte Tarife in der gesetzlichen Krankenversicherung oder anerkannte Anwartschaftszeiten in der gesetzlichen Rentenversicherung.

Die Gegenüberstellung der gesamtwirtschaftlichen und einzelwirtschaftlichen Kosten der Hochschulausbildung lässt unschwer erkennen, dass die sozialen Kosten die individuellen Kosten übertreffen und entsprechend eindeutig negative externe individuelle Mitnahmeeffekte vorliegen. Diese Diskrepanz zwischen öffentlichen und privaten Kosten erklärt auch das Phänomen der Übernachfrage nach Hochschulausbildung, die im wesentlichen auf einer (zu) geringen individuellen Kostenzuordnung basiert und das gesamtwirtschaftlich optimale Ausmaß überschreitet. Nicht zuletzt aufgrund dieses Fehlanreizes relativ geringer individueller Ausbildungskosten entscheiden sich nicht wenige junge Menschen in ihrem „Verantwortungsvakuum“[31] für ein Hochschulstudium, obwohl sie innerlich eher alternative Ausbildungs- und Lebenswege präferieren und somit wenig Motivation für ein Studium verspüren bzw. es an Begabungen und Fähigkeiten für eine Hochschulausbildung fehlt.

Da eine isolierte Betrachtung der Kostenseite (ähnlich wie in der unternehmerischen Investitionsrechnung) allein keine zwingenden Rückschlüsse über die Sinnhaftigkeit einer Investition liefert, bedarf es in einem zweiten Schritt einer Gegenüberstellung der einzel- und gesamtwirtschaftlichen Erträge einer Hochschulausbildung.

Ausgehend vom ökonomischen Grundsatzpostulat eines möglichst effizienten Ressourceneinsatzes stellt sich zunächst die Frage, inwieweit die gesamtwirtschaftlichen Erträge eines Studiums mit den einzelwirtschaftlichen übereinstimmen. Für den Fall, dass erstere höher sind als letztere, ließe sich die (effizienztheoretische) Begründung für staatliche Eingriffe ins Marktgeschehen heranziehen, wonach der gesellschaftliche Ertrag einer Hochschulausbildung die Summe der individuellen Erträge von ausgebildeten Akademikern übersteigt.

In diesem Falle entspräche eine Hochschulausbildung einem Gut, welches vom Markt gar nicht oder zu wenig angeboten wird, weil entweder ein Anteil seines Konsums nicht in der Zahlungsbereitschaft durch Dritte mündet (Nichtausschlussprinzip) oder die Investition in sie privat nicht hinreichend Früchte trägt, um den Aufwand zu decken und der Staat dafür Sorge tragen müsse, dass es genügend nachgefragt wird („Bildung als meritorisches Gut“). Mit anderen

---

31 *Oberender, P./Fleischmann, J.* (2003)

Worten: Wenn der Staat nicht die individuellen Kosten für ein Hochschulstudium übernimmt, studieren weniger Menschen als es der Gesellschaft dienlich ist.

Aus dieser gängigen Begründung für eine öffentlich finanzierte Hochschulausbildung resultiert wiederum die Frage nach dem gesellschaftlichen Ertrag der von Hochschulen produzierten Bildungsangebote, also den positiven externen Effekten einer tertiären Bildung. Ein grundsätzliches Problem deren Messung basiert darauf, dass der gesellschaftliche Ertrag nicht konkret in Zahlen quantifizierbar, sondern nur in Nutzenkategorien definierbar ist, und Nutzen nach der mikroökonomischen Haushaltstheorie nur individuell und ordinal messbar ist, was breite Spielräume für subjektive Interpretationen eröffnet.

Die Erklärungsansätze für den höheren gesamtwirtschaftlichen Nutzen eines öffentlich finanzierten Hochschulstudiums sind unterschiedlicher Natur. Sie münden im allgemeinen in der Argumentation, dass die gesellschaftlichen Vorteile der Ausbildung die Summe der individuellen Vorteile übertreffen, gewissermaßen „gesellschaftliche Synergieeffekte“ bei der Hochschulbildung vorliegen.

So wird erstens darauf verwiesen, dass der Wandel von der Industrie- zur Wissensgesellschaft ein hohes Bildungsniveau voraussetzt und die Wettbewerbsstärke einer Nation mehr als je von der Qualifikation ihrer Menschen bestimmt wird. Dies bedeutet insbesondere, dass die Gesellschaft von der Tätigkeit von Akademikern profitiere und bei fundierter Ausbildung derer auch die Produktivität von Nichtakademikern steigt. Die daraus resultierende Stärkung der internationalen Wettbewerbsfähigkeit der heimischen Wirtschaft „komme somit allen Mitgliedern der Gesellschaft zugute, also auch nichtstudierten Menschen“[32]. Waren Wissen und Bildung noch vor 200 Jahren ein Privileg der vermögenden Schicht, die eher zweckfrei und somit eher konsumtiv intellektuellen Genüssen nachstrebte, bilden sie heute die Grundlage für gesamtwirtschaftlichen Wohlstand und der Zukunftssicherung und erfordern eine nachhaltige Qualifikation des Arbeitsvermögens, die über den Markt nicht hinreichend finanzierbar ist und somit unzureichend bereitgestellt wird. Auf den Entwicklungserfolg einstmals rückständiger Volkswirtschaften in Südostasien, die dank öffentlich bereitgestellter effizienter Ausbildungssysteme innerhalb kurzer Zeit ihre Produktivität auf Weltmarktniveau steigern konnten, wird diesbezüglich gerne verwiesen.

Zweitens wird der hohe gesellschaftliche Nutzen und Stellenwert akademischer Wissensarbeiter und deren notwendiger Beitrag zur Produktivitätssteigerung zur Aufrechterhaltung des Wohlstandsniveaus mit dem demografischen Trend zur

---

[32] *Siebke, J.* (1994)

„Unterbevölkerung der entwickelten Länder"[33] begründet. Gerade für die deutsche Gesellschaft mit ihren immer weniger Nachkommen sei es unabdingbar noch mehr öffentlich in eine bessere Ausbildung der jungen Generation zu investieren, da bei rückläufigen Beitragszahlern ein beachtlicher Teil der Renten und Pensionen der jetzigen Steuerzahler aus den künftigen (höheren) Bildungsrenditen finanziert werden muss.[34]

Drittens wird darauf verwiesen, dass eine Gesellschaft nicht nur eine Hochschulausbildung als solche, sondern konkrete Bildungskulturgüter erwünscht,[35] die über den Markt nicht bereitgestellt werden. Dies wird mit der in einer Kulturgesellschaft immanenten Notwendigkeit begründet, junge Menschen nicht in dem Wunsch zu beeinträchtigen, nach Interesse auch Bildungsinhalte und Studiengänge zu wählen, die durchaus unterdurchschnittliche private Verwertungsmöglichkeiten eröffnen und eher gesellschaftlich-kulturelle als private Rendite abwerfen.[36] Ähnlich argumentierte auch Alt-Bundespräsident Rau in seiner Weihnachtsansprache 2003 mit dem Vermerk, dass Hochschulen (neben Schulen und Familien) keine „Unternehmen" seien und „Bildung mehr als eine bloße Funktionsertüchtigung" sei.[37]

Unterziehen wir analog die einzelwirtschaftlichen Erträge einer Hochschulausbildung einer näheren Betrachtung, so ist generell davon auszugehen, dass diese einem quantitativen Renditekalkül unterworfen werden kann, sieht man davon ab, dass ausschließlich nichtökonomische Motive (wie z.B. reiner Spaß am Erwerb von Wissen oder Bildung als Ausdruck reiner Selbstverwirklichung ohne damit verbundene materielle Erwerbsabsichten) den Ausschlag für eine Studiumsentscheidung geben.

Insofern unterliegt jede individuelle Entscheidung für ein Hochschulstudium einer fiktiven Investitionsrechnung, ausgehend von der marktrationalen Grundfrage, ob die künftigen Einkommensströme die Kosten seiner Investition tragen. Eine Investition in Humankapital, die hier zugrunde liegt, unterliegt also ebenso wie eine unternehmerische Investitionsentscheidung einer konkreten Renditeerwartung, wobei die Rendite des Studiums dem erwarteten höherem Lebenseinkommen entspricht.

Nun besteht bei der konkreten Kalkulation der Bildungsrendite im individuellen Fall die Notwendigkeit einer Gegenüberstellung des zu erwartenden Lebenseinkommens mit und ohne Studium, was nur hypothetisch möglich ist. Eine fiktive

---

33 *Drucker, P.* (1998)

34 Vgl. *Behrens, C-U.* (2003)

35 Vgl. *Behrens, C-U.* (2003)

36 Vgl. *Behrens, C-U.* (2003)

37 Zitiert in FAZ vom 24.12.2003

Vergleichsrechnung ergibt folgendes Bild: Liegt das Jahreseinkommen eines Akademikers 35 Jahre lang (durchschnittliche Lebensarbeitszeit eines Akademikers) um 5000 Euro über dem Verdienst eines Nichtakademikers, läge die Verzinsung bei 9,6 %.[38] Bei einer Differenz von 8000 Euro im selben Zeitraum läge sie bereits bei 15,9 %.[39] Diese durchaus realistischen Relationen zeigen, dass eine Hochschulausbildung in höchstem Maße rentabel sein kann. Einschränkend muss bei derartigen individuellen Einkommensvergleichsrechnungen allerdings darauf verwiesen werden, dass Einkommensunterschiede nicht rein isoliert betrachtet auf das Bildungsniveau bezogen werden dürfen, sondern ebenso durch individuelle Fähigkeiten und Fertigkeiten und/oder durch die soziale Herkunft begründet sein können. Empirisch ermittelte Ergebnisse aus der Zwillingsforschung in den USA jedoch, die eine direkte Vergleichbarkeit am ehesten gewährleisten, bestätigen eine signifikante Korrelation zwischen akademischer Ausbildung und erheblich höherem Lebenseinkommen.[40]

Unabhängig davon, wie hoch die jeweilige Akademikerrendite nach Studiengang ausfällt, ist allgemein unbestritten, dass die Einkommensperspektiven bei erfolgreichem Studienabschluss über dem durchschnittlichen allgemeinen Einkommensniveau pro Kopf in einer Gesellschaft liegen und sich somit junge Menschen mit ihrer Entscheidung für ein akademisches Studium bei dessen weitgehender Kostenfreiheit völlig rational verhalten. Dies wird zusätzlich dadurch bestätigt, dass die Arbeitslosenquote von Akademikern in Deutschland derzeit weit unter dem Durchschnitt liegt[41] und somit auch die Arbeitsplatzsicherheit mit höherem Bildungsabschluss steigt. Zudem liegt die gesellschaftliche Wertschätzung, gemessen am sozialen Status, von Akademikern traditionell höher als die von Nichtakademikern, was zusätzlich eine „Ansehensrendite" einbringt und gesellschaftliche Aufstiegsmöglichkeiten eröffnet, die durchaus geldwerten Charakter haben.

Die im Fazit resultierende Folgerung aus diesen einzelwirtschaftlichen Renditeberechnungen, dass Hochschulabsolventen finanziell und sozial tendenziell besser gestellt sind als Nichtakademiker und ein Hochschulstudium eine lukrative Privatinvestition mit einem hohen individuellen „return on investment" darstellt, legt die Forderung nach einer privaten (Teil-)Anlastung ihrer Ausbildungskosten durchaus nahe.

Diese Argumentation wird häufig mit dem Verweis auf die höhere spätere Steuerbelastung von Akademikereinkommen, nicht zuletzt bedingt durch die Pro-

---

38 Vgl. *Looman, V.* (2003)

39 Vgl. *Looman, V.* (2003)

40 Vgl. *Richter, W./Wiegard, W.* (1998)

41 Vgl. *OECD* (2003)

gression im deutschen Einkommensteuertarif, entgegnet. Ferner wird entgegnet, dass selbst bei gleichem Lebenseinkommen wie bei einem Steuerpflichtigen ohne Studium die Akademikersteuerlast höher ausfallen würde, da das Einkommen in weniger Berufsjahren erworben wird.[42]

Aus dieser Begründung eines später höheren Staatseinnahmeeffektes im Umkehrschluss eine Kostenfreiheit des Hochschulstudiums zu rechtfertigen, greift jedoch aus Steuergerechtigkeitsaspekten insofern zu kurz als auch nichtakademische Besserverdienende, die aus eigener Kraft (unternehmerischer Erfolg und/oder besondere berufliche Qualifikationen) oder Fremdbegünstigung (Erbe, Schenkungen oder Glückspiel) einer höheren Besteuerung unterliegen, ohne ein daraus subventioniertes Studium jemals in Anspruch genommen zu haben.

3.2 Die verteilungspolitische Komponente: Bildungspolitik als Sozialpolitik?

Die Frage, ob eine Hochschulausbildung ein marktfähiges Gut ist, weil sie zur persönlichen Einkommenserzielung genutzt werden kann und das private Nutzungsinteresse auch eine private Investition in sie nach marktwirtschaftlichen Gesetzmäßigkeiten rechtfertigt, lässt sich aus effizienztheoretischer Sicht allein nicht hinreichend beantworten und bedarf einer Ergänzung aus distributionspolitischer Sicht.

Diese gründet auf den Prinzipien der Chancengleichheit, der sozialen Gerechtigkeit sowie dem Postulat der „unsozialen Knappheitsfunktion" der Marktpreise für Güter, die allen Mitgliedern einer Gesellschaft gleichermaßen zukommen sollten und somit eine staatliche Umverteilung von Marktergebnissen erfordern. Bezogen auf das Gut „Hochschulbildung" bedeutet dies, dass bei einer individuellen Finanzierung der entstehenden Kosten nur Angehörigen aus einkommensstarken und vermögenden Haushalten ein Studium möglich wäre und der politische Grundsatz „Bildung für alle" Kindern aus unteren Einkommensschichten verwehrt bliebe.

Eine Deklaration von „Bildungspolitik als Sozialpolitik" nach dieser Argumentation wirft zunächst die Frage auf, inwiefern und in welchem Ausmaß sie für die einzelnen Bildungsbereiche in Deutschland zutrifft. Da eine Primärbildung, die der Sozialisation des Menschen dient, bereits in Kindergärten und Kindertagesstätten beginnt und heute von nahezu allen Familien mit Kindern in Anspruch genommen wird, müssten diese im Interesse gleicher Startchancen für alle kostenfrei sein. Da dies jedoch nicht der Fall ist und für die Kinderbetreuung durch derartige Einrichtungen durchschnittliche Jahresgebühren von 700 Euro zu entrichten sind,[43] liegt hierin bereits eine erste soziale Ungerechtigkeits-

42 Vgl. *Behrens, C-U.* (2003)

43 Vgl. *Dohmen, D./Hoi, M.* (2004)

quelle im Bildungssystem vor. Diese beruht explizit darauf, dass für diese Dienstleistung der Kinderprimärerziehung, die von einer breiten Bevölkerungsschicht genutzt wird, eine Gebührenpflicht besteht, während die gesamte Steuerbevölkerung ein gebührenfreies Hochschulstudium zu finanzieren hat, dessen Früchte weitgehend auf dem Arbeitsmarkt internalisiert werden und zudem nur wenige begünstigt.

Aus Gerechtigskeitserwägungen wäre somit ein verbrieftes „Recht auf Kindergartenerziehung“ bzw. eine Kostenfreiheit (für eine gleiche Startchancen für alle Kinder vermittelnde) Vorschulbildungsstätten sinnvoller als eine Gebührenfreiheit plus Kindergeld bis zum 27. Lebensjahr für exklusive Studierende.

Ein zweiter Aspekt betrifft die differenzierte öffentliche Subventionierung alternativer Ausbildungswege. So muss beispielsweise eine Meisterausbildung im Handwerk mit durchschnittlichen Kosten bis zu 20.000 Euro,[44] deren hoher gesellschaftlicher und wirtschaftlicher Stellenwert bildungspolitisch unbestritten ist, von den Betroffenen privat finanziert werden, was für ein Hochschulstudium, dessen Bereitstellungskosten mindestens in dieser Höhe liegen (siehe obige Ausführungen), nicht zutrifft, was verteilungspolitisch schwer nachvollziehbar ist. Gleiches trifft für andere privat zu finanzierende Bildungs- und Weiterbildungsmaßnahmen zu, die nicht nur den Betroffenen allein, sondern der gesamten Gesellschaft zugute kommen.

Einer weiteren kritischen Diskussion bedarf der verteilungspolitische Einwand, dass Kinder aus unteren Einkommensschichten bei privater Anlastung von Ausbildungskosten sich kein Hochschulstudium leisten könnten und akademische Bildung somit zu einem Privileg einer kaufkräftigen Oberschicht verkommen würde.[45] Dass dies gerade in Deutschland trotz Gebührenfreiheit des Hochschulstudiums stärker der Fall als in vielen anderen Ländern ist, mag paradox erscheinen und überraschen. So wurde in diversen, voneinander unabhängigen empirischen Studien festgestellt, dass der Anteil von Studierenden aus besser verdienenden Haushalten in Deutschland überproportional hoch ist (85-87%) und nur 12-15% gering verdienenden Haushalten entstammen.[46] Weitere Untersuchungen belegen, dass von den Gesamtstudierenden in Deutschland nur 17% klassische Arbeiterkinder sind, gegenüber 72% Manager-, Beamten- oder Unternehmerkindern.[47] Der Tatbestand, dass der Anteil von Studierenden aus unteren Einkommensschichten gerade in studiengebührenpflichtigen Ländern wie

---

44 Vgl. *HWK Koblenz* (2004)

45 Vgl. *Bultmann, T.*, in: *Freiheit der Wissenschaft* (1995)

46 Vgl. *BMBF* (2004)

47 Vgl. *Euro Student Report* (2000)

England oder Australien wesentlich höher ist als in Deutschland[48] widerlegt obiges soziales Zugangsargument nicht nur, sondern offenbart, dass im internationalen Vergleich in keinem anderen Industriestaat die soziale Herkunft so stark über die akademischen Bildungschancen entscheidet wie im (kostenfreien) Deutschland.

Die vermeintliche soziale Errungenschaft eines steuerfinanzierten Hochschulstudiums wird hiermit ins Gegenteil verkehrt, indem der gemeine Steuerzahler dazu gezwungen wird ohnehin besser Situierten **und** künftig Besserverdienenden **und** ohne jegliche soziale Bedürftigkeitsprüfung diesen eine kostenlose Ausbildung zu finanzieren, was in mehrfacher Hinsicht einer „Ausbeutung der Ärmeren"[49] gleichkommt und die gängige Verteilungsgerechtigkeitsargumentation auf den Kopf stellt. Gerade die von Millionen von Facharbeitern und einfachen Angestellten geleistete Mitfinanzierung eines Hochschulstudiums für künftige Bezieher höherer Einkommen und Privilegierte der Gesellschaft zeugt von der eigentlichen sozialen Ungerechtigkeit eines aus dem allgemeinen Steueraufkommen finanzierten Hochschulwesens und einer differenzierenden Ausbildung auf Kosten der Allgemeinheit. Hierin zeigt sich nicht zuletzt die von Hayek kritisierte politische „Anmaßung von Wissen", die entgegen der zugrunde liegenden sozialpolitischen Absicht zu Ergebnissen führt, die ungerecht wirken, weil der Staat, der von sich aus keinen Wohlstand zu schaffen vermag, notwendigerweise den einen Bürgern nehmen muss, was er anderen großzügig gibt.

Hinzu kommt, dass als Folge der Übernachfrage nach individuell kostenfreier Hochschulausbildung und der daraus resultierenden „Mengenpolitik zu Rabattpreisen"[50] Qualitätsverluste in der Ausbildung eintreten, die nicht wenige deutsche Studierwillige zu einem gebührenpflichtigen Studium an privaten Hochschulen im In- und Ausland veranlassen, weil sie dort mit einem qualitativ höherwertigen Studienangebot und folglich besseren Berufsperspektiven rechnen können.

Die Konsequenz, dass soziale Gerechtigkeit in einer „Gleichmacherei auf niedrigem Niveau" mündet und nicht jedem Studierwilligen eine faire Chance bietet, eine Ausbildung entsprechend seinen Fähigkeiten, Neigungen und Anstrengungen zu erlangen, verdeutlicht einmal mehr die eigentliche „Gerechtigkeitsfalle" eines Hochschulstudiums, das nicht länger zu einer „nivellierenden Veranstaltung der Sozialpolitik"[51] verkommen sollte.

---

48 Vgl. *Schmoll, H.*, Tabu (2003)

49 *Weding, W.*, in: Freiheit der Wissenschaft (1995)

50 *Barbier, H.* (2003)

51 *Barbier, H.* (2003)

4. Ordnungspolitische Ansätze für eine marktwirtschaftliche Reform des Hochschulbildungswesens in Deutschland

Der durch die Globalisierung aufgezwungene Bildungswettbewerb von außen deckt die oben beschriebenen Schwächen des deutschen Hochschulwesens immer stärker auf und zeigt, dass die bisherigen Reformansätze nicht ausreichen, um die Strukturprobleme in den staatlichen Hochschulen grundlegend zu lösen. Wenngleich das Leistungsniveau der deutschen Hochschulen im nationalen Maßstab nicht erheblich differiert und das Bild einer egalitären Hochschulbildungslandschaft zu vermitteln versucht, hinken sie im internationalen Vergleich der Weltelite in Lehre und Forschung deutlich hinterher. In der ermittelten „Champions League" des Schweizer Center for Science and Technology Studies (CEST) von 2002, die die weltweit forschungsstärksten Hochschulen herausstellt, befinden sich bescheidene drei deutsche unter den ersten 100 und keine unter den ersten 50.[52] Die fehlende Attraktivität des Hochschulstandortes Deutschland zeigt sich nicht zuletzt auch darin, dass Spitzenwissenschaftler selten an heimischen Hochschulen anzutreffen sind oder diesen in einem frühen Stadium den Rücken kehren und die Herausforderung an ausländischen Hochschulen (vorwiegend in den USA) suchen, wo Ihnen eine bessere Wissensinfrastruktur und erfolgversprechendere Perspektiven geboten werden.

Das Manko der mangelnden internationalen Wettbewerbsfähigkeit deutscher Hochschulen wiegt umso schwerer als der Produktionsfaktor Humankapital, der in der heutigen Wissensgesellschaft unbestritten zur wichtigsten Quelle des gesamtwirtschaftlichen Wachstums geworden ist, in starkem Maße von akademischem Wissen geprägt ist. Insofern dient dieses als wesentlicher Nährboden für neue intelligente Produkte, Produktionsverfahren und organisatorische Lösungen und ist der entscheidende Hebel für eine höhere Arbeitsproduktivität, bessere Beschäftigungschancen und eine höhere Wettbewerbsfähigkeit der nationalen Wirtschaft.

Die erfolgreiche Weiterentwicklung des Bildungswesens im allgemeinen und des Hochschulbildungswesens im besonderen stellt somit eine zentrale Herausforderung für die Zukunftssicherung in Deutschland dar. Die entscheidende politische Herausforderung, die sich hierbei stellt, ist die Frage nach einer effizienteren Organisation der bildungspolitischen Verantwortung des Staates, also des verbesserten Einsatzes der vorhandenen Bildungsressourcen. Aus Sicht einer liberalen Ordnungsökonomik besteht die einzige Alternative in einer marktwirtschaftskonformeren Bildungspolitik, mit der Markt und Wettbewerb für das Hochschulwesen nutzbar gemacht werden können. Die daraus resultierende Forderung nach mehr Wettbewerb und Subsidiarität zur Erreichung eines

---

[52] Vgl. *CEST* (2002)

leistungsfähigeren Hochschulwesens stößt bei der Frage einer kompletten Privatisierung, bei der nur noch private Wettbewerber um die besten und kostengünstigsten Angebote konkurrieren und bei voller individueller Anlastung der gesamten Ausbildungskosten ihre Bildungspreise selbst bestimmen können, an ihre ordnungspolitischen Grenzen. Zwar sind aus ordnungspolitischer Sicht mengenbezogene Eingriffe einer Marktwirtschaft wesensfremd, im Hochschulwesen sind sie jedoch unausweichlich, solange Hochschulbildung ein meritorisches Gut ist, bei dem der Staat trotz der Existenz privater Anbieter[53] aus allokationspolitischen Gründen dafür Sorge tragen muss, dass es genügend und dauerhaft ausgewogen nachgefragt wird. Die zentrale bildungspolitische Herausforderung besteht in Deutschland also darin, das Hochschulwesen einerseits durch mehr Wettbewerb leistungsfähiger zu organisieren, den Hochschulen mehr Autonomie bei der Gestaltung ihrer Bildungsangebote einzuräumen und eine Qualitätsverbesserung in Lehre und Forschung zu ermöglichen („so viel Wettbewerb wie möglich"), aber andererseits zu verhindern, dass dieser missbräuchlich zu einem „ruinösen Bildungskannibalismus" oder zu „kartelliertem Bildungsdumping" führt („soviel Regulierung wie nötig"). Folglich muss die zentrale bildungsordnungspolitische Aufgabe darin bestehen, dafür zu sorgen, dass nicht zuviel und nicht zu wenig Wettbewerb im Hochschulbildungsbereich herrscht. In jedem Fall bedarf es eines entsprechenden staatlichen Ordnungsrahmens und marktkonformer Steuerungsinstrumente für die Anbieter von und Nachfrager nach Hochschulausbildung, die im folgenden gegenübergestellt und diskutiert werden.

4.1 Eliteförderung zur Verbesserung der internationalen Wettbewerbsfähigkeit

Zu den zentralen Wesensmerkmalen einer auf Wettbewerb ausgerichteten Marktwirtschaft zählen Leistungseliten, die Spitzenleistungen in Wirtschaft und Wissenschaft hervorbringen und mit diesen maßgeblich zur Sicherung und Erhöhung des gesellschaftlichen Wohlstandsniveaus beitragen. Dass derartige Leistungsträger nicht nur zu Effizienzgewinnen im marktwirtschaftlichen Sinne beitragen, sondern auch (Über-)Lebenselixier demokratischer Gesellschaften sind, die damit ein Bild ihrer selbst schaffen und ihre Zugehörigkeit zur sozialen Oberklasse im gesamtwirtschaftlichen wie einzelwirtschaftlichen Sinne demonstrieren, unterstreicht den hohen Stellenwert von Leistungseliten in liberalen Bürgergesellschaften.

Insofern rückt auch der Gedanke der wissenschaftlichen Eliteförderung zunehmend in den Mittelpunkt bildungspolitischer Diskussionen und mündete jüngst

---

53 Immerhin befinden sich unter den derzeit 331 Hochschulen in Deutschland bereits 51 private.

in Plänen der Bundesregierung sog. Elitehochschulen in Deutschland einzurichten. In diesen sollen in Anlehnung an elitäre Vorbilder in den USA, Großbritannien und Frankreich wissenschaftliche Eliten im Forschungsbereich „hochgezüchtet" werden und die begabtesten Wissenschaftler und Studenten konzentrieren. Ziel einer derartigen staatlichen Eliteselektion und Exzellenzclusterförderung („brain-up-Initiative") ist es, handverlesene deutsche Hochschulen aus dem egalitären Mittelmaß in eine elitäre Oberklasse zu hieven, die einem Vergleich mit ausländischen Spitzenuniversitäten wie Harvard, Stanford, Oxford, Cambridge oder den französischen Grandes Ecoles standhalten. Als Selektions- und Förderkriterien (ex post) gelten multidisziplinäre Spitzenforschungsleistungen, die nach der aktuellen Forschungsrangliste des Centers für Hochschulentwicklung (CHE) auf wenige deutsche Universitäten, wie die Ludwig-Maximilian-Universität in München oder die Humboldt-Universität in Berlin, konzentriert sind.[54]

Ein derartiges politisch verordnetes „picking of winners" und „künstliches Hochzüchten von nationalen Bildungschampions" ist aus ordnungspolitischer Sicht in mehrfacher Hinsicht problematisch und bedarf einer grundlegenden Hinterfragung.

Erstens findet mit einer staatlich verordneten Eliteförderung wie dieser ein massiver staatlicher Eingriff in die Hochschulautonomie statt, die den Wettbewerb unter den Bildungsstätten mehr einschränkt als fördert und ein „Zweiklassenhochschulsystem" zementiert. Gerade die jüngsten Ansätze einer leistungsgerechteren Besoldung von Hochschullehrern (W-Besoldungsreform) und die Evaluation einzelner Studiengänge und ganzer Fakultäten erweisen sich für die nicht elitegeförderten Hochschulen der „zweiten Liga", die zu mittelmäßigen Massenbildungsveranstaltern verkommen, als wenig hilfreiche Anreize für Qualitätsverbesserungen, solange sie keine Aufstiegsmöglichkeiten in die „Elite-Liga" haben.

Eine bewusst differenzierte Leistungsförderung zugunsten einzelner Hochschulen als bildungspolitische Handlungsmaxime wäre insofern nur gerechtfertigt, so lange eine Standortselektion von Elitehochschulen im permanenten Wettbewerb erfolgen und über die hohe (Pionier-) Anziehungskraft von geförderten Elitehochschulen das Qualitätsniveau der übrigen Hochschulen als Imitationsanreiz nach dem Schumpeterschen Prinzip des dynamischen Wettbewerbs verbessert würde.

Anstelle einer staatlichen Dekretierung von Eliten ließe sich dieses am besten durch eine breit angelegte Deregulierung des Hochschulwesens, verbunden mit der Gewährleistung von Wettbewerb, individuellen Gestaltungsfreiräumen und

[54] Vgl. *CHE* (2003)

Entscheidungsfreiheiten für alle Hochschulen, erreichen, die diesen eine Entwicklung zu international wettbewerbsfähigen Bildungsstätten aus eigener Kraft erst ermöglicht gemäß dem Wahlspruch: „Eliten macht man nicht, man lässt sie zu“[55]. So haben sich auch die für internationale Vergleichsmaßstäbe herangezogenen ausländischen Elitehochschulen in den USA, Großbritannien und Frankreich erst über Jahrhunderte im Leistungswettbewerb zu dem entwickelt, was sie heute sind und konkurrieren mit ihrem „erworbenen, nicht verliehenen Ruf“ im Wettbewerb um die besten Wissenschaftler und Studierenden. Zudem finanzieren sich diese ausländischen (auch staatlichen) Elitehochschulen über Studiengebühren, was im deutschen Eliteférdermodell der Bundesregierung nicht vorgesehen ist.

Zweitens begründet die vorgeschlagene Eliteförderungspraxis für einzelne deutsche Hochschulen eine ungerechtfertigte „Anmaßung von Wissen“ durch den Staat, die nicht nur Nichtbegünstigte im Wettbewerb diskriminiert, sondern dem Subsidiaritätsgedanken schädlich ist. So höhlt eine auf einen oder wenig Standorte konzentrierte wissenschaftliche Elite nicht nur die Bildungsautonomie der Bundesländer aus und leistet Zentralisierungstendenzen im Hochschulsystem Vorschub. Entsprechend sprechen sich die Kultusminister der Länder gegen den schleichenden Entzug ihrer Entscheidungskompetenzen durch eine derartige Förderpraxis aus und präferieren ebenso wie die deutsche Hochschulrektorenkonferenz eine Herausbildung von Elitehochschulen im freien Wettbewerb mit unterschiedlichen regionalen Schwerpunktsetzungen, spezifischer regionaler Stärkenbildung und individueller Profilierung sowie mehr Qualität in der Fläche.[56] Die Rede ist von der Bildung von Eliten „nicht an einem Ort, sondern wissenschaftliche Exzellenz an vielen international konkurrenzfähigen Spitzenfakultäten“[57] oder der „Notwendigkeit von Eliten, aber nicht unbedingt einer Elite-Universität“[58].

Drittens ist angesichts angespannter öffentlicher Bildungshaushalte zu befürchten, dass bei einer finanziellen Konzentration auf eine oder wenige Elitehochschulen andere „Normalhochschulen“ zwangsläufig vernachlässigt werden müssten und diese weitere Mittelkürzungen hinnehmen müssten. Insofern liefern die Pläne einer gezielten Eliteförderung einzelner Hochschulen weder eine Antwort auf die chronische Überbelegung und Unterversorgung in den übrigen Hochschulen, sondern tragen eher noch zu einer Verschärfung dieser Problematik bei. Selbst ein „deutsches Harvard“ würde folglich keines der derzeitigen

55 *Barbier, H.* (2004)

56 Vgl. *FAZ* vom 06.01.2004

57 *Schmoll, H.*, Elite (2004)

58 *Ebel-Gabriel*, zitiert in: FAZ vom 06.01.2004

(oben ausführlich beschriebenen) Strukturprobleme an den staatlichen Hochschulen lösen, sondern diese eher noch verstärken.

4.2 Bildungsgutscheine als ordnungspolitisches Modell ?

Eine zumindest partielle Marktorientierung in der Hochschulausbildung kann durch die Ausgabe von Bildungsgutscheinen erreicht werden. Der Staat als Emittent gibt diese „Wertpapiere" aus und erteilt den Inhabern ein Recht auf eine akademische Ausbildung an einer Hochschule ihrer Wahl. Die Gutscheine berechtigen die Begünstigten zu einem (bedingt) gebührenfreien Studium; diese sind auf eine bestimmte Zahl von Semestern kontingentiert, die sich an der Regelstudienzeit oder der durchschnittlichen Studienzeit bemessen kann. Der Wettbewerbsgedanke kommt bei diesem Modell dadurch zum Tragen, dass die begünstigten Studierenden selbst über deren Einlösung an den jeweiligen Hochschulen entscheiden können. In der Regel werden sie hierbei diejenigen Studienstandorte und Studiengänge präferieren, die ihren Interessen am stärksten entsprechen; diese wiederum werden über die Zahl der eingeworbenen Gutscheine öffentlich alimentiert.[59]

Mit der freien Wahlentscheidung über den Umweg der Bildungsnachfrager erfolgt also hier eine staatliche Mittelzuweisung an die jeweiligen Bildungsanbieter. Für den Fall, dass die auserkorenen Hochschulen bzw. Studiengänge selbst über die Verwendung der erworbenen Mittel entscheiden und verfügen dürfen, bestünde für sie eine positive Anreizwirkung in der Form, dass sie von sich aus mit attraktiven Studienangeboten mehr Studierende anzuziehen versuchen und nach möglichen Kosteneinsparungen trachten, was dem Wettbewerbsgedanken um knappe Ressourcen förderlich wäre. Entsprechend der Höhe der individuell eingelösten Gutscheine ihrer Studierenden erhalten die jeweiligen Hochschulen variable öffentliche Mittelzuweisungen, so dass ihre Finanzausstattung im wesentlichen von der Nachfrage ihrer Bildungsangebote geprägt wird. Hochschulen bzw. Studiengänge mit wachsenden Studentenzahlen erhalten so steigende, Hochschulen mit sinkenden Studentenzahlen geringere finanzielle staatliche Finanzzuweisungen.

Für die Bemessung des Nennwertes eines Bildungsgutscheines empfiehlt sich eine Orientierung an den durchschnittlichen Kosten pro Jahr und Studienplatz, bezogen auf die laufenden (variablen) Ausbildungskosten und diejenigen Teile der Grundausstattung, die für die Bereitstellung der Lehre erforderlich sind.[60] Mit der Bemessung der Nominalwerte der Gutscheine nach bundes- oder landesweiten Durchschnittswerten und nicht nach den individuellen Kosten in einer jeweiligen Hochschule würden kostengünstige Studiengänge, die unterhalb der

---

59 Vgl. *Siebke, J.* (1994)

60 Vgl. *Siebke, J.* (1994)

Durchschnittskosten liegen, belohnt und erhielten zusätzliche Gestaltungsspielräume für die Mittelverwendung.[61]

Um eine möglichst hohe Studieneffizienz zu erreichen, setzt ein derartiges Bildungsgutschein-Modell im Umkehrschluss auch eine Wahlfreiheit der aufnehmenden Hochschulen voraus, ihre Studienanfänger nach internen Kriterien zu selektieren und die geeignetsten Bewerber für ihre Studienangebote zu gewinnen.

Für die Ausgabe- und Einlösungsberechtigung der Bildungsgutscheine lassen sich grundsätzlich mehrere Varianten in Betracht ziehen. Zum einen kann der Personenkreis, an den die Wertpapiere ausgegeben werden, differenziert werden. Dieser kann (breiter gezogen) aus allen Studienberechtigten bestehen, die über einen sekundären Bildungsabschluss verfügen und somit eine formale Hochschulzugangsberechtigung besitzen. Enger gefasst könnte er sich auf diejenigen Studienberechtigten beschränken, die tatsächlich ein Hochschulstudium anstreben, so dass die Gutscheine hier erst nach deren offizieller Einschreibung an einer Hochschule verteilt werden müssten. Im letzteren Fall müssten die Bildungsgutscheine namentlich gekennzeichnet sein und wären somit nicht übertragbar, während sie bei ersteren Fall für alternative Ausbildungswege (wie z.B. eine Meisterausbildung oder Weiterbildungsmaßnahmen im und neben dem Beruf) eingelöst werden oder sogar - wie bei Umweltzertifikaten – auf dem Markt frei handelbar sein könnten.

Trotz des mit ihnen verbundenen stärkeren Wettbewerbsbezuges weisen Bildungsgutscheine den entscheidenden Nachteil auf, dass ihnen das Ordnungselement einer Preissteuerung über den Markt fehlt und somit die anonyme Steuerfinanzierung des Hochschulbetriebs im Grundsatz erhalten bleibt. Eine Preissteuerung im weiteren Sinne ist insofern nicht gegeben als die Ausgabe von Gutscheinen nur die Gewährung eines Rechts ohne genau definierten Wert darstellt, das die Inanspruchnahme eines kostenfreien Studienangebots ermöglicht. Mit Bildungsgutscheinen können tertiäre Bildungsangebote von Studierenden also weiterhin kostenfrei in Anspruch genommen werden, so dass ihnen der mit ihnen verbundene Ausbildungspreis quantitativ verborgen bleibt. Erst für den Fall eines Verbrauchs des kostenlosen Gutscheinkontingents nach Überschreiten des Förderzeitraums (Regelstudienzeit oder durchschnittliche Studienzeit) müssten (Langzeit-) Studierende für ihr Weiterstudium eine anteilige Semestergebühr als Preis entrichten. Denkbar wäre es auch, dass im Zuge der Einführung zweistufiger Studiensysteme im Rahmen der bevorstehenden Studiengangsreformen zur Harmonisierung von Bildungsabschlüssen in Europa (Bologna-Pro-

61 Vgl. *Siebke, J.* (1994)

zess) die Erstausbildung (zum Bachelor) gebührenfrei bleibt und die Zweitausbildung zum Master gebührenpflichtig wird.

Neben der weiterhin weitgehend kostenlosen Inanspruchnahme von Bildungsangeboten entsteht bei der Ausgabe von Bildungsgutscheinen die Frage der Behandlung von Studienfach- oder -ortswechslern. Wird bei einem (ein- oder mehrmaligen) Studienwechsel die volle Zahl der Bildungsgutscheine auf das neue Studienfach ausgegeben, ist dies dem Ziel eines kurzen und geradlinigen Studiums kontraproduktiv. Werden andererseits die bereits verbrauchten Gutscheine auf das Kontingent des neuen Studiums angerechnet, besteht der Preis des Fach- oder Ortswechsels in der Notwendigkeit eines Zuerwerbs neuer Gutscheine, selbst bei einem Abschluss des neuen Studiums innerhalb der Regelstudienzeit.[62]

Auch eine direkte Preissteuerung im eigentlichen Sinne ist über Bildungsgutscheine nicht gegeben. Dies basiert auf dem Tatbestand, dass die jeweiligen Ausbildungskosten von Studiengang zu Studiengang erheblich differieren (siehe obige Ausführungen) und die Gutscheine als solche nicht offenlegen, welche unterschiedlichen Kosten (und somit Steuergelder) sich hinter jedem gewählten Studiengang verbergen. Der gleiche Nennwert der einzelnen „Bildungsrechte" verdeckt so den unterschiedlichen Ressourcenaufwand des in Anspruch genommenen Studienplatzes und fördert mitunter Studienentscheidungen, die sich mehr am erwarteten Lebenseinkommen als an ökonomischen Ertrags-Kosten-Relationen orientieren.[63]

Eine weitere Schwachstelle von Bildungsgutscheinen besteht darin, dass die (nach welchem Verfahren auch immer) ermittelten Hochschuleintrittskarten nicht nach der Zahl der verfügbaren Studienplätze, sondern nach der Gesamtnachfrage nach Hochschulausbildung bemessen wird, so dass sich am vorherrschenden Nachfrageüberschuss nach Studienplätzen mit all seinen negativen Begleiterscheinungen für die Hochschulen (siehe obige Ausführungen) im Grundsatz nichts ändern würde.[64] Bildungsgutscheine beeinflussen insofern das vorherrschende Allokationsverhalten von Studierenden nur unwesentlich, so dass davon auszugehen ist, dass deren Entscheidungen für die Aufnahme eines Studiums weiterhin zu erheblichen Nachfrageverzerrungen führen.

---

62 Vgl. *Siebke, J.* (1994)

63 Vgl. *Siebke, J.* (1994)

64 Vgl. *Siebke, J.* (1994)

4.3 Studiengebühren als echte Ausbildungspreise ?

4.3.1 Wesen von Studiengebühren

Als alternatives Steuerungsinstrument für einen marktgeleiteten Wettbewerb und eine marktwirtschaftskonforme Bildungspolitik bietet sich eine Erhebung von Studiengebühren an. Diese sollten den Preis für das knappe Gut Hochschulausbildung verkörpern und positive Anreizsignale sowohl für die Anbieter als auch die Nachfrager von tertiären Bildungsleistungen ausüben. Eine derartige finanzielle Beteiligungspraxis ist nicht nur in überseeischen Ländern wie den USA, Kanada, Australien oder Japan seit Jahren üblich, sondern hat sich auch in vielen Ländern Europas, wie z.B. in Großbritannien, den Niederlanden, der Schweiz und in Österreich, etabliert.

Studiengebühren als Ordnungselement eignen sich als zentrale Orientierungsgröße für Allokationsentscheidungen von Hochschulbildungsanbietern und -nachfragern und tragen im wesentlichen dazu bei, dass sich die Marktakteure von sich aus um eine effiziente Ressourcenverwendung bemühen. Sie verdeutlichen dem Bildungsnachfrager den Investitionscharakter eines Studiums und fördern dessen Selbstinteresse an einem zielgerichteten und intensiven Studium. Die disziplinierende Wirkung von Studiengebühren für potentielle Studierende wird insbesondere durch die (Teil-) Anrechnung der jeweiligen Ausbildungskosten in Form von Eigenbeiträgen erwartet. Mit Hilfe des Steuerungsinstruments „Pflichtstudiengebühr" sollte es zunächst gelingen diejenigen an die Hochschulen zu bringen, die ein unmittelbares Interesse am Studieren besitzen und abschreckend für diejenigen wirken, die ein Studium nur als „konsumtive Freizeitaktivität" oder „zum Schein" missbrauchen. Ferner sollten sie dazu beitragen, dass die Nachfrager nach Bildungsleistungen ihre Studienentscheidungen und –strategien bewusster und verantwortungsvoller treffen, d.h. ein verstärktes Interesse an einem Studium zeigen, das ihren individuellen Fähigkeit und Neigungen entspricht und inhaltlich eine beruflich verwertbare Qualifikation vermittelt.[65] Als positive Folge einer daraus resultierenden verbesserten Nachfrageeffizienz werden neben einer höheren Studienmotivation verringerte Studienzeiten, geringere Abbrecherquoten und weniger Langzeitstudierende erwartet.[66]

Mit der Verpflichtung zur Entrichtung von Studiengebühren sollte nicht nur das Verhalten von Studierenden beeinflusst, sondern auch die Hochschulen selbst als Bildungsproduzenten verstärkt zu unternehmerischem Handeln bewegt werden. Vorausgesetzt die erhobenen Studiengebühren fließen ihnen direkt als Einnahmequelle zu und sie können über ihre Verwendung selbst entscheiden, ent-

65 Vgl. *Siebke, J.* (1994)

66 Vgl. *VDE* (2003)

stünde durch sie ein verstärkter Wettbewerbsanreiz ihre Studienangebote qualitativ besser zu gestalten und stärker an den Präferenzen der Bildungsnachfrager auszurichten.[67] Auch diesbezüglich trägt das bisherige System der anonymen Finanzierung durch direkte staatliche Zuweisungen dazu bei, dass die Lehre nicht immer den höchsten Stellenwert genießt und oft auch angebotsbedingt überlange Studienzeiten entstehen. Ein wohltuender marktwirtschaftlicher Wind für die Hochschulen wird vor allem auch dadurch erwartet, dass gebührenpflichtige Studierende stärker nach nutzenmaximierenden Bildungsergebnissen trachten und entsprechende Leistungen in der Lehre einfordern. „Wer Bildung kauft, besteht darauf, mit Qualität bedient zu werden“[68].

Im Gegensatz zum gegenwärtigen „Studium zum Nulltarif“, das aufgrund der mangelnden Kostentransparenz die Ignoranz gegenüber dem Wert einer Hochschulausbildung begünstigt („Was nichts kostet, ist nichts wert“) oder notwendige Eigenanstrengungen zu einem schnellen und erfolgreichen Abschluss vermindert, lässt die Erhebung von Studiengebühren auch eine Förderung der Studienintensität in mehrfacher Hinsicht erwarten. Dies dürfte nicht zuletzt auf dem Investitionskalkül basieren, dass die kostenträchtige Ausbildungssituation so schnell wie möglich beendet werden soll und die Ausbildungskosten möglichst rasch durch künftiges leistungsgerechtes Akademikereinkommen amortisiert werden sollten. Dies verstärkt wiederum den Druck auf die Hochschulen die Qualität ihrer Produkte und Leistungsangebote zu verbessern und fördert zugleich den Wettbewerb unter den Hochschulen um die besten und begabtesten Studierenden. Studiengebühren können insofern als ein „Schwungrad“ für die drei Elemente des Wettbewerbs wirken als eine Hochschule, die sich durch besonderes Engagement in Forschung und Lehre hervorhebt, über ihren Ruf angemessene (nach oben) differenzierte Studiengebühren verlangen, angesehene Professoren und Forscher sowie Drittmittel anwerben kann und so den begabten und lernwilligen Studierenden signalisiert, dass eine teurere Ausbildung bei ihr bessere Berufsperspektiven ermöglicht.[69] Ein gutes Beispiel hierfür liefern gerade die nicht wenigen deutschen und drittländischen Studierenden, die heute gerade wegen der (erwarteten) höheren Qualität ein gebührenpflichtiges Studium im Ausland einem kostenfreien Studium in Deutschland vorziehen und damit demonstrieren, dass sie dafür durchaus bereit sind, einen (hohen) Bildungspreis zu zahlen.

Der Wettbewerb um lukrative Studierende, deren Selektion selbst durch die aufnehmende Hochschule vorgenommen werden soll, käme folglich sowohl den Studierenden selbst als auch dem Ansehen der Hochschule und ihres Lehr- und

---

[67] Vgl. *Siebke, J.* (1994)

[68] *Barbier, H.* (2003)

[69] Vgl. *Barbier, H.* (2004)

Forschungspersonals zugute. Als Beispiel wird hierbei gerne auf die Praxis renommierter amerikanischer Privathochschulen mit hohen Studiengebühren verwiesen, in denen zwar nur 20 % aller Studierenden eingeschrieben sind, deren Absolventen jedoch mehr als 50 % aller Führungskräfte in der Wirtschaft stellen.[70]

Ein derart marktgeleiteter Wettbewerb um zahlende Studierende setzt eine Stärkung der Hochschulautonomie in der Form voraus, dass die zu erzielenden Erlöse den Hochschulen als Einnahmequelle direkt zufließen und diese selbst über deren Höhe entscheiden dürfen. Der dadurch entstehende Wettbewerb zwischen den Hochschulen über die Lenkungsfunktion der Preise würde dann ein vernünftig ausdifferenziertes System um Studiengebühren hervorbringen.[71]

Ein derartiges Studiengebührenmodell erfordert ein dereguliertes Hochschulrahmengesetz, das es den Hochschulen ermöglicht selbst die Höhe von Studiengebühren festzulegen (zumindest innerhalb eines breiten Korridors) und nur noch Mindestvorschriften über den Hochschulzugang, die Art der Abschlüsse, zum öffentlichen Dienstrecht und zur Qualitätssicherung in Studium, Lehre und Forschung aufweist und die Mobilität von Studierenden und wissenschaftlichem Personal gewährleistet.

Da der Wettbewerb um Studierende in erster Linie nicht zwischen den Hochschulen als solchen, sondern zwischen einzelnen Studiengängen an verschiedenen Hochschulen ausgetragen wird, diese sich im Wettbewerb mit gleichartigen Angeboten im In- und Ausland zu bewähren haben und in der Regel autonom für die Qualität ihrer Ausbildung verantwortlich sind, empfiehlt sich ferner eine interne Dezentralisierung nach dem Subsidiaritätsprinzip bei der Ausgestaltung der Wettbewerbsparameter. Mit anderen Worten sollte zur Förderung der (unternehmerischen) Motivation jedem einzelnen Studiengang der Erlös und die Kompetenz der Entscheidung über seine Verwendung zufallen, denn dieser ist letztlich für die Attraktivität des lokalen Angebots und somit selbst für seine Reputation in Lehre und Forschung verantwortlich.[72] So würden nicht nur die Hochschulen selbst, sondern vor allem die einzelnen Studiengänge oder Fakultäten als eigenständige Einheiten im Wettbewerb um zahlungswillige Studierende konkurrieren und eine unzureichende bzw. nachlassende Lehrqualität hätte unmittelbar spürbare finanzielle Konsequenzen für sie zur Folge. Verliert ein Studiengang Studierende, verbleiben ihm weniger Einnahmen für Leistungszulagen über die Grundvergütung hinaus. Tendenziell gering nachgefragte Studiengänge, die zum Erhalt der Bildungsvielfalt als „Kulturorchideen" erhalten

---

70 Vgl. *Gelinsky, K.* (2004)

71 Vgl. *Richter, W./ Wiegard, W.* (1998)

72 Vgl. *Neumann, M.* (2000)

bleiben sollten, müssten hingegen durch eine gebührenunabhängige Grundpauschale gesichert werden, die aus zentralen Einnahmeabschöpfungen der Hochschulen finanziert werden könnte.

Umgekehrt eröffnen hohe Gebühreneinnahmen bei steigenden Studierendenzahlen lukrative Zuschläge bei der Sachmittelausstattung und bei Leistungszulagen für die Lehrenden in einem Studiengang. Die Höhe der variablen Leistungszulagen stellt so ein weites Anreiz- und Sanktionssystem im Wettbewerb dar und trägt dazu bei, dass die Hochschulausbildung durchaus dem Ordnungsprinzip des Marktwettbewerbs anvertraut werden kann.

4.3.2 Höhe von Studiengebühren

Neben dem Aspekt der Entscheidungskompetenz über die Festlegung von Studiengebühren stellt sich die Frage nach deren Höhe und Bemessung. Hierbei ist generell aus effizienz- und verteilungstheoretischer Sicht zwischen einer Kalkulation auf Vollkosten- und Teilkostenbasis zu differenzieren.

Dass Studiengebühren nicht die vollständigen Bereitstellungskosten (Herstellkosten) einer Hochschulausbildung decken und nur zu einem marginalen Beitrag zur Finanzierung von Hochschulen herangezogen werden können, zeigen die Erfahrungen privater Hochschulen sowohl im Inland als auch im Ausland. So decken die Studiengebühren in den privaten Universitäten und Colleges in den USA nach Angaben deren Vereinigung im Durchschnitt nur knapp 2/3 der eigentlichen Studienkosten ab, obwohl sie in den letzten Jahren deutlich erhöht wurden und sich im Durchschnitt auf 19.000 Dollar im Jahr belaufen.[73] Die Differenz wird dort übrigens aus privaten Spenden von Unternehmen, Stiftungen und ehemaligen Studierenden getragen. Ähnlich ist es bei privaten Hochschulen in Deutschland, wo der Komplementäranteil für die Deckung lehrunabhängiger Fixkosten neben privaten Geldgebern oft durch öffentliche Zuschüsse geleistet wird.

Für die öffentlichen Hochschulen in Deutschland empfiehlt sich eine volle Anrechnung der tatsächlichen Bereitstellungskosten im Sach- und Personalkostenbereich schon deshalb nicht, weil sich dort aufgrund dienstrechtlicher Restriktionen der Personalbestand kurzfristig nicht an große Wanderungsbewegungen seitens der Studierenden anpassen könnte.[74] Nicht zuletzt aufgrund der hohen Kostenintensität technischer und medizinischer Studiengänge erscheint es zudem unangemessen, Studiengebühren auf Vollkostenbasis zu erheben, so dass dem Staat weiterhin eine Zuschussfunktion zufallen müsste. Gerade aufgrund der notorischen Unterfinanzierung staatlicher Hochschulen in Deutschland kön-

---

73 Vgl. *Gelinsky, K.* (2004)

74 Vgl. *Neumann, M.* (2000)

nen Studiengebühren allein die staatliche Finanzierung nicht ersetzen, sondern diese nur aufstocken und zu besseren Angebotsbedingungen, insbesondere in der Bereitstellung von Infrastruktur, beitragen. Da Studiengebühren allein die Hochschulen nicht zu sanieren vermögen, ist eine Reduzierung der staatlichen Finanzaufwendungen im Hochschulbereich nicht angebracht.

Als Bemessungsgrundlage für die Erhebung von Studiengebühren bieten sich die jeweiligen Grenzkosten der Ausbildung an, die zwischen einzelnen Studiengängen erheblich variieren (vgl. obige Ausführungen in Punkt 3.1). Für die nicht direkt zurechenbaren Fixkosten der Hochschulausbildung empfiehlt sich eine staatliche Bezuschussung im Sinne einer öffentlichen Finanzierung der nachfrageunabhängigen Infrastruktur. Bei der autonomen Festsetzung der Studiengebühren durch die jeweiligen Hochschulen bzw. Studiengänge wird darauf zu achten sein, dass diese im Hinblick auf die erwünschten Anreizwirkungen für Anbieter und Nachfrager einerseits nicht zu niedrig angesetzt werden. Andererseits wird ebenso darauf zu achten sein, dass sie nicht zu hoch fixiert werden, weil dies bei hoher Preiselastizität der Nachfrage zwangsläufig zu Lasten der Gesamteinnahmen ginge und somit kontraproduktiv wäre.[75]

Die deutsche Hochschulrektorenkonferenz schlägt für die Einführungsphase eine Obergrenze von 500 Euro pro Semester vor,[76] die bei unterstellten 8500 Euro als durchschnittliche unmittelbare Kosten eines Studiums[77] nur einen geringen Anteil unterhalb der variablen Kostenabdeckung pro Studierendem darstellt, eher im unelastischen Bereich der Bildungsnachfrage liegen dürfte und weit unterhalb der Kosten liegen, die Jurastudenten heute (freiwillig) ihrem Repetitor entrichten. Im Vergleich zu den durchschnittlichen Studiengebühren von knapp 4.700 Dollar pro Studienjahr (bei höheren Studierendenzahlen) an den staatlichen Hochschulen in den USA[78] gleicht der HRK-Ansatz somit eher einem „Selbstbeteiligungsalmosen" denn einer Marktgebühr für die laufenden Ausbildungskosten.

4.3.3 Finanzierungsalternativen für Studiengebühren

Im marktwirtschaftlichen Tenor sind Studiengebühren ein sinnvolles Instrument, um den Studierenden zu verdeutlichen, dass ihre Ausbildung nicht kostenlos ist und ein Studium eine rationale Entscheidung ist, wenn die Rückzahlung der Ausbildungskosten durch ihre Erträge in lukrativen Akademikerberufen langfristig gesichert ist (Kosten-Nutzen-Kalkül). Wie bei jeder Art von Investitionen

---

75 Vgl. *Neumann, M.* (2000)

76 Vgl. *FAZ* vom 10.06.2004

77 Vgl. *FAZ* vom 30.01.2004

78 Vgl. *Gelinsky, K.* (2004)

stellt sich auch bei Humankapitalinvestitionen das Problem der Vorfinanzierung der Ausbildungskosten.

Eine vollständige Eigenfinanzierung von Studiengebühren über angespartes Eigenkapital oder das Einkommen der Eltern unterliegt erheblichen Marktrestriktionen, da zum einen die Erträge von Humankapitalinvestitionen einer extrem langen Amortisationsdauer unterliegen und somit relativ schwer kalkulierbar sind. Zum anderen verwehrt sie einkommens- und vermögensschwachen Bevölkerungskreisen die Chance auf ein Studium und stellt einen sozialen Abgrenzungs- und Diskriminierungsfaktor („sozialer Numerus clausus") dar, der weder allokations- noch verteilungspolitisch akzeptabel erscheint (siehe obige Ausführungen in Punkt 3). Gleiches Argument kann auch für eine Fremdfinanzierung der Ausbildungskosten über private Kreditmärkte angeführt werden, wenn sich gerade Studierende aus unteren Einkommensschichten für ihr Studium hoch verschulden müssten, was allerdings für jede Investitionsart grundsätzlich gilt. Eine Besonderheit bei der Vergabe von Ausbildungskrediten besteht zudem darin, dass für diese Marktsicherheiten abverlangt werden, die hier nur in potentiell höheren künftigen Einkommen bestehen können, die keinem privaten Kapitalgeber ausreichen, so dass letztlich kein funktionsfähiger Kapitalmarkt für Humankapitalinvestitionen existent ist.

Die aus dem Versagen des privaten Kapitalmarktes für Humankapital resultierende Unvollkommenheit des Marktes muss allerdings nicht zwingend eine anonyme Steuerfinanzierung der tertiären Ausbildungskosten zementieren. Als marktnähere Lösung bietet sich eine öffentliche Unterstützung bei der Bereitstellung von Studienkrediten an, die jedem Studierenden einen Kreditanspruch einräumt und auf alternative Weise ausgestaltet werden kann.

Als erste Variante einer garantierten Kreditfinanzierung der Ausbildungskosten bieten sich private Bankkredite an, die nach regulären Marktkriterien vergeben, für die aber der Staat eine Ausfallbürgschaft übernimmt. Sie ermöglichen, dass keinem potentiellen Studierenden aufgrund mangelnder Eigenfinanzierung ein Studium verwehrt wird und sind aufgrund der besseren Einkommensperspektiven von Akademikern und der Chance einer einkommensschichtunabhängigen Inanspruchnahme durchaus sozial vertretbar.[79] Der auf diese Weise individuell in Anspruch genommene Kredit, aus dem sowohl die Studiengebühren als auch die allgemeinen Lebenshaltungskosten von Studierenden gedeckt werden können, unterliegt marktüblichen Konditionen und ist nach Ende der (variabel) vereinbarten Laufzeit einschließlich der angehäuften Zinsen zu tilgen, wobei unterschiedliche Marktmodelle denkbar sind. Eine Beteiligung des Staates könnte bei dieser Variante der Kreditfinanzierung neben der erteilten Ausfallbürgschaft

---

79 Vgl. *Neumann, M.* (2000)

darin bestehen, dass die Ausbildungskreditrückzahlung als „Bildungsausgaben" einkommensteuermindernd angesetzt werden könnten und somit die Steuerbelastung reduzieren.[80] Ein Nachteil dieser Variante besteht allerdings darin, dass das Ausfallrisiko nicht in einer Pauschalhaftung bestehen könnte, sondern individuell vom Staat als Bürgen ermittelt werden müsste, um ein studentisches „moral hazard" zu vermeiden. Ein entsprechendes „Rating" eines jeden kreditnehmenden Studierenden erfordert nicht nur einen erheblichen Prüfaufwand und unterliegt sozialen Restriktionen, sondern erscheint aufgrund einer unzureichenden Differenzierung von Eigen- und Fremdverschulden bei potentiellen Kreditausfällen nahezu unmöglich und lässt ähnliche Ineffizienzen wie bei der Vergabe von IWF- oder Weltbankkrediten an bedürftige Länder erwarten.

Trotz dieser Restriktionen soll hier ein Versuch einer studentischen Bonitätsprüfung in Form eines öffentlichen Marktratingverfahrens unternommen werden. Analog einer Analyse des Zahlungsverhaltens bei privaten und öffentlichen Schuldnern durch etablierte Ratingagenturen könnten anhand einer kritischen Analyse des Studierverhaltens eine permanente Neubewertung des Ausfallrisikos vorgenommen werden. Würden Studienkredite zunächst mit einer befristeten Laufzeit unterhalb der Regelstudienzeit mit der Option einer anschließenden Verlängerung gewährt, könnte anhand der erbrachten (oder nicht erbrachten) Studienleistungen individuelle Schuldnerbonitätseinstufungen vorgenommen werden, die sich in den Folgevergabekonditionen bezüglich Verzinsung, Laufzeit und Tilgungsmodalitäten entsprechend positiv oder negativ niederschlagen. Die dadurch entstehende Transparenz auf dem Bildungskapitalmarkt ermöglicht nicht nur eine Differenzierung einzelner Schuldner und dient als Frühwarnsignal für „faule Bildungskredite", sondern begünstigt und diszipliniert das Studierverhalten und sorgt somit für eine effiziente(re) Verwendung des eingesetzten Kapitals.

Als zweite Finanzierungsoption für tertiäre Ausbildungskosten bietet sich eine direkte öffentliche Kreditbereitstellung an. Hier tritt der Staat direkt als Kapitalgeber auf und stellt die notwendigen finanziellen Mittel über seine öffentlichen Förderbanken in Form öffentlicher Darlehen bereit. Eine vergleichbare Praxis existiert bereits in Form des sog. „Meister-BAFÖGs" für die Vorfinanzierung der Ausbildungskosten angehender Handwerks- oder Industriemeister. Für die gesonderte Abwicklung derartiger Studienkredite auf breiter Basis empfiehlt sich die Gründung einer eigenständigen öffentlichen Bildungsförderbank analog den Überlegungen der Ausgliederung einer „Mittelstandsbank" aus der staatseigenen Kreditanstalt für Wiederaufbau. Im Unterschied zu reinen Marktkrediten mit staatlichen Ausfallbürgschaften bestünde bei dieser Konstellation die Mög-

80 Vgl. *Neumann, M.* (2000)

lichkeit einer (marktentfernteren) Gestaltung der Kreditvergabe mit direktem Subventionscharakter. Nach diesem Modell erhalten die Studierenden öffentliche Kredite, die sie zur Begleichung ihrer (für alle in gleicher Höhe verpflichtenden) „laufenden" Studiengebühren einsetzen. Für die zusätzliche Finanzierung der täglichen Lebenshaltungskosten bietet sich das bisherige BAFÖG-Modell an, so dass keine Vermengung allokationspolitischer (einkommensunabhängiger Studiengebühren-) und verteilungspolitischer (einkommensabhängiger Lebenshaltungskosten-) Tatbestände eintritt.

Für den aus ordnungspolitischer Sicht nicht empfehlenswerten Fall einer Verquickung beider Aspekte können folgende Konstellationen in Erwägung gezogen werden:

17. BAFÖG-Empfänger werden vollständig von der Entrichtung von Studiengebühren befreit, so daß sie neben BAFÖG keine weiteren Studienkredite in Anspruch nehmen müssen,
18. BAFÖG-Empfänger entrichten eine geringe Studiengebührenpauschale, die sie über entsprechende Kredite finanzieren können und
19. Nicht BAFÖG-geförderte Studierende, deren Eltern oberhalb der Einkommensfreigrenzen verdienen und dem sog. „Mittelstandsloch" zugerechnet werden, haben anteilig reduzierte Studiengebühren zu entrichten, die sie ebenfalls über öffentliche Förderkredite finanzieren können.[81]

Ferner sind als Anreizsysteme für eine verminderte Tilgungsverpflichtung gestaffelte Teilerlasse für kreditnehmende Studierende mit herausragenden Studienleistungen und/oder kurzen Studienzeiten denkbar. Unabhängig dieses ex post Prämiensystems ließen sich aus den vereinnahmten Studiengebühren seitens der Hochschulen spezielle Stipendienfonds für eine individuelle Eliteförderung einrichten, aus denen besonders begabte Studierende aus einkommensschwachen Familien bereits mit einer finanziellen ax ante Begabtenförderung bedient werden, die eine Begleichung der laufenden Studiengebühren ermöglicht, so dass Studierende gewonnen werden können, die aus sozialen Gründen und/oder mangelnder Kreditinanspruchnahmebereitschaft ein Studium nicht in Betracht ziehen würden.

Wie bei der gegenwärtigen BAFÖG-Praxis bergen sämtliche beschriebenen staatspaternalistischen Modelle das Problem eines künstlichen Renditekalküls bei der Inanspruchnahme und unterliegen der Gefahr eines „kreativen" Unterlaufens der Rückzahlungsverpflichtung.[82]

---

81 Vgl. *Siegers, J.* (1995)

82 Vgl. *Horn, K.* (2003)

Als dritte Finanzierungsvariante kommt ein Modell nachgelagerter oder nachlaufender Studiengebühren in Betracht. Hier werden keine studienbegleitenden Ausbildungskosten in Rechnung gestellt, so dass keine Kreditvergabe zur Begleichung dieser als solche erforderlich ist. Da keine laufenden Studiengebühren erhoben werden, finanziert der Staat (wie bisher) über Steuern das Studium vor und fordert erst nach erfolgreichem Studienabschluss die anteiligen Ausbildungskosten zurück. Ähnlich wie im vorherigen Modell der laufenden Kreditfinanzierung des Studiums wird eine Rückzahlung der Ausbildungskosten erst dann fällig, wenn über ein angemessenes Akademikereinkommen verfügt wird. Im Unterschied zu beiden obigen Varianten, wo ein bilaterales Kreditverhältnis zwischen dem kreditnehmenden Studierenden und einer privaten oder öffentlichen Bank als Kreditgeber besteht, entsteht in diesem Fall ein bilaterales Schuldner-/Gläubigerverhältnis zwischen dem Studierenden und seiner jeweiligen Hochschule. Dieses muss bereits mit dem Studienbeginn begründet werden und hat den Charakter eines Pflicht-Alumni-Systems. Denkbar ist eine Pflichtmitgliedschaft der Studierenden bei ihrer Hochschule, die über die Studienzeit hinaus bestehen bleibt und erst dann endet, wenn die nachlaufenden Mitgliedsbeiträge in Form des Bildungskredits getilgt sind. Die jeweilige Hochschule erwirbt während des aktiven Studiums eine finanzielle Anwartschaft, die sich nach der Summe der jeweils kumulierten Studiengebühren bemisst, und schafft auf diese Weise eine enge Bindung zu ihren ehemaligen Studierenden, was auch der Herausbildung von Public Private Partnership-Modellen förderlich sein dürfte. Die Festlegung der Tilgungskonditionen obläge bei diesem Modell einer zeitlich verlagerten Studiengebühr den Hochschulen selbst, so dass diese sich im Wettbewerb eigenständig positionieren könnten und über attraktive Studienangebote und gute Bildungsqualität hinaus über innovative Finanzierungsmodelle Studierende gewinnen könnten.

Als Beispiel wird hier ein sog. „Studiencard-Modell“ in Anlehnung an das etablierte Bahncard-Modell der Deutschen Bahn vorgeschlagen. Im Kern geht es hier um Rabattmodelle mit alternativen Semesterstudiengebühren, zwischen denen ein Studierender entsprechend seinem Studierverhalten wählen kann. So ist es beispielsweise denkbar, daß Studierende, die an einem schnellen Studienabschluss interessiert sind, eine einmalige Pauschalgebühr zu Beginn ihres Studiums (real oder fiktiv) entrichten, mit der sich die laufenden Semestergebühren reduzieren. Betragen die regulären Semesterstudiengebühren beispielsweise 1000 Euro, wären bei einem dreijährigen Bachelor-Studium mit einer Regelstudienzeit von 7 Semestern insgesamt 7000 Euro zu entrichten. Würde zu Beginn des Studiums eine Studiencard für 2000 Euro erworben, die die anteiligen Semestergebühren um 50 % reduziert, betrügen die Gesamtkosten des Studiums nur noch 5500 Euro. Würde das Studium in 6 Semestern (unterhalb der Regelstudienzeit) absolviert, wären es lediglich 5000 Euro. Auch andere zwischengestaffelte Pauschalgebühren und laufende Semestergebühren (ähnlich dem Bahncard 50 oder –25-Modell) wären nach diesem System denkbar.

Präferiert ein Studierender aufgrund (familiärer oder finanzieller) Einschränkungen eine längere Studiendauer und verzichtet auf den Erwerb der „Pauschalrabattkarte" zu Beginn des Studiums, hätte er von Anfang an höhere laufende Studiengebühren zu entrichten, also 1000 Euro pro Semester. Studiert er (qualifikations- und/oder motivationsbedingt) länger als erwartet, muss er neben der Entrichtung der (vorab gewählten) Pauschalgebühr für jedes überschreitende Semester den Regelstudiensatz entrichten, was sein (unerwünschtes) Studierverhalten negativ sanktioniert. Würde er beispielsweise 9 Semester für den Abschluss seines Studiums benötigen, beliefen sich die Gesamtkosten auf 7500 Euro (2000 Pauschalgebühr + 3500 Euro für reduzierte Studiengebühr während Regelstudienzeit + 2000 Euro für die regulären Studiengebühren in den höheren Semestern 8 und 9).

Für studierende Geschwister, Studierende mit herausragenden Studienleistungen oder mit besonderem Engagement in der Selbstverwaltung der Hochschule ließen sich in ähnlicher Weise Rabattmodelle gestalten, die das Studieren an einer bestimmten Hochschule attraktiver erscheinen lassen.

Ein Vorteil nachgelagerter Studiengebühren, die dieser Variante zugrunde liegen, liegt vor allem darin, dass die Studierenden nicht bereits während ihrer Ausbildung für etwas zu zahlen haben, „was sie (noch) nicht wertschätzen können", sondern erst zur Zahlung verpflichtet sind, wenn sie die Früchte ihres Studiums ernten können. Andererseits setzt ein derartiges Modell zunächst eine komplette Vorfinanzierung des Studienbetriebs mit all ihren (oben dargestellten) negativen Begleiterscheinungen voraus, so dass diese Variante dem Ziel einer stärkeren Autonomie und Befreiung der Hochschulen von staatlichen Reglementierungen wenig förderlich ist.

Als weitere Finanzierungsoption von Hochschulausbildungskosten käme eine Kombination staatlicher und privater Gebührenfinanzierungen dergestalt in Betracht, dass der Staat den Hochschulen eine nach Studiengängen differenzierte „Grundgebühr" für jeden Studierenden bereitstellt, die sich beispielsweise an den durchschnittlichen Kosten der für die Lehre erforderlichen Grundausstattung bemisst.

Diese öffentliche Bildungsgrundpauschale wird durch privat zu finanzierende finanzielle Zuschläge ergänzt, über die die Hochschulen respektive deren Studiengänge selbst entscheiden.[83] Die Höhe der Zuschläge würde die jeweilige Nachfrage nach dem Studiengang an den jeweiligen Hochschulen widerspiegeln, hochschulindividuellen Qualitäts- und Reputationsunterschieden Rechnung

[83] Vgl. *Neumann, M.* (2000)

tragen und somit positive Wettbewerbswirkungen für die Bildungsanbieter entfalten.

Auch bei dieser Variante einer Mischfinanzierung besteht das Problem mangelnder Transparenz der tatsächlichen Ausbildungskosten sowie des grundsätzlichen Erhalts einer Steuerfinanzierung, die analog obigen Ausführungen zu Mitnahmeeffekten einlädt und sich somit nur bedingt als Angebots- und Nachfragekorrektiv eignet.

5. Fazit

Der sich verschärfende globale Wettbewerb um die qualifiziertesten Humankapitalträger stellt die gesamte nationale Bildungspolitik vor große Herausforderungen und bezieht insbesondere auch die Hochschulen in Deutschland mit ein. Neben der Volkswirtschaft als ganzer und ihren Unternehmen müssen sich sowohl tertiäre Bildungsträger als auch Hochschulabsolventen zunehmend dem internationalen Wettbewerb stellen. Von ihrer jeweiligen Konkurrenzfähigkeit hängt die Zukunftssicherung der heimischen Gesellschaft ab. Neben den unzufriedenstellenden Ergebnissen der PISA- (Programme for International Student Assessment) und IGLU- (Internationale Grundschule Lese-Untersuchung) Vergleichsstudien bescheinigen vor allem auch internationale hochschulvergleichende Untersuchungen dem Bildungsstandort Deutschland eine ernüchternde Unterdurchschnittlichkeit, mit der sich eine „high tech economy“ nicht abfinden kann. Insofern bedürfen die öffentlichen Hochschulen in Deutschland als „Organisationszentren des Wissenschaftssystems“ einer grundlegenden Stärkung ihrer Innovationskraft und Wettbewerbsfähigkeit.

Angesichts dauerhafter öffentlicher Haushaltseinschränkungen und unzureichender finanzieller Ressourcen wird ihre erforderliche „Runderneuerung“ nur über mehr Eigeninitiative und somit Wettbewerb innerhalb und zwischen den Hochschulen möglich sein. Die Entscheidung für „mehr Markt“ erfordert hier vor allem ein Zurückdrängen des Staates aus prozesspolitischen Bereichen der Bildungspolitik, während ihm in der Vorgabe eines verbindlichen Ordnungsrahmens mit einheitlichen (Mindest-) Strukturvorgaben und der Überwachung ihrer Einhaltung ein hohes Maß an Ordnungsverantwortung verbleiben muss.

Mit den in obigen Ausführungen analysierten gesamtwirtschaftlichen Allokations- und Verteilungsdiskrepanzen und den dargelegten Problemlösungsalternativen sollte ein Versuch unternommen werden, konkrete ordnungspolitische Handlungsbedarfe abzuleiten und marktwirtschaftlichere Wege für eine grundlegende Verbesserung des Bildungs- und Wissenschaftssystems in Deutschland aufzuzeigen. Der Titel der Festschrift für Rolf Stuchtey „Märkte um Wandel – mehr Mut zu Wettbewerb“ dient hierbei insbesondere auch als Leitmotiv für die Hochschulpolitik der Zukunft.

Literatur- und Quellenverzeichnis:

Barbier, Hans D. (2003): Das Arbeiterkind; in: Frankfurter Allgemeine Zeitung (FAZ) vom 5. Dezember 2003; S. 15

Barbier, Hans D. (2004): Die Morgenmacher; in: Frankfurter Allgemeine Zeitung (FAZ) vom 16. Januar 2004; S. 13

Behrens, Christian-Uwe (2003): Gegen Studiengebühren; Leserbrief; in: Frankfurter Allgemeine Zeitung (FAZ) vom 5. Dezember 2003; S. 11

BLK Bund-Länder-Kommission; BLK-Bildungsfinanzbericht 2001/2002; Heft 108-II

BMBF Bundesministerium für Bildung und Forschung, (2004; Hrsg.): Die wirtschaftliche und soziale Lage der Studierenden in der Bundesrepublik Deutschland 2003; 17. Sozialerhebung des Deutschen Studentenwerks; Bonn 2004

BMGS Bundesministerium für Gesundheit und Soziale Sicherung (2003): Sozialbudget 2002; Berlin 2003

CEST Center for Science and Technology Studies (2002): La Suisse et la Champions League internationale des institutions de recherche 1994 – 1999; Nr. 6/2002; Bern Dezember 2002

CHE Center für Hochschulentwicklung (2003): Ländervergleich von Universitäten für 2003 vom 18. August 2003; Gütersloh

Demougin, Dominique (2000): Planwirtschaft an den Universitäten; in: Frankfurter Allgemeine Zeitung (FAZ) vom 15. Juli 2000; S. 15

Dohmen, Dieter/ Hoi, Michael (2004): Bildungsausgaben in Deutschland – eine erweiterte Konzeption des Bildungsbudgets; Studie zur technologischen Leistungsfähigkeit Deutschlands; Forschungsinstitut für Bildungs- und Sozialökonomie Köln (Hrsg.): Nr. 3/2004

Drucker, Peter (1998): Wissen – die Trumpfkarte der entwickelten Länder; in: Harvard Business Manager; Nr. 4, 1998; 20. Jg.; S. 9-11

Euro Student Report 2000; Bielefeld 2001

Feldmeier, Gerhard M. (1993): Ordnungspolitische Perspektiven der Europäischen Integration; Frankfurt 1993

Frankfurter Allgemeine Zeitung (FAZ) vom 11. Juni 2004; S. 4; Titel: Hochschulrektoren für Studiengebühren

Frankfurter Allgemeine Zeitung (FAZ) vom 24. Dezember 2003; S. 1; Titel: „Der Wärmestrom, von dem wir leben“

Frankfurter Allgemeine Zeitung (FAZ) vom 31. Januar 2004; S. 4; Titel: „Studiengebühren verbessern Qualität“

Frankfurter Allgemeine Zeitung (FAZ) vom 6. Januar 2004; S. 1; Titel: Rektoren: Wir brauchen keine Elite-Universität

Fraunholz, Uwe, Schramm, Manuel (2004): Zwischen Elfenbeinturm und Industrielabor: Die Hochschulen im westdeutschen Innovationssystem; Dresden Februar 2004

Freiheit der Wissenschaft Nr. 4, Dezember 1995: Titel: Ist der Staat Pleite? Diskussionsgespräch zwischen Wedig, Wilhelm und Bultmann, Thorsten; S. 14-15

Gelinsky, Katja (2003): Aushilfsjobs für Elite-Studenten; in: Frankfurter Allgemeine Zeitung (FAZ) vom 9. Januar 2004; S. 3

Horn, Karen (2003): Nachhinkende Studiengebühren; in Frankfurter Allgemeine Zeitung (FAZ) vom 22. November 2003; S. 9

Handwerkskammer (HWK) Koblenz (2004): Entwicklungen im Handwerk: Fragen-Daten-Analysen; März 2004

Jeske, Jürgen (2000): Bildung braucht mehr Wettbewerb; in: Frankfurter Allgemeine Zeitung (FAZ) vom 18. März 2000; S. 1

Looman, Volker (2003): Fortbildung ist zu einem lukrativen Steuersparmodell geworden; in: Frankfurter Allgemeine Zeitung (FAZ) vom 8. Februar 2003; S. 27

Mittelstraß, Jürgen (2004): Universität und Universalität; in: Frankfurter Allgemeine Zeitung (FAZ) vom 13. Januar 2004; S. 8

Neumann, Manfred J.M. (2000): Ohne Preis kein Fleiß; in: Frankfurter Allgemeine Zeitung (FAZ) vom 4. November 2000; S. 15

Oberender, Peter/Fleischmann, Jochen (2003): Wettbewerb als Reformperspektive für die Hochschulen; in: ORDO. Jahrbuch für die Ordnung von Wirtschaft und Gesellschaft; Stuttgart 2003; S. 93 - 112

OECD Organization for Economic Cooperation and Development (2003; Hrsg.): Education at a glance; 2003 edition

Reese, Jürgen (2002): Grenzen des Wissens; in: Frankfurter Allgemeine Zeitung (FAZ) vom 30. August 2002; S. 9

Richter, Wolfram/Wiegard, Wolfgang (1998): Studiengebühren sind keine Strafe; in: Frankfurter Allgemeine Zeitung (FAZ) vom 7. Februar 1998; S. 15

Schmidt, Manfred G.(2003): Ausgaben für Bildung im internationalen Vergleich; in: Aus Politik und Zeitgeschichte; B 21-22/2003; S. 6-11

Schmoll, Heike (2004): **Elite** nicht an einem Ort; in: Frankfurter Allgemeine Zeitung (FAZ) vom 6. Januar 2004; S. 1 (Kommentar)

Schmoll, Heike (2004): Angemessene **Finanzierung**; in: Frankfurter Allgemeine Zeitung (FAZ) vom 2. September 2004; S. 12

Schmoll, Heike (2003): Kein **Tabu** mehr; in: Frankfurter Allgemeine Zeitung (FAZ) vom 15. November 2003; S. 10

Siebke, Jürgen (1994): Mit einem Gutschein auf die Universität; in: Frankfurter Allgemeine Zeitung (FAZ) vom 17. Dezember 1994; S. 15

Siegers, Josef (1995): Mehr Markt für die Hochschulen; in: Frankfurter Allgemeine Zeitung (FAZ) vom 9. September 1995; S. 16

VDE Technisch-Wissenschaftlicher Verband der Elektrotechnik, Elektronik und Informationstechnik (2003): Gegen ein Verbot von Studiengebühren – Für kürzere Studienzeiten und mehr Hochschulautonomie; Positionspapier vom Oktober 2003; Frankfurt

Wissenschaftsrat (2002): Eckdaten und Kennzahlen zur Lage der Hochschulen von 1980 bis 2000; Drucksache 5125/02; Köln Februar 2002

Kolibri 360 GmbH
Ferdinand-Jühlke-Straße 7
99095 Erfurt, Deutschland
produktsicherheit@kolibri360.de

Druck:
CPI Druckdienstleistungen GmbH
im Auftrag der
Kolibri 360 GmbH
Ferdinand-Jühlke-Str. 7
99095 Erfurt